李德顺 ◎ 主编

中国人民大学出版社
· 北京 ·

·出版说明·

随着信息时代的来临、经济全球化的深入与文化软实力竞争的加剧，重视大学生人文素养与创新能力的培养，提升大学生的综合素质，已成为各国教育改革与发展关注的重点和热点。人们越来越意识到：高等教育不仅要培养大学生良好的专业素质，更重要的是使得他们在走向社会之后拥有长足的自我拓展能力。只有以宽口径、厚基础、复合型为人才培养目标，才能更好地提高我国高等教育的质量，培育出适应现代社会需求的具备公民意识、社会责任感与创新精神的优秀人才。

从中外大学通识教育的实践来看，通识教育是一项系统工程，而课程体系建设始终是推进通识教育的核心任务，教材建设则又是其中的重要环节。为满足广大高校师生对高质量通识教育教材的需求，中国人民大学出版社组织多学科、多领域的专家学者，在广泛调研与深入研讨的基础上，组织编写了这套“21世纪通识教育系列教材”，为推动高等学校通识教育教材建设进行了努力的探索。

本套教材分为人文、政法和经管三大板块，定位为非专业统开课教材，突出“通识”的特色，强调内容阐释的“基础”和“宽度”，力求突破单纯的“专业视域”或“知识视域”，引导学生调整知识结构，拓宽文化视野，以达成人才培养效果上的“宽度”，从而实现高等教育培养复合型人才的目标。

本套教材中的每一本均由该学科领域有影响力的专家学者领衔编写。通识教材的“基础”与“宽度”，需要特别重视教材纲目与内容的适用性、可拓展性和灵活性。唯有在该领域具有丰富教学经验及精深学术水准的名家，方能“取精用弘，由博返约”，编写出体现“通识”特色的高水平教材。

本套教材形式与内容和谐统一，教材内容基础适用，语言简洁生动，并辅以典型、有趣的案例、图表，轻松活泼的栏目和插图等，图文并茂，引人入胜，照顾到青年学生群体的阅读习惯。

作为出版者，我们特别希望通过加强通识教育教材建设，推进高校课程体系的融会贯通，提高学生跨学科、跨文化的理解能力，为学生未来的职业生涯与人生发展奠定良好的知识和能力基础。这套通识教育系列教材只是开始，期望更多的专家学者共襄此事，推进通识教育教学的改革与发展。

中国人民大学出版社

·第 2 版说明·

本书初版于 2011 年 8 月。作为一部本科哲学通识课的教材和教学参考书，本书并不在国家级系列规划教材之内，因此我们对它在社会上被关注和接纳的程度并无很高的期待。但这几年实际发行和在教学中被采用的情况，却远远超出了我们的预料。这让我们进一步认识到编好本书的责任。所以应读者和出版社的要求，由本书的原作者对每章重新加以审定和修改，仍由中国人民大学出版社出版。

这些年来，不仅社会实践的情况有了新的重要进展，中外哲学研究和讨论的情况有了很多不同，要求我们的思绪不能脱离历史的步伐，而且本书多数作者自己的经历和体会，也有了不少的变化。我们希望这些进展和变化带给本书较前更深刻、更系统、更成熟的哲学思考。

这次参加修订的作者及其分工章节，简要介绍如下：

李德顺，哲学博士，中国政法大学终身教授，执笔绪论和第六章，并负责全书统稿；

崔唯航，哲学博士，中国社会科学院研究员，中国社会科学院外国文学研究所党委副书记、副所长，执笔第一、二两章；

孙伟平，哲学博士，上海大学特聘教授，上海大学社会科学学部主任，执笔第三章；

江怡，哲学博士，教育部长江学者特聘教授，山西大学特聘教授，执笔第四章；

干春松，哲学博士，教授，北京大学儒学院副院长，执笔第五章。

李德顺

2019 年 5 月 23 日

·前　言·

应中国人民大学出版社之邀，本书编写组尝试编写这本为大学本科通识课教学使用的哲学教科书。这对我们来说是一个新的和有益的挑战。因为这样的教材既需要贴近现实，体现哲学理论创新的成果，又需要适合于教学，突出其学术上的基础性和系统性，显然有较大的难度。好在我们不久前曾为中国社会科学院研究生院编写过一本研究生用的教材《哲学概论》（40 万字），对如何构建一种具有公共性即学科基础意义的哲学概论，而不只是某一学说流派体系的哲学陈述，有了一个初步的框架。这个框架的特点，正如《哲学概论》的后记中所说，不在于强化某些知识和学说的系统，而是重在提升理论的视野，使读者从学科的高度，更多地了解一些哲学的基本特征和宏观面貌，以便根据自己的需要和兴趣做出进一步研修的选择。这就如同提供一幅大略的“理论地图”，“让有能力根据地图来辨识地貌和路线的人，可以用它去判断形势和选择目标”。

有了这样的框架作为基础，就可以做进一步的研究和提炼，并以尽可能简洁清晰的方式加以表述，力求使之适合于本科通识课的阅读和教学。当然，本书的立意和结构至今仍然属于初次的尝试，其合理性和适用性如何，尚待检验。我们希望在使用的过程中，进一步吸收教师、学生和各界朋友的意见，继续加以改进。

本书主要作者及分工情况如下（按章节顺序排列）：

李德顺，哲学博士，现任中国政法大学终身教授、博士生导师；主要执笔绪论，第一、六章（哲学的形态、马克思主义哲学）的部分内容，并负责全书统稿。

崔唯航，哲学博士，现任中国社会科学院哲学研究所副研究员、哲学原理研究室主任；主要执笔第一、第二两章（哲学的形态与哲学的特性）。

孙伟平，哲学博士，现任中国社会科学院哲学研究所研究员、博士生导师、副所长；主要执笔第三章（哲学的价值）。

江怡，哲学博士，教育部“长江学者”特聘教授，现任北京师范大学哲学与社会学学院教授、博士生导师、院长；主要执笔第四章（西方哲学）。

干春松，哲学博士，现任中国人民大学哲学学院教授、博士生导师、副院长；主要执笔第五章（中国哲学）。

李凯林，哲学博士，现任中国政法大学人文学院教授、博士生导师；主要执笔第六章（马克思主义哲学）。

李德顺

于 2011 年 1 月

目　录

绪论　什么是哲学

第一章 哲学的形态

第二章 哲学的特性、方法

第三章 哲学的价值

第五章　中国哲学

第六章　马克思主义哲学

绪论　什么是哲学

内容提要

有史以来的哲学理论多种多样，层出不穷，这是指哲学的“学说”形态；但它们都有一个共同的名字——“哲学”，则是指哲学的“学科”形态。要回答“什么是哲学”或“哲学是什么”，就要从学科与学说的相互关系入手，在哲学的历史和逻辑演进中，了解哲学的特点和意义。

每个学哲学的人都想弄清楚“究竟什么是哲学?”或“哲学究竟是什么?”的问题，虽然其他学科也都有这样的问题，但对哲学来说，这个问题却有它的特殊性质。因为不论何种对象，当我们说“什么是它”或“它是什么”的时候，都首先面临着“是”的含义问题。就是说，这本身就是一个哲学问题。这里提问的方式，对答案的预期设定，得出答案的方式和过程，以及判断答案是否有效的标准，等等，它们本身就具有哲学上的挑战性。问题既深刻又重要，以至于哲学家们也不得不常说：“了解什么能被称为‘哲学’的问题，总是哲学的真正问题，是它的中心，它的根源，它的生命原则。”①

尝试对“什么是哲学”做出自己的回答，是这本“哲学概论”的首要任务。

第一节　历史上的不同说法

要理解“什么是哲学”这个问题的复杂性和它的意义，首先要了解哲学的历史，了解哲学不断探索自我定位的思想历程。

“哲学”这个名称及其学科制度，最早来自欧洲。因此最初的界定，也是

① 德里达. 一种疯狂守护着思想. 何佩群，译. 上海：上海人民出版社，1997：222.

由欧洲或西方哲学家做出的。但是，即便在西方哲学家那里，对“什么是哲学”的回答，也是各不相同、多种多样且不断变化着的。

一、哲学的原初界定

关于哲学最具原创性、代表性和权威性的界定，当首推**“爱智慧说”**。因为哲学作为一门学问，它的正式名称（Philosophy）源于希腊文中由“爱”和“智慧”两词构成的 φίλοσοφία，即“爱智慧”。这表明，哲学起源于人类对智慧的热爱和追求，它的宗旨也是热爱并追求人类的智慧。

在汉语中，“哲”字与“智慧”的意思最为相近。中国古史经典《尔雅·释言》中就说：“哲，智也”。另一经典《尚书·洪范》也说“视曰明，听曰聪，思曰睿。……明作哲，聪作谋，睿作圣”，把善于观察、倾听、思考看作人的聪明睿智。所以，中文的“哲学”与西方的“爱智之学”，指的是同一个东西。

可是，用“爱智慧”来界定哲学，固然能够说明它的起源和宗旨，却未必能够准确地说明它的内涵和特性。因为还要进一步说明什么是“智慧”，智慧的内容、标志和途径何在。如果一个人充分热爱并努力追求智慧，那么他是否就一定拥有智慧呢？那能不能反过来说，只要是爱智慧的思想，就一定是哲学呢？……一旦进入这种追究，分歧就必然表现出来。如公元前 5 世纪，古希腊就曾出现过一批“智者”（Sophist），他们把传授语言、修辞、演说和辩论作为自己的职业，很像是专业的哲学家。可是，由于他们的一些强词夺理或浅薄浮躁表现，让人们觉得智慧似乎仅仅是一套能言善辩的话语技巧和舌簧之术而已。这就难免引起反感和轻视。因此“智者”后来也成了贬义词。

二、哲学的多种界定

那么，什么才是真正的智慧？进而，如何真切地体会到什么是哲学？此后的思想家们依据对历史和现实、思想和实践的观察、反思，不断地概括和总结，纷纷提出了自己对哲学的严肃界说或定义。其中较具代表性的有：

“知识总汇说”，在人类的知识和经验尚未丰富到可以分化出各门科学的时候，哲学被看作人类知识的总汇，认为智慧在于知识和经验。

“形而上学说”，认为人类的最高智慧，在于把握一切可感觉事物背后的终极原因、本质和原则，哲学就是关于“是之为是”（being as being，being *qua* being）的学问。

“世界观方法论说”，认为哲学的智慧在于获得关于世界、人生的普遍性知识和规律性认识，构建或表达关于世界或宇宙整体的完整而系统的观点、观念和一般方法。

“认识论说”，认为上述说法难以避免独断论的结果。事实上，哲学只能提供人类认识和把握世界的方式、过程及其成果的理论前提和根据，所以哲学就是认识论。

“思维方式说”，它在认识论的基础上，进一步把智慧归结为人的思维能力、方式和方法，把哲学看作关于人的思维方式的学说。

“人生境界说”，把重点放在哲学与人生的直接联系上，认为哲学是思考着、追求着的人生所具有的一种自觉而高尚的精神境界。

“价值观念说”，基本否定了智慧的知识化取向，强调哲学不同于具体科学的使命和意义，不在于提供知识，而在于说明并提供人类价值观念系统。

“语言分析说”，认为哲学不是一种知识的体系，而是一种确定或发现命题意义的活动，哲学的主要任务是对语言的意义加以分析。

“文化批判说”，与“价值观念说”相近，但它更注重强调：哲学的智慧在于对社会历史和文化的综合考察、批判、超越和重新建构。

…………

不难看出，上述界定都是对哲学发展所取得的重要进展的“从后认定”，有充分根据而且非常重要。它们突出了有史以来哲学所关注的那些普遍性基本问题，覆盖了哲学所包含的各个主要领域。而且它们之间的次序，也多少与哲学在历史发展中发生的重心转移过程有关。这些界定都深化并推进了对哲学的理解。

然而，在富有批判和超越精神的哲学界，上述每一种界定也都遇到了对它的质疑、否定和超越，似乎永远没有一种表达足以令所有的人满意或信服。所以每产生一种界定之后，人们仍然要继续提出问题，继续进行追问和探索：什么是哲学？新的界说仍然层出不穷，无止无休。这个现象一直困扰着许多人，以至有的哲学家宣称：自己做了一辈子哲学，到头来却说不清楚究竟什么是哲学！

三、“学科界定”的提出

那么问题出在哪里呢？可能就在于，这里需要意识到“学科界定”与“学说界定”之分。因为严格说来，上述各种界定，或者只是在一定程度上反映了哲学发展特定阶段上的“实然”面貌，并未回答哲学是否“应该”普遍如此的问题；或者只表达了某些学说流派自己的“应然”主张和选择取向，未必能获得其他学说流派的一致认同。也就是说，它们大都属于“学说界定”。然而当人们不停地追问究竟“什么是哲学”的时候，可能期待的却是一种理想化的、超越了各种学说流派的、关于哲学的一种统一的或标准的界定，或者不如说，人们所期待的实际上是一种能够包容各种学说在内、具有公共性的“学科界定”。

那么这种期待是不是合理的和可行的呢？毫无疑问，当人们思考和辩论“哲学”是什么的时候，心目中一定有一个共同的“哲学”存在着。就像人们对“人就是张三、李四”的回答不满意，正因为人们对“人”是什么有着共同的所指，对揭示“人”的本质和特性有着共同的期待一样。对各种学说界定的不满足，意味着相信并期待一种公共性的“学科界定”。这样，关于“什么是哲学”的思考焦点，势必从对学说的关注，转向对学科的理解。

第二节　学科与学说

哲学是人类理性活动的一种形式，它属于广义科学领域中的一个门类。“哲学”这个名称之下，包含了多种多样的具体分支领域和成果形态，即不断发展变化着的、多种多样的学说体系。因此，区分学科与学说，并把握它们之间的相互联系，就成为一个具有普遍性的科学和哲学问题。当然，对于理解和回答“什么是哲学”来说，这个问题显得尤其重要。

一、什么是学科

“学科”是科学存在的实体和基本形态。具体的学科，是指按知识和科学的分类标准划分出来的一个个相对独立的领域。一般说来，一个学科由它的特定**对象**，针对对象某一方面的、具有普遍性的**问题**，以及人们长期共同积累的相关**知识**、**方法**、**规范**等所构成。学科的根本特点，在于体现人类认识和知识的公共性。就是说，学科是人类的公共思想文化平台，是人类的共同财产。学科的唯一主体，是不断发展着的人类整体。学科从来不能归哪一人哪一派所有，甚至包括这一学科事实上的开创者在内。就像物理学不能归英国和牛顿所有，哲学不能归古希腊和苏格拉底所有一样。

如果说，一个个学科是人们表演自己认识和改造世界思想成果的舞台，那么人们在这个舞台上的“表演”即思想的过程和成果，则是一个个的学说。

二、什么是学说

“学说”是学科的现实形态。一般说来，学说是对学科问题的一定解答或反应系统，是在现实中形成的相对独立的思想理论体系。因为在现实中，学说总是由现实的人在一定条件下创建的具体理论和方法系统，因此不可避免地会因时、因地、因人而形成不同的体系。现实的主体多样性（民族性、界域性、时代性等）是学说的特点。

正因为如此，学说的内容也常常超出纯粹科学和知识的范畴，而表现为一定的文化综合体。例如各种人文社会学说体系中，通常都有两个层面的基本内容：一是属于学科知识系列的内容，即关于学科公共内容的叙述和“问题解答”等；二是属于价值系列的内容，即反映特定主体的现实立场、生活视角、思维个性、价值取向等特殊性的内容。

通过科学研究谋求人自己的生存发展，从而形成具有自己特色的学说体系，是人的主体权利和责任所在，也决定了学说必然呈现多样化乃至多元化的面貌。

三、学科与学说的关系

学科是百家论坛，学说是一家之言。科学的本质是实事求是。科学的学科要求回答的，主要是对象性的“事实”或“实然”问题。因此它代表着“一”，即以人类为主体的统一性的认识和知识。只有这样，才能保证学科自身的科学可靠性和生命力。多个学说之间，因其有共同的学科问题和规范而共存共处，并相互竞争于同一学科平台。这意味着，任何严肃的、负责任的学说，都负有学科建设的使命，要为人类认识的发展做贡献，否则便不配称为一种学问。

多样化学说之间的差别和对立，并非因为有彼此不同的对象或问题，而是因为具体主体的视角、层次、路径、条件和取向等方面的不同。这一点使学科的发展总是保持了与人的现实生活的密切联系。任何一个学科的整体面貌，都是由它的有史以来各种学说流派不断积累和演进的整体所构成的。“哲学就是哲学史”这句话表明，哲学作为一个学科的整体面貌，是由有史以来各种学说流派不断演进的整体构成的。哲学的本质，就存在于各种学说流派之间内在的、共同的联系之中，而不在其外。如果没有对学说多样性的了解，就不能切实地把握学科在历史和现实中的真实形态、发展历程。

学科与学说之间的差别还在于，不仅同一学科中可以有多种不同的学说，而且一套完整的学说本身也往往涉及若干个学科领域，不限于某一个学科。在现实中，学科与学说之间可以相互转化，它们的差别和界限并非凝固不变。人们可以而且事实上常常将某一学说及其代表人物当作对象加以研究，这就是将某一学说变成了以它为对象的学科，将它纳入了学科的序列，如“孔子学”“康德研究”“四书学”“马克思哲学”等，就是一些具体的分支学科；反过来，当人们把学科上的公共命题或名称拿来为我所用、构建体系、自成一家的时候，则又会使一定学科转化为学说，如“哲学原理”“因果学”“现象学”“人学”“马克思主义”等，实际是一些学说。

当然，学科与学说之间的转换，并不意味着可以任意改变学科的性质，可以随意地对待它。事实上，一旦将某一学说变成一个学科，就意味着它只是一个公共研究对象，人们可以对它提出各种问题，发表各种意见，却并不负有保持该学说自己的逻辑和价值导向的责任。例如“宗教学”的学科性质，意味着可以而且应该超越宗教信仰，以科学的态度对待宗教。从事这一领域研究的学者，无论是否信奉宗教，都可以对宗教进行考察，并发表自己的意见，不必像信徒一样信仰宗教，否则它就仍然只是一种学说，而不是一个学科。

总之，一方面是学科通过学说而存在，学科离不开学说，但并不归结于某种学说；另一方面是学说只有根植于学科才能存在，只有从属于学科才能获得生命和归宿。在人类科学和思想文化的发展中，学科如浩瀚大海，学说是江河涓流。有些学说及其成果源远流长，最终能够汇入学科的积累，成为人类精神财富的宝藏；有些学说则干涸消失，最终被历史淘汰，成为科学发展道路上的陈迹。

第三节　哲学的学科特征

哲学作为一门源远流长、博大精深的学科，从总体上代表着人类理性地把握世界的一个层次、一种能力、一种境界。在人类文化的不断发展中，哲学起着精神提升的公共平台的作用。

一、哲学是人类的公共领域

任何学科都要体现科学的本质。全部科学，都是以不断发展着的人类整体为主体，而不是以任何个体为主体。这意味着，作为学科的哲学，首先是人类共有、共享、共建的一个文化平台。哲学是一门普遍适用的学问，但它并无先天固定、一成不变的形式和面貌，而是处在永无止境地追求、探索的历史进程中，从而不断地形成和证明自己是什么，不是什么。它作为人类思想文化的公共平台这一性质，愈来愈为人们所认识。

在体现人类认识公共性这个高度上，哲学不是某种特权，更不意味着全世界只有某种唯一的哲学模式。虽然在不同时代、不同地区、不同民族的文化传统中，哲学有着各种不同的面貌特征，但正是在这个共同的学科层面上，各种不同的哲学才能够进行彼此间的沟通、翻译、学习、比较、对话和交流合作，并取长补短，不断提升，否则，哲学就不成其为“学科”。

二、哲学是思维的一个层次

人类的思维和精神活动，包括从无意识到高度自觉意识等，有许多层次，而哲学居于其中高度理性化的、最为自觉的层次上。哲学与人类其他学科平台的不同之处，并不在于它有特定的、为其他学科所不涉及的对象领域，而在于哲学代表着人类在最高度抽象和最高度普遍性层次上的思考。正是这个层次上的对象、问题、知识和规则等，构成了哲学这门学科的特殊内容。其他的各个层次，则是各门自然科学和社会科学的领域。

哲学诞生的初期，曾经是人类仅有的一门学问。当各门具体学科陆续从哲学中分化出去（这种分化迄今尚未结束）之后，哲学并未因此而萎缩消失。从宇宙到人生，从生命到历史，从实践到理念，从科学到人文，从过去到未来，与人类有关的一切仍然在哲学的视野之内，显示出哲学关注和思考问题的层次是始终存在的。迄今为止，哲学总是以其“形而上”的特色，即对象和问题的高度普遍性、概念的高度抽象性和推理的思辨性，面向人类思维逻辑及其前提的批判性和反思性，以及“超越个别走向一般、超越特殊走向普遍、超越有限走向无限、超越实然走向应然”的致思取向等，保持着自己与其他学科以及人们生活实践之间的区别和联系，并为人类提供着具有普遍意义的“智慧”。哲学因此而显示出不可替代的特质，持续地活跃在人类思想的高端。

三、哲学是人类的一种能力

哲学是一门与实践密切联系，在把握世界中实现人的自我超越的学问。因此它体现出人类特有的一种理性思考的能力，即运用高度自觉的方式把握问题、回答问题的能力。哲学学科的生命在于“问题”。而一切真实的问题最终都来自人类生存发展的实践和思考，来自历史本身；一切真实的答案也都来自人类生存发展的实践和思考，来自历史本身。哲学的任务，是从理论上提炼人类所面临的那些最深刻、最普遍、最具有长远意义的问题、经验和感受，并通过对思维方式和思维前提的审视与反思，探索和开辟新的思路，提供新的理念和方法，以实现人类在精神上的超越和自我超越。这一任务的不断提出和实现，既是人类生存发展能力的自我提升，也是哲学能力在积累中不断提升的显现。

四、哲学是精神的一种境界

几千年来，哲学陆续形成了自己的基础性问题和基本理论的领域，包括关于世界存在的本质及存在方式的“存在论”领域，关于人类把握存在的可能性及其方式的“意识论（含认识论）”领域，关于存在及其意识之意义的“价值论”领域，等等，同时也在形成提出和回答这些问题的一些概念、范畴、方法、规则等；并通过对这些成果的不断检验、反思和批判，实现着人类思维能力和思维方式的不断超越与自我超越。哲学的这些成果，不仅为各种不同的哲学学说体系不同程度地共享和发展着，也为整个人类的生活和思考所普遍地依赖和应用着，构成人类文明的精神基础和时代精髓，推动人类精神不断走向新的境界。

同时，哲学本身始终处在不断深化、拓展、超越和自我超越的过程之中，永远不会有一个终结。正因为如此，哲学总是处在探索真善美的最前沿，处在社会和实践发展最深刻、最具思想代表性的地位上。马克思把真正的哲学看作“自己时代精神的精华”和“文明的活的灵魂”①，是对哲学与时代和文明发展之间这种内在联系的肯定。历史证明，哲学始终是时代精神的精华和文明的活的灵魂。

第四节 哲学与“中国哲学”

在人类不同时期、不同地域的思想文化成果中，哪些可以算是哲学，哪些不能算是哲学？认定的标准是什么？由谁说了算？现实中的这些问题，暴露出在理解“什么是哲学”上，存在着重大的分歧或误区。多年来，关于有

① 马克思恩格斯全集：第1卷．北京：人民出版社，1956：121.

没有一个“中国哲学”或“中国哲学合法性”的争论，就是一个典型的例子。

一、哲学与中国固有之学

中国原本没有以“哲学”为名称的这样一个学科。中国传统的学科设置，曾是以“德行、言语、政事、文学”来划分的“孔门四科”，或以“义理之学”“考据之学”“经世之学”“词章之学”为内容的“儒学四门”，或以“经、史、子、集”为对象的典籍之学，等等。经学或经史之学，历来被看作中国的“固有之学”。

经学以儒家经典思想为主，它的叙事方式，则是从三皇五帝开始，遍讲古圣先贤的思想，意在表达一种内在于民族生命、一以贯之的意义系统。经学被认为贯注着中华文明的价值体系和精神密码，是民族的文化生命所系。因此经学长期被看作中国学术之本、教育之本甚至立国之本。直到 1904 年，由清政府颁布的《奏定学堂章程》（亦称“癸卯学制”[①]）还强调：“若学堂不读经书，则是尧舜禹汤文武周公孔子之道，所谓三纲五常者尽行废绝，中国必不能立国矣。”既然如此重要，那么经学的地位是不应被动摇的。然而鸦片战争之后，在民族衰败的危机和“西学东渐”强劲潮流的冲击下，随着“尧舜禹汤文武周公孔子之道，所谓三纲五常者”本身日渐式微，经学的地位最终还是被动摇了。

“哲学”作为一个学科名称在中国出现[②]且哲学学科在中国的确立，直接有赖于清末以来教育体制改革的不断探索，意味着中西文化的一种相互融合。清末以来，中国知识阶层积极阅读西方典籍，努力依西方的学科规范来重构中国的知识体系。一时间，“抛弃中学所特有的以六艺为核心、以四部之学为框架的学术分类体系，采用哲学、伦理学、政治学、经济学、历史学、社会学等西方近代学科分类体系，并将经、史、子、集典籍分类体系及其所包含之知识系统拆散，按照西方近代学科分类系统所划定的领域，将其重新归类，纳入到文、史、哲、政治、经济、法律、社会、教育等学科体系及知识系统

---

① 癸卯学制以“中学为体，西学为用”为指导思想，以尊孔读经为宗旨。该学制自 1904 年公布起，一直沿用到 1911 年清王朝覆灭。此间的学校制度，实际是在癸卯学制的基础上建立的。

② 最早将西方的“哲学”学科介绍到中国的，是明清之际的耶稣会士艾儒略。在他所著的《西学凡》一书中，介绍了当时欧洲的教育制度中的课程纲要，并试图用“理学”来对应“斐禄所费亚”(philosophy)。日本明治时代最早传播西方哲学的学者西周于 1874 年开创用汉字“哲学”一词来翻译英文的 philosophy。1895 年前后，中国晚清学者黄遵宪将这一译名引入中国，又经过梁启超、蔡元培等人的传播推广，“哲学”作为学科之名在中国广泛流行开来。

中，已成为清末学术演进之大势”①。这一趋势促使中国的学术面貌发生了翻天覆地的变化。

1912 年，中华民国政府颁布《大学令》，正式取消了经学科，将其内容分解到史学、哲学及文学等门类之中，哲学作为一个学科得到确认。

1914 年，北京大学设立了“哲学门”建制，标志哲学作为一个独立学科在中国正式出现。

以哲学等学科来化解并取代传统的经学，对于中国传统文化来说不啻一场地震，引起了强烈的动荡。人们持续不断地争论着：“哲学”这个来自西方的学术名称及其规范与中国的固有之学之间，是否相通或者能够相互容纳？对于中华文化意味着什么？“哲学是中国固有之学吗？”“奉行哲学是否意味着以西学取代中（国）学？”而在西方学界，则经常依西学的规范和标准提出质疑：“中国有没有哲学？”“是中国哲学还是中国思想？”

对此，当时出现了各种不同的解释和选择取向。其中一种，实际上取“以中解西，中体西用”的态度，往往更多着眼于中西学之间叙事方式的异同，强调西学的内容实已为国学“古已有之”。国粹派的重要人物邓实说：“如墨、荀之名学，管、商之法学，老、庄之神学，计然、白圭之计学，扁鹊之医学，孙、吴之兵学，皆卓然自成一家之言，可与西儒并驾齐驱者也。”② 北京大学哲学门首任中国哲学教习陈黻宸则认为，哲学其实就是中国固有之道术：“欧西言哲学者，考其范围，实近吾国所谓道术。天地之大，万物之广，人事之繁，惟道足以统之。古之君子尽力于道术。得其全者，是名为儒。”③ 但在陈黻宸所作的《中国哲学史》中，则是以伏羲为开端，以姜太公结束，甚至还未涉及真正的儒学本身。

“以中解西，中体西用”有其合理的一面。它认同中西学之间，作为“学”而必有相通相合之处，因而对西学采取了开放、宽容的态度，还尝试以本土文化为根基，将中西哲学沟通融合起来。但是在这种态度中，又以固守中国旧的思想观念为底线，排斥和拒绝对传统文化的自我批判改造。强烈的保守意识，使它不仅难以通过中西结合走向改革创新，甚至可能反而加深中西文化之间的隔阂和对立。在教育学制的设置中，哲学与经学孰立孰废争执

① 左玉河．从四部之学到七科之学：学术分科与近代中国知识系统之创建．上海：上海书店出版社，2004：423.

② 古学复兴论．国粹学报，1905，1（9）.

③ 陈黻宸．中国哲学史//陈黻宸集：上册．北京：中华书局，1995：415-416.

不下、多次反复，就说明了这一点①。

另一种重要取向，可称作“以西解中，向西学看齐”的主张。这种主张以“科学”的普遍性为据，强调“‘学’无中西之分”；不仅充分看到了哲学这门学科的内容博大及意义深远，而且认为，既然引进了西学的形式，就要同时采用西学的规范和标准。严复认为，一般应“取西学之规矩法戒，以绳吾‘学’，则凡中国之所有，举不得以‘学’名”②。王国维在力辩中国设立哲学学科的必要性时，既指出尽管中国古代没有哲学之名，但有哲学之实，其为“吾国固有之学”③，更强调研习西方哲学对中国的意义：“异日昌大吾国固有之哲学者，必在深通西洋哲学之人，无疑也。”④ 继王国维之后，胡适接掌北大哲学门中国哲学教席，于1919年出版了他的《中国哲学史大纲》（上卷）。该书舍弃了原先建立在儒家道统基础上的体系，采用西方哲学的分类，按照宇宙论、知识论、伦理学、教育哲学、政治哲学、宗教哲学等部分来整理中国思想。蔡元培给该书作序并给予了肯定⑤。冯友兰等从该书的方法中深受启发：“用这个方法，把三皇五帝都砍掉了。……这对于当时的中国哲学史的研究，有扫除障碍、开辟道路的作用。”⑥ 胡适的《中国哲学史大纲》成为现代学术意义上“中国哲学”的开端。

“以西解中，向西学看齐”的方式，奠定了“中国哲学”的基础，有助于推动中国思想文化研究进入现代科学的行列。但这种方式的最大问题，就是难以充分体现中华文化固有的内涵和个性。如冯友兰所说：“哲学本一西洋名词。今欲讲中国哲学史，主要工作之一，即就中国历史上各种学问中，将其可以西洋所谓哲学名之者，选出而叙述之。”⑦ 既然如此，那么必然出现的情况就是，由于“中国古代义理之学与西方所谓哲学的范围并不相同，故以西

① 自1904年起实施的“癸卯学制”中，有“废除哲学科”以保持经学独尊地位的明确规定。

② 王栻. 严复集：第1册. 北京：中华书局，1986：52.

③ 其他人也表达过类似的看法。如张岱年：“中国哲学与西洋哲学在根本态度上未必同；然而在问题及对象上及其在诸学术中的位置上，则与西洋哲学颇为相当。”（中国哲学大纲：自序. 北京：中国社会科学出版社，1982：17-18）

④ 王国维. 哲学辨惑//王国维哲学美学论文辑佚. 佛雏，校辑. 上海：华东师范大学出版社，1993：5-6.

⑤ 蔡元培在序言中概括了本书的特点：使用了逻辑证明的方法；扼要地从远古神话和政治史中辨析出纯粹的哲学成分；有平等的眼光，打破了中国传统学术的价值体系；注重史实还原和发展脉络的系统研究。最后做出结论说：“我们要编成系统，古人的著作没有可依傍的，不能不依傍西洋人的哲学史。所以非研究过西洋哲学史的人不能构成适当的形式。”

⑥ 冯友兰. 冯友兰自述. 北京：中国人民大学出版社，2004：173-174.

⑦ 冯友兰. 中国哲学史：上册. 北京：中华书局，1961：1.

方所谓哲学之范围而切割古代义理之学中之一部而谓之中国哲学，则古代义理之学的固有体系之完整性不独遭到破坏，且其体系中必有部分不能列入所谓中国哲学”①。这就意味着，哲学仍然只是“西学”，哲学与中国固有之学的沟通和衔接问题，并未真正解决。

二、学科与学说视野中的中国哲学

如何在民族性和普遍性相统一的基础上建设中国哲学，是一个长期引人思考和争论的问题。其关键不仅在于如何把握中国哲学的民族性，更在于如何把握哲学学科的普遍性。

冯友兰曾力求解决这一问题。他不同意胡适的“疑古”，即否定古代传说和伪书价值的立场，主张以客观的态度“释古”，对中国古人的思想不是“照着讲”，而是“接着讲”，即使用本民族的语言，对本民族的文化加以新的阐述。但他同时又强调中国哲学的内容，必须“和其他民族的哲学是一样的。如果不是如此，它就不能称为哲学”②。所以他的结论是：“所谓中国哲学者，即中国之某种学问或某种学问之某部分之可以西洋所谓哲学名之者也”③，实际是仍把“普遍性”与“西洋化”当作了彼此等同的概念。

把哲学与西方哲学相等同，实是出于无奈，却成为质疑中国哲学的一个根本原因。金岳霖在对冯友兰《中国哲学史》的评论中专门探讨了这个问题④。金岳霖认为，“以欧洲的哲学问题为普遍的哲学问题，当然有武断的地方，但是这种趋势不容易中止”⑤；而依据欧洲中心主义的规则，使金岳霖感到困惑的是：“所谓‘中国哲学史’是中国哲学的史呢，还是在中国的哲学史呢？一个人写一本英国物理学史，他所写的实在是在英国的物理学史，而不是英国物理学的史；因为严格的说起来，没有英国物理学。哲学没有进步到物理学的地步，所以这个问题比较复杂。”他觉得，无论是冯友兰的体系还是胡适的体系，实际上都不过是“在中国的哲学史”，还不是“中国哲学的史”。对此，冯友兰的回答是：“‘数学就是数学’，没有‘中国的’数学，但哲学、

① 陈来．现代中国哲学的追寻．北京：人民出版社，2001：359.

② 冯友兰．中国哲学史新编：第1册．北京：人民出版社，1982：35.

③ 冯友兰．中国哲学史：上册．北京：中华书局，1961：8.

④ 金岳霖．冯友兰《中国哲学史》审查报告//金岳霖文集：第1卷．兰州：甘肃人民出版社，1995．以下所引和转述的金文，可见该书第625-629页。

⑤ 这个问题几乎成为当时的一个共识。例如张岱年也说：“区别哲学与非哲学，实在是以西洋哲学为标准，在现代知识情形下，这是不得不然的。”（中国哲学大纲：自序．北京：中国社会科学出版社，1982：17-18）

文学则不同。确实是有‘中国的’哲学，‘中国的’文学，或总称曰‘中国的’文化。”所以，“‘中国哲学史’讲的是‘中国’的哲学的历史，或‘中国的’哲学的历史，不是‘哲学在中国’”①。这个回答虽然态度明确，却尚未解决其中的学理问题。

不难看出，困难来自未能超越西方单一哲学模式的束缚。金岳霖的分析实际上已经触及了学科与学说关系的理论视角。例如他认为，学术的“论理”（逻辑）有两种“架格”，即“空架子”和“实架子”；“严格的说，只有空架子是论理”，而“实架子的论理”则可以是科学，也可以是哲学，甚至可以是律师的呈文、法庭的辩论等任何说辞。——这就等于说，只有达到内涵高度抽象的“空架子”，才能够作为具有普遍性的学科框架，而具体化的“实架子”，只是各种学说自己的框架，并不具有普遍性，等等。

总之，在如何看待中国哲学的文化性质和学科地位上，再一次显示了学科与学说关系问题的重要性。它本身也成为一个时代性的哲学问题。

什么是“中国哲学”？用学科的眼光看，“中国哲学”这一称呼应该合理地理解为，它包含了承认哲学是一个学科，并且自我定位于其中一种学说（群）的意思。“中国哲学”就是指中国自己历史地形成和发展着的，关于人类哲学层面某些领域的学说系统。用学说的眼光看“中国哲学”，则意味着要在“哲学”的理论高度和普遍层次上，使世代中国人对宇宙人生的思考和表达，得到一个相应的、完整全面的展示，从而为人类幸福和智慧的发展做出自己独特的贡献。

至于“在中国的哲学”，却可以有几种不同的含义。其中主要一种，是指先在欧洲产生了一个唯一正宗的“哲学”形态，因而哲学就成了欧洲哲学的代名词或同义语，世界上各国的哲学都只是“分有”、复制或模拟它，否则就不配叫哲学。如果是这样，那么“在中国的哲学”就只能是“在中国的欧洲哲学”了。这种以某一学说遮蔽或代替整个学科，从而否认他种哲学权利与责任的概念，显然是一种文化霸权主义的话语。其学理上的根源，则是未能自觉地把握学科与学说的区分。

当然，还可以有另外的解释：“在中国的哲学”，是指（以统一的哲学学科眼光看）在中国有哪些具体的哲学学说。如果这样理解，那么答案也并非只有一个（西方哲学）。实际的情况是，过去在中国曾经只有一种哲学——中国哲学；如今在中国则是至少包括三大哲学传统——中国哲学、西方哲学和

① 冯友兰. 中国哲学史新编：第1册. 北京：人民出版社，1982：39.

马克思主义哲学——在内的多种哲学存在。在这个意义上，“在中国的哲学”展现着一幅日益丰富的多样化图景。

第五节 立足学科，发展学说

一、当代哲学传统的多样化

在世界上，从西方到东方，从古代到现代，哲学的学说体系千姿百态、数不胜数。经过历史的积淀，至今已逐渐形成了若干大的哲学传统，其中有以中国、印度哲学等为代表的东方哲学，以欧洲大陆、英美哲学为代表的西方哲学，还有阿拉伯哲学和非洲哲学等。除了地域划分以外，还有以学说源流为标志的哲学传统，如经验主义哲学、理性主义哲学、人本主义哲学等。而马克思主义哲学因其特有的理论革命性和社会实践性影响，也已经成为当代一大哲学传统。

上述“东、西、马”等各大哲学传统，各自由不同时期的许多具体学说及其演进发展所构成，事实上都是包含了众多学说流派的一个个巨大学说群，都是一条条历史悠久的学脉源流。它们不仅各自都有着深厚的历史底蕴和特色风格，而且都有着强大的社会影响力，历久不衰。在这些大的哲学传统之间，彼此也有着千丝万缕、错综复杂的相互联系。它们的各自独立发展和相互交流，有力地保障并促进了人类文化的共同发展和繁荣。

二、树立自觉的学科意识

具有自觉的学科意识，是科学地理解和把握哲学，服务于人类文明和谐发展的重要理念之一，也是个人具备应有哲学素养的重要表现。

所谓自觉的学科意识，首先，是承认并尊重学科的公共性，自觉保持科学、严谨、求实、宽容的学风和永不满足的批判精神，积极吸收人类思想的一切先进成果，以“问题—回答”的水平来衡量学说的优劣得失，充分尊重学科发展的逻辑，自觉遵守学科基本规范，尊重实践和历史的检验，决不仰仗权势来谋求某种垄断或特权。其次，是要从学科的高度看待自己和别人的学说，承认并尊重多元学说主体的权利与责任，客观公正地看待多元化的学说。明白世界上的任何一种文化和文明，包括其中蕴含的哲学精神和思维方式，都具有自己的基础和特色，都可以在彼此交流中实现相互理解和相互促进。最后，在学术研究中，决不应该不分学科与学说，只见涓流不见大海。如果缺少以学科立场看待学说的自觉性，就会导致某些学说的自我封闭或自我膨胀。在人类思想史上，由于分不清学科与学说，或者以某一学说遮蔽整个学科，或者因为主张某一学说就无视整个学科，或者因为反对某一学说而否定整个学科的情况，屡有发生。这些都是愚蠢而有害的。面对学说的多样化、多元化，哲学家最需要有一种健全的心态，自觉地保持科学、求实、严谨、宽容的学风和作风，防止简单化、绝对化，避免盲从和武断，接受实践和历史的检验，保证学术和人才健康发展。

处理好学科与学说两个层面之间的关系，也是考验学说质量和学者素质的重要标志，是活跃学术批评、发展学术创造力的重要基础。真理越辩越明，哲学的繁荣发展离不开思想批判和观念碰撞。正常的学术批评和学术争论，从尊重学科的共同前提、基础、规范、任务和目标出发，通过各抒己见的探讨，去寻求产生和积累更多的共识，从而促进学科发展。如果在争论中出于门户之见，过分看重个人或小团体一时一事的得失，就会使学派变成宗派，滋生武断偏执、意气用事，搞“对人论证”，甚至借用非学术资源来干扰学术等不良现象。这就很容易破坏学术环境，把学科发展的动力变成了阻力。

三、建设当代中国的哲学

所谓自觉的学说意识，表现为以高度的社会责任感和历史责任感为基础，坚定不移地掌握自己学说建设的方向和标准，有不断攀越理论高峰的目标和志气，努力建设好自己的学说。

中国是一个具有五千年悠久历史的文明古国。漫长的历史在缔造灿烂中华文明的同时，也造就了一种不同于西方的、有自己特色的哲学传统。中国哲学早已产生了高度抽象的概念范畴和富有思辨色彩的逻辑系统。从总体上看，中国哲学包括以人为主体，将天、地、人、神融为一体的综合化思考方式，以及以“自强不息、厚德载物”为取向的人文精神。这一传统早在先秦时期的道家、儒家、墨家、法家、名家等诸子百家学说的汇合之中，就已经形成并表现出来了。中国哲学的传统不是神学的而是人学的，不是封闭的而是开放的，不是单一的而是复合的，不是凝固的而是流动的。伴随中华民族的生存发展而形成的汇合百家、与时俱进的哲学风格，使中华民族和中华文明具有了“海纳百川、有容乃大”的胸襟和宽广、从容、机敏而厚重的气质。因此中国哲学不仅是古代的，也是近现代的。近代以来，“东、西、马”等几大哲学传统，在中华文化土壤上正在逐渐实现交融汇合。在与中华民族伟大复兴实践密切结合的道路上，中国哲学正在经历着深刻的自我反思、转型和嬗变，有可能实现一个飞跃，形成新的面貌，产生出富有世界意义的新的成果，为新时代的文明对话提供富有建设性的理念和智慧。

本章小结

针对“什么是哲学”理解的歧异，需要在区分“学科”与“学说”的前提下，给予新的理解和整合。学科是由它的特定对象、具有普遍性的“问题”和人类长期积累的相关知识、方法、规范等构成，其根本特点在于体现人类认识的公共性。作为一个学科的哲学，代表着人类在最高度抽象和最高度普遍性层次上的思考。哲学以其超越个别走向一般、超越特殊走向普遍、超越有限走向无限、超越实然走向应然的致思取向，保持着自己与其他学科以及人们生活实践之间的区别和联系，为人类提供着具有普遍意义的“智慧”，并显示出不可替代的特质。

学说是对学科问题的一定解答或反应系统。哲学的各种学说因其主体的立场、条件不同而呈现个性化的多元面貌，至今已形成了“东、西、马”等若干大的传统体系。中国哲学是其中一个历史悠久、特色鲜明、博大精深的学说体系。近代以来，在与中华民族伟大复兴实践密切结合的道路上，“东、西、马”等几大哲学传统在中华文化土壤上交融汇合，正在形成当代和未来中国哲学的新面貌。

确立自觉的学科与学说意识，正确处理学科与学说的关系，是提高学说质量和学者素质的重要标志，也是推动学术创新、实现学科发展的重要保证。

关键词

哲学　科学　学科　学说　哲学传统　中国哲学　哲学在中国

思考题

1. 怎样理解“学科”与“学说”?
2. 谈谈对作为一个学科的哲学的理解，包括它的特征和意义。
3. 谈谈对中国哲学的理解。它是“哲学在中国”，还是“中国的哲学”?
4. 为什么要强调一种自觉的学科意识？其根据和意义何在?

延伸阅读

1.《马克思恩格斯选集》，第1卷，人民出版社，2012。

2. 黑格尔：《哲学史讲演录》，第1卷，贺麟、王太庆译，商务印书馆，1959。

3. 文德尔班：《哲学史教程》，上卷，罗达仁译，商务印书馆，1987。

4. 罗素：《西方哲学史》，上卷，何兆武、李约瑟译；下卷，马元德译，商务印书馆，1963、1976。

5. 李秀林：《什么是哲学》，北京出版社，1979。

6. 张世英：《哲学导论》，北京大学出版社，2002。

7. 孙正聿：《哲学导论》，中国人民大学出版社，2000。

8. 邬昆如主编：《哲学概论》，中国人民大学出版社，2005。

第一章　哲学的形态

内容提要

哲学的形态是指哲学在人类生活和文化体系中存在并表现出来的样式。作为一个特定的学科，哲学发生和发展的根据何在，它以怎样的主体为根基、以怎样的世界为对象，其演进的历史轨迹怎样，其内在的理论构成怎样，等等，构成了关于哲学的形态研究所要回答的问题。

第一节　哲学的发生与发展

对"什么是哲学"的问题历来存在不同认识和回答，但哲学的存在本身则是不争之论，即大家普遍认同哲学的存在及其发展是一个客观的事实。由此出发，接下来的问题就是：这一事实何以可能？用通俗的语言讲，就是为什么会有哲学？如果不是将其归结为纯属偶然的话，那么必然遇到的问题就是：哲学存在的根据和理由何在？

一、哲学的主体根基

"为什么会有哲学"与"什么是哲学"的问题同样复杂。为此选择并确定一个恰当的起点不失为一个聪明的办法。就像笛卡尔选择把"我思"作为出发点一样，我们在此选择以"我们"为出发点。这里的"我们"就是人。为什么要以人为出发点呢？因为无论对"为什么会有哲学"的问题做何种解答，大家共同接受的一个隐含的前提是：没有人就没有哲学。这也就意味着，人是哲学的必要条件。那么是否可以说，有人就一定会有哲学呢？两千多年的哲学发展史说明，情况并非如此。因为并不是在所有地区和民族那里都自发产生了哲学。就此而言，人是产生哲学的必要条件，而非充分条件。换言之，只有在满足特定条件，达到相应要求的人的共同体那里，才会产生出哲学。这样，从哲学维度对人进行分析和考察就成为一项重要工作。

（一）人类本性的需要

人生在世，不仅需要一定的物质条件来维持肉体的生存，而且需要精神上的安身立命之地。这种精神需要，首先表现在人必须对自身的生存和所面对的世界有一个基本理解。换言之，人不能生活在混沌之中，而只能生活在一个有秩序、有规则从而可以理解和接受的世界之中。“人类有一种根深蒂固的需要，即把世界描绘成一幅可以想象和理解的画面，以满足精神上的需要。”①

在古代中国，很早就有开天辟地的传说。有了天和地，有了日月山川，有了规则和秩序，世界不再是一团混沌，而成为一个有意义的统一整体。在古希腊，柏拉图的自然哲学对自然界的运行给出了自己的理解，自然界不再是无法言说的混沌，而成为一个可以理解的世界。“柏拉图的 Timaios 是他的自然哲学，它以宇宙的有序创生来说明人类社会不能放任自流。行星的运行方式不会是没道理的，不是说，有天文学上的道理，而是说，有和各种事物之理相通的道理。”②

需要注意的是，对人而言，这种对秩序、对意义、对统一性的需求，不是一种可有可无、偶然性的需求，而是基于人类本性的必然要求，康德称之为“理性的一种自然趋向”③。正是这种“理性的自然趋向”，构成了哲学产生和发展的重要动力。

（二）理性思维的能力

仅有需要还不等于创造。哲学的产生还是以人类把握世界的一种特定能力——理性思维为前提的。人类理性思维能力的形成经历了一个漫长的过程。文明的不断演进造就了人类特有的理性思维能力。这种能力不仅标志着人类能够对纷繁复杂的现象进行一般性的抽象和概括、分析和综合、归纳和演绎等，而且推动着人类进一步产生更高层次的理性需要，其中最为重要的就是哲学的需要，即对世界的本性、秩序和意义的统一理解和把握。

正是在运用和提升这种理性能力以满足人类理性需要的过程中，人不仅

① 马丁·摩根史特恩，罗伯特·齐默尔. 哲学史思路：穿越两千年的欧洲思想史. 唐陈，译. 北京：中国人民大学出版社，2006：2.

② 陈嘉映. 哲学 科学 常识. 北京：东方出版社，2007：12.

③ 康德. 任何一种能够作为科学出现的未来形而上学导论. 庞景仁，译. 北京：商务印书馆，1978：160.

学会了对世界进行深刻思考，并将这些思考以概念范畴的形式表达出来，而且也学会了通过实践对其进行检验和反思，以进一步推动哲学，即人类高度理性思维形式的形成和发展。正如黑格尔所说："哲学史的过程并不昭示给我们外在于我们的事物的生成，而乃是昭示我们自身的生成和我们的知识或科学的生成。"①

（三）哲学思维的性质

王国维在《人间词话》中指出词之境界有两种："有有我之境，有无我之境"。所谓"有我之境"，即是"以我观物，故物皆著我之色彩"②。就哲学而言，一切皆为"有我之境"。哲学思维是一种"有我之思"。

所谓"有我之思"，即在思维的过程和结果中，人必须在场且发挥相应的作用。这一点和（经验）科学构成了鲜明对比。在物理学实验中，实验者的因素必须被排除于结果之外；哲学则不同，它所运用的特定把握方式影响甚至决定哲学所把握到的事物。在哲学的视域中，从来没有与"我"无关的、纯粹的、光秃秃的事物自身。比如说，哲学所把握到的事物有黄绿、有美丑、有冷热，而事物自身本无黄绿、美丑和冷热，它们是"我"参与运作之结果。表面看来，人面对的世界是"物我二分"的世界，殊不知哲学之物，乃"我观"之物，在哲学世界之中，"物皆著我之色彩"。正如康德所指出的："我们关于物先天地认识到的只是我们自己放进它里面去的东西。"③

需要说明的是，这里所说的"我"，并不是某一个体之"我"，而是作为整体的人类之"我"。正如黑格尔所言："哲学史上的事实和活动有这样的特点，即：人格和个人的性格并不十分渗入它的内容和实质。与此相反，在政治的历史中，个人凭借他的性情、才能、情感的特点，性格的坚强或软弱，概括点说，凭借他个人之所以为个人的条件，就成为行为和事件的主体。在哲学史里，它归给特殊个人的优点和功绩愈少，而归功于自由的思想或人之所以为人的普遍性格愈多，这种没有特异性的思想本身愈是创造的主体，则哲学史就写得愈好。"④

总之，哲学的"有我之思"实即人类的主体之思。唯有作为发展着的整个人类的智慧和思考，哲学才能肩负其使命，也才具有无限增长的魅力。

① 黑格尔. 哲学史讲演录：第1卷. 贺麟，王太庆，译. 北京：商务印书馆，1959：9.

② 王国维. 人间词话. 南京：凤凰出版传媒集团，2007：2.

③ 康德. 纯粹理性批判. 邓晓芒，译. 北京：人民出版社，2004：16.

④ 同①7.

（四）哲学的时代根基

哲学作为人类理论思维的产物，以人的思维活动的形式表现自己，但就其根本而言，它却绝非单纯在密室或书斋中苦思冥想的结果，其存在和发展的基础深深根植于人所生活的时代和世界之中。哲学家的所思所想、所感所触，无不与其所生活的时代和社会息息相关。黑格尔指出："就个人来说，每个人都是他那时代的产儿。哲学也是这样，它是被把握在思想中的它的时代。"① 黑格尔的这一论述揭示了哲学的秘密。一个哲学家的贡献和成就，在很大程度上取决于其能否敏锐捕捉住时代的脉搏和准确提炼出时代精神的本质。

从历史上看，哲学家们总是把对时代问题的反思作为自己哲学思考的核心。比如康德哲学之所以被称为批判哲学，是因为康德置身于一个批判的时代："我们的时代是真正的批判时代，一切都必须经受批判。通常，宗教凭借其神圣性，而立法凭借其权威，想要逃脱批判。但这样一来，它们就激起了对自身的正当的怀疑，并无法要求别人不加伪饰的敬重，理性只会把这种敬重给予那经受得住它的自由而公开的检验的事物。"② 黑格尔哲学以巨大的历史感著称，这种历史感同样源自他的时代，正如著名的黑格尔传记作者阿尔森·古留加所说："黑格尔那个时代的精神环境盛行历史主义的思维方法，黑格尔越来越具有这种思维方法的基本立场。"③ 黑格尔正是吸取了这种"历史主义的思维方法"，从而跨越了历史与逻辑之间的鸿沟，成为德国古典哲学的集大成者。

二、哲学形态的历史演进

哲学在东西方不同的条件下，表现出了不同的存在形式和演化进路。在具有典型代表性的西方哲学演进中，表现出了以下鲜明的阶段性特征和轨迹。

（一）理念论与西方哲学的奠基

哲学诞生于古希腊。古希腊早期哲学主要从自然出发，关注的是人的自然环境和宇宙，目的在于获得一个第一性原理并以之来解释世界。苏格拉底改变了这一路向，他把"认识你自己"作为哲学的中心问题，认为哲学不能从外在的自然出发，而必须从理性的人——自我出发，哲学的使命不是

① 黑格尔．法哲学原理．范扬，张企泰，译．北京：商务印书馆，1961：12．

② 康德．纯粹理性批判．邓晓芒，译．北京：人民出版社，2004：3．着重号系原文所有。

③ 古留加．黑格尔小传．卞伊始，桑植，译．北京：商务印书馆，1978：9．

探索万物的始基，而是引导人们去思索生活的意义和至高的善。这就完成了一场哲学形态的变革：从宇宙论转向人学。“他把哲学从天上召唤下来，把它安顿在城邦中，引进家家户户，使它成为探究生活和道德、善与恶所必需。”①

公元前387年，柏拉图在雅典城外以希腊英雄阿卡德摩（Academus）命名的地方创立了学园②，提出了著名的理念论。柏拉图认为理念就像几何学中的三角形，尽管画在沙子上的具体三角形可以轻轻抹去，但三角形的理念则不受时间、空间的限制而永恒留存下来。值得注意的是，柏拉图的理念不同于日常所用的概念。日常概念是从经验事物中抽象概括出来的，其存在的根据在于作为一种符号来指示经验事物；理念则根本不同，它在逻辑上先于经验事物并作为它们的原型而存在。柏拉图认为哲学需要关注和回应的问题，是这个世界究竟是怎么设计和制作出来的。在他看来，世界就是依照理念这个模型或原型设计和制作出来的。因此，理念不是派生的，不是从经验世界的万事万物中“抽象”“概括”出来的，相反，万事万物却是依照理念这个“模型”制作或派生出来的，就此而言，理念是本源性的，不是理念模仿事物，而是事物模仿理念。

柏拉图哲学充分吸收了之前的哲学，在哲学发展史上占据着一个承前启后的位置。梯利在《西方哲学史》中这样描述：“柏拉图同意智者的意见，认为不可能有（关于现象的）知识；同意苏格拉底的意见，认为真知永远是关于概念的知识；同意赫拉克利特的意见，认为（现象）世界经常变化；同意埃利亚学派的意见，认为（理念）世界是不变的；……他的体系是到他那时为止希腊哲学史成熟了的果实。”③ 柏拉图确立了哲学研究的基本领域——本体论、认识论、伦理学、政治学、美学等，阐述了哲学的核心问题和主要框架，至此，奠定了哲学大厦的基本蓝图。“哲学之作为科学是从柏拉图开始[而由亚里士多德完成的。他们比起所有别的哲学家来，应该可以叫做人类的导师]。”④ 以至于有人认为，“两千五百年的西方哲学只不过是柏拉图哲学的一系列脚注而已”⑤。

---

① 策勒尔．古希腊哲学史纲．翁绍军，译．上海：上海世纪出版集团，2007：85.

② 柏拉图的学园是欧洲历史上第一所综合性的学校和研究中心。以后西方各国的学术研究机构都沿袭它的名称叫 Academy。

③ 梯利．西方哲学史．葛力，译．北京：商务印书馆，1995：67.

④ 黑格尔．哲学史讲演录：第2卷．贺麟，王太庆，译．北京：商务印书馆，1960：151.

⑤ 巴雷特．非理性的人．段德智，译．上海：上海译文出版社，1992：82.

（二）第一哲学与形而上学的传统

在哲学的早期阶段，哲学与科学浑然一体。这时的哲学相当于“知识的总汇”。古希腊的哲学著作往往以《论自然》《论宇宙》的名称出现。当时对“哲学”只有一个模糊的观念，即它是对事物产生的原因做出合乎理性的说明。

然而，在知识积累的基础上，必然走向学科的细化和分化。为了梳理和阐明人类知识的结构框架，亚里士多德首次对知识进行了分类，并把哲学（第一哲学）与其他学科区分开来，认为第一哲学优于数学、物理学，居于整个科学知识体系的最高层次①，他把物理学、数学等称为“次于‘第一哲学’的哲学”，或“第二哲学”②。亚里士多德认为第一哲学（所谓“形而上学”）是研究“是之为是”（being as being，being *qua* being）的学问，即研究“是”本身及其属性的学问；其他科学（如数学、物理学）则研究“是”的某一部分及其属性。第一哲学研究最普遍、最根本、最一般的东西，其他科学则研究具体的、细节的、特殊的问题。黑格尔说：“亚里士多德毫不含糊地把纯粹哲学同形而上学与其他的科学区别开来，认为它是一种‘研究存在之为存在以及存在的自在自为的性质的科学’。”③ 同时亚里士多德还认为，哲学研究的目的是要“寻求各种最初的根源和最高的原因”④，即存在的“第一因”。

亚里士多德的科学分类思想具有重要意义。这不仅因为他第一次对已经形成的知识进行分类整理，而且因为在他的科学分类中，作为一门独立学科的“哲学”（第一哲学）第一次得以命名。通过这一命名而表达出来的哲学观，在历史的发展演进中逐渐凝结为西方的形而上学的传统。

（三）存在论与传统哲学的完成

伴随近代以实验为基础的自然科学的迅速勃兴和巨大进步，知识的积累较之以前远为丰富，从而要求在哲学和科学之间做出一定的分工，重新为哲学定位。被马克思恩格斯称为“**英国唯物主义**和整个**现代实验**科学的真正始祖”⑤ 的弗兰西斯·培根，首先提出把人们获取知识的手段和方式作为科学分

---

① 亚里士多德认为，数学、物理学虽然也是智慧，但还不是最高智慧，只有“第一哲学”才是最高智慧。第一哲学的任务是“掌握各种实体的各种本原和原因”（北京大学哲学系外国哲学史教研室. 西方哲学原著选读：上卷. 北京：商务印书馆，1981：124）。

② 北京大学哲学系外国哲学史教研室. 古希腊罗马哲学. 北京：商务印书馆，1961：237.

③ 黑格尔. 哲学史讲演录：第2卷. 贺麟，王太庆，译. 北京：商务印书馆，1960：288.

④ 同②240.

⑤ 马克思恩格斯全集：第2卷. 北京：人民出版社，1957：163.

类的根据。他认为人类获取知识的方式有记忆、想象和理性三种，相应地，人类知识也可分为史学、诗学、哲学和科学三大类。在这个分类中，哲学和科学被划归为一个大类，因为二者的共同使命都是借助于理性的手段获取知识。与亚里士多德分类的一个重大区别是，在培根的分类中，“玄学”（即“第一哲学”）不再是最高的学问，而只是自然哲学下面的一个科目。这反映了近代哲学必须为科学服务的基本要求。

经过几个世纪的积累，在科学分化和哲学发展的基础上，德国古典哲学的先驱莱布尼茨及其后继者沃尔夫奠定了新的哲学体系结构。沃尔夫把哲学划分为理论哲学和实践哲学两大部分。值得注意的是，沃尔夫对“存在（本体）论”（Ontologia）做了如下界定：“关于一般性‘在’（entis）就其作为‘在’而言的科学。”这是对西方哲学史上关于存在（being）问题的研究所做的一次理论总结。这一总结凸显了存在（本体）论在哲学基础理论中的地位。这一定义对后世产生了深远的影响。

作为西方传统哲学的集大成者，黑格尔认识到了哲学对象与科学对象的区别。他一方面指出，哲学以“完全普遍的对象作为内容”，不同于特殊科学的对象；另一方面，他的所谓“完全普遍的对象”也就是“绝对理念”。黑格尔哲学成了对“绝对理念”自我运动的思辨叙述和逻辑推演，它与任何经验内容都毫无关涉，而又自居于一切科学的“王者”之位，成了“科学的科学”。正如恩格斯所指出的：“就哲学被看做是凌驾于其他一切科学之上的特殊科学来说，黑格尔体系是哲学的最后的最完善的形式。全部哲学都随着这个体系没落了。”① 黑格尔哲学是西方传统哲学形态完成和终结的标志，也预示着现代哲学新形态的出现。

（四）回归现实生活世界的现当代哲学

19 世纪中叶是西方哲学发展中的一个转折点。以马克思哲学的产生为标志的哲学变革和以现代哲学的产生为标志的西方哲学转型，是这个转折的体现。它们不再以划分和构建知识体系为关注的焦点，而是首先从根本的哲学观方面，然后从哲学本身的思想方向和理论内容方面发起了革命，从而开启了哲学发展的新形态。

西方现代哲学力图超越那种以天人、心物、主客“二分”为出发点，以建立关于世界本质的理论体系为目标，以基础主义和本质主义为特征的传统哲学，使哲学从抽象化的自然界或绝对化的观念世界回归到人的现实生活世

---

① 恩格斯．反杜林论//马克思恩格斯选集：第 3 卷．3 版．北京：人民出版社，2012：398.

界，转向人的现实生活和实践。如罗蒂指出，传统哲学的误区在于受到一种“将万物万事归结为第一原理或在人类活动中寻求一种自然等级秩序的诱惑”①，哲学给予我们的“不只是意见的总和，而且是知识，关于具有根本重要性的东西的知识”，它所关心的是独立于历史和社会变化的“永恒哲学问题”②，等等。

马克思哲学彻底打破了传统哲学由以出发的前提，不再固守任何与现实生活实践相背离的抽象原则，而是直面人的生活，并从中发现固有的现实联系。马克思哲学的方向代表了西方哲学变革的方向，它在西方现代哲学中得到了确认。“纵观整个哲学史，柏拉图的思想以有所变化的形态始终起着决定性的作用。形而上学就是柏拉图主义。尼采把他自己的哲学标示为颠倒了的柏拉图主义。随着这一已经由卡尔·马克思完成了的对形而上学的颠倒，哲学达到了最极端的可能性。哲学进入其终结阶段了。”③

当然，宣称哲学已经“终结”，或说马克思的哲学不再是“哲学”等，都只是在与西方传统哲学相区别的意义上来说的。作为一个学科的哲学不可能因此而终结。恰恰相反，正是在突破传统的哲学观念及其思维模式的现代转型中，哲学在人类精神生活中的真正意义，哲学本身的历史性和开放性本质，哲学形态发展变化的不竭生命力，才得到了进一步体现和发挥。

三、哲学形态的逻辑分析

哲学总是通过一种特定理论体系的方式来表达自己。一种成熟的哲学往往在其理论的前提和基础、对象的类别和层次、逻辑的结构和规则、方法的特性和限度、价值的取向和旨归等方面，表现出内在的一贯性、严密性和完整性，即自成体系。但表面的、形式上的体系性并不是哲学理论唯一的、必然的表达形态。哲学的系统性和整体性，主要表现在其概念的普遍性、思想的深刻性和内在的逻辑力量等之中。因此有必要区分哲学所具有的外部形态和内部形态，如思想体系和叙述体系、观念形态和现实形态、逻辑序列和历史进程等，以从中把握哲学所特有的形态。

（一）思想和叙述

哲学的思想体系指诸哲学思想和观点之间的内在联系及其基本脉络，叙

① 罗蒂. 哲学和自然之镜：中文版序. 李幼蒸，译. 北京：三联书店，1987：15.

② 同①14.

③ 海德格尔. 面向思的事情. 陈小文，孙周兴，译. 北京：商务印书馆，1996：59.

述体系指论证、阐释或发挥一套思想体系的概念范畴系统。二者之间既不完全等同，又没有截然分明的界限。从总体上看，它们都是一种有秩序的系统。但秩序性在二者之中的表现形式各不相同。

一些具有原创性的思想体系，往往以潜在的形式存在并发挥作用。冯友兰谈到中国哲学时曾说："中国古代哲学家们比较少做正式的哲学论著。从古代流传下来的哲学史资料，大多是为别的目的而写的东西，或者是别人所记录的他们的言语，可以说是东鳞西爪。因此就使人有一种印象，认为中国古代哲学家的思想没有系统。如果是就形式上的系统而言，这种情况是有的，也是相当普遍的。但是形式上的系统不等于实质上的系统。拿一部《论语》来看，其中所记载的都是孔子回答学生们的话。学生们东提一个问题，西提一个问题，其间并没有联系。孔子东答一个问题，西答一个问题，其答也没有联系。孔子并没有和学生们就一个专门问题讨论起来，深入下去。（也许有，不过没有这样记载流传下来。）就形式上看，一部《论语》是没有形式上系统的。但这并不等于孔子的思想没有实质上的系统，如果是那样，他的思想就不成为一个体系，乱七八糟。如果真是那样，他也就不成为一个哲学家了，哲学史也就不必给他地位了。"①

古希腊时期很多哲学家的思想，乃至后来尼采的思想、克尔恺郭尔的思想等也类似。乍一看，它们就像一堆思想的碎片，毫无秩序可言。但深入研究会发现，这些碎片的背后存在着一个或一些一以贯之的主题，并且在这些主题内部或主题之间不乏严谨的结构和系统。通过零散的表述方式来把握其内在的思想和观念系统，实际上正是学习和研究哲学的一个重要内容。"中国哲学史工作者的一个任务，就是从过去的哲学家们的没有形式上的系统的资料中，找出其实质的系统，找出他的思想体系，用所能看见的一鳞半爪，恢复一条龙出来。"②

在哲学的叙述体系中，上述情况表现得更为充分。那些最具原创力的哲学家往往把精力集中在创造新的思想和理论之上，而无暇顾及完整系统地表述自己的思想。"一个哲学家如果是对于某一问题，得了一个结论，他必然是经过一段理论思维。他可能没有把这段过程说出来。但是，没有说出来，并不等于没有这个过程。"③ 这就出现了一种貌似矛盾的现象：一方面，哲学家

① 冯友兰. 中国哲学史新编：第1册. 北京：人民出版社，1982：37-38.

② 同①38.

③ 同①38.

的思维极其严密；另一方面，其表述则充满了跳跃性。我们既不能因为后者而否认前者，也不能由此而放弃对哲学的系统性和明晰性的要求。毕竟，叙述体系的一大任务就是对思想体系进行系统的阐释和论证。

与思想体系的创建者必然是该思想的创立者不同，叙述体系的建构者既可以是该思想的创立者，也可以是他人，如学生和后继的研究者。因此面对同一个思想体系，可以有不同的叙述体系。以对马克思主义哲学的叙述为例，如果由马克思来写的话，那么他很可能是按照《关于费尔巴哈的提纲》的思路来进行；如果由恩格斯来写，则可能以《反杜林论》、《路德维希·费尔巴哈和德国古典哲学的终结》和《自然辩证法》的思路来进行；如果由列宁来写，那么大体上可以从《哲学笔记》和《唯物主义和经验批判主义》等书中看到线索；如果由卢卡奇来写，那么从《历史与阶级意识》中不难看到其蓝图。一般说来，一种哲学学说的叙述体系的数量与其思想体系的质量成正比。

（二）观念和现实

哲学的观念形态指哲学的概念和范畴等观念的系统。哲学的观念形态是哲学的直接表现方式，但并不意味着哲学是与现实无涉的纯粹概念体系。事实上，哲学把对现实的把握当作自己的基本使命。“哲学必然与现实和经验相一致。甚至可以说，哲学与经验的一致至少可以看成是考验哲学真理的外在的试金石。”① 哲学视域中的现实不同于经验常识意义上的现实，它蕴含三个基本维度。

其一，必然性的维度。对现实问题的考察，首先遇到的一个问题就是现实是否等同于现存？我们在日常经验中目之所视、手之所触的那些实实在在的东西，是否就是现实？在哲学视域中，现实不等于现存，现存是一种偶然性的存在，而现实之所以为现实，恰恰在于其实现或展开过程中具有一种必然性，这种必然性构成了其本质所在。就像黑格尔所说的，现实是本质与存在的统一。离开了本质的一面，离开了必然性的维度，无以谈现实。马克思关注的现实，就是这种内在的历史必然性，比如对资本主义现实的研究。当绝大部分人都陶醉于由资本主义生产力快速发展所带来的社会财富的空前繁荣之时，马克思则透过了这些偶然性的幻象，切入其本质之所在，即由资本主义生产力和生产关系之间不可调和的内在矛盾所决定的资本主义必然走向灭亡的命运。正是这一社会历史发展的必然性，构成了资本主义最为根本的现实之所在。必然性的维度构成了哲学现实观的立足点。

---

① 黑格尔．小逻辑．贺麟，译．北京：商务印书馆，1980：43.

其二，社会性的维度。现实不等于事实，哲学关注的是社会性的现实，不是自然意义上的事实。哲学把握现实的基本方式在于，总是自觉立足于社会性的维度，把对象、事物置于社会历史的发展过程中，从社会关系所构成的统一整体出发来把握对象和事物。就像马克思所说的，“黑人就是黑人。只有在一定的关系下，他才成为**奴隶**。纺纱机是纺棉花的机器。只有在一定的关系下，它才成为**资本**。脱离了这种关系，它也就不是资本了”①。黑人作为黑人，纺纱机作为纺棉花的机器，是就其自然属性而言的，是一种自然意义上的事实；而黑人作为奴隶，纺纱机作为资本，则着眼于社会属性，是从特定社会关系出发来把握的社会现实。哲学所关注的，不是前者，而是后者。社会性的维度构成了哲学现实观的出发点。

其三，具体性的维度。哲学关注的是具体的现实，不是抽象的原则。现实不是孤零零事实的积累，也不是赤裸裸结果的相加，而是同鲜活具体的历史过程交织在一起，这意味着具体的现实是生成性、历史性和开放性的存在。这也体现了马克思主义辩证法彻底的批判性和革命性。“辩证法对每一种既成的形式都是从不断的运动中，因而也是从它的暂时性方面去理解；辩证法不崇拜任何东西，按其本质来说，它是批判的和革命的。”② 这种彻底的批评性和革命性决定了马克思主义哲学视域中的现实必然是面向未来的、开放的、具体的存在。面对这样的具体现实，就不能以一种简单的定义或一个最高的原则界定它，因为这种抽象的方式仅适用于现成不变的僵硬事实，而不适用于具体的现实。正是这一原因，马克思一再强调，他的学说从来都不是可以适用于一切时代、一切地域的普适性的“药方”或“公式”。具体性的维度构成了哲学现实观的关键点。

哲学的观念形态与现实形态是一种形式与内容的关系。哲学的现实形态是其观念形态的内容和精神实质，是否具有充实的现实性，是衡量一种哲学的水准和质量的一个内在标准。

（三）逻辑和历史

哲学的历史形态指哲学在时间序列中呈现出来的发展过程和样式。在历史形态中，哲学呈现为一个个哲学家的思想按照时间的顺序先后更替的历史。哲学史与其他学科的历史不同的是，人们既不是先拥有了一个关于“什么是哲学”的确定的概念或者定义之后才去从事哲学活动，也不是在关于哲学的确定的核

① 马克思恩格斯文集：第1卷．北京：人民出版社，2009：723.

② 马克思恩格斯选集：第2卷．3版．北京：人民出版社，2012：94.

心概念或定义的指引下对人类思想史上的材料加以分辨取舍，在此基础上形成一部哲学史的。事实上，关于哲学的核心概念也仅仅是在对人类思想史上的材料进行分辨和研究的过程中逐渐形成和完善起来的。例如，哲学的开端，是一种“爱智慧”的模糊意向和关于智慧的一些抽象概念。这些模糊抽象的意向和概念随着历史的不断演进，越来越明晰、具体和丰富。

“哲学有这样一种特性，即它的概念只在表面上形成它的开端，只有对于这门科学的整个研究才是它的概念的证明，我们甚至可以说，才是它的概念的发现，而这概念本质上乃是哲学研究的整个过程的结果。”① 哲学的历史形态就像一条没有尽头的河流，其源头“只在表面上形成它的开端”，而不能控制其后的具体流程。这就决定了哲学所构筑的传统是一条奔腾不息的河流，“离开它的源头愈远，它就膨胀得愈大”②。哲学的历史形态意味着哲学是一条永无止境的精神探索之路。哲学永无可能获得一个可以一劳永逸、放之四海而皆准的固定模式。

哲学的逻辑形态指哲学的概念体系所呈现的内在结构次序和它们之间的联系，亦即“理念各种形态的推演和各种范畴在思想中的、被认识了的必然性”③。把握哲学的逻辑形态，是了解和判断某种哲学概念、范畴、观点和理论在哲学上的地位和意义的根据。例如在哲学的历史形态中，哲学的发展以一个个哲学家、一个个哲学观点或哲学流派自然更迭的形式而存在。但它们彼此之间并非绝对孤立、毫无联系的，否则，哲学的历史形态就变成了一个中药铺，每一个抽屉代表一味中药，彼此分立、各不相关。深入的研究将会发现诸多哲学家做出的贡献之间存在着内在的必然联系。将这种联系提炼出来并加以“纯粹化”，就会看到哲学发展过程中所展现出来的逻辑形态。如果说在哲学的历史形态中，哲学的发展以现实中“一个又一个”哲学家自然更迭的链条形式而存在的话，那么在哲学的逻辑形态中，哲学的发展则可以被看作同“一个”哲学家不断在深化自己思考的历程。

第二节　哲学的对象和视域

任何一个学科都有自己特定的研究对象，哲学也不例外。然而关于什么

① 黑格尔．哲学史讲演录：第1卷．贺麟，王太庆，译．北京：商务印书馆，1959：6.
② 同①8.
③ 同①33.

是哲学的对象，甚至关于什么是“对象”这一范畴的确切含义本身就是哲学思考的一个重要问题。

一、哲学对象的二重性

一般说来，对象就是主体所面对的事物。在传统的科学分类中，划分学科的基本标准和核心标志就是以什么为对象。在这种分类方式中，“对象”首先与某种实体性的客观存在相联系，即某一学科的对象，一定是指某种独立存在着的外部事物和它们的系统。“天文学”“地理学”“生物学”“经济学”等学科，就是以此来命名的。但对哲学来说，这种界定方式却并非有效。例如人们通常认为，哲学作为“世界观”，它的对象当然就是“世界”。然而“世界”究竟指什么？是指整个宇宙吗？关于整个宇宙的研究，除了现在的“宇宙学”以外，人们看到的是，过去作为无所不包的知识总汇的哲学，随着各门自然科学和社会科学分化发展，现在似乎成了“一无所有的李尔王”。那么，作为哲学对象的“世界”还意味着什么呢？

针对这种困境，曾有人主张用世界的“整体性”来说明哲学对象的特殊性，也有人主张把哲学的对象表述为“人与世界的关系”，等等。从根本上看，这些主张都是力图找到一种客体即外部存在的独立形式或特殊层次，来说明哲学“对象”的存在和特征。然而，把“整体性”“人与世界的关系”加以独立化的描述和判断，要么只是某种学说的结果，而不是学科的前提，要么它们的含义已经包含在“世界”这一总体对象的范围之内，只是对“世界”概念外延的缩小或放大而已。所以这种解释模式并不能真正解决问题。可见，沿着“某一学科的对象，一定是指某种独立存在着的外部事物本身”的思路去理解，已经不能对哲学的对象究竟是什么做出令人信服的说明。

哲学的发展开辟了理解“对象”和“哲学对象”的新思路。这一新思路的核心在于引入了主体性视角，区分了对象本身的客观存在与对它的主体把握，即将主体“所面对”的对象与主体“所见到”并表述出来的对象区分开来。哲学和全部科学所面对的，当然是整个世界和它的各种组成部分，这是指客观存在着的对象；但使哲学和各门科学得以成立并彼此区别开来的根据，并不是由于它们“所面对”的世界不同，而是由于观察视角、探索途径、观照层次、思考方式等不同所决定的结果（即“所见到”）的不同。也就是说，对于哲学来说，其对象的特殊性并不在于哲学所面对的是一个与各门科学都不同的世界，或世界的某个不同的存在形式，而在于哲学本身所代表的观察视角、探索途径、观照层次、思考方式等不同。正是这些，使它“所见到”

的世界与众不同了。

“所见到”的意义上，哲学的对象从来都不是想象中纯然“自在、中立”的事物本身，而是与一定哲学观念保持着千丝万缕联系的对象。不同的哲学学说往往阐述着不同的对象，反之，不同的对象也展现着不同的哲学学说。当然，学说之间的不同，并不意味着学科对象的消失，而是更进一步证明了在哲学层面上，必须更加注重对“对象”的二重性的把握，更加注重哲学所具有的人类主体性意义。这种意义并不表现为否认对象世界的客观存在，而是表现在对各种现实对象的具体把握和反思之中。

总之，哲学的对象是以人类思维的最高形式所面对并把握的世界。换句话说，哲学的对象，其实是人类理性特有的一个视域。这个视域并不凝固于某种固有的事物或状态本身，而是随着人类实践和思考的扩展而不断扩展，随着人类实践和思考的深化而不断深化的关于世界的理解和把握。

通常构成哲学对象的有三大基本视域：物的世界、人的世界、概念的世界。

二、物之探究

哲学对于物的追问，不同于物理学和一切具体科学。对于具体科学来说，“物的世界是否存在”不成其为问题，或者说是一种“自明的东西”。但对于哲学而言，物的存在问题却至关重要。康德在《纯粹理性批判》中指出，没能对外部世界的存在提出一个令人信服的证明，因而“不得不仅仅在信仰上假定在我们之外的物（我们毕竟从它们那里为我们的内感官获得了认识本身的全部材料）的存有”，乃“哲学和普遍人类理性的丑闻”[①]。一百多年后海德格尔则认为，“‘哲学的耻辱’不在于至今尚未完成这个证明，而在于人们还一而再再而三地期待着、尝试着这样的证明”[②]，因为这个“证明”的意图本身预设了一个前提，即与外部世界相分离的主体的存在。就像首先把鱼和水分离开来，然后再通过鱼离不开水来证明水的存在一样。就是说，问题出在人与世界相分离、主体与客体二元分立的前提之中。实际上，这一前提也就是思维与存在的关系问题：那个“世界何以存在”问题的提问者，他自己是否存在及如何存在？这一提问的逻辑是从哪里来的？无论是关于存在的知识

① 康德. 纯粹理性批判. 邓晓芒，译. 北京：人民出版社，2004：27.

② 海德格尔. 存在与时间. 陈嘉映，王庆节，译. 北京：三联书店，2006：236. 着重号系原文所有。

还是信念，它们本身是否也属于世界的存在现象？可见，对于思维及其产物，也不能将其置于脱离或割裂存在的地位上来理解。只有这样，才能关注对于普遍存在的完整的、现实的把握。

物究竟是什么这一问题，在唯物主义和唯心主义哲学中虽然有不同的回答，但二者却分享一个共同的前提，即承认物是人的意识或思维的对象，或物与人的意识或思维的相关性。例如，唯物主义通常认为，物是独立于人的思维并成为人的思维本源的客观存在；唯心主义则总是以各种不同的方式强调，物的存在实际上依赖于对它的意识或意识对它的建构。正是这两大观点的对立，使它们之间的共同前提或共同问题——思维与存在关系问题，成了“全部哲学的最高问题”和近代认识论的“基本问题”。①

对物和物的世界的关注，在哲学上并没有走向对外部自然界和自然之物的直接追究（这一方向是由各门具体科学来坚持的），而是沿着形而上的方向，通过对问题的前提和背景的追问，走向了对人和人的世界的探索和追究。换言之，哲学并非不思考自然界，关键是哲学所探究的那个自然界，乃哲学意义上的自然界。这样的自然界正如马克思所说：“在人类历史中即在人类社会的产生过程中形成的自然界是人的**现实的**自然界；因此，通过工业——尽管以**异化**的形式——形成的自然界，是真正的、**人类学**的自然界。”② 这意味着，哲学上对于“物的世界”的探究，终究要与对“人的世界”的探究结合起来。

三、人的世界

哲学探究从“物的世界”走向“人的世界”，或者使“物的世界”与“人的世界”统一起来，是有其必然性根据的。这一根据在于，哲学的主体只能是人，而人所面对的世界，只能是一个现实的世界，不是一个抽象虚幻的世界。那么，人的世界是否包括自然界呢？这涉及对现实世界，即马克思恩格斯所说的“整个现存的感性世界”③ 的理解。在马克思恩格斯看来，“现存的感性世界”并不是抽象的、纯粹的物的世界，而是人所生活的现实世界。这一世界既不是从来就如此，也不是纯然天成的。从根本上看，它正是人类实践活动的产物。外部自然界只有同人类的实践活动发生关系，受到实践活动

① 马克思恩格斯选集：第4卷. 3版. 北京：人民出版社，2012：229-230.

② 马克思恩格斯全集：第42卷. 北京：人民出版社，1979：128.

③ 马克思恩格斯选集：第1卷. 3版. 北京：人民出版社，2012：157.

的影响、改造并打上人的烙印，才能真正进入社会历史领域，成为人们所生活的现实世界。因此所谓“现实世界”的现实性，就在于它是与人的感性活动即实践相联系，并呈现于人的感性活动之中的存在，这也就是人的世界。

人的世界并不能简单地归结于或还原为物的自然存在或自然属性，就像音乐不能被还原为声响和声波，绘画不能被还原为色彩和光波，商品不能被还原为自然物品一样。因为一旦进行这种还原，那么从还原之刻起，音乐就不再成其为音乐，绘画不再成其为绘画，商品不再成其为商品，人的世界也不再成其为人的世界。而我们关于任何问题的哲学讨论，都是建立在人的世界的基础之上的，一旦抽去这一基础，那么任何讨论都将是荒谬和无意义的。

经验常识的观点认为，现存的感性世界是不以人的存在和意志为转移的外部自然界，它独立于人并且先于人而存在。高山耸立，江河奔流，自古如此，似乎与有没有人的活动并无关系。旧唯物主义代表了这种观念。费尔巴哈曾以自然科学的发现为例，来说明自然界的存在与人无关。马克思恩格斯却指出：“先于人类历史而存在的那个自然界，不是费尔巴哈生活于其中的自然界；这是除去在澳洲新出现的一些珊瑚岛以外今天在任何地方都不再存在的、因而对于费尔巴哈来说也是不存在的自然界。”① 马克思恩格斯进一步指出，自然科学本身的出现和它对自然秘密的发现，也恰恰是以人的活动为前提和基础才可能的：

> 如果没有工业和商业，哪里会有自然科学呢？甚至这个“纯粹的”自然科学也只是由于商业和工业，由于人们的感性活动才达到自己的目的和获得自己的材料的。这种活动、这种连续不断的感性劳动和创造、这种生产，正是整个现存的感性世界的基础，它哪怕只中断一年，费尔巴哈就会看到，不仅在自然界将发生巨大的变化，而且整个人类世界以及他自己的直观能力，甚至他本身的存在也会很快就没有了。②

人的活动和社会实践“是整个现存的感性世界的基础”这一判断，是对“人的世界”含义的极其深刻而准确的表述。它不仅说明了人的世界的现实性在于人的活动的现实性，而且进一步指出，人的现实活动即实践，是人的世界与物的世界统一的基础。在这一基础上，我们才能真正理解：人的世界的本质和意义，在于人自己的活动和创造。

---

①　马克思恩格斯选集：第1卷．3版．北京：人民出版社，2012：157.

②　同①.

德国哲学家卡西尔曾以如下方式描述了“人的世界”：“人不可能逃避他自己的成就，而只能接受他自己的生活状况。人不再生活在一个单纯的物理宇宙之中，而是生活在一个符号宇宙之中。……在某种意义上说，人是在不断地与自身打交道而不是在应付事物本身。他是如此地使自己被包围在语言的形式、艺术的想象、神话的符号以及宗教的仪式之中，以致除非凭借这些人为的媒介物为中介，他就不可能看见或认识任何东西。”① 在这里，卡西尔还进一步提出了，在人的世界中，符号（包括语言、想象、概念等）是人的特殊存在形式。

四、概念王国

哲学是借助于概念的方式来把握世界的。黑格尔曾经举过这样一个例子：古希腊哲学家芝诺曾经提出“飞矢不动”的命题，并以此来质疑运动的可能性。第欧根尼则用了一个非常简单的办法来反驳芝诺：他站起来一言不发地走来走去。然而，“当一个学生对他这种反驳感到满意时，第欧根尼又责斥他，理由是：教师既然用理由来辩争，他也只有用理由去反驳才有效”②。黑格尔对此评论说，人不能满足于感官的确信，而必须借助于理智的理解，芝诺是基于运动概念的矛盾性来质疑运动的，他“可以说是从未想到过要否认运动。问题乃在于考察运动真理性”③。也就是说，芝诺是在理性、概念的层面上讨论问题的，对此必须也只能从理性、概念的层面上予以反驳，而不能简单地求助于感觉经验。这意味着，对于哲学的讨论来说，“问题不在于有没有运动，而在于如何用概念的逻辑来表达它”④。有没有运动的问题，乃经验常识层面上的问题；如何以概念的逻辑来表达运动的问题，才是哲学层面上的问题。

概念是一种怎样的对象呢？哲学不像数学、逻辑学那样拥有一套自己独立的语言符号系统，哲学所使用的概念很多来源于日常生活中的语言。比如哲学上的存在、现象、本质、现实、自由等概念，在日常生活中同样在运用，二者在形式上并无明显的差别。表面看来，哲学概念与日常概念似乎是同一种概念系统，服从于同一个内在规则。但事实上，它们之间却有着深刻的根本性区别。

---

① 卡西尔．人论．甘阳，译．上海：上海译文出版社，1985：33．

② 黑格尔．哲学史讲演录：第1卷．贺麟，王太庆，译．北京：商务印书馆，1959：282-283．

③ 同②282．

④ 列宁．哲学笔记．北京：人民出版社，1993：216．

其一，所“对应”的现实，即“所指”的对象不同。日常概念直接来源于感觉经验，每一个日常概念都或多或少、或远或近、或直接或间接地在经验世界中存在着对应者。“日常语言中的词或概念归根结蒂是经验性的：它或者是指示一个经验中的对象，或者是对主观心态的描述；日常语言中也有表示类或抽象性质的概念，这些当是从经验中归纳和概括得到的；还有一些概念，如‘道’，是在经验基础上超越的结果，这里所谓‘在经验基础上’，是说它不是纯粹思想的产物，不是逻辑地推论出来的，而是通过经验直觉到的。至于有些关于世间并不存在的虚构对象的概念，我们也不能否认它们是人们用经验表象作为素材组合出来的，如关于精灵、鬼怪的概念。”① 哲学概念则不同，它们不是从感觉经验中直接提炼概括出来的，人们不可能在穷尽一切经验之后再概括出哲学概念来，因此无法在现实经验世界中找到哲学概念的直接对应物。康德指出：“纯粹理性概念永远不能在任何可能经验里提供，因而其客观实在性（即它们之不是纯粹虚构的）和［形而上学］论断的真伪都不能通过任何经验来证明或揭露。”②

其二，所遵循的内在规则不同。对于日常概念而言，其得以成立的根据在于它们与经验世界中的存在者之间存在着一种纵向的对应关系。哲学概念则不然，它们得以成立的根据在于概念与概念之间的横向的逻辑规定性。换言之，日常概念的意义主要来自其所对应的经验事实方面，哲学概念的意义则主要来自概念之间的逻辑关系。比如，关于日常概念“红”的意义，我们自然联系到经验世界中各种各样的红颜色的东西：红花、红苹果、红地毯等。但对于作为哲学概念的“红”的意义，我们就不能再从这一路径来理解，而应当着眼于它与黄、黑、白等颜色概念之间的逻辑关系来理解。冯友兰曾经就此阐述了哲学概念与日常概念之间共相与殊相、一般与个别的关系：“一说到‘红’的概念或共相，就觉得有一个什么红的东西，完全是红的，没有一点杂色，认为所谓红的概念就是如此，以为这就是理论思维。其实这不是理论思维，还是形象思维。‘红’的概念或共相，并不是什么红的东西。就这个意义说，它并不红。一说到运动的概念或共相，人们就觉得它好象是个什么东西，运转得非常之快。其实，‘运动’的概念或共相并不是什么东西，它不能动。如果能了解‘红’的概念或共相并不红，‘动’的概念或共相并不动，

① 俞宣孟．本体论研究．上海：上海人民出版社，1999：52.

② 康德．任何一种能够作为科学出现的未来形而上学导论．庞景仁，译．北京：商务印书馆，1978：103.

'变'的概念或共相并不变，这才算是懂得概念和事物、共相和特殊的分别。"①

由上可知，要学习哲学，必须学会区分哲学概念和日常概念。由于日常概念强大的惯性作用广泛影响着人们的思维习惯，人们往往不能正确把握二者的区别，常常以把握日常概念的方式去把握哲学概念，特别是在面对现象、本质、存在等与日常概念相似的哲学概念时，更是"亟欲将意识中的思想和概念用表象的方式表达出来"②，而不懂得在哲学领域中，红的概念并不红、动的概念并不动、变的概念并不变。就像中国象棋中的车、马、炮，它们得以成立和运行的根据来自中国象棋自身的游戏规则，而与经验世界中实际的车、马、炮并无直接关系。

哲学概念与日常概念的区别源自哲学思维的超越性特征。作为追根究底之学，哲学关注和追求的是最为普遍的普遍和最为一般的一般，这就决定了它必然要超越感觉经验。因为在感觉经验世界中，一切都处于无限绵延的因果链条之中，既没有"第一因"，也没有"终极存在"，穷追下去的结果只能导致黑格尔所说的"恶的无限"，而不能得到哲学所寻求的"最普遍"和"最一般"。这样的普遍和一般只能在思想和概念之中。因此哲学必须超越感觉经验，超越建立在感觉经验基础上的日常概念，创造出符合自己需要的哲学概念。黑格尔在强调"对于思辨意义上的概念与通常所谓概念必须加以区别"时，重点指出："认为概念永不能把握无限的说法之所以被人们重述了千百遍，直至成为一个深入人心的成见，就是由于人们只知道狭义的概念，而不知道思辨意义的概念。"③"思辨意义的概念"即哲学概念，是人类思维"把握无限"的一种重要方式。

哲学概念具有自己的限度。由于哲学概念的意义来自概念之间的逻辑规定关系，那么由其构筑而成的哲学领域，就是一个完全超感性的特殊王国："逻辑的体系是阴影的王国，是单纯本质性的世界，摆脱了一切感性的具体性。"④ 这样一个"阴影的王国"，作为人类在思维中把握世界的一种形式、一个环节，既是必要的，也是有限的。关于这一点，康德已经有所觉察。例如他曾经结合上帝存在的本体论证明指出两类概念的得失。固然可以从"上帝是全能的"合乎逻辑地推出"上帝存在"，但这里的"存在"有其特殊的意

① 冯友兰. 中国哲学史新编：第1册. 北京：人民出版社，1982：22.

② 黑格尔. 小逻辑. 贺麟，译. 北京：商务印书馆，1980：41.

③ 同②49.

④ 黑格尔. 逻辑学：上卷. 杨一之，译. 北京：商务印书馆，1966：42.

义：上帝的“存在”与口袋中实际有一百元钱的“存在”，显然是两类性质不同的存在。后者作为日常概念，在经验世界中有其实在的对应物；前者作为哲学概念，则仅具有逻辑上的意义，并不具有实在意义上的对应者。“在我的财产状况中，现实的一百塔勒比一百塔勒的单纯概念有更多的东西。”① 这就是说，哲学概念只是比日常概念更纯粹，而不是更丰富。哲学概念只是人类把握世界的多种形式、多个环节之一，而不是它的全部。

马克思恩格斯从思想—语言—现实之间的联系中，进一步揭示了哲学概念的秘密：“**语言**是思想的直接现实。正像哲学家们把思维变成一种独立的力量那样，他们也一定要把语言变成某种独立的特殊的王国。这就是哲学语言的秘密，在哲学语言里，思想通过词的形式具有自己本身的内容。从思想世界降到现实世界的问题，变成了从语言降到生活中的问题。”② 哲学作为思想中的时代、概念中的现实，一方面，它的思想必须要“通过词的形式具有自己本身的内容”，也就是哲学必须通过概念来进行思考；另一方面，人类不可能只生活在“阴影的王国”之中。哲学最初来自现实世界，最终还要回到现实世界。这样，哲学如何与现实世界相联系（从思想世界降到现实世界）的问题，也就与哲学如何“从语言降到生活中”的问题相联系，包括如何使哲学概念与日常概念相互沟通，走向统一，必然也成为哲学发展所不能回避的问题。

第三节　哲学的问题和构成

哲学体系的建构是以哲学问题的层次为自身结构层次的；每一个哲学基础理论分支的形成，都以某些具有重大意义的哲学问题为标志。要理解哲学的特点，必须理解哲学问题的特点。

一、哲学的元问题

哲学问题是具有高度抽象性和普遍性的问题。哲学问题的提出往往与形成高度抽象的哲学概念密切相关。例如，在柏拉图对话录的《大希庇阿斯篇》中，苏格拉底问希庇阿斯“什么是美”，希庇阿斯回答“美就是一位

---

① 康德. 纯粹理性批判. 邓晓芒，译. 北京：人民出版社，2004：476.

② 马克思恩格斯全集：第3卷. 北京：人民出版社，1960：525.

漂亮的小姐”，就是“一匹漂亮的母马”，就是“黄金”，等等。苏格拉底则指出，在这里问的并非“什么东西是美的”，而是“美”本身，“这美本身，加到任何一件事物上面，就使那事物成其为美”①。“什么东西是美的”和“什么是美”属于两类不同的问题。前者是感觉经验基础上的常识问题，后者才是哲学问题。作为一个哲学问题，“什么是美”指向一种普遍的本质或特性，它所要求的答案，是对“美”这个概念所表达的普遍性内容或规定的把握。

哲学问题本身也是有层次、有“级别”的。哲学是一个一级学科，哲学学科下面有中国哲学、外国哲学、马克思主义哲学、宗教学、逻辑学、伦理学、美学、科学哲学八个二级学科。在各二级学科纷繁复杂的问题结构中，总有一些问题占据着理论上的“制高点”位置。这些问题相对于本学科的其他问题来说，是具有根本性、前提性或基础性的最大问题；对这些“最大”问题的回答，必然成为一系列次级问题回答的逻辑前提和基础。在哲学的各个领域中，这样的问题属于“一级问题”，一般被叫作“元问题”。例如，对于美学来说，“什么是美”就是一个元问题；对于伦理学来说，“什么是善”也是一个元问题；等等。对于整个哲学学科来说，同样存在这样的“一级问题”或“元问题”。

在哲学两千多年的发展进程中，这样的问题已经部分地、逐渐地被归纳、澄清和提炼出来了。迄今为止，在哲学理论体系中已经逐渐被确认的，是与哲学三大基础理论分支——存在论、意识论、价值论②——相对应的著名的三大问题：

> 存在论问题，即关于世界的存在的问题：什么是存在和非存在？什么存在着？怎样存在？
>
> 意识论问题，即关于人对存在的把握的问题：人是否能够以及如何在头脑（理性和感性）中把握存在？
>
> 价值论问题，即关于存在及其把握与人的关系的问题：世界万物的存在及其意识对于人的意义如何？

在哲学史上，三大基础理论分支获得命名从而正式形成的大体时间，分别是17世纪（存在论）、18世纪（意识论）、20世纪（价值论）。作为构成哲

---

① 柏拉图．柏拉图文艺对话集．朱光潜，译．北京：人民文学出版社，1959：176.

② 与此相近的哲学分类，可参见：张世英．哲学导论．北京：北京大学出版社，2002：12-13。

学理论形态之特质和核心的内容，在三大问题之间和三大基础理论分支之间，有着深刻的历史的、逻辑的联系。

二、存在之思

“什么是存在和非存在？什么存在着？怎样存在？”这是人类从最初自发地相信并努力寻找世界的本原和基质开始，经过长期反复地追索和批判性思考所形成的第一个最具根本性的问题。“存在”问题是第一个被确认为“元问题”的问题，“存在论”也曾被确认为“第一哲学”。存在论（ontology，旧译“本体论”）是关于“存在”的哲学理论，最初由亚里士多德提出。德国学者鲁道夫·郭克兰纽（1547—1628）第一次使用了“ontology”一词，并把它解释为“形而上学”的同义语。后来这一术语逐渐落实为关于存在和存在者本质、本性的研究。也就是说，存在论是关于万事万物的有无、根基、本性等普遍性问题的理论。就其具体内容来说，这一问题包含两大方面：一是“存在者（本体）”问题；二是“存在方式”问题。

“存在者（本体）”问题，即什么存在着？有没有或什么是世界万物的始基、本体和终极存在？具体说来，是物质还是意识，是实体、粒子、场还是观念、意志、神？这是当“存在”作为一个名词或主词时，存在论所面对和思考的问题，它属于狭义的“本体论”，或可称之为“存体论”问题。自亚里士多德提出“存在”问题以来的两千多年里，哲学和科学的主要兴趣与关注重点一直是“存在者”，如各种“实体”以及它们的“属性”等。

“存在方式”问题，即亚里士多德强调的“存在者的存在性”问题，涉及诸如存在和非存在的区别如何，存在者怎样存在，运动、变化、时间、空间、联系、价值等是存在还是非存在，它们与实体的关系如何等一系列更深刻、复杂的问题。这是当“存在”作为一个动词或谓词时，哲学必然要面对的另一个存在论问题，或可对应地叫作“本态论”或“存态论”问题。虽然这个问题注定要与前一个问题一起提出来，所以哲学和科学自古以来就有对它的研究，但由于研究和思考需要经过一定的过程才能有所突破，所以事实上这个方向曾一直处于从属的、隐蔽的“次要”地位，甚至在很长时间里没有独立的名称。

在两千多年里，狭义的“本体论”一直保持着研究的主导地位，这是研究发展的客观条件和逻辑进程使然，是一种历史的必然。因此它也造就了一个强大的理论传统，以至（特别是我国哲学界）很多人只知有“本体论”（包括对“本体论”概念做了过于泛化的理解和应用），不知有“存在论”，或者把它们完全当作了一回事①。然而从 20 世纪开始，科学和哲学出现了突破和转型，就是关于“存在论”思考和应用的重心，日益从“本体”走向了“本态”，从“实体”走向了“关系”。

20 世纪以前的科学思维方式，是以实体或实体型对象为中心的。而 20 世纪特别是 20 世纪中期以来，科学的思维方式走向了以关系型思维为主导的阶段。所谓“关系思维”的特点，就是不再把“存在者”即任何客观的事物当作没有自身结构的孤立的、抽象的实体，而是从内外部结构、联系、系统等关系状态来把握它的存在，从运动、联系和关系即“存在方式”的意义上来理解现实世界，把“是”什么的研究推向了“如何是”的尝试，从而进一步把握丰富、动态的“存在”。

在哲学上实现这一突破的先驱是马克思创立的实践唯物主义。实践本身仍属“关系”范畴，但它不是一种简单的自然关系，而是人的主体性存在的本质方式。实践作为人所特有的对象性关系即主客体关系的运动，是有意识、有目的的主体性活动，是一种社会历史性的现实关系。所以，实践唯物主义的思维方式并不限于一般地进入“关系思维”，而且还依实践的特征赋予了它更加丰富、更加深刻的内容。

三、意识之间

意识论（gnosiology，旧译“认识论”），是关于人的认识、知识和精神活动的哲学理论。gnosiology 来自希腊文和拉丁文，是一个抽象名词，其词根 gnōsis 有“知识”“智慧”“觉知”“心灵的直观的认识”等意思，它的对象一般是指“精神事物”，即人的认识、思想等精神现象的总体。作为关于“精神事物”研究总体名称的意识论，既包括认识论即关于人类知识的理论，也理应包括关于人类非知识性精神活动如情感、意志、信念、信仰等主体自我意识形式的研究。

知识论（epistemology）是关于认识和知识的理论。epistemology 的词根 epistm 在希腊文中就是“知识”。把认识论界定为以人类的认识活动及其成果——知识为对象的哲学理论，是西方实证主义哲学思潮兴起的成果。实证主义哲学认为，一切不能接受科学验证的知识都是“形而上学”，是空洞的哲学公式。因此以人的精神事物为对象的认识论（gnosiology）应该取消，而只保留知识论（epistemology）。知识是指“人类在时间过程中积累起来的真理

① 事实上，在日本哲学界，早已把“本体论”改作“存在论”了。

或事实的总体”，掌握知识则是“从学习和研究中接受事实、真理或原则”。在实证主义和苏联 20 世纪 30 年代以来的传统解释中，都“把认识看作是反映在人的意识中的客观实在”①，其核心是把人类面对的外部现实看作唯一的客观实在，把认识限定为人的对象性的、理性的活动的过程和成果，把认识活动落实为“充实新知识的过程”②，强调它的最高成果就是真理和科学。

在哲学发展史上，如同一度将存在论归结于本体论一样，在意识论领域也存在着将意识归结于知识的情况。但是，仅仅回答知识论的问题，显然还不能充分地揭开人类如何在头脑中把握世界的全部秘密。在探索“人是否能够以及如何在头脑中把握存在”这个问题的长期过程中，哲学曾形成了各种不同的学说及其理论体系，如独断论、怀疑论和实证论，理性主义、经验主义和批判主义，先验论和反映论，等等。这些理论虽然以知识论问题为主要对象，但它们事实上从来不曾回避人的非认知性精神因素如情感、意志、信仰的存在及其作用问题。从总体上看，“认知”只是哲学关注的人类精神活动的一部分，并不是全部。事实上我们也不可能把人的全部思想意识活动都归结为对一定外部事物的反映。当人的欲望、兴趣、情绪、情感、意志、信念、信仰等这些传统上不属于知识范畴的精神现象被逐渐纳入哲学的视野时，原有的知识论模式就显得不够了。

当代关于人的意识和精神活动的研究，越来越呈现出超越狭义的知识论（“知”）的范围，向人的非认知性精神活动（“情”“意”等）扩展的趋势。人的欲望、兴趣、情绪、情感、意志、信念、信仰等，作为人类普遍的精神活动和意识形式，之所以不同于纯粹的知识，归根到底在于它们的内容并非来自对某种外部对象或客体的反映与描述，而是来自人自身存在的反映或意识。因此它们属于人的自我意识或主体意识的形式。如果说，知识论充分揭示了人的对象意识的本质、基础、来源和特征，那么心理学、有关价值意识和价值观念理论等非认知性意识的研究，则将进一步揭示人的自我意识的本质、基础、来源和特征。

总之，人的认知性与非认知性精神活动的统一、对象意识与自我意识的统一，构成了人的精神现象总体研究的完整视角。这一视角将促进认识论与心理学、哲学与关于人的自然科学走向结合，从而显示出当代意识论哲学发

① 科普宁. 马克思主义认识论导论. 马迅，章云，译. 北京：求实出版社，1982：49.

② 康斯坦丁诺夫. 马克思列宁主义哲学原理. 第 6 版. 刘献洲，袁任达，伊尔哲，译. 北京：人民出版社，1985：161.

展的必要性、趋势和面貌。

四、价值之辨

“价值”（value）一词源于古代梵文和拉丁文中的“掩盖、保护、加固”词义，指“起掩护和保护作用的，可珍贵的，可尊重的，可重视的”意义，即日常用语中“好的”“有利的”“优良的”“应该的”等所表达的内容。所谓价值问题，就是日常用语中的“好坏问题”。在逻辑上，这个问题是在追问了前两个问题的基础上必然要进一步提出的。当人们通过对存在和知识的考察，知道了面前的“实然”之后，总还要进一步提出“应然”的问题：我们知道了世界是如此的，并且也知道了我们自己是怎样知道的，那么我们应该怎样？在人的世界中，怎样的事物和思想言行才是好的、善的、美的……？这些就是价值问题。

价值论或价值哲学（axiology）作为一个学科分支的历史形成，是自古代以来，哲学经过高度分化之后，各种具体学科日渐成熟，并在实践中开始走向新的综合的产物。价值论产生的直接基础，来自哲学两大部门——伦理学和美学的变革，即“元伦理学”和“元美学”的形成。

古代哲学作为当时的知识总汇，就已经很明确地包含了关于善、美和人世生活最佳状态的追求与思考。后来，随着各门自然科学、社会科学和思维科学先后从哲学中分化独立出去，有关善、美和最佳社会生活状态的思考也先后形成了各种专门的学科，如伦理学、美学、经济学、社会学、政治学、法学、宗教学等。其中伦理学和美学作为哲学的部门，它们所探讨的善和美的问题对其他社会学科具有普遍性的指导意义。但是在很长时间里，伦理学、美学和其他学科都主要是致力于各领域具体规范的研究，因此也未形成彼此间共同的基本理论。到了 18 世纪，先后由休谟和康德提出了事实判断与价值判断、实然世界与应然世界、事物的因果性与人的目的性的划分。这种区分后来多用“存在与价值”或“事实与价值”来表示。康德的《实践理性批判》和《判断力批判》两大著作实际上开辟了价值论研究的领域，使之具有了世界观的意义。

价值概念首先在美学的发展中得到反响。现代美学的创立者鲍姆加登把美学界定为关于审美价值的科学，一般认为，这是美学作为一个学科正式诞生的标志。在伦理学中，英国哲学家摩尔于 20 世纪初以其“价值直觉主义”观点和提倡对“善”的语言分析而开始了“元伦理学”的研究。这推动了价值论的独立。布伦坦诺、尼采等人纷纷就价值问题发表著述。德国哲学家洛采根据康德的划分，提出要把价值和评价放到哲学研究的中心地位。新康德主义的代表人物文德尔班、李凯尔特等人继承了这一想法，明确提出构造“价值哲学”。美国哲学家厄尔本于1909年出版的《评价：其本性和法则》一书正式提出用“价值学”（axiology）来命名一门与认识论（epistemology）不同的学说。冯·哈特曼1911年出版的《价值学纲要》一书正式把它用于书名，成为价值论分支诞生的一个标志。

20世纪正式形成的价值论，包括关于价值现象的基础、本质、类型和特性的研究，关于人的价值意识和价值观念的研究，关于评价及其标准的研究，关于社会价值关系和实践问题的研究等极其丰富的研究领域，并且由于价值论研究所需要的理论知识背景的特殊性，传统的哲学思维受到了较大的冲击，更由于它与复杂现实问题相联系的密切性，这个新兴的领域被看作哲学理论中“最深奥、最繁难的领域之一”①。

本章小结

哲学发生和存在的根基，在于人的存在、生活及其发展的内在逻辑，哲学本身业已成为人类特有的一种精神存在方式。在东西方不同的条件下，哲学展现出不同的存在方式和演化进路，表现出比较鲜明的阶段性特征。哲学以思想体系和叙述体系、观念形态和现实形态、逻辑序列和历史进程辩证统一的方式而存在。

哲学对象的特殊性不在于哲学“所面对”的世界与众不同，而在于哲学的观察视角、探索途径、观照层次、思考方式不同，这使它“所见到”的世界与众不同。物的世界、人的世界、概念的世界构成了哲学对象的三大基本视域。作为一门最高抽象层次、最普遍思维方式的学科，哲学有自己的元问题或一级问题。存在论、意识论、价值论构成了哲学的三大基础理论分支。

关键词

有我之思　理念论　第一哲学　存在论　意识论　价值论

---

① 瓦托夫斯基．科学思想的概念基础：科学哲学导论．范岱年，译．北京：求实出版社，1982：520.

思考题

1. 如何理解冯友兰所说，“‘红’的概念或共相并不红，‘动’的概念或共相并不动，‘变’的概念或共相并不变”?

2. 如何理解哲学的现实性和哲学对象的特殊性?

3. 试述哲学三大元问题的含义和三大基础理论分支的意义。

延伸阅读

1. 马克思:《1844 年经济学—哲学手稿》，刘丕坤译，人民出版社，1979。

2.《列宁全集》，第 55 卷，人民出版社，1990。

3. 柏拉图:《巴曼尼得斯篇》，陈康译，商务印书馆，1982。

4. 康德:《纯粹理性批判》，邓晓芒译，人民出版社，2004。

5. 黑格尔:《小逻辑》，贺麟译，商务印书馆，1980。

6. 海德格尔:《存在与时间》，陈嘉映、王庆节译，三联书店，2006。

7. 海涅:《论德国宗教和哲学的历史》，海安译，商务印书馆，1974。

8. 吉尔·德勒兹、菲力克斯·迦塔利:《什么是哲学》，张祖建译，湖南文艺出版社，2007。

9. 冯友兰:《中国哲学史新编》，第 1 册，人民出版社，1982。

10. 叶秀山、王树人:《西方哲学史》，第 1 卷，凤凰出版社、江苏人民出版社，2004。

11. 俞宣孟:《本体论研究》，上海人民出版社，1999。

12. 李德顺:《价值论》(第 2 版)，中国人民大学出版社，2007。

13. 邓晓芒:《思辨的张力——黑格尔辩证法新探》，湖南教育出版社，1992。

第二章　哲学的特性、方法

内容提要

作为一个学科的哲学，具有与科学、宗教和艺术不同的特性。哲学的特性集中体现在它的抽象性、批判性和反思性之中。哲学的特性决定了哲学方法的特殊性。逻辑在先与从后思索构成了研究哲学的基本方法，逻辑与历史的统一和从抽象到具体构成了叙述哲学的基本方法。

第一节　哲学的思维特性

哲学以自己特有的视角去观察世界，并在特定的理论层次上进行思考，从而形成了特有的思维特性。哲学思维表现于观察时所立足的视角、思考时所使用的概念形式、推理时所追求的逻辑走向等之中。哲学思维最重要的特性是抽象性、批判性和反思性。

一、抽象性

抽象是相对于具体而言的。抽象是从具体事物中"抽"出来一些具有普遍意义的共性的东西，加以理性的分析、概括和提炼，从而得到一个超越了个体形象的认识或结论。比如，"水果"是从苹果、梨、草莓、桃子等中抽象出来的，"蔬菜"是从黄瓜、西红柿、茄子、辣椒等中抽象出来的，等等。抽象的意义在于人们依次超越对象的个别属性和表面现象，越来越深入地把握某一类事物的普遍特征和共同本质。

哲学的抽象不同于日常意义上的抽象。一般说来，日常的抽象是程度比较低的抽象，哲学的抽象则是最高程度的抽象。举例来说，我们可以从黄瓜、西红柿等中抽象出蔬菜，再从蔬菜、水果等中抽象出植物，再从植物、动物等中抽象出生物，以此类推，最后达到的"物质""存在"等概念，才是哲学意义上的抽象。

哲学的抽象有何独特之处呢？以“物质”“存在”等概念为例，我们可以看到哲学的抽象具有以下两个主要特征。

（一）超越经验

哲学的抽象是一种“形而上”的、将人类的抽象能力发挥到最高限度的，力求把握“无限”的抽象。这表现在它对经验的超越之中。日常的抽象的每一步都受到经验事物的限制：从黄瓜等抽象到蔬菜，必然要以黄瓜、西红柿、茄子、辣椒等一切具体蔬菜的种类为基础；从蔬菜等抽象到植物，则必然要以蔬菜、水果、花草、树木等一切具体植物的种类为基础；以此类推，在达到“物质”“存在”等概念之前，人类思维都不能超越具体经验的表象，所把握的总是有限的领域。然而世界的事物种类及其变化是无限的，仅限于经验基础上的抽象，所提供的只能是局部的、现象层面的普遍性，而不能提供整体的、本质层面的普遍性。

哲学作为追根究底之学，必然要摆脱感觉经验的束缚，进入一个超越经验的层次，以实现对普遍性的整体把握。正因为如此，哲学在经验抽象的基础上进行了更进一步的抽象，力求在对象的总和意义上把握其本质。这种更高度的抽象所达到的，就是用“物质”来概括世界上已有的和可能的、有限的和无限的、一切可以通过人的感觉来体验的事物，用“存在（有）”来概括包括物质和非物质在内的一切可言说对象的状态。正如恩格斯所说：“物、物质无非是各种物的总和，而这个概念就是从这一总和中抽象出来的”[①]。而“物质”“存在”这样的概念，因为它们本身已经超出了经验的范围，所以才能代表在“无限”意义上的抽象。同样的抽象也表现在哲学的其他概念，如运动和静止、时间和空间、质和量、可能和现实、必然和偶然等之中。

（二）逻辑关系

哲学的抽象是通过概念之间横向的逻辑关系来自我限定的抽象。一个哲学概念之所以成立，不是因为经验世界中存在着一个相应的对象，也不仅仅因为它是对一系列经验对象之集合的概括，而是因为它与其他概念之间存在着一种特定的逻辑关系。例如“物质”这个抽象就是如此。曾为物质概念下过经典定义的列宁曾声明：“当然，就是物质和意识的对立，也只是在非常有限的范围内才有绝对的意义，在这里，仅仅在承认什么是第一性的和什么是第二性的这个认识论的基本问题的范围内才有绝对的意义。超出这个范围，

---

① 马克思恩格斯选集：第3卷. 3版. 北京：人民出版社，2012：939.

这种对立无疑是相对的。”① 就是说，物质概念的含义确定性，是在与“意识”相对的范围内成立的。这就如同“存在（有）”只是相对于“非存在（无）”来说，才有它的确定性和意义一样。

在哲学的叙述中，有一种常见的现象，即基本的概念、范畴总是“成双成对”地出现，典型的如“运动和静止”“现象和本质”“历史和逻辑”等；非典型的如“时空”，当时空作为一体时，表面上看似乎并没有一个固定的对应范畴，其实是由于这个范畴能够并且必须在具体的语境下与许多其他范畴（如实体、运动、过程、生命等）相对应时，才能够对它加以确切的把握和运用。上述情况并非偶然。这是因为在高度抽象的情况下，概念的内涵被提炼到了极其“纯粹”的普遍性程度，以至于如果不用与它相对应的另一个概念来加以比照和限制，就无法界定和显现它所要表达的特殊内容。

由于人们已经习惯了日常经验或常识的思维方式和经验的抽象，当他们面对完全陌生的哲学领域时，往往很不习惯。就像黑格尔所指出的：“假如摈弃熟习流行的观念不用，则我们的意识就会感觉到原来所依据的坚定自如的基础，好象是根本动摇了。意识一经提升到概念的纯思的领域时，它就不知道究竟走进世界的什么地方了。”② 从而要么茫然无措，要么仍然退回到常识的思维方式中去，将哲学概念做比附于经验的理解。特别是当出现了“现象”“本质”“现实”这些与日常概念相似的字眼时，更容易用理解日常概念的方式来加以理解，其结果必然导致似是而非，甚至南辕北辙。针对这一情况，黑格尔提出“需要一种特殊的能力和技巧，才能够回溯到纯粹思想，紧紧抓住纯粹思想，并活动于纯粹思想之中”③。而要具备这种能力和技巧，“首先便须在抽象思维中训练自己，就概念的确定性去执着概念，并从概念来学习认识”④。只有经过这种训练之后，才有可能超越日常经验的束缚，从习惯于名称、表象所遵循的纵向对应关系，转向习惯于概念所遵循的横向规定关系。

二、批判性

一般所谓批判，包含两个方面的含义：一是对对象的揭示、辨析和选择，二是对对象的否定和扬弃。基于这两种含义的共同点，哲学上的“批判”概念，是指人对对象的理性检验、分辨和超越的意识与行为。哲学批判的特点

① 列宁选集：第2卷．3版修订版．北京：人民出版社，2012：108-109.
② 黑格尔．小逻辑．贺麟，译．北京：商务印书馆，1980：41.
③ 同②63.
④ 黑格尔．逻辑学：上卷．杨一之，译．北京：商务印书馆，1966：39-40.

在于：其他批判主要走"形而下"的路径，即通过具体化、实证化的方式，着重就对象的现实和感性特征，以及其内外部关系等加以考察；哲学批判走的则是"形而上"的路径，即通过抽象化的方式，着重就对象存在的基础、前提和界限等进行考察。

（一）肯定和否定

哲学概念在形成和运动中，包含着肯定和否定的二重性。斯宾诺莎曾提出，在概念从具体到抽象的形成过程中，"一切规定都是一种否定"，黑格尔称之为"一个伟大的命题"[①]。斯宾诺莎在阐释这一命题时以"形状"为例，指出物质整体作为没有任何限定的东西，是不能有形状的，因为一旦有了形状，物质整体就有了限定，就不再作为物质整体而存在了，而变成了某种有限定的特殊的东西。就是说，我们可以知道任何物体的形状，但是却不可能知道作为它们整体的"物质"有什么形状。可见，对于无限事物的任何一个规定或者说限定，同时就是对它的一个否定，所以"形状除了是否定外，不能是别的"[②]。

黑格尔进一步意识到，如果沿着斯宾诺莎所说的"肯定即是否定"继续前进，那么在概念从抽象到具体的过程中，则是"一切否定都是一种规定"，即"否定也是肯定"。他指出：从一个抽象、普遍的概念到一个具体、特殊的概念的逻辑运动，可以表述为后者否定前者的运动，这一否定同时是一个肯定："否定的东西也同样是肯定的；或说，自相矛盾的东西并不消解为零，消解为抽象的无，而是基本上仅仅消解为它的特殊内容的否定；或说，这样一个否定并非全盘否定，而是自行消解的被规定的事情的否定，因而是规定了的否定；于是，在结果中，本质上就包含着结果所从出的东西；……概念的系统，一般就是按照这条途径构成的"[③]。也就是说，正是这样一个持续否定—肯定—否定的不断推进过程，使概念获得了自身运动的动力和生命。总之，哲学批判内在地包含否定，但并不仅仅是否定；否定也并不仅仅是"说不"，而是"扬弃"，即同时意味着肯定和建构。

仅仅从概念自身的运动来理解哲学的批判性是远远不够的。事实上，概念的辩证法归根结底源自人的实践活动的辩证本性，在对概念的把握中，要看到人自身的、社会历史的辩证运动。所以马克思指出，"合理形式"的辩证

① 黑格尔．哲学史讲演录：第4卷．贺麟，王太庆，译．北京：商务印书馆，1978：100．

② 斯宾诺莎．斯宾诺莎书信集．洪汉鼎，译．北京：商务印书馆，1993：206．

③ 黑格尔．逻辑学：上卷．杨一之，译．北京：商务印书馆，1966：36．着重号系原文所有。

法的意义，就在于它“在对现存事物的肯定的理解中同时包含对现存事物的否定的理解，即对现存事物的必然灭亡的理解；辩证法对每一种既成的形式都是从不断的运动中，因而也是从它的暂时性方面去理解；辩证法不崇拜任何东西，按其本质来说，它是批判的和革命的”①。

（二）前提和根据

任何思想都有自己存在的前提和根据。思想的前提和根据就像一双“看不见的手”，尽管它在最终意义上决定着思想发展的方向和道路，但在日常视野下，它却是隐而不显的。“思想构成自己的根据和原则虽然深深地‘隐匿’在思想的过程和结果之中，但它作为思想中的‘看不见的手’和‘幕后的操纵者’，却直接地规范着人们想什么和不想什么、怎么想和不怎么想、做什么和不做什么、怎么做和不怎么做。”② 哲学的批判恰恰在于把这双“看不见的手”展现出来，让它从“幕后”走向“台前”，由“操纵者”变为“表演者”，并在理性的舞台上为自己辩护。康德就把哲学视为一种“清理地基”的工作，认为哲学家的事业就在于对“自明的东西”进行分析。霍克海默也指出，“哲学的真正功能在于它对流行的东西进行批判”③。

哲学的批判具有重要意义。哲学批判的重大成果不仅意味着人们思维的重大突破，而且意味着社会历史的重大变革；哲学批判对于人类的思想解放和社会变革能够起到巨大的启发和推动作用。以康德的《纯粹理性批判》为例，这本书素以抽象和晦涩著称，然而正是它所包含的“破坏性的、震撼世界的思想”在当时掀起了一场革命。海涅描述道：“从这本书的出现起，德国开始了一次精神革命。这次精神革命和法国发生的物质革命，有着最令人奇异的类似点，并且对一个深刻的思想家来说这次革命肯定是和法国的物质革命同样重要……在莱茵河的两岸，我们看到和过去时代同样的决裂，以及对传统的一切尊敬的废除；如同在法国每一项权利的正当性都受到了考验一样，在德国每一种思想的正当性也必须受到考验；如同在法国推翻了旧社会制度基础的王权一样，在德国推翻了精神统治基础的自然神论。……在德国，这部书便是砍掉了自然神论头颅的大刀。”④ 马克思也根据康德思想与当时欧洲革命的联系指出：要“公正地把**康德的哲学**看成是法国革命的**德国理论**”⑤。

① 马克思恩格斯选集：第2卷. 3版. 北京：人民出版社，2012：94.

② 孙正聿. 哲学通论. 沈阳：辽宁人民出版社，1998：176.

③ 霍克海默. 批判理论. 李小兵，等译. 重庆：重庆出版社，1989：250.

④ 海涅. 论德国宗教和哲学的历史. 海安，译. 北京：商务印书馆，1974：97-101.

⑤ 马克思恩格斯全集：第1卷. 北京：人民出版社，1956：100.

三、反思性

所谓反思，即“反省之思”，就是思想的主体以自身为对象来进行批判性思考，即所谓“对思想的思想”“对认识的认识”“对批判的批判”等。反思代表着人的一种批判性的自我意识，它是人类思维和理性达到成熟、自觉的标志。

（一）反思的动力

对概念及其逻辑体系的完整性和彻底性的追求构成了哲学反思的内在动力。人类“存在着一种系统感和对于我们思维的明晰性和统一性的要求——它们进入我们思维活动的根基，并完全可能进入到更深处——它们导源于我们所属的这个物种和我们赖以生存的这个世界……不管是古典形式还是现代形式的形而上学思想，其驱动都在于力图把各种事物综合成一个整体，提供出一种统一的图景或框架，使我们经验中的事物多样性能够在这个框架内依据某些普遍原理而得到解释，或可以被解释为某种普遍本质或过程的各种表现”①。

这种信念和追求，使哲学上出现了如石里克所描述的情景：“所有的大哲学家都相信，随着他们自己的体系的建立，一个新的思想的时代已经到来，至少，他们已发现了最终真理。如果没有这种信念，哲学家几乎不能成就任何事情。例如，当笛卡儿引进了使他成为通常所称‘现代哲学之父’的方法时，他就怀着这样的信念；当斯宾诺莎试图把数学方法引进哲学时，也是如此；甚至康德也不例外，在他最伟大著作的序言中，他宣称：从今以后，哲学也能以迄今只有科学所具有的那种可靠性来工作了。他们全都相信，他们有能力结束哲学的混乱，开辟某种全新的东西，它终将提高哲学思想的价值。”②

哲学不仅仅是人类主观的思维活动，更是被把握在思想中的时代，“哲学不仅从内部即就其内容来说，而且从外部即就其表现来说，都要和自己时代的现实世界接触并相互作用”③。哲学所确立的解释原则和解释框架，不可避免地被打上时代的烙印。这就构成了哲学自身的矛盾：一方面，每一个哲学家都试图发现、建构一个终极存在、终极解释、终极价值；另一方面，任何

① 瓦托夫斯基．科学思想的概念基础：科学哲学导论．范岱年，译．北京：求实出版社，1982：19.

② 石里克．哲学的未来．哲学译丛，1990（6）：1.

③ 马克思恩格斯全集：第1卷．北京：人民出版社，1956：121.

一个哲学家又都无法完成这一工作，因为实际上它是“只有全人类在其前进的发展中才能完成的事情”①。

（二）反思的结果

哲学的反思性导致其在发展过程中常常表现出一种“回到起点”、重新奠基的特征。就像石里克曾经指出的：“哲学事业的特征是，它总是被迫在起点上重新开始。它从不认为任何事情是理所当然的。它觉得对任何哲学问题的每个解答都不是确定或足够确定的。它觉得要解决这个问题必须从头做起。”②哲学的事业固然“总是被迫在起点上重新开始”，但它绝不是总从“零”开始，因为哲学的批判并不是简单的“抛弃”，而是复杂的“扬弃”。“人们常常抱怨，在哲学中没有真正的进步。但正因为如此，哲学并不停留在任何地方。进步的代价是过时。但柏拉图不会过时，大多数成为经典的哲学家都不会过时。我们总可以从那里学到很多东西，总可以在他们的思想之中观察现实问题。而且随着我们哲学研究的进展，总在出现新的理解他们著作的角度，总在提出新问题。”③

哲学的扬弃往往通过对一些基本问题进行不断追问的形式展现出来。之所以会出现这种情况，是因为“哲学问题一开始就是人类所面临的永恒问题——哲学问题不仅本质上就是人类生活中所产生或出现的最根本的问题，而且也因为人类生活形式在某个层面上的相似性而成为全人类共同思考的问题。哲学问题具有持久性和普遍性的特点”④。就哲学发展的实际历程来看，一些古老的哲学问题往往绵延千年而历久常新，并且哲学的发展往往体现在对老问题的新解答上，如胡塞尔对柏拉图理念论的阐释、海德格尔对康德时间观的探究、伽达默尔对黑格尔辩证法的研究，莫不如此。甚至可以说，每一个真正的哲学家都是站在巨人的肩膀上，亚里士多德对柏拉图是如此，黑格尔对康德是如此，马克思对黑格尔是如此，海德格尔对胡塞尔同样也是如此。就像叶秀山所说的，“我们甚至可以把哲学史想象成是一个（长命的）人在一段一段的时间里‘接着’想下去，后人接续前人，‘不断地’做下去”⑤。

① 马克思恩格斯选集：第4卷．3版．北京：人民出版社，2012：226.

② 石里克．哲学的未来．哲学译丛，1990（6）：1.

③ 施奈德巴赫．当代的哲学——哲学的当代：第15届德国哲学大会议题之说明//德国哲学论文集：第11辑．北京：北京大学出版社，1991：113.

④ 马尔霍尔．海德格尔与《存在与时间》．亓校盛，译．桂林：广西师范大学出版社，2007：1.

⑤ 叶秀山，王树人．西方哲学史：第1卷．南京：凤凰出版社，江苏人民出版社，2004：17.

第二节　哲学的方法

关于探索真理方法的追求，构成了科学研究的基础和精华。马克思认为只有通过合乎真理的方法才有可能得到合乎真理的结论。“不仅探讨的结果应当是合乎真理的，而且引向结果的途径也应当是合乎真理的。真理探讨本身应当是合乎真理的，合乎真理的探讨就是扩展了的真理”①。这一方法论的基本原则，对于富有反思精神的哲学来说，尤其重要。

一、哲学之路

关于哲学之路的特殊性，贺麟曾做过具体的说明：“我们虽不会做诗唱歌，却可以欣赏诗歌；我们虽不会弹琴，却可以欣赏音乐；虽不会演戏写剧本，却可以欣赏戏剧；虽不会画画，却可以欣赏绘画。反之，我们若不会思想，却不能了解或欣赏哲学。换言之，要想具备艺术常识，我们无须实地做艺术工作，但是要想具备哲学常识，我们却不能不作哲学思考。这是获得哲学常识较获得艺术常识要困难些的地方。”② 具体来讲，要欣赏音乐，也需要具备一定的音乐素养，然而本质性的区别在于，欣赏音乐仅仅需要有音乐感的耳朵，而不是音乐家的耳朵；哲学则不然，要真正领略哲学的魅力，必须进入哲学，像哲学家那样进行哲学思考。

从根本上讲，哲学不是单纯的知识体系，不是身外之物，因此不能用谈论知识的方法来谈论哲学，也不能用学习科学的方法来学习哲学。从总体上看，进入哲学的道路，大致可以归为两条：其一，向上的路；其二，向下的路。

从理论上讲，向上的路和向下的路都可以通达哲学。但是对于专门学习或研究哲学的人来说，更应当选择第二条道路，即从哲学下降到经验的道路。因为第一条道路貌似简单，但其实更为艰难和复杂，只有那些具备特殊才能和悟性的人才能够一路畅通。对于绝大多数人来说，它是可遇而不可求的。以美学为例，它在很大程度上讨论艺术中的哲学问题，但是仅仅驻留于对艺术经验的总结和概括，是难以进入哲学的。因为即使对艺术经验的总结和概

---

① 马克思恩格斯全集：第1卷. 北京：人民出版社，1956：8.

② 贺麟为温公颐编译《哲学概论》写的序。温公颐. 哲学概论. 上海：商务印书馆，1937：2-3.

括达到相当高的程度，也依然只是艺术经验或艺术理论，而不是艺术哲学。所以那些做出突出贡献的美学家，往往都是哲学家。比如康德，他从批判哲学的体系出发，逐步“开显”出一套影响深远的美学理论，但康德本人对艺术却并没有多高的鉴赏力。因此对于大部分人来说，向下的路，即从哲学下降到经验的道路更为可行。人们一开始可能不容易适应这条道路，但一旦适应和习惯，就容易迅速进入哲学的腹地，取得实质性的成效。

（一）向上的路

所谓向上的路，就是从经验上升到理论、从日常思考上升到哲学的道路。这里的经验，包括科学经验、艺术经验、宗教经验、生活经验等。从经验出发，并对经验加以反思和提炼，以最终“一跃”而进入哲学的领域。从哲学方法的角度来看，进入哲学的基本前提就是要进行启蒙，而启蒙的要义在于康德所讲的“脱离自己所加之于自己的不成熟状态，不成熟状态就是不经别人的引导，就对运用自己的理智无能为力”①。只有使自己脱离“不成熟状态”，能够独立运用自己的理智去思考，才有可能扫清进入哲学的最大障碍。

向上的路的关键在于超越经验，只有超越经验，才能够进入哲学的领域。“超越经验范围的思想方法是一切哲学的基础。”② 但超越经验并不等于脱离经验，哲学最终还是要回归到经验，这才是哲学的真正完成。“哲学与经验的一致至少可以看成是考验哲学真理的外在的试金石。同样也可以说，哲学的最高目的就在于确认思想与经验的一致，并达到自觉的理性与存在于事物中的理性的和解，亦即达到理性与现实的和解。”③ “以为哲学好像与感官经验知识，与法律的合理的现实性，与纯朴的宗教和虔诚，皆处于对立的地位，这乃是一种很坏的成见。哲学不仅要承认这些形态，而且甚至要说明它们的道理。”④

（二）向下的路

所谓向下的路，即从哲学回归到日常经验和生活世界的道路。这里需要对哲学有一个基本理解和把握。只有入乎其内，才能出乎其外。要入乎其内，必经之路是研读哲学经典，问题的关键在于如何研读。著名学者伯林在谈到一些哲学史的研究者时指出：“他不理解怎么样去思考哲学问题，也不知道他人思考这些问题以及被这些问题所困扰的动机和原因，也即他不能真正抓住

① 康德. 历史理性批判文集. 何兆武，译. 北京：商务印书馆，1996：22.

② 雅斯贝尔斯. 关于我的哲学//德国哲学：第5辑. 北京：北京大学出版社，1988：239.

③ 黑格尔. 小逻辑. 贺麟，译. 北京：商务印书馆，1980：43.

④ 同③5.

哲学家们力图去回答、分析或讨论的究竟是什么问题。他的研究只是简单地抄写——他写道，笛卡儿这样说，斯宾诺莎那样说，而休谟认为他们两人都不对。这全是些死气沉沉的东西。”①

这固然是就哲学史研究而言的，但它对于学习哲学同样具有启发意义。研读哲学经典，重要的不在于记住书中说了些什么，也不在于了解书中的思想和其他思想之间的因果关系；重要的在于弄清楚作者为什么说这些而不是那些，为什么这么说而不那么说。简而言之，要把书中的思想予以贯通。这里的“‘贯通’是指‘理路’上的‘贯彻（到底）—通行（无阻）’”②。在一定意义上可以说，哲学是一门通学，即力求在理路上予以贯通的学问。研读哲学著作，就是要跟着作者的理路再“想”一遍，只有在游泳中学习游泳，在思想中学习思想，才能达到贯通的哲学境界。

黑格尔有一句名言：“同一句格言，在完全正确理解了它的青年人口中，总没有阅世很深的成年人的精神中那样的意义和范围，要在成年人那里，这句格言所包含的内容的全部力量才会表达出来。”③“老人讲的那些宗教真理，虽然小孩子也会讲，可是对于老人来说，这些宗教真理包含着他全部生活的意义。即使这小孩也懂宗教的内容，可是对他来说，在这个宗教真理之外，还存在着全部生活和整个世界。”④ 学习哲学的唯一道路在于经历那个思想的历程。在这一意义上，就像唐僧赴西天取经，只有历经九九八十一难之后，才能取得真经。学习哲学同样要经历思想的九九八十一难，只有亲身经历了其中的成功与失败，深知其中之甘苦的“过来人”，才能够进入哲学。所以，海德格尔在临终时概括自己的全集说：“道路，而非著作。”其实，不仅海德格尔的著作，柏拉图、亚里士多德、康德、黑格尔等哲学大家的著作都是通往哲学的一条条道路。对于学习者来说，重要的是：赶紧“上路”。

二、研究方法

在哲学上，方法论不是工匠的工具箱，需要锤子就拿出锤子来砸，需要斧头就拿出斧头来砍。事实上，并不存在一把能够打开哲学之门的现成的“万能钥匙”。但这并不是说，进行哲学思维不需要也不可能具有一定的能力

---

① 贾汉贝格鲁. 伯林谈话录. 杨祯钦，译. 南京：译林出版社，2002：21-22.

② 叶秀山，王树人. 西方哲学史：第1卷. 南京：凤凰出版社，江苏人民出版社，2004：16.

③ 黑格尔. 逻辑学：上卷. 杨一之，译. 北京：商务印书馆，1966：41.

④ 黑格尔. 小逻辑. 贺麟，译. 北京：商务印书馆，1980：423.

和技巧。黑格尔曾经指出要进入并研究哲学，“需要一种特殊的能力和技巧”[①]。柏格森更为明确地指出：“研究哲学，就在于扭转思想活动的习惯方向。”[②] 从一定意义上看，这一扭转是进入哲学研究的“门槛”。这一“门槛”主要有两个“台阶”：其一，从“时间在先”转向“逻辑在先”；其二，从时间上的“循序思索”转向“从后思索”。

（一）逻辑在先

时间在先指以对象在时间序列中的先后次序为根据。这里说的“在先”，指的是在时间序列中处于“在前”的位置，即时间上的先后顺序。比如兄和弟、姐和妹之间，兄和姐一定早于弟和妹出生，这是绝对不可变易的自然顺序。逻辑在先是从逻辑上来讲的，指的是从“道理”上看事物的本质及其相互联系，注意其中起决定性作用的根据和条件等，并以此为据。“逻辑在先”实际上是将关于对象本质和普遍联系的把握置于“优先”地位，强调的是逻辑上的优先性。

逻辑在先与时间在先之间并非一一对应的关系。亚里士多德在《政治学》中曾经以个人和国家的关系为例说明：从时间上看，个人、家庭先于城邦国家；但从逻辑上看，城邦国家则先于个人。个人只有作为城邦国家的一个组成部分，才能够作为一个人而存在和生活；离开了城邦国家，人就不再作为一个人而存在和生活。相对于个人而言，国家具有逻辑上的优先地位。亚里士多德由此指出：人在其本性上“是一个政治动物”[③]。因此逻辑上在先，时间上未必在先，反之亦然。从性质上看，时间在先是经验科学的视野，体现的是科学的解释框架；逻辑在先是哲学的视野，体现的是哲学的解释框架。二者的根本区别在于是否根据于外在的时间。时间在先的核心之点，在于自然的时间顺序；逻辑在先的核心恰恰在于超越外在的时间，只有如此，才有可能进入揭示内在联系的本质关系之中。从时间在先转向逻辑在先，实质上就是从科学视野转向哲学视野。一旦实现了这一转向，就等于跨过了哲学研究的“门槛”。

在此必须警惕的是，把时间在先做超验的哲学使用，以及把逻辑在先应用到经验领域中去的倾向。在哲学研究中，这种非法的僭越甚至将二者混淆起来的情况并不罕见。例如，康德在《纯粹理性批判》中探讨了认识如何可

① 黑格尔．小逻辑．贺麟，译．北京：商务印书馆，1980：63.

② 洪谦．西方现代资产阶级哲学论著选辑．北京：人民出版社，1964：125-126.

③ 亚里士多德．政治学．吴寿彭，译．北京：商务印书馆，1965：7.

能的问题，这一探讨是从逻辑在先的意义上展开的。首先，康德承认人的认识是从外物刺激感官产生感觉经验开始的，“我们的一切知识都从经验开始，这是没有任何怀疑的”①。但康德仅仅是在时间在先的自然次序的意义上承认知识的“开始”，而不是指知识的“根据”和“条件”。在康德看来，前者涉及的是认识的过程问题，对这一过程的研究是经验科学的任务。哲学所关心的是后者，即认识之所以可能的根据和条件，这些根据和条件是从对已有知识之逻辑前提的探讨中得出来的，而不是从考察获得知识的实际心理历程中得出的。所以康德拒绝讨论知性是怎样形成的问题，因为在他看来，这并非哲学的任务。

哲学关注的思维，并不是指被还原了的人脑活动，也不是在时间中展开的具体意识过程，而是诸思维规定之间的纯粹逻辑关系。用黑格尔的话来说，哲学所关注的不是实际发生了什么，而是通过概念的方式来把握什么是真的东西，因此它所遵循的不是“时间在先”的科学原则，而是“逻辑在先”的哲学原则。然而“这里盛行一种主要的误解，即：在自然的发展中或在正在形成的个人的历史中用来作出发点的自然原则或开端，似乎就是真的，并且在概念中也是第一的东西”②。把自然发生的现象当作概念的本质和真理，这是一种混淆了两种视野的眼光，它导致的结果是一种简单化的还原论思维。犹如庸俗唯物主义主张到大脑生理过程中去寻找思想一样，这种思维实际上是取消了对事物深层本质的研究，取消了哲学。恩格斯当年就曾对此提出过疑问：“终有一天我们可以用实验的方法把思维‘归结’为脑子中的分子的和化学的运动；但是难道这样一来就把思维的本质包括无遗了吗?”③ 马克思也在同等意义上强调指出，人的本质“不是人的胡子、血液、抽象的肉体的本性，而是人的**社会特质**”④。只有懂得从逻辑上提出具有前提意义的问题，才更能够指向对象的本质，从而彰显哲学思维的力度。

（二）从后思索

“从后思索法”是马克思在《资本论》中首先提出来的：“对人类生活形式的思索，从而对它的科学分析，总是采取同实际发展相反的道路。这种思索是从事后开始的，就是说，是从发展过程的完成的结果开始的。”⑤ 可见所

① 康德. 纯粹理性批判. 邓晓芒，译. 北京：人民出版社，2004：1.

② 黑格尔. 逻辑学：下卷. 杨一之，译. 北京：商务印书馆，1976：253. 着重号系原文所有。

③ 马克思恩格斯全集：第20卷. 北京：人民出版社，1971：591.

④ 马克思恩格斯全集：第1卷. 北京：人民出版社，1956：270.

⑤ 马克思恩格斯全集：第23卷. 北京：人民出版社，1972：92.

谓“从后思索”就是从“发展过程的完成的结果”出发，通过“由果溯因”的逆向运动，来把握事物本质及其发展的内在逻辑，犹如“人体解剖对于猴体解剖是一把钥匙”①。因为“低等动物身上表露的高等动物的征兆，只有在高等动物本身已被认识之后才能理解”②。这就是说，事物的各种因素和关系，只有在其充分发展之后才能被充分认识，正如“已经发育的身体比身体的细胞容易研究些”③。“从后思索法”与达尔文所倡导的进化论的方法正好相反，在达尔文看来，只有懂得了过去，才能够理解现在；只有了解了猴体解剖，才能够理解人体解剖。马克思则把这一进程颠倒了过来。

“从后思索法”是马克思在分析商品拜物教的秘密时提出来的，但其适用范围却绝不仅限于分析经济现象，而具有普遍的方法论意义。在《关于伊壁鸠鲁哲学的笔记》中，马克思就遵循了这一方法，“从伊壁鸠鲁哲学追溯希腊哲学”④。他发现，“在伊壁鸠鲁派、斯多葛派和怀疑派那里自我意识的一切环节都得到充分表述，不过每个环节都被表述为一个特殊的存在，难道这是偶然的吗？这些体系合在一起形成自我意识的完备的结构，这也是偶然的吗？”⑤ 马克思运用“从后思索法”研究古希腊哲学，“惊奇地发现，从前没有看到的东西现在到处都露出自己的痕迹”⑥。就是说，从后思索比简单地追随时间顺序更能够完整地理解历史的过程，发现已往出现各种现象的真实意义。

“从后思索法”是马克思考察社会历史现象的基本方法。在《〈黑格尔法哲学批判〉导言》中，马克思指出1843年的德国在社会制度上低于当时的世界历史水平，为了全面正确地把握德国的历史发展，必须立足于“在法国和英国行将完结的事物”，即从当时的先进制度和实践出发反过来把握德国的现状。在《1857—1858年经济学手稿》中，马克思指出：“作为生产过程的历史形式的资产阶级经济，包含着超越自己的、对早先的历史生产方式加以说明之点”，“这些启示连同对现代的正确理解，也给我们提供了一把理解过去的钥匙”⑦。资本主义社会作为历史上最发达和最复杂的社会，蕴含了早期社会

① 马克思恩格斯全集：第46卷（上）. 北京：人民出版社，1979：43.

② 同①.

③ 马克思恩格斯全集：第23卷. 北京：人民出版社，1972：8.

④ 马克思恩格斯全集：第40卷. 北京：人民出版社，1982：138.

⑤ 同④195.

⑥ 马克思恩格斯全集：第32卷. 北京：人民出版社，1974：51.

⑦ 同①458.

的各种关系，通过它“能使我们透视一切已经覆灭的社会形式的结构和生产关系”。所以“不懂资本便不能懂地租。不懂地租却完全可以懂资本”①，“资产阶级经济为古代经济等等提供了钥匙”②。

运用“从后思索法”必须注意把握限度问题，必须意识到现在与过去的差别。对此马克思明确指出：“决不是像那些抹杀一切历史差别、把一切社会形式都看成资产阶级社会形式的经济学家所理解的那样。人们认识了地租，就能理解代役租、什一税等等。但是不应当把它们等同起来。”③ “从后思索法”的要点在于通过对现在的理解和把握，找到研究过去问题的正确立场和切入点，而不是把二者简单地等同起来。人体解剖固然是猴体解剖的一把钥匙，但人体解剖却不能取代猴体解剖。

三、叙述方法

叙述方法实际上是将研究的成果以符合其内在逻辑的形式表达出来的方法，它与研究方法有明显的不同。马克思曾在《资本论》第二版的跋中写道：

> 叙述方法必须与研究方法不同。研究必须充分地占有材料，分析它的各种发展形式，探寻这些形式的内在联系。只有这项工作完成以后，现实的运动才能适当地叙述出来。这点一旦做到，材料的生命一旦观念地反映出来，呈现在我们面前的就好象是一个先验的结构了。④

学术研究首先是“探寻这些形式的内在联系”，这是一个从感性具体到思维抽象的过程；而对研究成果的叙述，则需要从思维抽象开始，然后逐步上升到思维或理论的具体。这样，叙述的过程“呈现在我们面前的就好象是一个先验的结构了”。在这两个看似方向相反的思维过程中，存在着一个方法论原则，这就是逻辑与历史的统一。

（一）逻辑与历史的统一

逻辑与历史相统一的方法源自黑格尔。在《哲学史讲演录》的导言中，他认为“历史上的那些哲学系统的次序，与理念里的那些概念规定的逻辑推演的次序是相同的。我认为：如果我们能够对哲学史里面出现的各个系统的基本概念，完全剥掉它们的外在形态和特殊应用，我们就可以得到理念自身

---

① 马克思恩格斯全集：第 46 卷（上）. 北京：人民出版社，1979：45.

② 同①43.

③ 同①43.

④ 马克思恩格斯全集：第 23 卷. 北京：人民出版社，1972：23-24.

发展的各个不同的阶段的逻辑概念了。反之，如果掌握了逻辑的进程，我们亦可从它里面的各主要环节得到历史现象的进程”①。在《小逻辑》中论述逻辑学的开端时，他进一步阐述了这一原则：“在哲学史上，逻辑理念的不同阶段是以前后相继的不同的哲学体系的姿态而出现，其中每一体系皆基于对绝对的一个特殊的界说。正如逻辑理念的开展是由抽象进展到具体，同样在哲学史上，那最早的体系每每是最抽象的，因而也是最贫乏的。故早期的哲学体系与后来的哲学体系的关系，大体上相当于前阶段的逻辑理念与后阶段的逻辑理念的关系，这就是说，早期的体系被后来的体系所扬弃，并被包括在自身之内。”②

在黑格尔看来，逻辑范畴从抽象到具体的发展与哲学体系从贫乏到丰富的发展之间存在一种次序上的对应关系。恩格斯在谈到马克思的政治经济学批判的方法时指出，对于政治经济学的批判，有历史的和逻辑的两种研究方法，在当时的情况下，似乎“逻辑的研究方式是唯一适用的方式。但是，实际上这种方式无非是历史的研究方式，不过摆脱了历史的形式以及起扰乱作用的偶然性而已。历史从哪里开始，思想进程也应当从哪里开始，而思想进程的进一步发展不过是历史过程在抽象的、理论上前后一贯的形式上的反映；这种反映是经过修正的，然而是按照现实的历史过程本身的规律修正的，这时，每一个要素可以在它完全成熟而具有典范形式的发展点上加以考察”③。在恩格斯看来，逻辑是历史的反映，“历史从哪里开始，思想进程也应当从哪里开始”，但逻辑对历史的反映并非直接的“亦步亦趋”，也不是照相似的原样复制，而是按照历史进程的规律予以“修正”的，这一修正摆脱了“历史的形式以及起扰乱作用的偶然性”，是其本质和必然性意义上的反映。在此意义上可以说，“逻辑是凝缩了的历史”，而“历史是感性的展开了的逻辑”④。

坚持逻辑与历史相统一的方法论原则，必须反对将其简单化的倾向，特别注意防止机械的对应模式。马克思在谈到政治经济学的方法问题时，曾明确地说：“把经济范畴按它们在历史上起决定作用的先后次序来排列是不行的，错误的。它们的次序倒是由它们在现代资产阶级社会中的相互关系决定的，这种关系同表现出来的它们的自然次序或者符合历史发展的次序恰好相反。问题不在于各种经济关系在不同社会形式的相继更替的序列中在历史上

① 黑格尔. 哲学史讲演录：第1卷. 贺麟，王太庆，译. 北京：商务印书馆，1959：34.

② 黑格尔. 小逻辑. 贺麟，译. 北京：商务印书馆，1980：190.

③ 马克思恩格斯全集：第13卷. 北京：人民出版社，1962：532-533.

④ 周来祥. 再论美是和谐. 桂林：广西师范大学出版社，1996：160.

占有什么地位，更不在于它们在‘观念上’（**蒲鲁东**）（在历史运动的一个模糊表象中）的次序。而在于它们在现代资产阶级社会内部的结构。”① 范畴的次序不是由它们在历史上起决定作用的时间顺序决定的，而是由它们在现代资产阶级社会中的相互关系决定的。重要的不在于它们在历史上的次序，也不在于它们在“观念上”的次序，而在于它们在现代资产阶级社会内部的结构。因此，马克思并没有苛求形式上逻辑与历史的统一，而是把自己的主要精力集中于对“现代资产阶级社会内部的结构”的研究，从而揭开了资本主义的秘密。

（二）从抽象到具体

哲学意义上的抽象与具体和常识层面上的抽象与具体具有根本性的不同。常识层面上的具体，是自然的具体，即经验意义上可感可触的具体；抽象则是对这一具体的扬弃，即“抽去”其中的感性成分，以得到观念意义上的“表象”。在哲学意义上，“具体”指的是“不同的规定之统一”②，亦即“多样性的统一”；与之相对，抽象则是“少样性的统一”，抽象的程度越高，其规定就越“少样”、越稀薄、越纯粹。比如黑格尔逻辑学的起点“纯存在”或“纯有”最为抽象，其规定最少、最稀薄。“有，纯有，——没有任何更进一步的规定。”③ 黑格尔曾形象地指出：“我们必须把自然的具体性与思想的具体性加以区别，而思想的具体性方面却又最缺乏感性。儿童也可以说是最抽象、最缺乏思想的人。与自然的具体性相比较，成人是抽象的。但就思想的具体性言，他却较儿童更为具体。”④

马克思在研究政治经济学的方法问题时，曾经指出了两条不同的道路：

其一，从感性具体到抽象，即从感性具体，比如人口、民族等出发，通过对感性具体所构成的“浑沌的关于整体的表象”进行分析，形成抽象的规定。“如果我从人口着手，那么，这就是一个浑沌的关于整体的表象，经过更切近的规定之后，我就会在分析中达到越来越简单的概念；从表象中的具体达到越来越稀薄的抽象，直到我达到一些最简单的规定。”⑤ 在马克思看来，这是经济学研究在历史上曾经走过的道路。“十七世纪的经济学家总是从生动的整体，从人口、民族、国家、若干国家等等开始；但是他们最后总是从分

① 马克思恩格斯全集：第46卷（上）. 北京：人民出版社，1979：45.

② 黑格尔. 哲学史讲演录：第1卷. 贺麟，王太庆，译. 北京：商务印书馆，1959：29.

③ 黑格尔. 逻辑学：上卷. 杨一之，译. 北京：商务印书馆，1966：69.

④ 同②43.

⑤ 同①37.

析中找出一些有决定意义的抽象的一般的关系，如分工、货币、价值等等。”① 在此，人口、民族、国家、若干国家等就是感性具体，分工、货币、价值等就是抽象的规定。马克思认为这条道路仅仅构成了研究成果的前提，还不是科学理论体系的真正开端。因为理论体系归根结底是概念范畴的系统，其构成要素不是感性具体，而是抽象规定。因此只有从抽象规定出发，理论体系中的概念范畴才能够运转起来，也才能到达理论研究的入口处。所以表面看来，“从实在和具体开始，从现实的前提开始，因而，例如在经济学上从作为全部社会生产行为的基础和主体的人口开始，似乎是正确的。但是，更仔细地考察起来，这是错误的”②。

其二，从抽象到理性具体，即从抽象的规定，比如分工、货币、价值等出发，通过概念范畴的逻辑运演，达到思维的具体。“这些个别要素一旦多少确定下来和抽象出来，从劳动、分工、需要、交换价值等等这些简单的东西上升到国家、国际交换和世界市场的各种经济学体系就开始出现了。”③ 表面看来，理性具体似乎与感性具体，比如人口，是一致的，但从实质上看，它们之间却存在着根本的不同。感性具体是实实在在的存在，反映在观念上，是“一个浑沌的关于整体的表象”；理性具体则是思维层面上的存在，反映在观念上，是“一个具有许多规定和关系的丰富的总体”。“于是行程又得从那里回过头来，直到我最后又回到人口，但是这回人口已不是一个浑沌的关于整体的表象，而是一个具有许多规定和关系的丰富的总体了。”④

简而言之，“在第一条道路上，完整的表象蒸发为抽象的规定；在第二条道路上，抽象的规定在思维行程中导致具体的再现”⑤。在马克思看来，第二条道路才是在科学上正确的道路：“后一种方法显然是科学上正确的方法。”所以他在《资本论》中典范地运用了这一方法。黑格尔的《逻辑学》同样是运用这一方法的典范。它从“纯有”这一最抽象、最稀薄的概念出发，通过范畴之间的辩证发展，推演出了一个纯粹逻辑的有机的概念系统。

这一方法在马克思那里与在黑格尔那里也有明显的差别。主要的差别在于，“黑格尔陷入幻觉，把实在理解为自我综合、自我深化和自我运动的思维的结果，其实，从抽象上升到具体的方法，只是思维用来掌握具体并把它当

---

① 马克思恩格斯全集：第46卷（上）. 北京：人民出版社，1979：38.

② 同①37.

③ 同①.

④ 同①37-38.

⑤ 同①.

作一个精神上的具体再现出来的方式。但决不是具体本身的产生过程”①。可见，在马克思那里，从抽象到具体的方法不过是思维把握具体并将其再现出来的方式而已，换言之，它不过是一种理论叙述的方法，“而决不是具体本身的产生过程”。这种方法虽然以概念运动的形式表现出来，但这种概念运动不过是社会运动的反映而已。在黑格尔那里，这种概念运动却被实在化了，叙述的过程被当作“具体本身的产生过程”。黑格尔的错误在于抹杀了方法与对象本体的界限，把叙述方法本体化，是对这一方法的滥用，因此“陷入幻觉”。

事实上，不仅是从抽象到具体，任何方法、任何理论的叙述都存在一个根本限度的问题。在这一问题上，必须时刻警醒的是，过犹不及。“叙述的辩证形式只有明了自己的界限时才是正确的。”② 这个根本的限度，就在于一切方法都是以符合实际地揭示事物的面貌和规律为目的，而不是以满足方法本身的要求为目的。因此，作为结论和叙述模式，可以放之四海而皆准的方法并不存在，而作为探索真理途径的方法，本身却有一个永恒的精神诉求，即实事求是。所以，当有人，如俄国学者米海洛夫斯基，试图把马克思的某个观点说成是不分具体情况一律适用的普遍结论时，马克思立即表示拒绝，说：“我要请他原谅。他这样做，会给我过多的荣誉，同时也会给我过多的侮辱。”③ 可见将任何理论或方法简单地、不加辨别地盲目推广的做法，即使对这一理论或方法自身而言，既是“过多的荣誉”，也是“过多的侮辱”。进而言之，对于哲学而言，任何意义上的方法，都存在一个限度问题，正确的做法是反思其前提和界限，而不是不加批判地将其作为抽象原则强行、先验地运用到任何内容之上。这就是教条主义或形式主义的哲学根源。

第三节　哲学与其他学科

马克思说：哲学作为人类对世界的整体性把握，“是思维着的头脑的产物，这个头脑用它所专有的方式掌握世界，而这种方式是不同于对于世界的艺术精神的，宗教精神的，实践精神的掌握的”④。这里提出了人类掌握

① 马克思恩格斯全集：第46卷（上）. 北京：人民出版社，1979：38.

② 马克思恩格斯全集：第46卷（下）. 北京：人民出版社，1980：513-514.

③ 马克思恩格斯全集：第19卷. 北京：人民出版社，1963：130.

④ 马克思恩格斯选集：第2卷. 3版. 北京：人民出版社，2012：701.

世界的基本方式问题，大体有哲学、艺术、宗教等，它们构成了基本的学科门类。

一、哲学与科学

哲学曾经是科学的初始形态和“母体”。例如在古希腊时期，所有学问都包罗在哲学的名下，哲学与科学密不可分地交织在一起。随着时间的推移，各门专业知识逐渐从哲学中分离出去，形成了近现代意义上的科学。关于哲学与科学关系的理解，大体有以下三种看法：

（一）一元统一

这种看法认为哲学与科学都是人类知识的组成部分，本质上必然是一个有机的整体。关于哲学与科学在这一整体中各自的地位（何者是根基），则有两种不同看法：

一种是哲学根基说，它把人类的全部知识比作“一棵树”，认为哲学就是它的“树根”，各门科学则是它的“树体”。笛卡尔说：“全部哲学就如一棵树似的，其中形而上学就是根，物理学就是干，别的一切科学就是干上生长出来的枝。这些枝条可以分为主要的三种，就是医学、机械学和伦理学。”① 这种以哲学为“根”、科学为“体”的知识体系说，代表了科学与哲学大分化初期的看法。这种观点虽然能够从形式上说明哲学分化出各门科学这一过程，但却忽视了一个基本的事实：正像树木的生长一样，人类的知识之树的生长，并非只是由于树根的自我延长和输送营养，还要靠枝叶自身的光合作用；许多科学知识和科学门类的形成，实际上是生活和实践经验的“归纳”的产物，而不是从某个形而上学原理或观念演绎出来的结果。更重要的是，它忽视了哲学（形而上学）本身的历史性。事实上，哲学本身并不是一成不变的，它的思想来源归根结底离不开实践经验。因此这种看法并不能全面地说明哲学与科学的现实关系，也越来越不被科学所接受。

另一种是科学根基说，认为哲学是对科学成果的归纳、概括和总结。哲学与科学都以发现规律、获得规律性的知识为己任，不同之处仅在于科学以世界的某一特定领域为对象，发现的是该领域的特殊规律；哲学则以整个世界为对象，发现的是自然界、社会和人类思维的普遍规律。简言之，哲学与科学是一种普遍与特殊的关系。这种观点虽然正确地指出了科学特别是其背后的实践对于哲学的意义，在相当程度上符合人们的日常观念和常识逻辑，

① 笛卡尔．哲学原理：序言．关文运，译．北京：商务印书馆，1958：xvii．

但却容易从根本上抹杀哲学与科学之间的差别，甚至把哲学仅仅当作科学的注脚和工具，从而实际上导致哲学消亡；另外，它也难以说明从哲学中逐渐分化出各门科学这一历史事实。按照这一观点，应该是科学发展在前，哲学诞生于后。

（二）二元分离

这种看法认为科学和哲学之间，具有根本的不同。科学面对的是事实的层面，哲学涉及的是价值的层面。因此一方面不能用科学的方式、标准和框架来看待“异质”的哲学，否则无异于以耳朵来欣赏绘画、以眼睛来判断音乐；另一方面哲学家在面对问题的时候，不能像实验室里的科学家那样，以价值中立的立场，进行纯然客观的描述，而是要像黑格尔所说的那样，“为了达到哲学，必须忘身地冲进去”①。这种以事实与价值的分立为根据的视角，对于正确理解哲学和科学各自的本质和特性来说，具有重要意义。但这种视角的局限性在于容易将二者的差别绝对化，从而忽视它们在更深层面的一致性：（1）区分事实与价值、描述与规范等这类视角本身，就已经是一种哲学的理论成果了。在对科学的把握和叙述中，也要以一定的哲学为背景和基础。（2）科学和哲学都有自己对事实与价值的把握，只是把握的层次和方式不同。不能认为科学只管对事实的揭示和描述，完全不涉及价值判断；更不能认为哲学只关心价值，不负责任何事实问题。

（三）理性整体

我们主张以一种整体性的视角，把哲学与科学看作在实践基础上形成和发展起来的人类理性思维的两种基本形式：哲学更多地表现为一种形而上取向的思维理性，科学则更多地表现为一种形而下的、实证化的思维理性。这两种理性形式虽然有不同的方向和特点，但却有共同的基础、实质和目标，它们之间的分工合作、互补互动，构成了一个理性思维的整体。

首先，哲学与科学的起源一体和不断分化，从“一”到“多”的演变过程，总体上是人类借理性掌握世界方式的一个自我成长、自我发展过程。其中包含了从自发到自觉、从直观到理性、从抽象到具体、从综合到分析、从思想到实践等诸多方面的不断进化及其成果。这一过程带来了两方面的效果。其中之一是越来越多的领域成为实证学科的对象，逐渐形成了现代意义上的“科学”。科学的形成是人类理性能力走向成熟的伟大标志。其中之二是哲学不会因为科学诞生而消失。因为人类并非只需要实证的思维，还需要辩证的

① 黑格尔. 费希特与谢林哲学体系的差别. 宋祖良，程志民，译. 北京：商务印书馆，1994：8.

思维。正是在那些可实证化的领域尽可能地剥离出去的情况下，哲学的非实证性的、高度普遍性的思维特征才日益显现并成熟起来。

其次，哲学与科学虽然在形式上表现出很大的、有些是某种实质性的差别，但在人类精神的本性和人类面向实践的思考方式中，内在地含有产生哲学与科学的共同的“种子”。这个“种子”就是人类追求“实事求是”“究竟至极”地把握世界的精神生命本身。人类理性地把握世界的需要、动力和目标，包括对把握成果之可靠性和完备性的追求等，构成了人类特有的“理性精神”的实质和核心，它就是哲学与科学共同的“种子”。哲学与科学最初浑然一体的未分化状态，代表了种子发育和早期成果；哲学与科学之间的分化过程，反映了它的进一步成长和成熟状态。依据哲学与科学分化以后的特征，它们之间确实已经表现出具体形态的巨大差别，但在精神实质和终极追求方面，却仍然保持着内在一致的关联性，这就是它们都属于人类实事求是、究竟至极地把握世界的有效形式。

最后，在人类文明的现实发展中，哲学与科学之间始终表现出相互依赖、相互促进的必要联系。哲学与科学之间相互依赖、相互促进的关系，是推动人类文明发展的重要力量。恩格斯曾这样描述过近代科学形成以来对哲学的影响：“在从笛卡儿到黑格尔和从霍布斯到费尔巴哈这一长时期内，推动哲学家前进的，决不像他们所想象的那样，只是纯粹思想的力量。恰恰相反，真正推动他们前进的，主要是自然科学和工业的强大而日益迅猛的进步。……甚至随着自然科学领域中每一个划时代的发现，唯物主义也必然要改变自己的形式”①。这里充分肯定了科学和实践对于哲学的意义。但依赖并不是单向的。当人类依据科学而实现自己的迅猛发展时，由于“工具理性”过度膨胀而产生的种种危机和困惑，则促使人们通过对科技理性的反思和对人文关怀的思考，重新回到哲学高度上来，反省完整的、健全的理性所应把握的尺度。这正在成为20、21世纪文明进步的主题之一。

二、哲学与宗教（信仰）

哲学与宗教的关系本质上是理性与信仰的关系。信仰即人们对某种对象和价值目标持有“最高”或“终极”信赖感的精神形式。人类的信仰形态既有宗教式的，也有非宗教式的。不同于哲学和科学的理性思维，信仰是一种在知识和科学范围之外存在并表现出来的意志化的精神现象，它更多是作为

① 马克思恩格斯选集：第4卷. 3版. 北京：人民出版社，2012：233-234.

信念、情感和意志存在于人的头脑和“心灵”之中。信仰当然是有对象的，但信仰的本质并不在于对象，而在于人的精神追求和意志。关于哲学与宗教的关系，可从以下方面来探究。

（一）目标一致

人是一种有限的存在，但他却追求无限的超越，以获得安身立命之本。这一体现人类精神本性的现象，成为哲学与宗教发生的共同起点，也就是说，对人类精神的终极关怀的追问构成了哲学与宗教存在的共同根源。这同时决定了哲学与宗教的对象不是经验世界之中的具体存在，而是超越经验的超越性存在。因为任何具体的存在都不能满足人类精神对于终极关怀的诉求。

哲学与宗教在目标上的一致性，表现为它们都有关于“永恒的、绝对的真理”的信念，都把追求和实现这种信念当作目标。黑格尔曾在此意义上指出了哲学所追求的“永恒真理”与宗教之“神”的一致性：“宗教的对象正像哲学的对象一样，乃是在其客观性中的永恒真理本身，也就是神，而且不外乎神以及对神的说明。哲学不是关于世界之智慧，而是关于非世界的东西之认识；不是关于外在物质、经验定在和经验生活之认识，而是关于什么是永恒的，神是什么以及他的本性流出什么之认识，因为这本性必须启示和发展。因此，当哲学说明宗教时，它仅仅是说明自己；当它说明自己时，它就是说明宗教。……这样一来，宗教和哲学同归于一个东西；哲学本身事实上就是敬神，就是宗教，因为它就是在对于神的工作中对于主观奇想和主观印象的同样放弃。因此，哲学跟宗教是同一的。”①

（二）态度不同

哲学与宗教都以对“绝对真理”的信念为基点，它们之间的区别在于：宗教使这个基点成为终点，即把信念变成了信仰；而哲学则使这个基点成为起点，即把信念和信仰都当作论证、批判和反思的对象。二者的不同态度，反映出它们对理性和情感的不同诉求。对信念和信仰的原则性区分是一个重要的切入点。信念（对……的相信）与信仰（对……的无条件信奉）不是一回事。在哲学层面，一切存在都需要在理性的法庭上为自己存在的根据和理由进行辩护；而在宗教层面，反思让位于启示。在启示的领域中，信仰就是信仰，不信仰就是不信仰，没有第三条道路。无论是信仰还是不信仰，都不需要也不可能予以理性的证明。就像马克斯·舍勒所指出的，“‘对……的信仰’和

① 黑格尔．宗教哲学讲座·导论．长河，译．济南：山东大学出版社，1988：17-18.

'对……的不信仰',则是一种本质上没有根据的和不可论证的,但依然在一种信仰内容中能够自明地充实的精神行为。"① 也就是说,"对……的信仰"是自明的,它无须论证也不可论证,任何批判和反思都不适用于信仰的领域。

例如,"我相信他是一个好人"和"我信仰上帝"是两类性质不同的说法。前者依赖于证明和解释,在根据不充分的条件下,他可以犹豫不决,也可以怀疑拒绝。后者则要求全身心地投入,"'我信上帝'的说法(至少按意向看),则表达出坚定不移的、无以复加的确定性,对于这种确定性,一种相关的不确定性根本上是不可能的(只是无信仰)"②。任何意义上的犹豫不决都意味着信仰并没有作为信仰而现身。由此可见哲学中上帝与宗教中上帝的区别:对哲学而言,其任务在于令人相信上帝。要达到这一目的,必须以充分的论证来证明上帝存在。只有证明上帝存在,才可以确立上帝存在的信念,而只有相信上帝存在,才能理解上帝。宗教则完全不同。它拒绝一切论证,上帝是自明的,只有信仰上帝,才有可能理解上帝。"我决不是理解了才能信仰,而是信仰了才能理解。因为我相信:'除非我信仰了,我决不会理解。'"③

(三)道路迥异

哲学与宗教对于对象的不同态度,表明二者为自己选择了通往真理的不同道路。当然,哲学所追求的真理并不限于宗教式的真理,这里仅就与宗教有关的问题(终极真理)而言。如果说真理存在于"彼岸世界",那么对于哲学而言,理性是其存在的根基,通过反思此岸世界的根据来进入彼岸世界,是哲学通向真理的基本路径。"哲学是以不同于宗教的方式去追寻本原问题的。宗教是以启示的方式直接领悟绝对的本原而信任这个本原,并且由对这一本原的觉悟与信任而肯定这个世界的真实性;而哲学则是出于对这个世界不满足、不信任也即有所怀疑而去追问这个世界的本原。也就是说,哲学是从'不满足'和'怀疑(不信任)'开始的。"④ 也就是说,哲学的道路是间接的,这一方面是因为哲学必须通过对此岸世界的反思来进入彼岸世界,另一方面是因为哲学的反思必须借助于概念,必须经过概念的演绎来论证和解释彼岸世界的合法性。宗教则借助于信仰的力量,通过对一系列法则、仪式的

① 刘小枫. 舍勒选集. 上海:上海三联书店,1999:950.

② 同①.

③ 安瑟尔谟. 宣讲//北京大学哲学系外国哲学史教研室. 西方哲学原著选读:上卷. 北京:商务印书馆,1981:240.

④ 黄裕生. 宗教与哲学的相遇:奥古斯丁与托马斯·阿奎那的基督教哲学研究. 南京:江苏人民出版社,2008:11.

践行或通达内心的启示直接进入彼岸世界，所以宗教的道路是直接的。“哲学是从反思‘这个世界’之根据而返回‘另一个世界’，而宗教则是直接进入‘另一个世界’，再到‘这个世界’。在这个意义上，我们也可以说，哲学是从下到上，而宗教则是从上到下。”①

三、哲学与艺术

关于艺术与其他方式的区别和联系，朱光潜曾在《我们对于一棵古松的三种态度》一文中做过这样的描述：

> 假如你是一位木商，我是一位植物学家，另外一位朋友是画家，三人同时来看这棵古松。我们三人可以说同时都“知觉”到这一棵树，可是三人所“知觉”到的却是三种不同的东西。你脱离不了你的木商的心习，你所知觉到的只是一棵做某事用值几多钱的木料。我也脱离不了我的植物学家的心习，我所知觉到的只是一棵叶为针状、果为球状、四季常青的显花植物。我们的朋友——画家——什么事都不管，只管审美，他所知觉到的只是一棵苍翠劲拔的古树。我们三人的反应态度也不一致。你心里盘算它是宜于架屋或是制器，思量怎样去买它，砍它，运它。我把它归到某类某科里去，注意它和其他松树的异点，思量它何以活得这样老。我们的朋友却不这样东想西想，他只在聚精会神地观赏它的苍翠的颜色，它的盘屈如龙蛇的线纹以及它的昂然高举、不受屈挠的气概。②

这里通过比较三类人——商人、科学家和艺术家面对同一棵古松的不同“所得”，揭示了实用的、科学的、审美的三种知觉和态度的异同，其意在凸显艺术的特殊风格。实际上，我们还应该在这三类人之外再加上一类人：哲学家。朱先生本人是一位哲学家、美学家，他的叙述和评论也恰好反映了某种哲学的视角和方式。

（一）反思与表现

艺术与科学等其他形式，都表现了人类对于同一对象世界的不同“知觉和态度”，而哲学还担负着对它们的反思。当艺术家“只在聚精会神地观赏它的苍翠的颜色，它的盘屈如龙蛇的线纹以及它的昂然高举、不受屈挠的气概”时，哲学家却揭示出人的主体性存在及其意义：“古松的形象一半是天生的，

---

① 黄裕生．宗教与哲学的相遇：奥古斯丁与托马斯·阿奎那的基督教哲学研究．南京：江苏人民出版社，2008：23．

② 朱光潜．我们对于一棵古松的三种态度//谈美．北京：北京大学出版社，2008：7．

一半也是人为的。极平常的知觉都带有几分创造性，极客观的东西之中都有几分主观的成分。”① 这种观察的视角和结论，代表了哲学所特有的“反思”性质。从对象上看，哲学和艺术都关注人，都以人为对象和目的。不同之处在于艺术以富于趣味和情感的方式，表现着对人的理解和关注。有些艺术作品以神、景物等为对象，但它们无非是人的象征，就像古希腊神话中神的形象是依照理想的人来塑造的；《伊索寓言》中的狡猾的狐狸、凶狠的狼、愚蠢的驴子等不过是某种人的写照；柳宗元的《永州八记》也并非单纯地写景，其字里行间渗透的是人的感受和情怀。哲学则以反思的方式，表现了对人类状况和命运的理解与关注。如果说艺术是“感受并创造着的人生之学”，那么哲学则可以说是“反思并超越着的人生之学”。

（二）抽象与形象

作为“对于事物的**思维着的考察**”② 的哲学与通过形象化的方式来表现思想的艺术之间，存在着很大不同。哲学要求获得普遍化的抽象，艺术则要求诉诸具体化的形象。“抽象”的特点是舍弃个别达到一般，超越特殊走向普遍；“形象”的特点则恰恰在于凸显个性化的“唯一”性，或“这一个”的不可重复性。

以对人的把握为例，哲学关注的是普遍的人，强调的是共性；艺术关注的是具体的人，强调的是个性。哲学为了把握人，往往需要中断人的生命之流以进行概念分析，这就决定了从哲学中所能看到的只能是人的现实生活的一个横切面，而不是活生生的生命。海德格尔为了说明生活现象的整体性，曾特意以连字符的方式生造了“一个”词：In-der-Welt-sein（在-世界-存在），以强调人的存在方式的不可分割性。“‘在世界之中存在’这个复合名词的造词法就表示它意指一个统一的现象。这一首要的存在实情必须作为整体来看。我们不可把‘在世界之中存在’分解为一些复可加以拼凑的内容，但这并不排除这一建构的构成环节具有多重性。”③ 但这毕竟不是活生生的生活本身，只可能是人生的一个“解剖图”。

艺术不是以中断生命，而是以将生命之流加以“浓缩”的方式来表现人的生活。一般说来，艺术中的人都必须是生活在特定环境中的有着特殊的形貌、性格和命运的人。比如孙悟空、猪八戒、曹操、诸葛亮、关羽、王

① 朱光潜．我们对于一棵古松的三种态度//谈美．北京：北京大学出版社，2008：11.

② 黑格尔．小逻辑．贺麟，译．北京：商务印书馆，1980：38.

③ 海德格尔．存在与时间．陈嘉映，王庆节，译．北京：三联书店，1999：62. 着重号系原文所有。

熙凤……无不个性鲜明、言行迥异。金圣叹点评《水浒传》时说：“叙一百八人，人有其性情，人有其气质，人有其形状，人有其声口。”① 艺术家在创造人物形象的时候，总是将其所生活于其中的世界一并创造出来，就像曹雪芹在塑造《红楼梦》中贾宝玉、林黛玉等一系列脍炙人口的典型人物形象的同时，也创造了大观园这一人物活动的典型环境。巴尔扎克在《高老头》中对“伏盖公寓”的描写，不仅展示了当时巴黎下层社会各式各样的人物以及他们之间的关系，而且描绘了一幅十分具体生动的风俗文化的图画。

（三）概括与呈现

从根本上看，哲学是对生活的概括，艺术则是对生活的呈现。概括是抽象的，呈现则如生活本身一样具体生动。但是，呈现不应该也不可能是原封不动、不加选择的直观，它必然依据于一定的概括性理念和方法，经过了选择和创造的再现。最为典型的是在戏剧艺术中，时代的变迁、人物的命运往往被浓缩到有限的几幕之中，人在舞台上活生生地展现着现实人生。这实质上是把现实生活作为一个整体“搬到”了舞台之中。“‘戏剧’作为一种艺术性的思想形式，同样也在‘说’些‘什么’，‘告诉’人们一些‘什么’。这个‘什么’，不是抽象的道理、概念，不是抽象的‘本质’，而就是活生生的‘人事’。”② 既然艺术作品中每个形象都反映特定时代的独特面貌，有其不可重复、不可替代的唯一性，那么艺术家想要说的是什么，就只能通过他的作品去体会，这种体会必然是因人而异的。“一千个观众就有一千个哈姆雷特”，这表明艺术作品的价值要在具有相应感受和理解能力的条件下才得以实现。就是说，为人们提供“典型环境下的典型人物”作为思考的对象，并为这种思考提供想象和选择的广阔空间，是艺术创造具有无穷魅力之源。

本章小结

哲学拥有不同于其他各门科学的思维特性。哲学以自己特有的视角去观察世界，并在特定的理论层次上进行思考，从而形成哲学所特有的思维特性。哲学思维表现于观察时所立足的视角、思考时所使用的概念形式、推理时所追求的逻辑走向等之中。抽象性、批判性、反思性构成了哲学思维的三大特性。

---

① 金人瑞．水浒传序三//金圣叹七十一回本水浒传：第1册．上海：中华书局，1949：18.

② 曹其敏．戏剧美学．北京：东方出版社，1991：2.

哲学的研究方法不同于叙述方法，研究哲学需要注意“扭转思想活动的习惯方向”：从“时间在先”转向“逻辑在先”；从时间上的“循序思索”转向“从后思索”。叙述哲学需要注意两个基本方法：逻辑与历史的统一；从抽象到具体。作为人类对世界的整体性把握，哲学不同于人类掌握世界的其他基本方式。通过考察哲学与科学、宗教、艺术等相关学科之间的区别和联系，可以进一步把握哲学的特性和功能。

关键词

抽象性　批判性　反思性　从后思索法　从抽象到具体

思考题

1. 如何理解逻辑在先与时间在先的关系？
2. 如何理解哲学与科学的关系？
3. 如何理解逻辑与历史相统一的方法论意义？

延伸阅读

1. 康德：《历史理性批判文集》，何兆武译，商务印书馆，1996。
2. 雅斯贝尔斯：《生存哲学》，王玖兴译，上海译文出版社，2005。
3. 理查·罗蒂：《哲学和自然之镜》，李幼蒸译，三联书店，1987。
4. 策勒尔：《古希腊哲学史纲》，翁绍军译，上海世纪出版集团，2007。
5. 古留加：《黑格尔小传》，卞伊始、桑植译，商务印书馆，1978。
6. 叶秀山、王树人：《西方哲学史》，第1卷，凤凰出版社，江苏人民出版社，2004。
7. 黄裕生：《宗教与哲学的相遇——奥古斯丁与托马斯·阿奎那的基督教哲学研究》，江苏人民出版社，2008。
8. 李德顺：《价值论》（第2版），中国人民大学出版社，2007。
9. 孙正聿：《哲学导论》，中国人民大学出版社，2000。

第三章　哲学的价值

内容提要

哲学的价值是指哲学对于人和社会的意义。面对人和社会的多样化形态，哲学的价值首先是指它对于人类主体的价值：哲学对于人类既有普遍的工具（手段）价值，又有目的性价值。对于生活现实中每一具体主体来说，哲学的价值则依主体的立场、目的、需要、能力和条件的不同而不同。哲学的价值实现，既取决于哲学本身发展的状况，也取决于社会历史环境和具体主体的条件，体现为一个在认识和实践活动中不断探索创造的历史过程。

"哲学有什么用?"或者说，"哲学有什么价值?"这个问题关涉到哲学与人和社会的关系，其答案历来众说纷纭，同"什么是哲学"一样长期令人困惑，同时也困扰着古往今来的哲学家们。作为哲学必须直面的困境之一，这个问题实际上挑战着传统的哲学学说本身，呼唤并引导着哲学价值论的建立，要求提炼出思考价值问题的思路与方法，并用以回答哲学本身存在的意义问题。

第一节　研究价值问题的哲学方法

自从世界上有了哲学和哲学家，哲学究竟有没有用？如果有用，其用何在？这些问题就已经存在了。据亚里士多德《政治学》记载，有人曾嘲讽西方哲学始祖泰勒斯的贫困，试图证明哲学是无用的。泰勒斯对此大不以为然，并试图以行动加以反驳。有一年，泰勒斯看好橄榄的收成，便提前租下了当时所有的榨油机，待到橄榄大丰收，便高价出租，从而大赚了一笔。泰勒斯想以此证明：只要哲学家愿意，就可以凭自己的智慧发财致富，只是"他们的雄心却是属于另外的一种"而已。

不过，哲学家的贫困和富裕，实际上并不是关于哲学有用无用的实质证据。泰勒斯牛刀小试，偶发其财，也并未直接证明哲学的价值。雅斯贝尔斯说："哲学究竟是什么，以及它有多大价值，这是一个众说纷纭的问题。有些人可能指望它会产生奇异非凡的启示；有些人可能认为它是虚妄不实的幻想，而对之漠然不顾；有些人可能以敬畏的心情崇仰它，把它看作杰出人物的富有意义的劳作；有些人则藐视它，把它看成梦幻者不必要的忧虑；有些人可能持有这样的态度：即哲学与一切人都有关，因而在本质上它必定是简明而通俗易懂的；还有一些人认为哲学是令人绝望的玄奥。"① 令人困惑的是，就哲学这一名称所包含的内容来说，上述所有意见都有其存在的理由，似乎都可以找到许多实例加以证明。然而问题恰恰在于，实例并不等于理论，要解脱诸多实例彼此冲突的困境，就必须从理论上找到揭示问题实质的观念和方法。

一、哲学的"万能"与"无用"

如果说，回答"什么是哲学"，需要面对哲学的存在和全部历史做出某种事实性的描述或判断，那么回答"哲学有什么用"，则显然是面对一个价值问题，需要运用一种开放性的价值思维，做出相应的价值分析和判断。哲学的价值问题涉及哲学在人的社会生活中的地位和作用，其中包含了以哲学为客体，以人和社会为主体的一种价值关系视角。在历史与现实中，由于缺少对这种视角的自觉把握，且囿于个案和实例的经验判断，导致以往对于哲学的意义的理解，不是过于复杂化了，就是过分简单化了，往往都走向了片面和极端。

综观历史与现实中的各种观点，最引人注目的是两种针锋相对的极端看法："哲学万能论"和"哲学无用论"。

"哲学万能论"极力夸大哲学的功能与价值，认为一切学术的精华皆在哲学，哲学具有超越一切具体科学的价值；哲学家是真正的爱智者，甚至是智慧的化身，最应该承担社会的重任。例如，古希腊哲学家柏拉图在《国家篇》中认为，唯有那些能够发现事物的真理，即把握事物的理念的人，才配称为真正的爱智者，而只有真正的爱智者才有资格担当治国之重任——"哲学王"。"除非是哲学家们当上了王，或者是那些现今号称君主的人像真正的哲学家一样研究哲学，集权力和智慧于一身，让现在的那些只搞政治不研究哲

① 雅斯贝尔斯．智慧之路．柯锦华，范进，译．北京：中国国际广播出版社，1988：1.

学或者只研究哲学不搞政治的庸才统统靠边站，否则国家是永无宁日的，人类是永无宁日的。"[①] 中国北宋思想家张载代表儒家表达出立意高远、使命感强烈的宗旨，即"为天地立心，为生民立道，为去圣继绝学，为万世开太平"（《张子语录》）。这正如当代学者冯友兰所描述的："中国哲学家，多讲所谓内圣外王之道。'内圣'即'立德'，'外王'即'立功'。其最高理想，即实有圣人之德，实举帝王之业，成所谓圣王。"[②] 圣王理想与柏拉图的"哲学王"理想可谓异曲同工，"英雄所见略同"。近代科学与哲学分化之后，不少科学主义哲学家高扬哲学的价值，认为哲学是"科学之母""科学之科学"。我国20世纪六七十年代"左"的时期，也曾将哲学置于很高的地位，似乎只有哲学才是净化灵魂、提高觉悟、统一思想的法宝，一旦政治斗争、社会发展遇到什么问题，或有什么现实需要，总是以为问题出在哲学上，或者认为哲学学习可以轻易解决问题，因此动辄开展"大批判"或"全民学哲学"、"干部学哲学"运动。各种"哲学万能论"的表现，或者通过不适当的过高要求和期待使哲学神秘化、武断化，或者通过急功近利的不切实诉求将哲学简单化、庸俗化。这些观念和做法不仅严重地损害了哲学，有时甚至严重地危害了社会。

"哲学无用论"则轻视哲学，完全否定哲学的功能与价值。由于哲学思维具有抽象性、批判性和反思性等特点，并且无法带来直接的看得见的功利效果，怀疑哲学的价值是比较常见的社会现象。例如，20世纪初，当蔡元培、王国维等人主张在我国大学开设哲学时，就遭到清末管学大臣张百熙、张之洞等人的坚决反对。张百熙的理由是："盖哲学主开发未来，或有骛广志荒之弊。"即哲学会令人好高骛远，想入非非，不切实际。于是他下令取消哲学一科："哲学置之不议者，实亦防士气之浮嚣，杜人心之偏宕。"[③] 张之洞等则认为："中国今日之剽窃西学者，辄以民权、自由等字实之，变本加厉，游荡忘返"[④]，即自由、民权等各种异端邪说都随引进哲学而来，十分有害。还有人以哲学的目标难以实现，或哲学中的某类问题无由解答，或哲学方法不如科

① 北京大学哲学系外国哲学史教研室．西方哲学原著选读：上卷．北京：商务印书馆，1981：118.

② 冯友兰．中国哲学史：上册．北京：中华书局，1961：9.

③ 光绪二十九年管学大臣张（百熙）遵旨议奏湖广总督张（之洞）等奏次第兴办学堂折//中国近代学制史料：第2辑上册．上海：华东师范大学出版社，1987：66.

④ 光绪二十九年十一月二十六日张百熙、荣庆、张之洞《学务纲要》//中国近代学制史料：第2辑上册．上海：华东师范大学出版社，1987：86.

学方法精确和实证（如逻辑实证主义），哲学家们之间无休无止的争论常常没有结果等为理由，提出应该取消哲学、哲学的某些分支和某些哲学方法。概而言之，认为“哲学无用甚至有害”，除了一部分是出于对哲学的不了解或了解不充分之外，还有一些则是一定主体的特定信仰、立场、利益和文化价值观的反映，比如反对自由思想和批判精神，害怕由于倡导哲学而危及“大一统”的思想和话语统治，等等。而哲学学科在我国终于建立起来，则标志着科学理性的发展不可阻挡，并在一定意义上意味着哲学无用论甚至有害论的终结。

哲学“万能论”和“无用论”看似两个极端，但它们的共同问题都出在观察的视角和方法上。其实对于任何事物，人们都可以问一问“它有什么用”。“有用无用”与“好坏”“善恶”“美丑”“得失”“福祸”等问题一样，在人类认识和实践活动中带有极大的普遍性，需要立足相应的理论加以思考和解决。事实上，正是对这类问题的思考和争论，最终导致了哲学中一个新领域——价值论——的出现。价值论旨在揭示一切价值现象的共同本质和规律，为人类创造和实现理想价值提供理论支持，它也应该能够回答哲学自身的价值问题。

二、思考的视角和方法

当人们提问“有用无用”之类问题时，往往并不对这里的“用”为何意加以反思，以为它是不言而喻的。其实，“有用无用”仅指一种狭义的功利价值，即是否适合于人们当下直接的需求和行为。如果推广开来，将“有用无用”作为广义使用，即把好坏、善恶、美丑、得失、福祸等一切正负效果都包括在有无“用处”之内，让“有用”泛指任何正价值，“无用”泛指没有正价值，那么，对于这类问题的思考，就具有了广泛的价值论视野，能够以对价值现象的本质和特性的把握为基础，做出比较准确、透彻的回答。

所谓价值，是一个反映主客体关系特定质态的范畴。任何事物（客体）是否有价值以及有何种价值，都是相对于一定主体而言的，都是以主体尺度为尺度的。事物本身并没有什么固定的、一成不变的价值，它们只有在人们的活动中提供人们所需要的东西，能够为人们的生存和发展服务，才是对人们来说“有用”的东西，就像自然物只有被纳入人们的生产和生活才成为“资源”一样。在这里，人的目的、需要、能力、素质等主体因素所构成的主体尺度，是决定一定的事物对人有无价值或有何种价值的根据和前提。

价值是属人的范畴，一切价值都是对于人的价值。如果没有人，或不与人相联系，就根本无所谓价值可言。哲学的价值也是如此。哲学的价值既不是指哲学固有的样式和形态本身，也不是指哲学的性质和特点本身，而是指哲学对于人的意义。也就是说，只有在人的社会生活实践中，当哲学的属性和功能确实满足了主体的生存或发展需要时，它才表现出具体的现实价值。正因为如此，哲学的意义不是固定不变的，而是随着历史的变迁、实践的发展特别是相应主体的情况不同而呈现着不同的面貌。哲学并非对于任何人都始终具有同样的意义。

以往关于哲学的价值的思考，一般受到两种习惯性视角的限制：一是“学说视角”，即当人们思考哲学有什么价值时，他们所说的哲学往往只是指已知的某些学说，而不是包含全部哲学史的整个哲学学科；二是“个体视角”，即当人们思考哲学有什么价值时，他们所说的往往只是指哲学对于自己和周围一些人的意义，而不包括哲学对于整个人类的意义。由于这些视角的局限，对问题的回答就往往停留于表面和片面，诸如“哲学是高深莫测的玄思妙想”“哲学是使简单问题复杂化的说教”“哲学是有闲人自我娱乐的概念游戏”“哲学是进行意识形态斗争的工具”“哲学万能”“哲学无用”。这些说法恰恰是囿于某些哲学流派，或其在某些时刻的特殊表现，从而得到的一些印象、观感、倾向甚至偏见。

“哲学有什么用”是一个整体性问题。要回答它，首先不应忽视哲学的学科层次，不能忘记在这个学科中，虽然一直存在着多种多样的学说，各自有不同的价值，但在总体上，它们也通过彼此之间或关联，或互补，或竞争，或冲突，保持了哲学特有的层次与导向，维护着共同的标准与原则，从而构成哲学作为一个学科特有的价值。

在明确了以哲学学科为对象的前提下，运用价值思维来回答哲学“有用无用”的问题，还需要进一步把握两个角度如何统一：一是哲学对于何种主体的价值，比如是对于某个特定的个人、群体或社会共同体，还是对于作为整体的人类的价值。二是哲学对于人的哪一方面的价值，即满足人的何种需要、适合人的何种活动的价值，比如是物质实践还是精神生活，是感性的还是理性的，是工具性的还是目的性的，等等。这两个角度，简单地说就是“对谁之用”与“何种之用”。哲学在这两个方面的具体的历史价值的总和，不断地显现和推动着哲学的发展，并构成了哲学的价值。

如果从这两个角度深入下去，那么对哲学有用无用问题的回答，就将引导我们自觉地、充分地了解主体——人的特性、目的、需要、能力及其发展，从中更深刻、更全面地看到哲学之于人的意义。这是理解哲学的价值的根本方法。

第二节　哲学之于人类的价值

哲学之于人类整体的价值，是其首要的、根本性的价值。哲学首先是属于全人类的事业。人类历史的一个基本事实是：哲学的产生，哲学作为一个学科在几千年里绵延不断的发展，无数精英致力于这项极其繁难的智力事业，各个历史阶段的社会都曾以一定方式表现出对哲学的关注，等等，无疑证明了哲学是必要的、不可或缺的人类事业，具有重要的价值。

哲学之于人类的一般价值大体可以归纳为两大类，即工具价值和目的价值。

一、哲学的工具价值

哲学之于人类的工具价值，是指哲学能够作为手段或工具，满足人类认识世界、改造世界的需要，为实现人类的具体目标服务。作为提供普遍性知识、理念和方法的科学，哲学具有普遍的工具价值。当然，哲学与其他具体学科不同，它似乎不能直接帮助人们达到某种现实的功利或实用目的，例如，哲学并不提供衣食住行的资源，也不能直接用于改进生产技术，帮助人们发财致富，等等。但是，哲学却能够“武装”人的头脑来增强人的力量，并通过人的精神力量向物质力量的转化，产生改变世界的巨大作用。正因为如此，人们向来都十分重视哲学的这种工具价值。如马克思说：“哲学把无产阶级当做自己的**物质**武器，同样，无产阶级也把哲学当做自己的**精神**武器”①。列宁也说，马克思的哲学“把伟大的认识工具给了人类，特别是给了工人阶级”②。历史上一切民族、阶级和政党都有一定的哲学学说作为自己的精神武器，而人类则在总体上把哲学当作自己的一种精神武器、一个“伟大的认识工具”。

哲学之于人类的普遍工具价值主要表现为：

第一，总结人类长期实践的经验成果，提供最具普遍性的知识，具有认（知）识价值。

像其他任何科学门类一样，哲学也负有为人类提供知识、满足人类求知需要的功能。但哲学知识不同于其他具体学科知识，特别是自然科学的实证

① 马克思恩格斯选集：第1卷. 3版. 北京：人民出版社，2012：16.

② 列宁选集：第2卷. 3版修订版. 北京：人民出版社，2012：311.

性知识。哲学知识的主要特点，是以最抽象的概念、范畴、思辨逻辑等“形而上”的形式，表达出一些最具普遍性的知识，满足人类对普遍知识的需求。哲学所形成和使用的概念范畴，如存在、物质、意识、时空、运动、联系、发展、有限、无限、主体、客体、知识、真理、价值、本质、现象、形式、因果、必然、自由……与数字、符号和计算公式等数学抽象有些类似，它们本身并不直接与某个具体事物相联系，而是对事物及其相互关系做出某些共性的抽象，表达出人类对世界多方面属性、相互关系、运动、本质以及人类把握方式的根本理解。有了哲学这样高度普遍化的知识基础和概念工具，人类才可能通过它去了解和描述世界的普遍性质，运用它去思考人与世界的整体关系，并运用思考的成果指导人们的生活实践。

虽然哲学的认（知）识价值并不是其价值的全部和主要方面，却是一个基础性方面。“知识就是力量”这一哲学判断，同样也可以在一定程度上用于哲学本身。试想，如果没有了这些抽象概念所代表的认识和经验，没有了诸如关于存在、知识、真理、因果、价值等哲学知识的创制和传承，人类如何保存和积累世世代代实践中的宝贵思想成果？如何在超越个别经验的基础上进行普遍性的思考？缺乏哲学知识的结果，很可能就会像没有了数学和数字符号、计算知识等一样，人类只能停留于感性的直观和物物交换的生活方式，不可能有如今高度发达的科学技术和全球交往，不可能有丰富复杂的精神生活和精神成果，更不可能有充满理想和创造性的思想追求境界。

第二，构建世界观方法论基础，探索指导实践的理念和方法，具有实践价值。

哲学在形成上述普遍性知识的过程中，就在构建着关于人和世界的本性、面貌、相互关系及运动变化的整体性理念，即世界观。而世界观与方法论是有机统一的，是对待世界的态度与方式的根本出发点，世界观同时是人们认识世界、把握世界、变革世界的根本原则和根本方法。对于人类实践来说，世界观方法论具有普遍的指导意义。

哲学为实践提供着经过深思熟虑的理念和方法。这是一种深层的、宏观的、长远的思想影响和引导作用，属于根本性、方向性、战略性的指导。毛泽东曾把科学的世界观比喻为望远镜和显微镜。望远镜可以看远，高瞻而远瞩；显微镜可以入微，洞察秋毫。要观远察微，必须站得高，只有登高才能望远；还要把握事物的矛盾，洞悉不易看见的内在联系和关键环节。由于哲学需要立足于各门具体科学的基础，负有吸收、提炼、综合各门具体科学成果的责任，因而它的立足点更高，视角更广，更可能把握事物的普遍性特征，因而望远镜和显微镜的功能也更强。罗素曾以现实问题的普遍性为例，揭示了哲学作为世界观方法论的意义："哲学之应当学习并不在于它能对于所提出的问题提供任何确定的答案，因为通常不可能知道有什么确定的答案是真确的，而是在于这些问题本身；原因是，这些问题可以扩充我们对于一切可能事物的概念，丰富我们心灵方面的想象力，并且减低教条式的自信，这些都可能禁锢心灵的思考作用。此外，尤其在于通过哲学冥想中的宇宙之大，心灵便会变得伟大起来，因而就能够和那成其为至善的宇宙结合在一起。"①

当然，现实的世界观方法论是多种多样的。几乎可以说，哲学中的每一个概念和范畴，在不同的学说中都可能有不同的理解和界定，因此面对同样的普遍性知识，也就必然会形成不同的世界观方法论体系，这是哲学这一学科历来就有的一个现象。例如，仅就关于"存在"的知识来说，有的学说强调它的实体性含义，有的则是从运动和关系着眼加以理解；有的认定世界存在的本质是物质，有的则认定为精神；等等。由于这一系列基本观念的不同，最终形成了不同的世界观方法论。这些学说形态的不同，并不否定关于"存在"等知识的重要性，更不否定在世界观方法论层面探索的必要性。相反，恰恰是在实践的应用和检验中，才能显示它们的真正性质和意义，在不同学说的竞争、比较和综合中，才能更加深切地理解探索和构建科学的彻底的世界观方法论体系的重要性。

哲学的宗旨和使命更在于通过反思、批判、变革"改变世界"。马克思一反旧哲学的传统，把哲学"从天上降到人间"，从思辨王国拉回到现实世界，以关注人的现实生活为己任，把哲学建立在时代的生活实践的基础之上。"哲学不仅从内部即就其内容来说，而且从外部即就其表现来说，都要和自己时代的现实世界接触并相互作用。"② 他要求哲学始终立足于人的社会生活实践，立足于对现存社会关系和客观历史规律的辩证把握，强调物质的世界只能用物质的力量加以改造，强调对社会客观情况的科学分析和对现实斗争实践的有力参与，要求在揭示世界真实性的同时，使思想成为行动的指南，成为改变世界的有力武器。

世界观方法论要通过人们具体的思想和行为表现出来，其间往往要经过若干转化和过渡的环节与形式。例如，在具体领域或具体科学中，要经过它们的基础理念和方法、应用理论和实践原则、技术和操作的目标与规则，直

---

① 罗素．哲学问题．何兆武，译．北京：商务印书馆，1999：134.

② 马克思恩格斯全集：第1卷．北京：人民出版社，1956：121.

到个体的选择和具体实行，才能最终表现出哲学所包含的实际意义。其中每一个环节都需要结合实际加以具体化的研究和创新，才能切实有效。在这一过程中，哲学理论本身也在经受检验，需要做出必要的反思和修正。所以，哲学的实践价值的实现，不是也不可能是用现成的答案去贴标签、“对号入座”那样的简单过程，而是一个理论与实际不断反复深入地结合的复杂艰巨的尝试过程。

第三，表达和反思人的价值追求，探索人类生活的规范和境界，具有人文价值。

哲学作为“智慧之学”，不仅包含对“宇宙智慧”的寻求，更包含关于社会、人生智慧的探索。哲学在解释世界的同时，站在人类自身的立场上，怀着对人类自身的深厚关怀，总是表达并不断反思社会和人们“应该”怎样的价值选择和导向。它一直在以各种方式尝试设立理想的人生、社会目标和模式，不断寻求合理的社会建构和完美的人生境界。

哲学从一开始就以关注人生、社会为己任。从人类的起源、人的本质和本性、人与世界的关系等问题入手，因而关于人类的生活方式、人的权利与责任、人的价值与自由、人类命运和前途的探索与反思，就成为哲学思考的永恒主题。在哲学史上，关于社会、人生智慧的学说多种多样，层出不穷。包括佛教、道教、基督教、伊斯兰教等宗教，包括儒家、墨家、法家等学说，各种人生哲学或人生价值学说都曾设定了一定的价值信念、信仰和理想，并以之引导、规范人们的思想和行为，探索实现人生价值的合理化、最大化。它们有的诉诸人，有的诉诸神；有的诉诸理性，有的诉诸情感；有的系统，有的零散；有的全面，有的片面；有的深刻，有的肤浅；有的积极，有的消极；有的影响重大而深远，有的只是昙花一现……无论其形式如何、表现如何，它们都在一定程度上反映出人类对自身命运的关注和理解，表达出一定条件下获得的人生感悟和追求，并且，用以指引人生思考和选择。

哲学对社会、人生智慧的探索，既以“认识你自己”为基础，又以实现人生价值为使命。人的世界是人所造成的，人是世界的认识者和改造者；人在认识和改造世界的同时，又造就了人自身这一世界上最复杂的“机器”。因此，人是世界上一切奥秘中最深奥的奥秘，是最难加以认识和把握的奥秘。哲学作为一种穷根究底、追根溯源、没有止境的反思性、批判性活动，能够透过重重迷雾，追问人究竟是一种什么样的存在，人究竟为什么活着，人怎样活着才有意义，从而使人明了自己的现实处境和真实需要，追寻一种真正属于自己的生活。在这一过程中，人还会不断追求和创造“新我”，不断把握人自身的超越性存在及其运动。这正如雅斯贝尔斯指出的：哲学意味着追寻，"这追寻——即人最终的命运——本身就包含着得到极大满足的可能性，确实，在某些欢悦的瞬间，也包含着一种完满性。这种完满性决不依存于任何可公式化的知识、教义和信条，而是依存于人的本质的一种历史性的实现，并且，在这种实现中，存在本身得以显示。哲学所力求的目标在于领悟人的现实境况中的那个实在"①。

目前我们生活的世界并不完美，远未达到理想境界。正如许多浪漫主义哲学家批评的那样，17 世纪开始的工业化、现代化把理性片面地等同于技术理性、工具理性，人的尊严、价值和意义被排除在外了。工业文明和商品社会把人类吞没在它的经济职能中，人成了这个商品社会的附属物，沦为了"单向度的人"，人的存在与价值消失在物质的功能中了。这又进一步导致了物欲的膨胀和消费主义的流行，导致人类面临许多前所未有的困境：环境污染、生态失衡、能源危机、核威胁、放射性污染等。走出这些困境，我们需要一种新的哲学，从人自身和人的本性、目的出发，引导人们克服自身欲望与功利的膨胀，克服心态的浮躁和浅薄，以永不停止的反思、批判精神，确立新的价值信念、信仰和理想，重建新的价值坐标和规范体系，将世界"治疗"和变革得更加美好。

总之，哲学是人类认识世界、改造世界，同时自我认识、自我改造的强大思想武器，它的特殊作用或工具价值是任何具体科学都替代不了的。实践也证明，千百年来，哲学不仅像密涅瓦的猫头鹰一样守望黑夜，而且如同高卢雄鸡一样迎接黎明；不仅反思和批判现存的一切，而且超越现实、预测远景，促使人不懈地追求信仰和理想，导引现实生活发生积极的变革。

二、哲学的目的价值

哲学不仅具有强大的工具价值，而且具有超越具体工具性，看似无形却更深刻、更能显示人的精神本性的崇高意义，这就是哲学的目的价值，有时也称哲学的内在价值。这种目的价值在于，作为一门特殊的学科，哲学已经成为人类特有、不可或缺的一种精神生存和生长方式，即在高度理性、高度自觉层面上实现精神的自我满足、自我提升、自我实现的方式。就是说，哲学已经属于人类固有的精神生命、精神生活的一部分，哲学的发展并不仅仅是要为人类的其他活动提供思想工具或手段，而是它本身就意味着人类高度

① 雅斯贝尔斯．智慧之路．柯锦华，范进，译．北京：中国国际广播出版社，1988：5.

理性需要的不断满足和理性能力的不断提升。在这个意义上，哲学代表着人类在精神上的一种自我生长、自我实现；哲学的繁荣和发展、对哲学成果的占有和享用，本身就是人和社会发展的内在尺度和目的之一。哲学的发展，在一定意义上也就是人自身的发展。

哲学的目的价值与人自身内在相关，主要表现在以下几个方面：

第一，哲学来自人类高度理性的形成和自觉，是人类精神存在的一个表现。哲学体现着人类理性生命的自我价值。

人之为人而不同于其他一切生命的特征之一，在于人是一种有精神存在和精神生活的生命。人类通过自身生命活动的实践，在造就了自己特有的物质和实践存在方式的同时，也造就了自己特有的精神存在方式，这就是人的丰富的情感与理性生活。人的精神存在既表现为感性的需要、能力和活动，又表现为理性的需要、能力和活动。其中，人类“求知、求真、求彻底、求超越”的理性需要是人的高层次精神需要；人类理性能力的形成和不断提升，是人的高端精神能力的形成和发展；人类理性成果的不断丰富，是人的精神生命的一个自我确证。这些构成了人的高级精神存在形式。人类不但有这样的高级精神存在形式，而且已经意识到它，并力求把握它、运用它，从而走向理性的自觉。哲学，就是人的这种高度理性及其自觉的表现形式。哲学概念的高度抽象性，哲学思维的批判性、反思性等特征，无不是人的这种高级精神存在方式的显现。

今天的人类之为文明人类，其精神生活的本性和方式之一，就是有求知、求真、求彻底、求超越的理性需要和能力。这种需要和能力是人类在不断改造客观世界的过程中改造主观世界的成果，是人之为人的一种基本需要、一种值得自豪的能力。“求知、求真、求彻底、求超越”的实现，意味着人在精神上的生存和发展、精神上的自我实现和自我完善，意味着人通过了解世界而在精神上成为现实的、完整的人。因此，它已不仅仅是手段。人并非为了“能用它们去做什么”才去求知、求真，就像人类不再仅仅为了追求果实而去种植，同时也为了欣赏美和享受环境而去种植，为了确证和实现自己把握世界的能力而去种植一样。今天的文明人类不同于原始蒙昧人类的一大特征，就是理性自觉的高度发达。原始人虽有精神需要，但并不是靠理论，而是凭经验和信仰来满足。人类发展到今天，无论在哪个方面都已经离不开理性、知识和逻辑。所以，虽然原始人曾不以理性自觉的发展为目的，而现代人类却必须把它当作社会发展的一大指标，当作文明进步的一个尺度。在一定意义上可以说，哲学和整个科学事业，正是人类在理性发展的方面自我满足、自我实现的必要形式与成果。这就是哲学与科学不仅是工具，而且具有了深刻的目的价值的原因和基础。

第二，哲学发展的动力来自人类精神追求的无限性，是人类精神活力的表现。哲学体现着人类自我超越的精神价值。

哲学是人的高度理性化需求和思维能力发展的产物，也是展现和提升人类理性生存能力及其成果的一种必要形式。如前所说，哲学思维具有抽象性、批判性、反思性等特征，抽象、批判、反思的意义，就在于促使人对世界和自身的了解，不断地从个别走向一般、从特殊走向普遍、从有限走向无限、从实然走向应然。这意味着它是一门“开放搞活”人的大脑，从而不断实现人类思维自我超越的学问。

人们常常说，哲学是一种“大智慧”。那么，这种“大智慧”体现在哪里？按照中国古人的说法，它要“究天人之际，通古今之变”，“判天地之美，析万物之理”，“为天地立心，为生民立道”；按照西方传统哲学的说法，它要“寻求最高原因的基本原理”，“提供一切知识的基础”，“认识你自己”，“发现生命的意义”；按照现代西方哲学的看法，它要解决“精神的焦虑”、“信仰的缺失”、“形上的迷失”、“人生的危机”、“意义的失落”和“人与自身的疏离”；按照马克思主义哲学的看法，它要解决“现实的人及其历史发展”问题，要批判现实，“变革世界”；等等。所有这些问题，事实上都不可能一劳永逸地解决，不可能取得最终的、唯一不变的结果，而必须通过一代又一代人不断地提出和回答问题，不断地抽象、批判和反思，不断地总结、提炼、提升和扩展，才能使人类的思想动态地趋向这个无限的目标。艾赛亚·伯林说得好：“如果不对假定的前提进行检验，将它们束之高阁，社会就会陷入僵化，信仰就会变成教条，想象就会变得呆滞，智慧就会陷入贫乏。社会如果躺在无人质疑的教条的温床上睡大觉，就有可能会渐渐烂掉。”① 可见，哲学以其抽象性、批判性、反思性的追求，不断促进人的头脑解放和思想自由，以发挥人类思维的最大潜力，不断达到更高的水平。

哲学的这种开放性、无限性追求的特质，充分体现了哲学对智慧的追求和热爱的本性。也就是说，哲学的真正使命和魅力，恰恰在于反思、批判和不断的自我超越，而不在于宣布什么一致的观点、终极的结论。哲学的反思和批判精神，就代表了人类的自我超越精神，哲学活动本身就体现着人的内在目的性，是人的一种本质的精神力量的体现。亚里士多德说：“我们不为任

① 麦基. 思想家：当代哲学的创造者们. 周穗明，翁寒松，译. 北京：三联书店，1987：4.

何其它利益而找寻智慧；只因人本自由，为自己的生存而生存，不为别人的生存而生存，所以我们认取哲学为唯一的自由学术而深加探索，这正是为学术自身而成立的唯一学术。"① 犹如在人类的体育活动中，日常体育锻炼的目的在于强身健体；而以奥林匹克精神为代表的竞技体育，则以"更快、更高、更强"为口号，实际上是人类挑战自己体力和体能极限的运动。哲学对于人类的精神能力和精神生活也起着类似的作用：哲学的日常学习和应用属于人们精神上的"健身"行为，而哲学研究的前沿和高端追求，在于不断地挑战和突破人类智力和理性思维水平的极限，使人类的视野和思路走向"更广、更深、更活"的境界。因此，哲学也可以说是一种挑战思维极限的"精神体操"，保持哲学的活力也就是保持人类理性精神的活力。

第三，哲学反映人类的价值追求，担负着科学思想与人文关怀统一的使命。哲学体现着理性化的人类精神。

就思想内容和价值导向来说，哲学不仅以探索人类的价值追求——"真、善、美"等为目标，而且它本身也力求成为真、善、美的一种载体。对哲学本身的追求，在一定意义上也就是对真、善、美和自由的追求。哲学首先以求真为其使命、以真理和真知为其成果。它不懈地探索真理，勇于坚持真理，为真理而献身。哲学同时还以臻善、达美为其成果和意境：哲学既负有为人类功利和道德之善提供指导服务的责任，它本身也要求体现诚实、自觉、严谨、执着和宽容等思想品格，通过自身超越庸俗化、功利化的高尚追求和表现，代表着人类的一种基本美德。哲学和科学一样，同时也代表着人类理性精神的一种美，如爱因斯坦所感受的那样，蕴有思想领域最高的"音乐神韵"，给人以无比壮丽和谐的意境和感受。正因为如此，哲学作为从最高层次上探索真、善、美的事业，它还造就着一种理性化的人格气质、一种极其宝贵的人类精神——哲学精神。它包含尊重事实、实事求是的求实精神，勇于怀疑、自我否定的批判精神，敢于创新、超越现状的创造精神等。这些精神往往内化为个人品格，成为哲学家的"良心"，作为其行为规范和价值取向原则；进而随着哲学的传播与普及，随着哲学志士的示范而升华为社会人格、民族性格、文化风格等。后人在景仰哲学巨人的同时，哲学精神也在得以传播和发扬光大，而哲学精神的发扬光大，本身就是人在精神上全面健康发展的重要方面，构成人类最可宝贵的精神价值。

上述三点表明，所谓哲学的目的价值，就是指哲学的存在与发展与人类

---

① 亚里士多德. 形而上学. 吴寿彭，译. 北京：商务印书馆，1959：5.

理性和精神生命的一致性。把哲学与人联系起来、一致起来，而不是割裂起来、对立起来，就可以从人类本性和生存发展方式中理解哲学的目的价值。而目的价值的实现，在于人类主体本性的现实性，人类精神生活的丰富性，以及人类生存方式和发展目标的全面性、完整性。因此，要像尊重人本身一样尊重哲学；要像把人当作目的而不仅仅是手段一样，把哲学也当作目的而不仅仅是手段。人和社会不能只要哲学为自己的经济、政治、军事、文化等需要服务，也要使经济、政治、军事、文化等适当地为哲学发展的需要服务；不能只用社会其他方面发展的是非得失来衡量哲学的成果，也要用哲学上的是非得失来衡量其他方面的发展；社会发展决策不能仅仅着眼于功利和道德上的目的，也要兼顾发展哲学事业和培养哲学精神的效果，坚守哲学的逻辑和规则……总之，要把哲学的不断发展和完善纳入人和社会整体发展和自我完善的目标体系之中。

纯粹"为哲学而哲学"，如同纯粹"为科学而科学""为艺术而艺术"一样，常常引起歧义和争论。但在一定范围内不为其他，而是为真、善、美献身，即为了实现人的精神需要和能力发展哲学，为了追求真理和人类价值发展哲学，在人类文明日益发达的进程中，不仅已经是不可或缺的社会现实，而且是代表人类精神追求的崇高事业。在对人的本质需要和社会实践的理解中，如果忘记了对真、善、美和自由的需要也是人的本质需要，忘记了理性的发展本身也是人的生存发展，把哲学理性仅仅看作"工具理性"，而不能同时看到它也属于人的"健全的目的理性"，就意味着对人的理解仍然是狭隘、片面的，对哲学的价值的理解仍然是狭隘、片面的。

第三节　哲学之于个体的价值

从原则上说，哲学对于人类的价值也适用于人类的每一个体。哲学对于不同的个人、群体等具体主体的价值，也都有如上所说的工具价值和目的价值两种类型，都可以在这两个方面表现出其具体的现实意义。

哲学的价值是属人的范畴，以主体尺度为尺度，因主体不同而不同。在现实生活中，具体主体有多种不同的层次和样态，如个人、家庭、企事业单位、地区、行业、阶层和阶级、民族、国家、区域组织、国际组织等。而民族（及其国家）和个人，是其中最基本的、处于核心地位的两种具体主体类型。因此，我们可以着重就哲学与民族和哲学与个人的关系加以考察，以揭示哲学的民族文化意义和个人人生意义。从方法论上说，这一考察对于理解哲学对其他主体的价值也是适用的。

一、哲学的民族文化意义

文化是民族主体生存方式及其价值体系的承载与凝聚形态。哲学之于民族主体的价值，往往通过哲学与民族文化的关系得以展现。

第一，一定哲学是一定民族文化的思想标志，是民族精神生命的最高形式。

文化是对人类特有的生活方式、生活“样式”及其产物的总体性概括。民族文化作为人类文化的基础形态，是以民族为主体，在民族生存发展过程中形成并保持的生活方式、经验和智慧的体现。而民族文化最高的理论形态，则是哲学。中国哲学、印度哲学、阿拉伯哲学、古希腊罗马哲学……作为历史上各个文明摇篮的民族文化生命的结晶，都以思想理论的形式“记载”着、“储存”着民族共同体长期实践中获得的具有普遍性的生活经验、价值观念和思维方式，从而形成了相应的文化传统和哲学传统。哲学具有凝聚、保存、显现民族精神文化精髓的功能，是其历史的凝结和智慧的结晶。马克思说：“人民的最美好、最珍贵、最隐蔽的精髓都汇集在哲学思想里。”① 一个民族有没有它自己的哲学，意味着这个民族是否有自己独立的发展历史和足够的文化能力；而拥有什么样的哲学，则与它的生存发展历程密不可分，意味着这个民族有怎样的历史、经验和生活方式。每个民族及其社会共同体的文化生命是否形成、是否达到了成熟，都要以是否形成自己的哲学思想为其特有的精神标志。

每一个民族的文化生存和发展，都在一定程度上依赖其哲学的继承和发展。任何一个民族、国家都需要哲学的滋养，需要哲学确立精神的支柱和价值的依托，需要哲学智慧来培养和浇灌民族性格和精神，需要哲学培养独立地、自由地运用自己理性的能力。黑格尔说：一个有文化的民族如果没有哲学，“就像一座庙，其他各方面都装饰得富丽堂皇，却没有至圣的神”②。而每一个民族的文化生存和发展，也都要依赖和显示于哲学与文化传统的继承和发展。试想一想，如果中国没有老子、孔子、墨子、庄子、孟子、孙武、朱熹、王阳明、王船山等伟大思想家，如果古希腊没有泰勒斯、苏格拉底、柏

---

① 马克思恩格斯全集：第1卷. 2版. 北京：人民出版社，1995：219-220.

② 黑格尔. 逻辑学：上卷. 杨一之，译. 北京：商务印书馆，1966：2.

拉图、亚里士多德等哲学大师，如果德国历史上没有莱布尼兹、康德、黑格尔、马克思、尼采、胡塞尔、海德格尔、哈贝马斯等哲学巨匠，如果法国没有笛卡尔、伏尔泰、卢梭、萨特、德里达、福柯等哲学家，如果英国没有培根、霍布斯、洛克、休谟、贝克莱、亚当·斯密、罗素、维特根斯坦等哲学家……这些民族、国家的文化传统、民族精神会是什么样子？又会有怎样的"精神形象"？简直难以想象。因此，古往今来，每一个民族都为自己的杰出哲学家及其独创性的哲学学说感到骄傲，并以之为自己文化认同的基础和共有精神家园的标志。哲学被誉为民族文化"王冠上的钻石"，这显示了哲学对于民族精神文化的目的价值。

第二，哲学是每个民族、国家社会发展战略的指导思想和理论基础。

在每个民族、国家社会发展的指导思想和战略构思中，都以一定的哲学为其深层的理论基础，哲学担负着提供世界观方法论指导的作用。哲学是一个民族、国家的生命力、创造力和凝聚力之所在，是一个民族、国家自立于世界的思想基础和精神支柱。哲学作为思想武器，在这里显示出它巨大的理性工具价值。中江兆民这位对日本近代历史转型产生了巨大影响的思想家曾经深有感触地说过："没有哲学的人民，不论做什么事情，都没有深沉和远大的抱负，而不免流于浅薄。"[①] 在历史与现实中，由于缺少深刻的哲学智慧，有些民族、国家缺乏大体一致的信仰和追求，大众缺少强有力的精神支柱，导致民族群体中滋生着极大的离散性力量；由于缺少哲学智慧，许多人急功近利，鼠目寸光，决策和管理过程往往比较随意，社会到处充斥着短期行为；由于缺少哲学智慧，人们普遍缺少科学精神和理性思维，盲目的从众心理和偏激的情绪广为流行，迷信、伪科学甚至邪教泛滥；由于缺少哲学智慧，人们的主体意识萎缩、沉沦，既缺少独立的权利意识，也缺少自觉的责任和义务意识；由于缺少哲学智慧，一些民族面临严重的"文化营养不良"和"文化沙漠"的威胁。迈入全球化、信息化、智能化时代，任何一个民族、国家都需要哲学，需要哲学的智慧重新思考自身的生存境遇，需要哲学的智慧反思自身所奉行的理念和价值观，需要哲学变革的力量引导自身走出各种困境，改变和塑造自己的命运。

第三，哲学作为民族精神和文化的内核，是社会文明发展的一个标尺。

哲学在一个民族、国家的水平与状况，是其生成、发展状况的反映与体现。哲学的繁荣，反映了这个民族的智慧和精神的繁荣；哲学的衰落，反映

① 中江兆民．一年有半、续一年有半．吴藻溪，译．北京：商务印书馆，1979：22.

了这个民族的智慧和精神的衰落；哲学的病态，反映了这个民族的智慧和精神的畸形与病态。哲学与民族、国家命运的一致和同步绝不是偶然的巧合。它表明，哲学是一种文化、文明的内在精神，是文化、文明气运的表现。一个人的哲学素养，一个民族、国家的哲学的发展程度，是一个人、一个民族、一个国家发展的标尺，体现了其相应的整体素质和文明程度。

例如，中国是人类文化的摇篮之一，是四大文明古国之一。中华民族创造了悠久灿烂的历史和文化，这与中国古代哲学——儒家、道家、法家等和佛教哲学的兴盛是密不可分的。离开了儒家哲学，我们无法想象中国引以为荣的人文精神、政治理念、道德教化和世俗生活；离开了道家哲学，我们无法想象中国的天文学、医学、化学、武术、气功、绘画、书法、建筑等会是什么样子；离开了法家哲学，我们也无法想象中国传统社会治理、政治运作、法治运行的特殊风格。中国哲学曾经有力地维系了中华文化的命脉，当然也在后来遇到的困境中面临着历史转折的考验。近代以来，伴随东方巨人因落伍而挨打受辱，中国哲学也开始走向衰落。伴随哲学一道衰落的，是中华文明在气象、运势、创造力等方面的衰落。20 世纪初，中国接受了先进的马克思主义，在马克思主义中国化的过程中，中华民族开始从千疮百孔的悲凉境地中“站起来”，迈开了解放、复兴的步伐。20 世纪 70 年代末以来，中国逐渐摆脱“左”的束缚，重新走上现代化建设、和平崛起的伟大历程。促使中华民族重新获得生命力的因素有许多，但其中以“真理标准大讨论”为起点的思想解放运动功不可没，改革开放 40 余年来持续地解放思想、实事求是、与时俱进的哲学探索功不可没。当然，中国哲学复兴、中华民族腾飞的使命还远未完成，还期待包括哲学智慧方面的持续创新。

在民族这个层面上，还应该进一步看到主体状况对于哲学的影响。哲学作为时代精神的产物，是具体的历史的人类文明的成果，具有鲜明的时代性和历史的局限性。无论什么样的哲学，都必须保持开放的态度，与时俱进，跟上时代的脚步，顺应历史潮流，在生活实践中不断丰富和发展自己，而不能走向僵化、庸俗化、教条化。否则，这种哲学即使曾经是进步的和合理的，一旦走向僵化、庸俗化、教条化，也就会走向自己的反面，带来不容忽视的消极后果。从历史上看，一旦哲学把某一时代流行的观念、某种社会的既定存在状态、某种科学上的假说甚至某个人的意见或偏见，通过哲学加以论证，进而形成某种僵化、庸俗化、教条化的体系或学说，使之俨然成为普遍的、永恒的真理，成为一成不变的“绝对真理体系”，则这种哲学往往会禁锢人的头脑，阻碍社会的进步，扭曲和毒化人的灵魂。例如，某一时代流行的观念通过哲学论证，则似乎成了不变的“时代精神”，从而变成难以祛除的教条；某种社会的既定存在状态通过哲学论证，即使是罪恶也冠冕堂皇了，不可再加反思，不准他人非议；某种科学上的假说经过哲学论证，就成了基本原理或定律，成了“人类文化之基”；某个人的意见或偏见经过哲学论证，就成了金科玉律，产生类似法典的效力。在哲学史上，不乏哲学僵化、庸俗化、教条化的牺牲品。在中国，有儒学定于一尊，而后钳制思想，甚至“以理杀人”之说。“人死于法，犹有怜之者；死于理，其谁怜之?”在西欧，宗教神学之残杀异端（如烧死布鲁诺），则曾经是有组织的行为，历史已被布鲁诺之类“异端”的鲜血所浸透。当然，有人可能为哲学申辩：杀人者，暴戾的统治者、权势者也，非哲学也。这当然是事实。不过，哲学自身虽未杀人，但暴戾的统治者、权势者所拥有、推广的坏的哲学，其实充当了杀人之工具、杀人之帮凶。尼采哲学之被纳粹所利用，多少可为例证。

二、哲学与人的生成

哲学对于个人的具体价值，与哲学对于人类、民族的价值之间，既有相同相通之处，也有相异之处。一般说来，人类、民族或其他社会共同体是由个人组成的，哲学对于人类、民族或其他社会共同体的意义，同时也是哲学对于其中每个人的意义。但是，个人并不仅仅是某个机体中的“细胞”，而且是一定意义上相对独立的主体。哲学的价值“因人而异”这一点，在以个人为主体的价值关系上，往往表现得更为明显和充分。

在理解哲学对于个人的具体价值时，需要着眼于两个层面，一个是无数“个人”之间某些共同性、普遍性的层面，即从一般的意义上，根据“人之为人”，个人构成人类、民族等共同体，并体现其普遍特征的那些因素，看哲学对于普遍性的个人具有怎样的价值；另一个是作为个别主体的个人层面，对于不同的个人而言，由于人的个性、目的、需要、条件不同，由于人的素质与能力不同，看哲学可能具有怎样的价值。

从个人的层面看，哲学作为人的一种本质性活动，是人作为人应有的一种提升方式，它与人是直接同一的。一个脱离了动物界、具有自主独立意识的真正的个人，不可能没有自己关于世界和人生的看法，没有自己的价值信念、信仰和理想，没有自己的价值准则和行为规范，即不可能没有自己的哲学思想。只有在人们对智慧的追求和实践中，只有在哲学对人的培养和熏陶中，个人才能不断认识自我，开掘自己的社会性、历史性内涵，才能逐渐实现自己的价值，逐渐“成为人”“更是人”。

第一，哲学帮助人“认识你自己”。

在哲学史上，“人是什么”一直是一个难解的千古谜题。“人是城邦的动物”“人是上帝的奴仆”“人是自然的仆役”“人是理性的动物”“人是语言性存在”“人是社会关系的总和”……各种答案层出不穷，而问题似乎远远没有解决。特别是，当人认识自己或把“我”作为对象认识时，因为自我相关，还会发生自我缠绕，“剪不断，理还乱”，因而更是困难。有时候，越是要认识“我”，“我”隐藏得越严实。通过哲学的穷根究底、追根溯源，通过没有止境的反思和批判，哲学不仅可以帮助人们弄清人是一种什么样的存在，生活在一种什么样的境遇之中，而且还可以帮助人们反思为什么活着，怎样活着才有价值。

第二，哲学缔造人的灵魂。

哲学作为时代精神的精华，是每一代人乃至每一个人的“活的灵魂”，它能够丰富人的心灵，以反省性、批判性的态度指导人们的思想和行为。苏格拉底认为，哲学是人的“思想的本性”，未经省察的人生是不值得过的；马可·奥勒留认为，哲学是唯一可以“指挥”人的东西；叔本华认为，人是“形而上学的动物”；等等。中国哲学家冯友兰也指出：“按照中国哲学的传统，它的任务不是增加关于实际的积极的知识，而是提高人的精神境界。”① 作为世界上唯一具有自主性、能动性和创造性的动物，人必须把握自己的本性、目的和需要，必须意识到自己的能力与局限性，并据此决定信仰什么、向往什么、追求什么，应该如何基于现实环境和条件去实现自己的理想和信仰，如何在不断地否定与批判中验证自己的信念。正如马斯洛所指出的：“从根本上说，一个人要弄清他应该做什么，最好的办法是先找出他是谁，他是什么样的人，因为达到伦理的和价值的决定、达到聪明选择、达到应该的途径是经过‘是’，经过事实、真理、现实的发现的，是经过特定的人的本性发现的。他越了解他的本性，他的深蕴愿望，他的气质，他的体质，他寻求和渴望什么，以及什么能真正使他满足，他的价值选择也变得越不费力，越自动，越成为一种副现象。”②

第三，哲学旨在立人之所“大”。

中国古代哲人认为，人要“先立乎其大”。这个“大”就是立身做人的基本准则，就是人生观、价值观的“坐标”，就是人格、理想和志向中根本的东

① 冯友兰．中国哲学简史．北京：北京大学出版社，1985：389.

② 马斯洛．人性能达到的境界．林方，译．昆明：云南人民出版社，1987：111-112.

西，它是一个人“安身立命”的基石。如果有了这个“大”，就有了“主心骨”，不管从事什么职业，不论做什么事情，都会表现出志向高远、坚忍不拔、生命不息、奋斗不止的精神；没有这个“大”，就像置身苍茫大海没有方向，不管从事什么职业，无论做什么事情，都可能胸无大志、蝇营狗苟、患得患失，整天为琐碎的小事所困，无所作为。罗素说：“哲学的价值（也许是它的主要价值）就在于哲学所考虑的对象是重大的，而这种思考又能使人摆脱个人那些狭隘的打算。一个听凭本能支配的人，他的生活总是禁闭在他个人利害的圈子里：这个圈子可能也包括他的家庭和朋友，但是外部世界是绝不受到重视的，除非外部世界有利或者有碍于发生在他本能欲望圈子内的事物。这样的生活和哲学式的恬淡的、逍遥的生活比较起来，就是一种类似狂热的和被囚禁的生活了。追求本能兴趣的个人世界是狭小的，它局促在一个庞大有力的世界之内，迟早我们的个人世界会被颠覆。除非我们能够扩大我们的趣味，把整个外部世界包罗在内；不然，我们就会像一支受困在堡垒中的守军，深知敌人不让自己逃脱，最后不免投降。在这样的生活里，没有安宁可言，只有坚持抵抗的欲望和无能为力的意志经常在不断斗争。倘使要我们的生活伟大而自由，我们就必须用种种方法躲避这种囚禁和斗争。”①

第四，哲学是人“成为人”的必由之路。

哲学源自人类智慧的内在张力——不满足于现实的有限性和不完满性，努力向深远广大精微至极处推进。从哲学的历史性、现实性与理想性、超越性相结合的角度考虑，哲学作为人的一种精神存在方式，是与人和人的感性世界的自我生成过程相关联的，是与人对人自身开放性的设定、提升、创造相关联的。由于人是一种实践动物，是不断变化和生成着的存在物，因而哲学对于人的价值也会随主体的变化而变化，从而表现出一定的开放性、动态性和历史性。这正如德国诗人歌德所说：“人生每一阶段都有某种与之相应的哲学。”例如，孔德认为，一个人童年时期好像神学家——爱好神话传说，不知天高地厚，天真可笑；青年时期好像形而上学家——富有理想性，往往抽象片面地思考问题；壮年时期好像物理学家——考虑问题比较全面、实际，能预想到各种可能出现的情况，办事比较稳妥……这形象地说明了哲学在人生不同阶段的意义。

冯友兰指出：“学哲学的目的，是使人作为人能够成为人，而不是成为某

① 罗素．哲学问题．何兆武，译．北京：商务印书馆，1999：131-132.

种人。其他的学习（不是学哲学）是使人能够成为某种人，即有一定职业的人。”① “成为人”或人的生成需要“大智慧”，不通过哲学的怀疑、反思和批判，不通过哲学的培养、熏陶和锻炼，绝不可能完成这一过程。而且，人不是仅仅依据本能活动的动物，而是不断超越的历史性存在。哲学也是不断超越的，它通过人自身永远处在真理和价值追寻之旅途的不断探索，通过对人的自觉或不自觉的培养、熏陶和教育，不断提升人自己，将人逐渐导向自由之境。亚里士多德指出：“我们不为任何其它利益而找寻智慧；只因人本自由，为自己的生存而生存，不为别人的生存而生存，所以我们认取哲学为唯一的自由学术而深加探索，这正是为学术自身而成立的唯一学术。”② 雅斯贝尔斯说，从事哲学即是从事超越。只有通过哲学，人们才能在把握事实、规律的基础上，自由地追求和实现自己的价值，超越既有的自我，“成为”一个顶天立地的“人”。

第四节　哲学价值的实现

由于哲学学说的多样化，更由于人们的具体情况（需要、能力、实践条件等）的极端多样性、复杂性和变动不居，哲学对于每一个具体主体有什么价值的问题，事实上不可能有一劳永逸、整齐划一的“标准答案”和判断模式，不可能开列出准确而全面的“价值清单”。在这里，重要的不是抽象地讨论哲学的价值，企图针对每一主体提供终极的简单答案，而在于掌握一种思想方法，具体问题具体分析，学会依据不同主体的具体情况把握具体的价值，并总结现实生活中哲学的价值生成和演化的某些规律性特征。

一、哲学的潜在价值与现实价值

价值具有鲜明的实践品格。实践，并且只有实践，才是价值的真正源泉。只有在人们的生活实践过程中，客体的某些属性与主体的某些需要相契合，实际地构成了满足或不满足的价值关系，才现实地呈现出对于相应主体的价值。这正如列宁所说，实践是“事物同人所需要它的那一点的联系的实际确定者”③。

① 冯友兰．中国哲学简史．北京：北京大学出版社，1985：16.

② 亚里士多德．形而上学．吴寿彭，译．北京：商务印书馆，1959：5.

③ 列宁选集：第4卷．3版修订版．北京：人民出版社，2012：419.

任何价值都有潜在与现实之分。潜在价值只是指一定的“可能”和“应然”。哲学的价值只有在主体的认识和实践活动中加以实现，才会从潜在价值变成现实价值。假如某位哲学大师提供了一部见识非凡的哲学著作，创立了若干重要的理念和方法，但该著作却未能公开面世，并不为人们所知和检验，那么对于大众和社会来说，其价值就只是潜在而未实现的。因此，对于哲学的价值来说，其价值的实现是一个必要而不可缺少的环节。

哲学的价值由潜在到实现的过程，是哲学与人和社会互动的一个历史过程。扼要地说，它往往通过如下环节表现出来：

首先，通过哲学家的研究活动，解决哲学所关注的问题，实现哲学的自我价值。哲学的创新往往主要由少数哲学家开启，首先通过哲学的自我价值实现而呈现出来。有时候，热爱哲学、以哲学为职业的哲学家，会视哲学思考如同自己的生命一样，如痴如醉，乐此不疲。而哲学家的求知、求真的需要及其满足，首先是哲学自我追求和发展的反映。哲学家的劳作产生的结果是哲学观念、思想、方法和精神，它们既是哲学家自我超越的成果，又是哲学对于社会的贡献。但在这一层次上，哲学家的哲学活动所实现的价值，主要是对于哲学家而言的，而对于其他价值主体，诸如民族、国家、地区、企业、普通大众等，哲学的价值仍然是潜在的，其社会价值生成仍然需要一个转化过程。

其次，通过哲学的教育、传播与普及，让哲学的成果为世人知晓，使哲学为社会大众理解、消化与掌握。通过这一过程，满足大众探索宇宙之谜、社会之谜、人生之谜的渴望，使哲学观念、方法等内化为大众的内在品格。这是哲学的社会价值充分实现的重要途径。当然，这一过程本身就是一项价值创造活动，如哲学思想特别是革命性创造成果的普及，本身就是对宗教迷信、传统观念、保守思想、异端邪说等的有力冲击，对于人们解放思想、更新观念、与时俱进具有重要意义；同时，哲学观念、思想和方法的教育、传播与普及，本身还是一项净化人的灵魂、提高主体素质、陶冶人的情操的精神活动。

最后，在主体的具体的、历史的社会生活实践中，践行某种哲学观念、哲学方法和哲学精神，令哲学的价值现实地呈现出来。真正的“知”是与“行”相统一的。只“知”而不“行”，并非真“知”。因此，人们领悟和把握的哲学观念、哲学方法和哲学精神，必须回归具体的、历史的生活实践，在指导人们生活实践的同时，又不断加以检验和完善，并在新的人生体验、社会经验的基础上，进一步向前推进。这是哲学的价值生成的最真切的途径。

由于哲学的体悟、研究是一个历史过程，哲学的教育、传播与普及是一个历史过程，人们的哲学实践是一个历史过程，因此，哲学的价值之实现也是一个历史过程，一个与哲学的发展、主体自身的提升相适应、相一致的历史过程。

二、哲学价值实现的社会条件

在具体的、历史的社会生活中，哲学价值之实现往往取决于一定的社会环境和条件。哲学价值的实现是一个随社会环境和条件的改变而不断演进的历史过程。

（一）哲学价值的实现，前提是哲学适合、满足一定的社会需要

哲学价值是哲学满足相应主体需要的关系。如果社会需要哲学，那么，哲学价值就会现实地呈现出来。马克思指出："理论在一个国家实现的程度，总是取决于理论满足这个国家的需要的程度。"① 恩格斯也指出："社会一旦有技术上的需要，这种需要就会比十所大学更能把科学推向前进。"② 在指出这一规律性现象时，马克思考察了当时德国思想理论界的状况，批判了种种脱离实际、曲解现实的理论，还同时考察了德国社会发展的根本需要问题。他认为，当时对于宗教的批判，表明了德国人对于一种革命和解放的需要，而"德国唯一**实际**可能的解放是以宣布人是人的最高本质**这个**理论为立足点的解放。……这个解放的**头脑**是**哲学**，它的**心脏**是**无产阶级**"③。

某种哲学思想、观念、方法的价值，与其适合并满足一定社会的需要是密切相关的。例如，马克思主义哲学之所以在20世纪初传入中国，并极大地改变了中国社会的历史进程，这在很大程度上是由于马克思主义与中国社会、文化结构及传统相契合，如从文化信仰层面看，马克思主义无神论的信仰体验方式与具有无神论或多神论精神文化传统的中国儒家思想之间发生了一种"视界融合"；从社会结构层面看，马克思主义较易于解释中国社会内部的阶级和阶层分化，并与中国传统的道德资源相沟通。马克思主义和中国文化、哲学都关注人的现实的生活世界，都关注对近代以来资本主义世界的反思与批判，马克思主义作为现代哲学和文化形态、中国传统哲学和文化作为前近

① 马克思恩格斯选集：第1卷. 3版. 北京：人民出版社，2012：11.

② 马克思恩格斯选集：第4卷. 3版. 北京：人民出版社，2012：648.

③ 同①16.

代哲学和文化形态，都是近代哲学和文化形态的对立物，因而它们之间存在某种相似、相通之处，尽管这些相似、相通之处所属的哲学和文化形态、层次并不相同。同时，马克思主义作为一种“改变世界”的批判的和革命的学说，在中国救亡图存、渴求解放和追求现代化的过程中，满足了中国社会的迫切需要，成为被压迫者追求现实解放的思想武器。可见，正如毛泽东所说：“马克思列宁主义来到中国之所以发生这样大的作用，是因为中国的社会条件有了这种需要”①。

（二）哲学价值的实现，需要具备一定的社会主体条件

这里所说一定的社会主体条件，实际上是指符合相应历史需要的理论能力和社会机制。一个社会要能够发现和应用适合于自己的新的哲学，仅有需要是不够的，还必须有对这一需要的自觉理解和追求，并逐渐形成促进社会自身变革的一定主客观条件，以使哲学的发展及其与实践的结合，具备相应的生长土壤。这一方面意味着，对社会需要的理解，只有上升到历史的高度，才能够在哲学的层次上理解和应用哲学；另一方面也意味着，要在适合哲学本性的层次上，才能理解哲学对满足社会需要的真正意义。

马克思在《〈黑格尔法哲学批判〉导言》中对德国进行分析时就曾指出：“光是思想力求成为现实是不够的，现实本身应当力求趋向思想”；而由于“德国不是和现代各国在同一个时候登上政治解放的中间阶梯的。甚至它在理论上已经超越的阶梯，它在实践上却还没有达到”；因此德国真正的需要，是要认清社会发展的本质，理解彻底革命的需要，“彻底的革命只能是彻底需要的革命”②；否则，德国的革命就达不到它的目的和应有的水平。达不到这种认识水平的结果是，不仅会曲解真正的历史需要，而且会违背哲学自身发展的规律，导致事与愿违的结果。这就告诉我们，在一般情况下，如果一个国家和社会仅仅知道短期的功利价值，一切从急功近利的目的出发，以实用主义或放任自流的简单化态度对待哲学，一味要求哲学像其他应用学科和工程技术那样提供直接的、即时的具体服务，而无视哲学在“顶层”设计和思考上的功能，拒绝对社会生活本身进行超越性的批判和反思，那么就不仅可能使哲学的价值与历史机遇失之交臂，而且可能导致社会思想的变革和提升错失良机。

（三）哲学价值的实现，是一个理论与现实的互动过程

从倾听时代的声音、把握时代的脉搏、反映时代的精神，从而形成具有

---

① 毛泽东选集：第4卷. 2版. 北京：人民出版社，1991：1515.

② 马克思恩格斯选集：第1卷. 3版. 北京：人民出版社，2012：11.

时代意义的哲学，到让哲学成为“时代的头脑”，发挥哲学引领时代前进的作用，实现哲学应有的价值，这是一个完整的、不可分割的过程。这个过程的每一个环节都离不开理论与实践的互动，既离不开以实践为对象的哲学批判和哲学提升，也离不开哲学以实践为标准的自我批判和自我提升。这一过程的实现，不仅意味着哲学本身可能取得突破性的历史创新，而且往往意味着社会思想文化的巨大发展和进步。

然而，在哲学的层次上，理论与实践之间的互动并不是一种即时可见的感性直观的运动，它必然具有极其深刻的内在形式和极其复杂的思维环节，总体上是一个从感性具体到思维抽象，再从思维抽象到思维具体的不断上升和往复批判的过程。这一过程中的思维积淀，不仅需要一定历史时间性的积累，而且需要经过各门科学的一定总结和提升，甚至还需要有对人和社会发展某些潜在的、隐形的特征的敏锐观察和体会，才能以哲学特有的方式完成。因此，哲学的创新和变革，不仅需要有哲学家的禀赋和忘我投入，也需要有支持哲学这种艰苦劳动的社会环境和氛围。一般说来，哲学的繁荣只有在人们能够充分自由地思考，“百家争鸣”的氛围中才能实现；也只有在这样氛围中实现的哲学繁荣，才能弘扬哲学的独立反思和彻底批判精神，使人们保持冷静清醒的头脑，维护社会不断自我纠错、自我完善、自我发展的能力，保持哲学与社会和人生思考的真实、全面联系，实现哲学与实践之间健康的、可持续的良性互动。

三、哲学价值实现的主体因素

哲学价值能否顺利实现，与哲学能否为相应的主体所掌握以及掌握、运用的水平密切相关。同样的哲学学说、观点、方法，因为具体主体的视角、眼界和理解力不同，因为具体主体的素质、能力和执行力不同，会产生有价值和无价值之别，产生价值大小之异。因此，主体因素是影响哲学价值能否实现、如何实现的重要考量。

首先，主体独立的品格是哲学价值之实现的前提条件。只有学习并拥有独立的品格，哲学家才敢于实事求是地提出问题，独立思考，用心谛听真理的声音；才能做到不迷信，不盲从，敢于坚持真理，而不至于与庸俗的观念同流合污，或屈从于权力、权威、金钱等的压力。因为独立，坚持哲学真理的人可能会很孤独、寂寞，受到他人的误解甚至孤立。但是，这种孤独、寂寞往往是一种深沉的哲学体验，有时是追寻真理必须付出的代价。

其次，敢于怀疑，善于追问，是哲学价值实现的逻辑起点。哲学使人对大自然、对一切事物充满惊奇感，充满各种各样的、永无终结的疑问。罗素指出："没有哲学色彩的人一生总免不了受束缚于种种偏见，由常识、由他那个时代或民族的习见、由未经深思熟虑而滋长的自信等等所形成的偏见。对于这样的人，世界是固定的、有穷的、一目了然的；普通的客体引不起他的疑问，可能发生的未知事物他会傲慢地否定。但是反之……只要我们一开始采取哲学的态度，我们就会发觉，连最平常的事情也有问题，而我们能提供的答案又只能是极不完善的。哲学虽然对于所提出的疑问，不能肯定告诉我们哪个答案对，但却能扩展我们的思想境界，使我们摆脱习俗的控制。因此，哲学虽然对于例如事物是什么这个问题减轻了我们可以肯定的感觉，但却大大增长了我们对于事物可能是什么这个问题的知识。它把从未进入过自由怀疑的境地的人们的狂妄独断的说法排除掉了，并且指出所熟悉的事物中那不熟悉的一面，使我们的好奇感永远保持着敏锐状态。"①

再次，自觉的批判和反思意识，是提升哲学境界的基本条件。黑格尔说，哲学就像密涅瓦的猫头鹰一样，在黄昏降临的时候才悄然起飞。"密涅瓦"是古罗马神话中的智慧女神，栖落在她身边的猫头鹰则是思想和理性的象征。黑格尔意在说明哲学是一种深沉的反思活动，是一种能够忍受孤独和寂寞、能够超越日常功利的理性态度："精神上情绪上深刻的认真态度也是哲学的真正的基础。哲学所要反对的，一方面是精神沉陷在日常急迫的兴趣中，一方面是意见的空疏浅薄。精神一旦为这些空疏浅薄的意见所占据，理性便不能追寻它自身的目的，因而没有活动的余地。"② 哲学智慧是反思的智慧、批判的智慧。它启迪、引导人们，对社会生活的一切领域敞开自我反思与自我批判的空间，发现一切事物的有限性和不完满之处，促进社会的观念更新。哲学智慧反对人们对一切流行的生活态度、思维方式、价值观念、审美情趣等采取现成的接受态度，反对人们躺在封闭保守、因循守旧、随波逐流、无人质疑的温床上睡大觉。马克思指出：辩证法在其"合理形式"上，就是"在对现存事物的肯定的理解中同时包含对现存事物的否定的理解，即对现存事物的必然灭亡的理解；辩证法对每一种既成的形式都是从不断的运动中，因而也是从它的暂时性方面去理解；辩证法不崇拜任何东西，按其本质来说，它是批判的和革命的"③。霍克海默认为："哲学的真正的社会功能在于它对流

① 罗素．哲学问题．何兆武，译．北京：商务印书馆，1999：131.

② 黑格尔．小逻辑．贺麟，译．北京：商务印书馆，1980：32.

③ 马克思恩格斯选集：第2卷．3版．北京：人民出版社，2012：94.

行的东西进行批判”，“无论科学概念还是生活方式，无论流行的思维方式还是流行的原则规范，我们都不应盲目接受，更不能不加批判地仿效。哲学反对盲目地抱守传统和在生存的关键性问题上的退缩。”①

最后，哲学价值之实现最终必须落实到主体现实地“改变世界”的生活实践活动中。哲学不是书斋里的学问，它的职能不仅是为了说明世界，更是为了改造世界。以往人们常常视哲学为思想和理论的演绎、理性和精神的抽象，这样的哲学是外在于现实生活的清谈、玄论、思辨，解决不了时代提出的问题。实际上，人们要获得和享用哲学的价值，体验哲学的境界，就必须走出书本，超越概念的抽象性而寻求其具体性，即立足现实生活和现实的人本身，回应时代的问题，探索现实地改变世界和人自身的道路与方法。

哲学的社会价值表现出强烈的主体性特征，即依不同主体的状况、需要和能力的不同而不同。只有当价值主体在实践中产生了对哲学的需要，哲学的价值的实现符合其利益，并且主体具备实现哲学的社会价值的品格和能力时，哲学的价值才能真正得以实现。在历史与现实中不难看到，在不同时期、不同地区，即使人们拥有较高水平的哲学成果，哲学的社会价值的实现状况仍是很不相同的。当然，人们的哲学素质不是与生俱来的，也不是固定不变的，而是在长期生活实践活动中，接受教育，通过培养，经过自身的努力而发掘、发展起来的。诚然，具体主体的素质、能力等是一个相对受限的范畴，要受到特定时代、特定环境和条件以及具体主体的生活实践活动的广度和深度等的制约，要受到其自我超越的决心、意志和实际行动的制约，因而具体主体的素质、能力等是具体的、历史的，是动态发展的、与人自身的提升相一致的，它的发展越全面、水平越高，哲学越能实现其全面、丰富的价值。过去在探讨哲学的价值问题时，那种无视具体主体的素质、能力而抽象地进行讨论的做法，实际上使哲学的价值成了抽象的价值，有时甚至是“无主体的价值”，从而偏离了价值的实际。

四、哲学价值生成和演化的逻辑

如何充分认识与实现哲学的社会价值，与作为主体的人类、国家、民族乃至个人的命运密切相关。通过以上分析可以发现，哲学价值的实现虽然并无简单不变的现成模式，却也并非纯粹偶然、毫无规律可循的，而是通过其生成与演化的线索表现出一定的内在逻辑。

① 霍克海默．批判理论．李小兵，译．重庆：重庆出版社，1989：250.

（一）在“什么样的哲学”与“对谁的价值”之间，存在着多样化的联系

在现实生活中，“哲学”本身并不是单一的，而是存在许多不同的流派、学说。排除那些纯属文化垃圾的“伪哲学”之后，我们可以看到，不同的哲学可以给人提供不同的思想资源和方法引导，通过与具体的思考和实践相结合，产生不同的具体价值。多样化的学说在共同担负着哲学使命的同时，也表现出彼此迥异的形式和风格，如有的视野开阔、气势恢宏，有的则思考专注、深沉细致；有的理性严谨、逻辑森然，有的则感性十足、激情饱满；有的明白晓畅、朴实无华，有的则幽隐玄奥、晦涩难懂；有的乐观积极、催人奋进，有的则疑虑重重、忧心忡忡……这些形式和风格上不尽相同的哲学，必然会给人们学习、理解、鉴别和应用它们提出不同的要求，形成不同的感觉，造成不同的效果。如在一般情况下，有的哲学开拓人的视野，有的哲学则教人思考缜密，有的哲学能激发人的批判思维，有的哲学则唤起人们创造的冲动，有的哲学使人振奋，有的哲学使人沉静……而这些不同的效果却无一不与主体的具体情境、条件相关。不同的哲学终因其能够从一定角度、一定层次上反映一定人群关注的问题，表达某种思考方式，它们也总是能够适合一定人的需要，产生一定的价值效果。

在历史与现实中，“不同的人喜欢不同的哲学”这一现象表明，在社会上流传的各种哲学都有各自的市场，哲学的多样化是与主体及其需要和能力的多样化相联系的。多元的主体及其需要和能力的发展之间总是存在着一定的差别，多样化哲学之间也有高低、优劣之分，因此，它们的具体价值往往也有正负、大小的区别。根本不存在在任何情况下、对于任何人来说完全相同、固定不变的价值的哲学。

不同的哲学学说，包括不同的哲学视野、观念、思想、方法和精神，往往与不同的哲学使命和宗旨相联系，从而在人类社会生活中发挥着不同的功能与作用。一般而言，如果一种哲学促使人自我反省、自我批判，使人越来越深刻、聪明、大度、灵活，那么往往就是一种“好哲学”。相反，如果一种哲学使人越来越头脑僵化、失去反省与批判精神，使人越来越心胸狭隘、想象呆滞、态度粗暴，那么就可能是一种坏的或者是被歪曲了的哲学。从学科整体的高度，我们可以进一步指出：在多样化的哲学形态中，越是能够体现人类哲学精神、反映人类思维水平和时代成果的哲学学说，就越是能够满足人们合理的现实需要、提升人们的智慧和情感水平，就越是能够显现哲学的真正价值。

（二）主体对哲学选择和应用的能动性，根源于其自身需要和能力的发展

从根本上看，哲学的具体价值生成于它与具体人的目的、需要、能力、条件等主体因素的相互联系和相互作用，生成于哲学与人在实践中的具体统一。而在哲学与人的具体关系中，人是具有能动性的主体。说到哲学“对谁的价值”时，“谁”作为主体，他自身的态度、需要和能力如何，对于哲学的具体价值的形成起着决定性的作用。

一方面，从表面看来，哲学对于谁有什么价值，显然与主体的精神状态直接有关。在现实生活中，人们总是自觉或不自觉地抱有对哲学的一定态度：对哲学的发展关注或漠视，对其中的观点理解或困惑，对某种哲学的方法熟悉或陌生，对某种具体哲学学说接受或拒斥，对哲学的讨论有参与的兴趣或认为无聊，等等。这些态度作为人的主观能动性因素，或者成为人们学习、理解、应用、检验乃至参与发展和创新哲学的精神动力，或者相反，由于疏远、忽视乃至拒斥哲学，而成为实现哲学价值的思想阻力。人们的哲学兴趣和理解能力，往往成为实现哲学价值的主观条件和直接起点。

另一方面，从更深刻的原因看，哲学对于谁有什么价值，最终取决于主体的实际需要、能力、条件等客观因素。而主体的主观精神状态和具体态度，往往只是对自身需要、能力、条件等客观因素的自觉或不自觉的反映和表达。“态度”本身更多是代表主体的“想要”，还不等于“需要”；“态度”更多是基于主体现有能力和条件的需要，还不等于符合主体能力和条件发展的需要。人们的态度总是受制于他们生活实践的实际需要、能力、条件的状况，并最终要随着实践条件的发展，特别是随着人们实际需要、能力的变化而改变。一定主体的哲学兴趣如何，他是否选择、为什么选择和选择什么样的哲学作为自己的思想武器，以及他怎样运用这种哲学达到自己的目的，等等，往往取决于他是否具有以及如何把握自己的相应需要，他是否具备相应的思维能力及实践条件，等等。也就是说，这里存在一个是否有真正的需要以及是否自觉地意识到这种需要的问题。

我们不难发现，什么样的人需要并关注哲学，总是与他们自己的生活实践的领域和状况，与他们的知识和思想的境界相关的。观察现实生活中的实际情况，我们可以看到这样一种一般性的联系：一定主体在生活实践中所获得的经验和所面对的问题越是具有普遍性，而且他对于这些问题理解和思考的理论层次越高、越具有普遍意义，那么，哲学就越是为他所需要，对他就越有用处；相反，当主体在生活实践中所获得的经验越是狭隘和简单，所面对的问题越是局限于眼前的个别领域，而他的思维也越是停留于直观和感觉的层面时，哲学就越不为他所需要，对他也就越“无用”。

可以作为例证的是，在历史上，除了专门从事哲学的思想家以外，在其他领域中越是有成就的人，也越是关注哲学，而且往往越是伟大的科学家、文学家、艺术家、军事家、政治家、教育家、实业家等，在自己的人生事业中就越是关注哲学，体验和运用哲学。例如，牛顿和爱因斯坦、歌德和托尔斯泰、孙武和克劳塞维茨、孙中山和邓小平等人，他们的很多思想成果甚至还进入了哲学史。这是因为，在他们所从事的事业和自己的人生体验中，不仅产生了从哲学高度上提出和解决问题的需要，而且他们本人也具备了在这个层面上把握现实的能力，从而形成了自己的卓越思想。当然，并非只有伟人才有资格进入哲学，而伟人们也并非由于他们的特殊地位、权势、财富和优裕的生活才具有了哲学修养。事实上，历来社会中各行各业都有无数热爱和追求哲学，并从哲学中获得丰富精神财富的人。他们虽然未必像伟人那样功勋卓著、声名显赫，却同样分享了人类智慧的成果，丰富了自己的哲学体验，达到了人生的高尚境界。相反，任何人，无论是腰缠万贯的巨富、权势凌人的显贵，还是苦于生计而无力自拔的穷人，当他们越是在生活实践中陷于贫乏、单调、空虚，越是只能在眼前得失中挣扎或沉沦，从而失去追求自由思想的能力的时候，他们就越是不需要任何哲学，越是无力或无意顾及哲学，越是感觉不到哲学的用处。

（三）随着人类文明的进步，哲学的具体价值呈现日益丰富和深化的趋势

从上面的分析可以看到，哲学与人的现实关系并不是凝固不变的，而是随着人类实践的不断发展、人的生活的日益丰富、社会文明的持续提升，呈现出一种彼此联系更加密切、彼此结合更加深入、具体内容更加丰富、实际效果不断加强的总体趋势。在以往的历史中，这种趋势通过现实不断产生并提出具有普遍性的问题，然后由人们在哲学上不断进行思考和回答表现出来。“问题是时代的声音。”社会生活中的重大的普遍性问题的出现，总是能够反映出现实对于哲学的一定需要，而思考和回答这些普遍性问题，最终也反映出人们回答问题的能力和水平。哲学与生活的结合，在这种“提问—回答”的不断循环中日益深化和加强。

迈入全球化、信息化、智能化时代，这种趋势表现得越来越突出了。审视当今的世界，许多人们过去不曾遇到或不曾注意的问题日益显示出来，促使人们不得不审视自己的世界和人生理念，重新寻求对它们的哲学把握。例如，人们的科学信念遇到了前所未有的挑战。在“知识就是力量”的口号下，人们曾毫无保留地信任科学技术，并依靠它们不断提升物质生产能力，从而创造了辉煌的现代文明。然而，当环境、资源、人口、核威胁等危机日益严重的时候，人们却不得不重新思考人与自然的关系问题、社会发展模式问题、科学技术与人道主义的关系问题、社会的生产消费与环境保护之间的关系问题、人与人包括国家民族之间的关系问题等一系列根本的问题。这些问题虽然大多数自古以来就存在，却从来没有像今天这样尖锐而复杂。当人们依据不同的传统哲学和各门具体科学给予解释和回答时，却发现并没有一套现成的答案可以切实解决这些问题，反而产生了更多的分歧和困惑。因此，人们把目光更多地转向科学技术以外的人文领域，努力寻求新的哲学智慧，并寄希望于哲学的创新。而提供科学与人文精神相统一的理念和方法，则成为时代对哲学的一种需要，成为哲学发展自己以显示其应有价值的动力。

人们的终极关怀同样也遇到了前所未有的挑战。在“追求最大幸福”的口号下，人们也曾毫不犹豫地坚信自己的权利，并为实现它进行了不屈不挠、有时甚至是残酷的斗争，并逐渐形成了关于自由、平等、民主、人权、法治等社会价值的基本共识，用以指导社会的自我调节与改进。但随着实践的深入，人们越来越发现，这些价值理念实际上包含了诸多的疑点和难点，主要是由于社会条件和文化传统的差异，人们对它们的理解和把握存在着实质性的差别，甚至连什么是幸福、是否存在人类共同的价值标准等，都成为分歧和争论的焦点。对生活意义的迷惘感、精神家园的失落感、文化层面上的冲突感和压迫感等，日益成为导致人生活不幸和社会不稳定的重要因素。在这种情况下，重新理解人的本质和本性，把握人与人之间社会关系的结构及其意义，揭示人的价值信仰、价值标准、价值取向的根源和秘密，认识人的权利、责任和义务的界限，探索社会人生的价值体系和核心价值，从而为现代和后现代的人们提供健全、和谐生活理念的要求，就成为哲学不可推托的历史任务。

诸如此类的问题和挑战还有很多。随着时代和社会的发展，随着生活实践中提出的问题日益深刻化、普遍化，哲学对于人类社会生活包括对具体主体的意义必将日益强化并显现出来。这正是哲学的具体价值形成的总体逻辑。

本章小结

一、哲学的价值既同哲学的本质和功能有关，也同人的精神生活方式有关。并非哲学和它的每一形态对于任何人都具有同样固定不变的价值，哲学的价值是随着哲学自身的发展和它所服务的主体的变化而变化的。

二、哲学之于人类的价值包括两个基本的方面：工具（手段）价值和目的价值。哲学负有为人类各种认识和实践活动提供普遍性理论和方法的职能，这使它具有普遍性的工具（手段）价值。同时，哲学的状况代表着人类理性生活的需要和思维能力的状况，哲学的发展也是人类理性的自我发展，因此，哲学也具有人类精神生活的目的价值。

三、哲学之于人类任何个体的价值，都有潜在价值与现实价值之分。哲学对于个体的具体价值，依具体主体的目的、需要和能力等条件的不同而不同，只有在与主体的认识和实践活动结合中才能实现。

四、哲学价值的实现，本质上是人类通过理论与实践互动走向更高理性境界的一个历史过程，这个过程既有具体的时代特征，又是一个没有终点、无止境的发展过程。如何正确对待哲学、充分认识与实现哲学的社会价值，与个人、群体、民族和国家的长远发展和未来命运存在密切的关系。

关键词

哲学的价值　哲学的人类价值　哲学的个体价值　哲学的工具价值
哲学的目的价值　哲学的潜在价值　哲学的现实价值

思考题

1. 怎样认识哲学的价值？
2. 什么是哲学的工具价值？它表现在哪些方面？
3. 什么是哲学的目的价值？它表现在哪些方面？
4. 如何在社会生活实践中充分实现哲学的价值？
5. 如何看待哲学对于个体的价值？我们应该如何对待哲学？

延伸阅读

1. 《马克思恩格斯全集》，第 42 卷，人民出版社，1979。
2. 《马克思恩格斯选集》，第 1 卷，人民出版社，2012。
3. 《马克思恩格斯选集》，第 2 卷，人民出版社，2012。
4. 亚里士多德：《形而上学》，吴寿彭译，商务印书馆，1959。
5. 黑格尔：《哲学史讲演录》，第 1 卷，贺麟、王太庆译，商务印书馆，1959。

6. 理查德·泰勒:《形而上学》，晓杉译，上海译文出版社，1984。

7. 文德尔班:《哲学史教程》，上、下卷，罗达仁译，商务印书馆，1987、1993。

8. 卡尔·雅斯贝尔斯:《智慧之路》，柯锦华、范进译，中国国际广播出版社，1988。

9. 罗素:《哲学问题》，何兆武译，商务印书馆，1999。

10. L. J. 宾克莱:《理想的冲突——西方社会中变化着的价值观念》，马元德等译，商务印书馆，1983。

11. 理查·罗蒂:《哲学和自然之镜》，李幼蒸译，三联书店，1987。

12. 冯友兰:《中国哲学简史》，北京大学出版社，1985。

13. 李德顺:《价值论》(第2版)，中国人民大学出版社，2007。

14. 孙伟平:《价值论转向——现代哲学的困境与出路》，安徽人民出版社，2008。

15. 李德顺、孙伟平:《哲学的价值新论》,《哲学研究》，2009 (6)。

16. 孙伟平:《哲学之“是”与“应该”》,《学术研究》，2003 (1)。

17. 李文阁:《哲学家的社会责任》,《学术研究》，2003 (1)。

第四章　西方哲学

内容提要

西方哲学是哲学作为一个学科得以诞生的一个主要来源。与包括中国哲学在内的东方哲学、阿拉伯哲学以及希伯来—犹太哲学等不同，以古希腊哲学为起点的西方哲学传统强调理性和批判，重视逻辑的推理和经验的证实。苏格拉底的名言“未经省察的人生没有价值”，既表达了西方哲学的理性和思辨特征，也反映出西方哲学对人生意义和价值的密切关注。自古希腊以来，西方哲学经历了三次重大形态转变，分别出现了以本体论（或存在论）、认识论和语言哲学为主要内容的思维模式。经过两千多年的演变，西方哲学最终形成了以思辨的形而上学、理性的科学方法、宗教式的人文关怀、社会意识和批判精神、实践智慧和实践理性为主要特征的哲学传统。

第一节　哲学在西方的诞生

哲学是人类思维活动的概念化结果，是人类思维发展的最好见证。西方哲学的形成和发展过程与人类思维的发展过程同步，是伴随着人类对自然、社会和自身的认识而发展起来的。哲学，作为人类文明的一种重要形态，几乎同时出现于公元前 6 世纪的古希腊、埃及、阿拉伯和中国。人类的自我意识伴随着人类对自然的认识而开始萌生、发展。黑格尔曾把哲学的发源地完全归功于古希腊，这种明显狭隘的日耳曼民族意识早已被后人所摈弃，但哲学在这些人类文明的发源地中所起的作用的确有着很大的差别。而我们这里所说的作为一个学科的哲学，的确诞生于古希腊，其主要标志就是，确立了哲学学科的理论化和体系化特征，规范了哲学学科的范围、基本规则和概念范畴等，使哲学成为后人可以共同讨论的公共话题。当然，这些特别要归功于柏拉图和亚里士多德的杰出贡献。

一、西方文明的开端

西方文明的最初形态发端于古希腊的神话和宗教。古希腊神话是早期人类对无法解释的自然和社会现象做出的直观反映，是人类经验的群体无意识的产物。而古希腊的宗教则是人类对这些现象的有意识反思，是对人类经验的抽象和概括的结果。历史地说，作为西方哲学源头的古希腊哲学正是脱胎于这种神话和宗教，但却是以一种解释和说明自然的方式出现的。这也是早期科学的最初形态。

科学与哲学的不分是古希腊哲学的一个重要特征。现代德国哲学家文德尔班认为，在哲学之初，哲学就是科学。在黑格尔看来，之所以在古希腊科学与哲学不分，是因为它们都是以某种客观的、普遍的东西为对象。在古希腊，哲学的对象一开始就是自然界现象和人们日常生活中的现象。对这些现象的思考，成为哲学和科学的共同开端。随着人们对具体现象的深入研究，逐渐形成了各门具体科学，但哲学作为一种对普遍事物的思考，并没有随科学的发展而消失，相反，科学的形成和发展，反倒使哲学成为人类思维的一个不可取代的内容。

从历史的角度看，在作为西方文明开端的古希腊，宗教、科学和哲学之间的确没有严格的界限，因为它们都是古希腊人对自然和社会的种种解释。被称作西方哲学鼻祖的泰勒斯也是早期意义上的科学家，而古希腊哲学的最普遍形式就是用自己的理论解释各种自然现象的自然哲学。“在那些最初从事哲学思考的人中间，多数人都是只把物质性的始基当作万物的始基”[①]，例如，泰勒斯把水看作万物的始基，阿那克西美尼认为这个始基是气，赫拉克利特认为始基是火，巴门尼德则宣称始基是火和土这两种元素。但在所有这些自然哲学中，“它不仅仅是科学的；它还是富于想象的、生气勃勃的，并且充满了冒险的乐趣。他们对一切事物都感到兴趣，——流星和日月蚀、鱼和旋风、宗教和道德；他们结合了深沉的智慧和赤子的热诚”[②]。正是在这样的背景下，哲学作为一种人类文明的最初形态，构成了它的基本特征和问题。哲学成为最初人类发问自然和自身的方式：“世界究竟是由什么构成的?”“我是由什么构成的?”对这种问题的思考和回答，就形成了最初的哲学思想。

如今我们都知道，“哲学”一词在古希腊文中的意思是“爱智慧”。在当

① 北京大学哲学系外国哲学史教研室．古希腊罗马哲学．北京：商务印书馆，1961：4.

② 罗素．西方哲学史：上卷．何兆武，李约瑟，译．北京：商务印书馆，1963：106.

时，“智慧”是知识的同义词。那些被看作拥有智慧的人，在解释自然现象方面的知识使他们被称作“哲学家”。但正如亚里士多德所指出的，前苏格拉底的古希腊哲学家还不是真正意义上的“哲学家”，就是说，他们还没有完全摆脱具象性的思考方式，仍然试图在自然事物中选取一种物质作为解释万物生长的根本原因。然而，从另外一个角度说，他们力图从自然界的万事万物中寻找某种单一的原因，这已经就具有了哲学思维的特征。正是在这种意义上，我们仍然可以而且应当把他们称作“哲学家”。亚里士多德是这样来描述早期的哲学家的：“初期哲学家大都认为万物唯一的原理就是物质本性。万物始所从来，与其终所从入者，其属性变化不已，而本体常如，他们因而称之为元素，并以元素为万物原理。”① 正是这种抽象意识，使古希腊哲学家开始进入探索的领域，进入亚里士多德所说的“求知”的领域。

在亚里士多德看来，“求知”就是对智慧的追求，而智慧则是对事物及其发展变化的原因和原理的追求。面对自然界的万千变化和社会生活的复杂多样，古人们首先求助于自己的感觉，特别是视觉，以自己所见事物为真实，并把它们如实地记载下来。由于他们当时还无法理解和解释许多现象，所以在他们的记载中就有了对所见之物的渲染和想象。这是古希腊神话和传说来源的心理基础。但随着认识的深入，人们开始思考这样的问题：为什么自然界会呈现出纷繁复杂的景象？这些现象之间到底是什么关系？万事万物的变化有没有什么规律？它们变化的根据又是什么？有没有一个东西构成和推动着万物？这些问题促使古希腊哲学家们对他们所面对的世界提出了各种解释。根据亚里士多德的记载，哲学家们最初想到的是用一种物质来统括万物，以为无论万物如何变化都归因于这种物质。这种物质在泰勒斯那里是“水”、在阿那克西美尼那里是“气”、在赫拉克利特那里是“火”。但随后人们又发现，这些自然之物都是流动多变的，所以就有了阿那克西曼德的“无限”，由此产生了古希腊最初的辩证法思想，即万物处于变化之中，而这种变化本身则是万物的始基。

从这种运动变化中，古希腊哲学家们看到了万物的演变不是由某一种物质完成的，而是由两种或更多的物质相互作用产生出复杂多变的世界。因而，哲学家们就提出了各种不同的物质作为世界的始基，出现了恩培多克勒的“四元素说”、阿那克萨哥拉的“无限说”等。但在亚里士多德看来，这些哲

① 亚里士多德．形而上学．吴寿彭，译．北京：商务印书馆，1959：7.

学家们的解释还都限于从物质的表面来概括事物的发展，并没有真正揭示事物演变的内在原因，即事物发展的动力。后来，出现了留基波和德谟克里特的“原子说”，试图以某种最小的元素即原子来解释世界的演变。这里的“原子”并不是物质实体，也不是抽象的概念，而是一切事物不可分割的最小粒子，用现代语言来说，就是事物不可分割的属性。

原子论是古希腊早期哲学对整个西方哲学以至对整个人类思维发展的一个重要贡献。因为它首次提出了物质无限可分的思想，并把人类对事物的认识水平从简单的实体思维提高到了抽象思维。正如恩格斯所说，早期的古希腊哲学已经包含了后来一切思想发展的萌芽。这特别体现在这些自然哲学家对事物认识水平的变化上，仿佛婴儿在头 3 个月智力水平有了明显的提高。当然，人类文明的发展并不完全是依靠这些哲学家的智力活动。但应当说，他们的思维发展恰好反映了当时人们的认识水平，反映了人们应付大自然的基本能力。

早期古希腊哲学家通常被称作“自然哲学家”，因为他们的重要工作就是对自然现象做出解释。最初的自然科学就是建立在这些解释之上的，当时的自然科学尚处襁褓状态，没有脱离哲学的庇护。在人类思维发展上，科学与哲学的分离恰好说明了哲学开始摆脱对具体事物和对象的解释，真正进入属于自己的领地即对思维方法的研究。然而，哲学的思维方法又不能离开具体的思维对象和思维活动，否则就成为空洞的想象。这在古希腊哲学家那里就得到了认识，并最终形成了构成今日西方哲学传统的形而上学。但这种认识的形成首先是由于“智者”的出现。

“智者”是公元前 5 世纪在古希腊雅典出现的专门从事教授修辞和论辩等技艺的职业教师。从词源上看，“智者”一词来自“智慧”，意思是“有智慧的人”。[①] 但古希腊的所谓“智者”则是以教导人们如何获得智慧为生。他们自己并不一定是某个方面的专家，但却擅长使人们从已有的知识智慧中发现自己的不足和局限，并由此对人们已知的东西提出质疑和挑战，促使人们看

---

① 根据吴寿彭先生的考证，“智慧”一词源于希腊语，含义有三：(1) 一般聪明和谨慎；(2) 敏于技艺；(3) 学问和智慧。后来在学理上它又被分作“小巧”和“大智”，意指哲学的智慧取“大智”之义。古希腊人最初称毕达哥拉斯为第一“智慧之人”，后由于普罗泰戈拉等人以教授论辩等为职业，被人鄙称为“智者”，因而，专心学问和智慧的人就被称作“哲学家”即“爱智慧的人”以示区别。这里的“爱智慧”并不意味着有智慧，而是表明对智慧的不懈追求，这正是苏格拉底的事业。由此可见古希腊的“哲学”与现代哲学观念的差别。参见：亚里士多德. 形而上学. 吴寿彭，译. 北京：商务印书馆，1959：第 4 页脚注 1；北京大学哲学系外国哲学史教研室. 古希腊罗马哲学. 北京：商务印书馆，1961：第 125 页脚注 1。

到一切知识的有限。由于当时的智者大多是教导人们如何在政治和道德生活中以辩论的方式驳倒对方，所以他们也被称作“诡辩者”。但这种诡辩并不是现代意义上的狡辩，而是从辩论对手的论述中发现矛盾或谬误，并给予驳斥从而取消对方的论题。

从西方哲学的发展史看，“智者”的出现是西方哲学的重要事件。这不仅在于它直接反映了当时希腊雅典的社会风气和文明程度，更重要的是它促使了西方哲学的两个重要转变，即从关注自然转向关注灵魂，从绝对知识转向相对意见。早期的古希腊哲学家都可以看作自然哲学家，他们对自然的解释使他们被当时的人们看作最有智慧的人。对他们来说，解释自然是人性求知使然。“古往今来，人们开始哲理探索，都应起于对自然万物的惊异；他们先是惊异于种种迷惑的现象，逐渐积累一点一滴的解释，对一些较重大的问题，例如日月星辰的运行以及宇宙的创生，做出说明。”① 但智者的出现却使这种认识发生了变化，因为他们并不关注自然的运动演变，而把注意力集中在如何让人们的灵魂得到指引，教导人们政治的艺术和如何把人们教成良好的公民。被视为智者最大代表的普罗泰戈拉的名言“人是万物的尺度，是存在的事物存在的尺度，也是不存在的事物不存在的尺度”，就把人的感觉（灵魂）作为一切事物存在或不存在的根据。他因此被看作西方哲学中怀疑论和相对主义的鼻祖。

同时，由于普罗泰戈拉的思想影响，智者的公众形象也被看作相对主义的鼓噪者。根据柏拉图的记载，以普罗泰戈拉为代表的智者就是一群否定绝对知识的存在而宣扬一切都是相对意见的“批发或者零售灵魂的”人。因为，他写道：“在这个论证中，一切都被说成是相对的；你不能够正确地用任何名称来称呼任何事物，比方大或小，重或轻，因为大的会是小的，重的会是轻的——并没有单独的事物或性质，而是万物都是运动、变化和彼此之间的混合所产生的；这个‘变化’我们不正确地把它叫做存在，但是实际上是变化，因为没有什么东西是永远常存的，一切事物都在变化中。”② 按照智者们的这种观点，一切都是相对的，因为一切都在运动之中，对自然的所有认识都是依照认识者或感觉者的不同而变化的。所以，不存在绝对的知识，而只有相对于每个认识者的不同意见。

诚然，智者们的这种观点不仅在现在被视为相对主义的典型，就是在当

① 亚里士多德. 形而上学. 吴寿彭，译. 北京：商务印书馆，1959：6.

② 北京大学哲学系外国哲学史教研室. 古希腊罗马哲学. 北京：商务印书馆，1961：134.

时也被柏拉图和亚里士多德等人斥为“貌似哲学而并不是哲学的东西”，是“毫无实在内容的似是而非的智慧”，而智者则被看作“靠一种似是而非的智慧赚钱的人”①。但从西方哲学发展史的角度看，智者的思想却具有鲜明的辩证法特征，而且充分体现了哲学思辨的特点。我们仅从高尔吉亚论无物存在的著名推论中就可以看到这一点。

根据古希腊学者恩披里克的记载，“高尔吉亚在他的《论非存在或论自然》一书中接连建立了三个原则：——第一个是：无物存在；第二个是：如果有某物存在，这个东西也是人无法认识的；第三个是：即令这个东西可以被认识，也无法把它说出来告诉别人。”② 抛开这里明显的怀疑论不谈，这种思想所蕴含的重要内容就是对这些原则的推论过程。这个推论过程如下：如果说有某物存在，那么这个事物就是存在的，或者说它的非存在是不可能的；但如果可以对某物谈论非存在，那么它就包含了非存在；所以，它就既存在又非存在。但不能说某物既存在又非存在，因此，它就不存在。这里显然犯了一个偷换概念的逻辑错误；而且从现代一阶谓词逻辑看，这也是把“存在”用作一个谓词而造成的逻辑错误，但它却包含了一种承认任何事物都可以从两个相反的方面来谈论的重要思想，这在古希腊哲学中确是一个重要发现；同时，直接使用相当抽象的“存在”概念作为推论的对象，而不是使用某种具体事物的名称，这也体现了智者思想所具有的思辨特征。

对事物的辩证认识是古希腊哲学的重要特征之一。我们在亚里士多德哲学中看到的十对范畴以及一切概念的矛盾对立，都可以从古希腊早期哲学中找到源头。一与多、动与静、奇与偶、左与右、男与女、直与曲、明与暗、善与恶、正与斜、有限与无限、存在与非存在……这些概念是古希腊早期哲学的重要内容。正是对大自然中的运动变化和纷繁复杂等现象的反思，引起哲学家们思考在它们背后可能存在的静止和齐一，并由此引入更为抽象的概念“本质”、“必然”、“永恒”、“形式”以及“存在”、“非存在”等等。这些都成为后来的亚里士多德哲学的重要内容并构成了整个西方哲学的强大传统。从这些矛盾的概念中，我们可以看到古希腊哲学所具有的辩证特征和思辨特点，而西方文明正是在这些辩证和思辨的思维方式中得以萌生和发展的。

---

① 北京大学哲学系外国哲学史教研室．古希腊罗马哲学．北京：商务印书馆，1961：144.

② 同①138.

二、人的自我认识

智者之后的古希腊哲学出现了西方哲学史上的一个重要人物，这就是苏格拉底。虽然苏格拉底本人并没有留下任何文字，我们现在所能看到的文献都只是他的学生对他思想和行为的记录，但从这些记录中我们可以清楚地看到一个为追求真理而献身的哲学家形象。根据色诺芬、柏拉图和亚里士多德等人的记载，苏格拉底的贡献是首次提出了归纳论证和一般定义，并创立了“辩证”方法即通过对话揭示对方的无知。但从整个西方哲学的发展以及人类思维的发展历程看，苏格拉底的主要贡献是把早期古希腊哲学家们关注自然的目光拉回到了人间，提出了“认识你自己”和“人应当知道自己的无知”这样的大胆思想，并对哲学家的使命做出了新的解释。

柏拉图在他著名的对话《斐多篇》中为我们记录了苏格拉底思想的转变过程。他年轻的时候曾追随早期的自然哲学家，认为研究自然是一件很高尚的事业，但后来发现自己完全没有能力做这种研究，因为它不但没有使自己明白那些自然哲学家所说的内容，甚至使自己忘却了以前认为是自明的真理。随后，他在阿那克萨哥拉那里找到了更好解释自然的原因，这就是求助于灵魂。因为灵魂“会把一切都安排得最好，把每一件特殊事物都安排到最好的位置上。如果一个人要想找出某物产生、消灭或存在的原因，那就必须找出：哪一种存在状态、行动状态或遭受状态对该物最好。因此，一个人只要考虑考虑什么对他自己和别人最好，也就会知道什么最坏，因为这两件事是包含在同一种知识里的”[①]。由于一切都受到灵魂的指引，因此对自然的解释也就变成了灵魂对事物的选择，就像我们在观察日食的时候不去盯着太阳，而是看它在水面上或其他光滑物体上的影子。但对苏格拉底来说，灵魂为我们提供的指引并不在于解释自然，而应当是对我们道德生活的指导。他把那些总是询问事物的本性或世界的本原的自然哲学家看作愚蠢的，“他常常劈头就问他们，是不是认为自己对人事已经知道得很透彻，所以进而钻研那样一些沉思的题目，或者质问他们，他们完全不管人事，而对天上的事情加以猜测，是不是认为自己在做本分的工作。他也觉得很奇怪，那些人似乎看不出那些问题是人根本不能解决的，因为即使是那些以讨论这类问题自命不凡的人也不是持相同的意见，而是彼此彼此，都像疯子”[②]。所以，苏格拉底提

① 北京大学哲学系外国哲学史教研室．西方哲学原著选读：上卷．北京：商务印书馆，1981：62.

② 同①60.

出，无论是哲学家还是普通人，都要清楚自己究竟需要什么，要学会“认识你自己”。

“认识你自己”，这是古希腊德尔斐神庙上的铭句，苏格拉底以此提醒那些沉溺于天上星空的智者们要踏实地关注自己脚下的道路。从西方哲学发展史的角度看，苏格拉底把人们的认识眼光从天上拉回到了人间，这是人类认识上的一个重要转变。历史证明，人类对自然的忘我认识最后形成了以自然为对象的自然科学，而对人生问题和社会问题的探索则构成了后来被称作“伦理学”或“道德理论”的哲学分支。所以，黑格尔认为，苏格拉底的主要贡献是建立了“道德哲学”，因为他使以前从不反思伦理行为的雅典人开始认识到自己的善和德性。① 同样，罗素也把苏格拉底的思想主要归结为一种道德学说，认为“苏格拉底的主要关怀是在伦理方面而不是在科学方面”②。这些都使苏格拉底被看作古希腊哲学中建立伦理学的第一人。

当然，强调关注伦理问题和注重对心灵的反思，这在古希腊哲学中并不是开始于苏格拉底。我们在赫拉克利特、毕达哥拉斯以及德谟克里特等人的思想中都可以找到他们对这些问题的思考，特别是毕达哥拉斯被认为“是第一个发现灵魂轮回的人”。但他们的思想都还停留在对经验的概括上，并没有从理论上做出反思。苏格拉底首先让人们意识到了应当对自己的行为重新审查，应当过一种经过思考的生活。在《苏格拉底的申辩》中，我们可以看到这样的话：“未经省察的人生没有价值”③。这种自觉反思的意识就是哲学的意识，就是西方哲学得以生长的根源。所以，西方哲学家通常把苏格拉底看作古希腊哲学的一个转折点④。在他之前的哲学被通称为“前苏格拉底时期”⑤，因为苏格拉底哲学被认为揭示了西方哲学后来的发展方向。

不仅如此，在苏格拉底看来，能够认识到自己的无知比知道自己聪明更加困难。为了证明自己的这个发现，他走访了当时的政治家、诗人和工匠，发现他们无一例外地自认自己比他人聪明但却不肯承认自己无知。苏格拉底所谓的“无知”是指把自己在某个具体领域的知识扩大到其他自己所不熟悉的领域但却以为自己在这些领域也同样聪明。他通过从对方推论的逻辑中发

---

① 黑格尔．哲学史讲演录：第2卷．贺麟，王太庆，译．北京：商务印书馆，1960：42-43.

② 罗素．西方哲学史：上卷．何兆武，李约瑟，译．北京：商务印书馆，1963：128.

③ 苏格拉底的申辩．严群，译．北京：商务印书馆，1983：76.

④ 同①39.

⑤ 如罗素的《西方哲学史》（上卷）第一篇就为“前苏格拉底哲学家”，后人也多用这个词称呼古希腊早期的哲学家，如泰勒斯、赫拉克利特、德谟克里特以及智者等。

现矛盾，迫使对方承认自己原来观点的错误或对这个话题的无知，从而表明对方并不像自己宣称的那样聪明。这就是苏格拉底所发明的“辩证法”或“问答法”。例如，在柏拉图的《美诺篇》中，苏格拉底就用启发的方式对美德的本性逐步提出问题，让美诺自己思考并做出答案。在柏拉图的记载中，苏格拉底并不认为自己比其他人更聪明，但他认为自己优于他人之处就在于他能够承认自己的无知，承认自己并不比他人聪明。孔子曰“知之为知之，不知为不知，是知也”，就表达了相似的意思。但苏格拉底更强调用对话的方式揭示当时人们在对自然的认识上的局限，由此引导人们关注自己的灵魂，关注社会生活本身的质量。因为在他看来，对自然的认识是神的工作，而对社会和灵魂的认识则是人类自身的事业；但在这些人自以为得到了清楚认识的领域中，实际并没有得到一致的认识。所以，这种认识的首要任务就是要让人们认识到自己的无知，然后才能对现有的认识重新反思。苏格拉底认为，这才是哲学家们应做的事情。在《苏格拉底的申辩》中，苏格拉底向判他死刑的雅典公民们这样表达了他作为哲学家的使命：“只要一息尚存，我永不停止哲学的实践，要继续教导、劝勉我所遇到的每一个人，仍旧像惯常那样对他说：‘朋友，你是伟大、盛强、以智慧著称的城邦雅典的公民，像你这样只图名利，不关心智慧和真理，不求改善自己的灵魂，难道不觉得羞耻吗？’……因此我不做别的事情，只是劝说大家，敦促大家，不管老少，都不要只顾个人和财产，首先要关心改善自己的灵魂，这是更重要的事情。”① 由于苏格拉底强调哲学是对人类自我的认识，因而被后人看作真正意义上的“哲学家”，以区别希腊早期哲学中的那些“智者”。

从早期自然哲学家对自然现象的解释到苏格拉底之后的哲学家关注人类的精神世界，这是古希腊哲学中发生的一次重大转变，标志着西方哲学开始形成自己的特点。对自然现象的惊异和探索是早期人类为求生存的本能反应，所以，在有记载的人类初期所有民族的认识过程中，都是以探索自然开始的。神话和传说的出现，在一定程度上反映了早期人类对无法解释和适应的自然现象的神化，同时它们也是人们对这些现象的一种解释。不过，古希腊哲学家们对自然的解释从一开始就具有哲学思辨的特征，而正是这种思辨使后来的哲学家们可以继续对万物的本原穷追不舍，以至巴门尼德提出最具哲学思辨特征，也是构成整个西方哲学形而上学根基的概念，即“存在”（或“是”）。

① 北京大学哲学系外国哲学史教研室．西方哲学原著选读：上卷．北京：商务印书馆，1981：68-69.

当然，巴门尼德对哲学的贡献并不在于他提出这个概念作为哲学的核心，而是把它与“思维”联系起来，提出“思维与存在的同一”这个重要的哲学命题。后人归功于他的许多重要贡献，如区分了真理与意见，提出以理性作为真理的标准，主张“存在”之外无物，等等，归结为一点，就是他强调了要使用自己的理智或心灵，而一旦确定了自己的理智作为判断一切存在的标准，就可以说，只有理智（思维）中的存在物才是存在的。所以，“思想与思想的目标是同一的；因为你决不能遇到一个思想是没有它所表达的存在物的。在存在物之外，决没有任何别的东西，也决不会有任何别的东西，因为命运已经把它固定在那不可分割而且不动的实体上”①。根据后人的考证，巴门尼德这里的“思维与存在的同一”是指“可以设想的东西与可以存在的东西是同一的”。这样，存在的东西就变成了思想的内容和特征，反过来也可以说，只有可以思考的东西才是存在的，或者说，可以思考是存在物的存在条件。

巴门尼德的这个重要思想不仅在古希腊哲学家中引起共鸣，产生了像芝诺这样著名的追随者，并得到亚里士多德的赏识，更重要的是，他以理智为向导去探索自然的奥秘，并把这种认识直接与人们的灵魂联系起来，这就使我们能够理解，为什么后来的普罗泰戈拉会提出这样一个著名的论断：“人是万物的尺度”。的确，当我们把人作为存在的事物存在的尺度，作为不存在的事物不存在的尺度，这就意味着一切都以人为中心，一切事物的存在与否都和我们对它们的认识有关，所以，对自然之物的认识不能脱离人类的认识活动和认识水平，甚至自然之物的存在也不能脱离人类的认识。这种人类中心论的观点，在当代哲学中被看作传统形而上学的最大敌人而受到了海德格尔、德里达等人的批判。但从人类思维发展史上看，把哲学家的视角从对自然之物的认识转变为关注人类自身生活的价值，关注人类心灵深处的感受，关注思维活动本身，这的确是人类思维发展中的一次飞跃。而在这个过程中，苏格拉底的作用功不可没。

历史地说，柏拉图和亚里士多德的工作都是以苏格拉底的思想为出发点的，他们都直接继承了苏格拉底的思辨和辩证法，承袭了苏格拉底具有特点的伦理学思考，但他们与苏格拉底的不同，在于将苏格拉底的思考转化为具有概念和体系特征的哲学理论，从而使西方哲学开始走出襁褓，走出对经验生活的简单反思，进入一个哲学理论化的阶段，文德尔班把这叫作古希腊哲

① 北京大学哲学系外国哲学史教研室. 古希腊罗马哲学. 北京：商务印书馆，1961：53.

学的“体系化时期”[1]，这也是人类思维发展进入体系化时期，并最终推进了哲学作为一个学科的诞生。

三、人的思维的理论化

亚里士多德认为柏拉图继承了前人的所有思想，特别是赫拉克利特关于一切都在运动的思想和苏格拉底关于伦理学的思想，但他又认为，柏拉图并没有完全陷入这些思想，而是比他们更为高远地看到了万物运动变化背后的不变之物，看到了道德伦理之外的大千世界，而正是这些使柏拉图成为被后人景仰的哲学家。[2] 黑格尔明确指出，“哲学之作为科学是从柏拉图开始[而由亚里士多德完成的。他们比起所有别的哲学家来，应该可以叫做人类的导师]”[3]。而罗素则在他的《西方哲学史》中把柏拉图与亚里士多德的地位做了比较，认为“在他们两个人中间，柏拉图对于后代所起的影响尤其来得大。……因此在一部哲学思想史里就有必要对于柏拉图，以及在较少的程度上对于亚里士多德，处理得要比他们的任何一个先行者或后继者都更为详尽”[4]。从这些不同时代的哲学家的评论中，我们可以明显感到柏拉图对整个西方哲学的重要意义。但从西方哲学的发展长河来看，这种重要意义不仅在于他吸收了前人的思想，更重要的是他把前人的思想纳入一个理念框架，“把哲学的方向指向理智的、超感性的世界”（黑格尔语），使哲学发展进入了一个由理性支配的阶段。

在西方哲学史上，对人类认识活动形成有体系的理性反思开始于柏拉图。从本性上说，哲学自产生起就是一种人类的反思活动，即超越了经验观察和具体感知，形成了抽象的概念和判断的过程。泰勒斯之所以被看作第一位哲学家，并不是因为他是有记载的第一位百科全书式人物，而是由于他把世界的本原归结为一种物质即“水”。虽然这种物质还是以具体的物质形态为代表，但“水”在泰勒斯那里已经不是简单地指现实世界中的一种具体物质，而是一个哲学概念；同样，“‘水’是万物的本原”也不是一句普通的比喻，而是一个哲学命题。因为这里的“水”具有了生成万物的特征，而把宇宙万物都归结为一种物质，这种做法本身就具有了抽象的意义。柏拉图之前的古希腊哲学家提出的各种关于万物本原的主张，或强调了万物的齐一性特征，

---

① 文德尔班．哲学史教程：上卷．罗达仁，译．北京：商务印书馆，1987：137.

② 亚里士多德．形而上学．吴寿彭，译．北京：商务印书馆，1959：16-17.

③ 黑格尔．哲学史讲演录：第2卷．贺麟，王太庆，译．北京：商务印书馆，1960：151.

④ 罗素．西方哲学史：上卷．何兆武，李约瑟，译．北京：商务印书馆，1963：143.

或突出了万物的演变发展过程，他们使用的各种概念有具体的物质形态，如赫拉克利特的“火”，也有完全抽象的术语，如德谟克里特的“原子”、毕达哥拉斯的“数”等。尽管这些主张都被看作古希腊的重要哲学思想，但它们还都是一些零散的认识，并没有形成对自然的整体认识，或者说没有形成一种能够由以解释自然宇宙和人类社会现象的理论体系。柏拉图与他的前辈的重要差别不是在继承的基础上提出自己的另一种主张，而是超越了对宇宙现象的经验直观，提出了一套自己的理论体系，并根据这种体系来解释一切自然的或社会的各种现象。这正是后来的所谓“唯心主义”或“观念论”（idealism）的来源。

“idea”一词在古希腊文中的意思是“形相”或“形式”，它不是指后来人们所理解的来自心灵的或主观的东西，而是指外在事物自身存在的或客观的东西。正是从这种“idea”出发，柏拉图形成了西方哲学史上的第一个理论体系“理念论”或“形相论”。在柏拉图看来，他以前的哲学家们都只是关注变动不居的现象，把一切反思建立在感性经验的基础之上。而一旦追问在变化的感觉世界背后的存在，我们往往就陷入了苏格拉底所说的“无知”的状态。根据柏拉图的观点，陷入无知的状态并非表明具有更高的智慧，而只是说明我们还需要继续追寻，在那些我们自以为知道的东西中寻找背后的根源。这个根源就是柏拉图的“idea”。

根据现代学者的研究，柏拉图不加区分地使用“理念”（或“形相”）与“形式”，用来表示超感性的、不变的、永恒的、普遍的、绝对的实在。这种实在是知识的来源，是可感觉事物得以存在的模型，而且是事物的本质或内在结构。① 从《斐多篇》、《费德罗篇》、《国家篇》和《泰阿泰德篇》等对话中，我们可以看到柏拉图借助于不同人物表达了对理念的追求。正是根据这种“理念论”，柏拉图先后提出了他的“知识回忆说”、“灵魂不朽说”、“知识与意见的区分”以及理想国的构成理论等思想。尽管所有这些学说和理论都是后人根据他的论述构成有机整体的，但他的思想与先前的哲学家相比，本身就具有了相当的理论特征。这表现在：其一，他不是从繁多的具体事物和现象出发，而是根据一种观念来确立万物的性质，这是理论推演的前提；其二，他以理念的发生发展为线索，生长出关于知识、灵魂、德性以及国家等的思想，这充分表明了理论统摄的作用。亚里士多德正是从这样的理论特征出发，引生了古希腊最具完备理论特征的第一个哲学体系，即亚里士多德的

① 布宁，余纪元. 西方哲学英汉对照辞典：“形相”条. 北京：人民出版社，2001：459-460.

形而上学体系。

尽管亚里士多德哲学体系的框架是由他的弟子即公元 1 世纪的学者安德罗尼科通过编纂亚里士多德的著作而形成的，但这完全是由于他的思想本身就具有深刻的理论特征和广泛的涉猎范围，因此他在当时就被称作“百科全书式”的哲学家。他成功地综合了前苏格拉底及苏格拉底的哲学思考和柏拉图的理念论思想，把对感觉经验和常识的研究精确化和系统化，最终创造了自然科学的不同学科；同时，他又以逻辑的形式要求代替了柏拉图理念论中的激情，把认识活动严格地加以规范，使其成为可以共同使用的工具，这就是他所建立的人类历史上的第一个逻辑体系，也是我们至今仍然在使用的形式逻辑。在这种综合创造的基础上，亚里士多德提出了关于“是其所是”的研究，即后来被称作“形而上学”的研究。亚里士多德的形而上学成为后来整个西方哲学的重要基石。这种重要性突出地表现在，他把对事物存在原因和原理的探索规定为自然科学研究即知识与智慧的主要任务，而把哲学研究的任务规定为探究事物存在的最终根据，即存在之作为存在或“是其所是”的根据。这就从根本上规定了哲学研究的范围不是经验和知识的领域，而是经验和知识之外或之上的领域，是对事物存在根据的抽象和追问纯粹本质的推论。这种哲学规定直接产生了中世纪的宗教哲学思想和近代西方哲学的基本理念。

虽然罗素曾在他的《西方哲学史》中指出了亚里士多德哲学中的许多错误，但从西方哲学的整个发展看，亚里士多德思想仍然是一个取之不尽，用之不竭的源泉，仅从 20 世纪末西方哲学家们对《形而上学》的大量注释性研究著作中，就可以感受到亚里士多德思想在西方哲学史上的圣经式地位。但这种地位的确立不是由于历史的久远，而是因为亚里士多德思想本身所具有的深刻理论特征。这些特征表现在：

其一，亚里士多德把他所观察到的经验材料加以分类，将它们统一到不同的概念之下，由此形成了最初关于自然的不同学科，如物理学、生物学、天文学、动物学等。这些自然科学学科的诞生，不仅仅是亚里士多德经验积累的结果，更重要的是他能够根据经验材料形成对自然本性的认识，提出“三本原说”、“现实与潜在”、“四因说”、“目的论”和“时间观念”等重要思想。这些思想不但直接构成了亚里士多德自然哲学的主要内容，而且对后来的哲学和科学发展产生了重大影响。

其二，亚里士多德善于总结前人的研究成果，他在继承苏格拉底和柏拉图的伦理思想基础上，形成了自己的伦理学体系，并把他的伦理思想直接运用于政治实践和社会生活。这些都使他的思想具有了鲜明的理论特色。西方的第一个伦理学体系就是由亚里士多德建立起来的。

其三，亚里士多德对灵魂的论述摆脱了前人思想中的神秘色彩和宗教情绪，把灵魂问题放到认识论的范围来考察，区分了灵魂的感性活动和理性认识等不同功能，使灵魂研究进入了科学的领域。这种自然哲学的态度正是亚里士多德处理其他所有经验对象的主要方式。

其四，亚里士多德思想中明确存在着一个知识体系。在他看来，哲学是所有知识或一切科学的总汇。这个体系包括了三个主要部分，即理论科学、实践科学和艺术。其中，理论科学的基础就是他所谓的“第一哲学”，即后来被称作的“形而上学”，还包括数学、物理学和作为导论与方法论的逻辑学；实践科学则包括指导个人实践的伦理学和指导公共实践的政治学；艺术则包括制造工艺在内的一切技艺，如文学、诗学、戏剧等。

其五，被亚里士多德用作思维工具的逻辑学不但是形式上的规定，更重要的是赋予了理性思维的合理说明，即通过对十范畴的规定和三段论的推演揭示了哲学思维的本质特征就是演绎推出的过程，其中包含了对“存在”（即“是”）的规定和对必然性的认识。这些使理解亚里士多德逻辑成为理解他哲学思想的必要途径。

其六，亚里士多德把关于“是其所是”的研究看作他的第一哲学，这完全超越了以往哲学家的经验层次，为哲学确立了自己独特的研究对象，由此使哲学从“意见”变成了“知识”，并最终使哲学成为一门科学。

综上所述，古希腊哲学发展到亚里士多德的确进入了一个“体系化时期”，而其中的主要标志就是亚里士多德哲学体系的诞生。由此我们也可以说，作为一个学科的哲学这时才真正诞生了。

四、哲学学科的确立

如今，西方哲学家们都承认，哲学作为一门独立的学科开始于亚里士多德，但直到康德才最后确立。在这个漫长的历史过程中，哲学家们的视野发生了重要转变，从古代的本体论（存在论）研究转向近代的认识论研究，从追问外部世界的统一性转向关注人类认识活动的内在规律以及人类自身的命运，等等。但在这个过程中，最为重要的变化则是对“哲学”的不同理解。

正如前面所述，在古希腊人看来，“哲学”是一门追问智慧的学问，但如何追问智慧，这却成为困扰哲学家们的问题之一。在前苏格拉底时期的哲学家们看来，追问智慧就是能够用一种或几种自然物质形态去说明万物变化的原因，由此可以掌握自然变化的基本动因。这显然是科学研究的一种端倪。苏格拉底在向雅典人询问“正义”“善良”“勇敢”等品德的定义时，他心目中的“哲学”显然就应当是对人类自我心灵活动的一种拷问，是从“有知”到“无知”的一种升华。但在柏拉图那里，对智慧的追问就是对不同于现实世界的“理念世界”的追求，只有知识才是这种追求的结果，因此它们是纯粹的知识，而对现实世界的追求则只能得到意见。这样，哲学就一定是一种关于理念世界的知识，哲学家就是追求理念世界的人，也是追求最高的善的人。但这些哲学家对哲学的这种理解仍然停留在一种直观的水平上，就是说，他们想到的只是追问智慧的途径，或者说只是直观地认识到具体的知识与普遍的或一般的知识之间的区别，没有清楚表达出这种区别的性质所在，或者说没有从形式上清楚地规定知识的性质和内容。而这些工作是由亚里士多德完成的。

按照亚里士多德的理解，哲学应当是一切科学的总和，这样的科学就是柏拉图意义上的知识，包括了理论科学、实践科学和艺术三类。理论科学又分为第一哲学、物理学和数学以及作为理论科学导论和方法论的逻辑学、实践科学包括指导个人实践的伦理学和指导公关实践的政治学、艺术包括制造工艺在内的一切技艺。可以看出，在亚里士多德的视野中，哲学就是科学；但他同时也专门从哲学中区分出了第一哲学，即关于“是其所是”的学问，而实际上这才是我们今天所说的“哲学”的真正含义，也就是我们今天所说的“形而上学”的原意。我们后面谈到的“哲学”概念也正是在这种意义上使用的。

我们说哲学作为一个学科是从亚里士多德开始得到确立的，这主要是根据以下几个理由：

其一，亚里士多德明确地把物理学和数学研究与第一哲学研究区别开来，我们可以把他对前者的研究称作“自然哲学”，而把他对后者的研究称作“纯粹哲学”或“形而上学”。虽然亚里士多德强调对第一哲学的研究离不开自然哲学研究，但他对第一哲学的研究更多是从自然现象中发现背后的根据，由此提出了著名的“四因说”，特别强调了其中的目的因，以此解释自然现象的客观规律。这在历史上第一次把自然科学与哲学区分开来，突出了哲学研究的抽象性。

其二，亚里士多德对哲学的基本定义是人类的求知欲望，而这样的求知则是从感觉到理智、从具体到抽象、从个别到一般，最后达到最高知识的过程。亚里士多德不仅指出了这种过程，而且为如何达到最高的知识提供了一系列方法，这就是他的逻辑学思想。因此，逻辑学不仅是亚里士多德对人类思维方式的卓越贡献，更是对哲学发展的一大贡献，说明了哲学自诞生之日起就与逻辑学有着本质性的联系，或者说，逻辑学规定了哲学的基本框架。

其三，亚里士多德的形而上学研究开创了后来的"本体论"或"存在论"，以至于到了沃尔夫时代，形而上学被纳入本体论而成为其核心部分。从现代哲学的角度看，形而上学研究的核心是对"实体"或"在者"或"是者"的研究，而这些研究正是来自亚里士多德关于第一实体的理论。

其四，亚里士多德不仅提出了形而上学思想，而且详细阐发了关于灵魂的观点，这些观点就是近代哲学所讨论的认识论的雏形。在《论灵魂》中，亚里士多德从活动和对象两个方面分析了灵魂的感觉性质，并由此推进到对灵魂的理智活动的分析，最后提出了著名的论断，即"人是理性的动物"。

其五，亚里士多德对实践科学的论述同样对后来的哲学发展产生了重大影响。他认为，实践科学有两个分支，即研究个人善良的伦理学和研究公众或国家善良的政治学，这二者之间是密不可分的。实践科学体现的是实践智慧，这是一种与理论智慧不同的理性，后者通常被称作哲学研究的主要部分。从后来的哲学发展看，亚里士多德关于实践智慧的论述正是伦理学和政治学的开端。

根据以上分析，亚里士多德的确第一次试图把哲学作为一门独立的学科：他不仅规定了哲学研究的范围，而且提供了哲学研究的方法，指出了哲学研究的目的。这些都成为后世哲学家们的基本信条。

第二节　西方哲学的历史演变

泰勒斯以降，西方哲学走过了两千多年的漫长历史，经历了无数次重大危机和洗礼，诞生了许多在人类思想史上名垂不朽的伟大哲学家，留下了更多曾经和正在改变人类生活和命运的思想观念和理论体系。对西方哲学历史演变的分段划界，不同的哲学家有不同的看法，由此形成了不同版本的西方哲学史。但从历史的观点看，西方哲学的演变大致可以按照自然时间的顺序分为古代哲学（包括古希腊哲学和古罗马哲学以及基督教初期的哲学）、中世纪哲学（即从公元 5 世纪的教父哲学到文艺复兴）、近代哲学（包括了欧洲大陆的唯理论和英国的经验论、18 世纪的法国哲学以及德国古典哲学）和现当代哲学（即 19 世纪下半叶以来的哲学）。从哲学发展的内在逻辑看，西方哲学也的确经历了几次重大转变。根据当代哲学家们较为普遍接受的看法（主要以英美哲学家为代表），西方哲学在研究重点上曾经历了三次重大转变，即古代哲学以本体论为对象、近代哲学以认识论为对象、现代哲学以语言哲学为对象。我们将以这种观点为根据，展开西方古代哲学的存在论思考、近代哲学的认识论形态和现代哲学中的“语言的转向”，由此揭示西方哲学历史演变的内在逻辑。

一、古代哲学的存在论思考

根据前述观点，西方古代哲学的主要内容是关于形而上学的思考，因此关注本体论问题或存在论问题是古代哲学的主要特征。这里首先需要考察“形而上学”“本体论”“存在论”等概念的意义。

“形而上学”一词是对英文“metaphysics”的翻译，译名取自《周易·系辞》的“形而上者谓之道”。该词的拉丁文原意是“物理学之后”，是因为亚里士多德的这部分论述被安德罗尼科编排在物理学著作之后而得名。但根据亚里士多德的思路，这些论述正是在认识了具体个别的事物之后才会出现的，符合人类追求知识的基本顺序，即从经验到理论的过程。亚里士多德把这些论述称作“第一哲学”，有时也称作关于“是其所是”（即关于什么是“是”）的科学。在亚里士多德看来，他以前的哲学家关注的都是万物的各种具体形态，试图从中寻找一种物质作为一切物质的基础，但无论这样的物质是什么，它都只能是万物中的一种因而无法说明一切。这样亚里士多德就为自己提出了一个任务，就是要寻求万物存在的基本原理，研究万物的第一原因或本质。他认为，这个基本原理或第一原因就是“是”，即作为系动词的“存在”或“有”①。他这样写道：“一事物被称为‘是’，含义甚多，但所有‘正是’就关涉到一个中心，一个确定事物，这所谓‘是’全不模糊。……这样，一事物在许多含义上统是关涉着一个原理；有时事物被称为‘是’者，因为它们是本体，有的因为是本体的演变，有的因为是完成本体的过程，或是本体的灭

① 该词在古希腊语中是一个非常普通的系动词，相当于我们汉语中的“是……”。但与“是”的等同意义不同，这里的“是”主要强调其“存在”意义，即当在句子中使用了“是”，也就隐含着所谈对象的存在。如“亚里士多德是柏拉图的学生”，就意味着“有一个人名叫亚里士多德，他是柏拉图的学生”。亚里士多德强调“是”的意义，正是要指出“是”在所有科学研究以及日常生活中的普遍地位。

坏或阙失或是质，或是本体的制造或创生，或是与本体相关系的事物，又或是对这些事物的否定，以及对本体自身的否定。”① 由此，亚里士多德建立了一门专门研究“是其所是”的科学，它的对象就是事物由于其本性所应有的性质。他认为，各门具体科学只是把这样的性质切割开来，分别研究其中不同的特性，而他所建立的这门科学则是要研究事物的普遍性质，寻求事物的最高原理或第一原因。“我们必须掌握的第一原因正是‘是其所是’”，即事物之所以成为自身的根据。由于亚里士多德把他的所有研究都看作“哲学”，因而他把自己建立的这门关于“是其所是”的科学就称作“第一哲学”。后人通常把这种哲学也称作“形而上学”，虽然对此有了不同的理解。

由于亚里士多德在《形而上学》中把“是”从词法中抽离出来，作为一个独立的研究对象，并由此形成了他对“是者”的分析，因而后人就把他的形而上学也称作“本体论”，以此作为他哲学的一个主要特征。最早使用“本体论”概念的是 17 世纪德国哲学家郭克兰纽，他把这个概念用作指“形而上学”的一个分支，以区别于其他分支，如理性神学、理性宇宙论和理性心理学等。后由 18 世纪的德国哲学家沃尔夫发挥，流传甚广，逐渐被用来指整个形而上学。由于“本体论”（ontology）一词中的“onto”在古希腊文中是指“存在”或“有”，亦即“是”，所以现代学者也倾向于把这个词替换为“存在论”或“万有论”或“是论”等，以此消除中世纪经院哲学家对亚里士多德关于“substance”（本体）思想的误解。②

从对这些概念的厘清中可以看出，“形而上学”在亚里士多德那里是对“是其所是”的研究，也就是对万物存在的根据或原因的研究；而“本体论”和“存在论”则是“形而上学”的具体化。尽管这些都是后人使用的术语，但它们却代表了不同历史时期的西方哲学家对自身哲学传统的不同认识。在中世纪哲学家看来，“形而上学”就是哲学的全部，柏拉图主义和亚里士多德主义的混合，产生了把形而上学视为论证上帝存在和实体永恒的唯一道路，因而产生了托马斯的“以‘是者’为中心的实体论”③。但随着更多古希腊早期哲学文献的被重新发现，到了中世纪后期，哲学家们逐渐区分了关于上帝存在证明的神学实体论和研究“是者之为是者”的形而上学。因而，对“是者”存在根据的确定成为中世纪后文艺复兴初起的重要认识论基础，同时也

---

① 亚里士多德. 形而上学. 吴寿彭，译. 北京：商务印书馆，1959：56-57.

② 布宁，余纪元. 西方哲学英汉对照辞典：“本体（亚里士多德）”条. 北京：人民出版社，2001：963. 另参见：张志伟. 西方哲学问题研究. 北京：中国人民大学出版社，1999：12-14。

③ 赵敦华. 西方哲学简史. 北京：北京大学出版社，2000：223.

是近代经验论和怀疑论产生的重要原因。

“本体”一词在中世纪经院哲学中被广泛使用和讨论，主要源于亚里士多德的范畴学说。但必须明确的是，“本体论”并不是对“本体”的研究，而是对存在的研究，也就是亚里士多德的“第一哲学”。[①] 因此，严格地说，“本体论”一词应当称作“存在论”。不过，无论是叫作“本体论”还是叫作“存在论”，这种研究都属于形而上学的范围，都是对万物存在根据的研究。[②] 尽管亚里士多德的思想已经明确区分了“第一实体”和“第二实体”，并从逻辑的角度规定了“形式和本质是第一实体”，但后来的中世纪哲学家们更关心这里的“形式和本质”的神学意义，而不是按照亚里士多德的思想，把它们理解为一种逻辑的规定。这样，亚里士多德的实体概念在中世纪经院哲学那里就被曲解为一种追求实体化的思维方式[③]，而中世纪哲学也就被打上了“本体论”或“存在论”的标记。

在西方哲学史上，中世纪通常被称作“黑暗的时代”。这种哲学上的“黑暗”不仅指古代哲学的希腊文和拉丁文典籍在当时都几乎丧失殆尽，而且指古代的哲学思想和早期教父哲学的思想在当时也都无人继承或遭到曲解。在中世纪（特别是从公元5到11世纪）的经院哲学中，真正哲学的独立地位被基督教神学所取代，基督教被看作“真正的哲学”（奥古斯丁），或哲学是神学的婢女（达米安），或哲学和神学分别属于不同的两个独立学科，但阐明的是同一个真理（托马斯·阿奎那），等等。[④] 可以说，整个中世纪经院哲学的主流观念就是这种神学与哲学的主奴关系。从消极的角度看，这种哲学地位的衰落直接造成了西方哲学的发展时间延后了近千年；对宗教神学的盲从不仅阻碍了哲学的自由思维，而且使哲学的形象也因此受到最大程度的损害。但从积极的角度看，这种哲学地位的变化却也是西方哲学发展不可避免的历

① 普遍认为，拉丁文中的“本体”（onto）一词是对希腊文的“存在”（ousia）一词的误译，因而产生了中世纪对“本体”以及“实体”概念的追求。

② 翻开任何一本关于形而上学的著作，都可以发现在这个题目下包含了如下内容：表象与实在、本体论、实体学说、共相与殊相、时空关系、身心问题以及同一性问题等。在西方哲学家的著作中，“本体论”基本上讨论的就是关于“何物存在”的问题，因此才会出现当代美国哲学家和逻辑学家蒯因所提出的“本体论的相对性”问题。

③ 当然，亚里士多德思想中也存在实体化的倾向。但不容忽视的是，亚里士多德的《形而上学》是在论述了具体问题之后形成的，这些具体问题也包括了他关于逻辑、语法、范畴等问题的思考。可以说，亚里士多德的实体思想是在他的范畴论基础上形成的。因此，只有从逻辑上了解了他的范畴论，才可能真正理解他的实体思想。参见汪子嵩的《亚里士多德关于本体的学说》（北京：三联书店，1982）。

④ 赵敦华. 基督教哲学1500年. 北京：人民出版社，1994：16.

史进程：基督教思想构成了古希腊之后西方文化的核心，并直接形成了西方哲学传统中的另一种成分，即追求超越主观意识的客观精神和万物的齐一性。应当说，亚里士多德的形而上学和逻辑学为这种追求提供了思想准备和理论前提，而对本体论的研究也自然成为中世纪哲学家们心目中的主要任务，虽然他们在很大程度上曲解了亚里士多德的思想和本体论的含义。

从现代哲学的角度看，西方哲学家把古代哲学的主要特征归结为对“本体论”或“存在论”的研究，这揭示了西方哲学发展初期非常自然的思维生长点。在古希腊人眼中，整个自然是浑然一体、变动不居因而难于把握的对象。哲学家们最初的思路是试图通过对某种或某些具体事物的认识来把握纷繁复杂的万物，这样的事物是具体的、可观察的。虽然也有哲学家以抽象的哲学概念作为万物的始基，但所有被看作“始基”的东西都是有形的或实体性的。因为在古代哲学家看来，作为始基的东西不可能是无形的、虚无缥缈的，否则这个世界就是不可靠的、不真实的。所以，在古希腊哲学中，“实体”的观念具有重要地位，并最终形成了西方哲学史上一种强大的“实体化”传统，总是力图从一切事物现象中寻找隐藏在背后的某种实体。

从哲学学科发展历程的角度看，西方古代哲学还基本上处于人类思维概念化的襁褓时期。这表现在，古代哲学家们的思想还停留在对日常经验的较为初步的归纳认识上，即使是亚里士多德的逻辑也还处于形式分析与内容分析无法区分的阶段；同时，哲学家们对经验现象的把握还保留着追求“始基”的梦想，特别是与宗教神学之间密不可分的联系。对“本体”的探究和对“是其所是”的追问，构成了古代哲学明显区别于近现代哲学的重要标志。然而，正如恩格斯所说，西方哲学的一切发展都可以在古希腊哲学那里找到萌芽；在这种意义上，亚里士多德的形而上学或他的关于“是其所是”的研究正是后来西方哲学演变出形而上学传统的根源，也是西方形而上学中所讨论的一切问题的根源。

二、近代哲学的认识论形态

发端于 14 世纪意大利的文艺复兴运动开启了哲学家们对人和自然的重新发现。随着对中世纪经院哲学的厌恶和对古希腊罗马哲学的重新阐述，哲学家们的目光从神圣的上帝转向了万物之灵长的人类，从枯燥的存在证明转向了和谐能动的自然。这种哲学视野的转变最终导致了西方近代哲学研究方向的重大变化，简而言之，就是从存在论转向了认识论。

历史地说，这种转变不是突然发生的。从公元 14 世纪英国的奥卡姆到 17

世纪的培根和笛卡尔，近代哲学认识论形态的形成经历了3个世纪之久。在这个转变过程中，经院哲学中的唯名论与实在论论战起了重要的推动作用。这场争论最初由公元3世纪的新柏拉图主义者波菲利提出，主要是围绕共相的性质问题展开的。实在论认为，共相既是心灵中的一般概念，又是这个概念所对应的外部实在，而这个实在就是与个别事物相分离的、更高级的实在，或者是存在于个别事物中的一般本质；唯名论则认为，一切存在的事物都是个别的，心灵之外不存在任何一般的对象或本质，而我们使用的“共相”不过是一个名词或一般概念，它仅存在于心灵之中。在中世纪后期，围绕共相性质问题展开的这场论战明显表现出唯名论略占上风，而这主要归功于奥卡姆的工作。他通过在词的意义中区分“指称”与“指代”，既克服了以往唯名论无法解释科学概念普遍性的难题，又超越了共相与殊相的传统区分，使唯名论走向了一个新的领域，即科学知识的领域。

从唯名论与实在论对共相性质的不同解释中可以看出，实在论正是代表着古代哲学形而上学的实体化倾向，而唯名论恰好是开启近代认识论形态之门的钥匙。从托马斯·阿奎那的极端实在论到司各脱的温和实在论，它们对共相性质的解释虽然有所变化，但坚持的仍然是存在于感性事物中的实在本质，无论这种本质是“实体”还是“个性”。相反，在唯名论者看来，这样的本质只能是心灵的虚幻，并不真实存在于世界之中，因为世界上只有个别的事物而没有作为本质的实体或“个性”。虽然像罗色林的极端唯名论和奥卡姆的温和唯名论都反对把一般概念实体化，但它们处理这些概念的方式却有着很大的不同。极端唯名论完全不承认一般概念在认识活动中的地位，仅仅把它们看作发出的某种声音而已；但温和唯名论则更强调从逻辑和语法的角度肯定一般概念或普遍命题在认识表达上的作用。这就引导唯名论走向了认识活动与经验实践之间的关系之中。这也是近代西方哲学转向认识论研究的一条重要逻辑线索。

尽管西方哲学家们对近代哲学究竟起于何人尚无定论，但英国的培根和法国的笛卡尔被看作西方近代科学和哲学之父，却是较为普遍的观点。近代哲学与古代和中世纪哲学的一个重要区别是，强调以科学的方法研究自然，以理性的态度对待人们的生活世界。而这些观念的确是来自培根和笛卡尔。

培根对近代哲学的重要贡献是，彻底破除了中世纪哲学在科学认识上留下的思想障碍，提出了研究自然的实验方法，全面论述和运用了他称之为“新工具”的归纳法。这种方法就是“从感觉与特殊事物把公理引申出来，然后不断地逐渐上升，最后才达到最普遍的公理”。培根写道：“我们只有根据一种正当的上升阶梯和连续不断的步骤，从特殊的事例上升到较低的公理，然后上升到一个比一个高的中间公理，最后上升到最普遍的公理，我们才可能对科学抱有好的希望。”[1] 在培根看来，确认公理的过程正是科学认识的过程，而科学的目的就在于发现自然的规律，普遍的公理就代表着我们所认识的自然规律。这样的过程包括：（1）在一个物体上产生和加上一种新的性质或几种新的性质；（2）研究、发现和解释个别物体按照一定规律进行的纯粹个体的活动；（3）发现从来没有发现过的东西，无论是自然的变化、实验上的努力或由于偶然的原因无法实现的东西，以及人们从来都没有想到过的东西；（4）从那些与实践有关系的基础上开始把各种科学建立起来，并且把实用的部分当作标准，来衡量并决定与之相应的思辨部分；（5）形成把一个物体看作一团或一组简单性质的原则或公理，这种公理把事物从简单性质的形式中推导出来。[2] 可以看出，培根的“新工具”实际上就是一种科学认识的方法。他从反对中世纪经院哲学诡辩的、经验的、迷信的哲学体系出发，重新解释亚里士多德的三段论式演绎，把科学的认识活动建立在通过实验完成的归纳基础之上，这就开始了西方哲学从古代到近代的重大转折。培根以后的英国哲学家大都沿着这种认识思路，从经验事实出发，着眼于研究认识活动的发生和发展过程，由此形成了以强调经验为特征的近代经验论传统。英国的霍布斯、洛克、巴克莱、休谟等哲学家，就是这种经验论传统的典型代表。

虽然笛卡尔思想被普遍看作西方近代哲学的开端，但与英国经验论相比，近代哲学在德法国家的发展却走着一条完全不同的道路，这就是唯理论的传统。唯理论开始于笛卡尔，经过斯宾诺莎、莱布尼茨，最后在德国古典哲学中达到了高峰。这个传统的特征并不是简单地强调理性在认识活动中的作用，而是把理性与经验结合起来，从理智而不是从感觉出发，通过建立关于心灵、实体、范畴、意识、理念等的哲学体系，构造出整个世界。从笛卡尔的“我思故我在”到斯宾诺莎的“真观念”，从康德的“先天综合判断”到黑格尔的“历史与逻辑的统一”，这些都充分体现了德法近代哲学是沿着探究人类认识形式的道路前进的。

“我思故我在”是笛卡尔思想的出发点，而笛卡尔思想的核心则是通过

① 北京大学哲学系外国哲学史教研室. 西方哲学原著选读：上卷. 北京：商务印书馆，1981：358，360.

② 同①345-349.

“普遍的怀疑”追问到最终不可怀疑的思想本身，并最终确认形而上学研究在整个哲学大厦中的根基地位。他首次明确提出，凡是我们十分明白、十分清楚地设想到的东西，都是真的，而这就是承认，我是存在的，而且我是一个实体，这个实体的全部本质或本性只是思想，它并不需要任何地点以便存在，也不依赖任何物质性的东西。“因此这个‘我’，亦即我赖以成为我的那个心灵，是与身体完全不同的，甚至比身体更容易认识，纵然身体并不存在，心灵也仍然不失其为心灵。”① 作为思想者的这个“我”的不可怀疑，正是由于思想本身是不可怀疑的。“当我要把一切事物都想成是虚假的时候，这个进行思维的‘我’就必然非是某种东西不可；我认识到‘我思故我在’这条真理十分牢靠、十分确实，怀疑论者的所有最狂妄的假定都无法把它推翻，于是我断定，我能够毫不犹豫地承认它是我所探求的哲学中的第一原理。”罗素认为，笛卡尔的这些话是他“认识论的核心，包含着他的哲学中最重要之点”。而且，“笛卡尔以后的哲学家大多都注重认识论，其所以如此主要由于笛卡尔”②。笛卡尔的这个思想为西方哲学重新确立了一个起点，他称之为“阿基米德点”。他的目的就是要从这个起点出发，重新审视传统哲学和科学中的一切命题内容。

他首先确立了可以用于怀疑一切，但自身却是不可怀疑的四条基本原则，即：“决不把任何我没有明确地认识其为真的东西当作真的加以接受”；“把我所考察的每一个难题都尽可能地分成细小的部分，直到可以而且适合加以圆满解决的程度为止”；“按照次序引导我的思想，以便从最简单、最容易认识的对象开始，一点点上升到对复杂的对象的认识”；“把一切情形尽量完全地列举出来，尽量普遍地加以审视，使我确信毫无遗漏”③。可以看出，这四条原则实际上就是笛卡尔提出的关于认识过程的分析与综合的方法。他的指导思想是从毋庸置疑的“阿基米德点”出发，然后根据分析的步骤把复杂的对象细分为简单的组成部分，最后再根据综合的步骤从简单确定的真理推导出复杂的结论。正是根据这些基本原则，笛卡尔提出了他的天赋观念、身心二元论以及关于物质和运动、实体和物体广延性的思想。其中关于天赋观念的思想集中体现了笛卡尔哲学的理论特征。

应当指出的是，提出天赋观念的思想并不完全是笛卡尔的专利。他之前

① 北京大学哲学系外国哲学史教研室．西方哲学原著选读：上卷．北京：商务印书馆，1981：369.

② 罗素．西方哲学史：下卷．马元德，译．北京：商务印书馆，1976：87.

③ 同①364.

的哲学家都曾讨论过观念的先天性问题。在古希腊哲学家看来，感觉为我们带来了经验，但经验本身并不能形成知识。柏拉图认为，知识的获得是要通过先天的理念形式，要通过分有先天的观念（理念）；亚里士多德则认为，知识构成了人们对事物的普遍认识，这种认识的获得无法通过具体的经验，而只能求助于人们先天具有的概念和范畴，依靠人们的逻辑直觉能力。在中世纪经院哲学家看来，对上帝的认识是绝不可能通过经验得到的，需要理性的直观和虔诚的信念。同样，笛卡尔认为，要得到哲学中确实的知识也不能通过感觉，因为感觉只是表明事物如何影响到我们，而并不能表明事物本身的状态。在笛卡尔看来，如果我们不能从感觉经验中得到真正的知识，如果真正的知识是根据某种基本概念和原则进行推理的结果，那么这些基本概念和原则就必定是头脑所固有的，是天赋的或先验的。与以往哲学家不同的是，笛卡尔不仅承认，真正知识即真理的获得无法通过感觉经验，而且提出，头脑中存在某些基本概念和原则作为自身的标准或规范去引导自己寻求真理。这些天赋的概念和原则既可以是人们在头脑中所感受到的观念或真理，是灵魂在自身中发现的原理，也可以是灵魂在经验过程中产生知识的固有能力或机能。[①] 而且，更为重要的是，笛卡尔的天赋观念思想规定了追求真理的过程和原则必须是来自思维活动本身，而不是来自对外部世界和事物的感觉经验，这实际上规定了整个近代西方哲学的基本研究思路，也确定了亚里士多德之后的哲学发展方向：哲学不是对自然的探究，而是对人类认识活动的方法、途径、原则以及范围的规定，是对人类思维活动本身的研究。因此，哲学的首要任务不是探索自然或世界的本原，而是要回答认识是如何可能的、我们如何得到真正的知识以及如何寻求真理等认识论问题。正是这些思想构成了后来唯理论的主要内容，并直接影响到荷兰的斯宾诺莎和德国的莱布尼茨。

斯宾诺莎通过区分四种知识，指出认识真理要以真观念为依据。这里的“真观念”不是观念本身，而是观念所要认识的对象，即“观念的形式本质”或“事物的实际本质”[②]。他强调这种真观念的目的是为了明确，认识的过程总是以认识的对象为依据的，而观念本身既可以作为认识的手段，又可以作为认识的对象，因而观念是可以理解的或可以认识的。斯宾诺莎由此提出，

---

① 梯利．西方哲学史：下册．葛力，译．北京：商务印书馆，1979：49.

② 这里要注意“对象”一词的用法。在西方哲学中，“对象”（object）一词既可以指思维活动之外的客观事物，也可以指任何思维活动所指向的东西，这样的东西包括了物质对象，也包括精神的或意识的对象。斯宾诺莎所谓的“对象”正是指观念，即他所谓的“观念的形式本质”或“事物的实际本质”，这些都是观念本身。

既然观念也可以作为认识的对象，真观念本身也就可以作为其他观念的源泉；而且观念的次序也就是事物的次序。斯宾诺莎的这些思想不仅充实了唯理论关于观念真实性的思想，而且使唯理论蒙上了一层自然神论的色彩。

莱布尼茨是唯理论的坚定捍卫者。他提出的单子论创造性地把灵魂与肉体结合起来，通过运用矛盾律和充足理由律的推理方法，引导出必然确定的“关于推理的真理”。他写道：“当一个真理是必然的时候，我们可以用分析法找出它的理由来，把它归结为更单纯的观念和真理，一直到原始的真理。数学家就是这样用分析法把思辨的定理和实践的法则归结成定义、公理和公设。”① 莱布尼茨还用他关于两种真理的区分（即关于推理的真理和关于事实的真理，前者是必然的、确定的，后者是偶然的、不确定的），驳斥了洛克关于人心是一块白板的说法；同时他还用他的“预定和谐”的思想修正了笛卡尔的身心二元论。但从哲学方法论上看，莱布尼茨的思想在近代哲学史上具有不可替代的原创性：他首先把唯理论与经验论的对立明确化，他一方面坚持自己的唯理论立场，反对以洛克为代表的经验论，另一方面又对笛卡尔和斯宾诺莎的一些思想提出修正，使唯理论逐渐趋于成熟；他提出的许多观念和思想已经成为近代哲学以及现代哲学讨论的主题，如自由与必然、逻辑与事实、二元论与多元论、机械论与有机论、间断性与连续性等。这些都使得莱布尼茨思想在近代哲学中占有举足轻重的地位，并经过他的宣传者沃尔夫的系统化，最终成为康德以前的德国哲学主流，即唯理论的传统。

从西方哲学的发展历程看，经验论与唯理论的分歧并不在于前者贬低理性而弘扬经验，后者拒斥经验而独尊理性，相反，它们对经验和理性都抱着尊重的态度。所不同的只是，经验论更强调经验观察在构造理论中的作用，坚持根据感觉材料形成对世界的认识；而唯理论则更重视理性或相信世界的齐一性、必然性等在认识世界和构造理论过程中的重要作用。② 认为在经验论与唯理论之间存在一条鸿沟，这是17—18世纪西方哲学中的普遍认识，尽管笛卡尔和莱布尼茨等人并没有完全承认自己是一个“唯理论者”。但同时，这种严格的区分在康德那里遭到了猛烈抨击，他赋予了理性和经验二者在知识的获得和正当性证明中至关重要的作用，并由此将这两种不同传统综合起来。

① 北京大学哲学系外国哲学史教研室．西方哲学原著选读：上卷．北京：商务印书馆，1981：482.

② 科廷汉．理性主义者．江怡，译．沈阳：辽宁教育出版社，1998：10-11.

从历史文献中可以看到，康德的批判哲学针对的不是莱布尼茨思想，而是沃尔夫的“理智形而上学的独断论”（黑格尔语）[①]，但沃尔夫的独断论却是以莱布尼茨的思想为基础的。从康德开始的整个德国古典哲学就是对以莱布尼茨思想为代表的以往唯理论传统的修正和补充，也是以新的形式对理性主义的张扬。康德哲学的目的就是为经验认识设立一个理性的判定标准，并为理性设定了可适用的范围。康德的批判哲学既是对沃尔夫及其追随者所自称的“纯粹理性”哲学的批判性考察，也是对试图通过逻辑方法获得新知识的所谓纯粹理性主张的批判性考察，或者说是对试图独立于一切经验而追求一切知识的一般理性能力的批判性考察。

康德哲学关心的主要是知识问题，而知识一般表现为判断的形式。康德在西方哲学史上首次明确提出了关于判断的两个区分，即分析判断和综合判断、先天判断和后天判断，并根据数学和物理学知识的普遍性和必然性，提出一切真正的知识都存在于“先天综合判断”中这样一个著名论断。他认为，真正的知识必定是普遍必然的知识；综合判断来自经验，可以扩展人类的知识，但却未必具有必然性，而分析判断建立在同一律和矛盾律之上，不能给人类增加知识。所以，我们需要既具有普遍必然性又能够为人类提供知识的判断，这就是来自先天的而不是来自经验的、来自综合的而不是来自分析的判断，即“先天综合判断”。根据康德的论述，不仅经验的判断是综合判断，数学判断和物理学判断也全都是综合判断，而且真正的形而上学判断也都是综合判断。由于数学、物理学判断和形而上学判断不是来自经验，而是来自先天的理性能力，因而它们只能是先天综合判断或命题。康德进一步提出的问题是，在这些领域中，先天综合判断是如何可能的。根据他的论述，认识以心灵为必要条件，一方面，没有所思维的东西，我们就无法思维，所以，只有存在通过感官所取得的对象以及心灵具有接受能力或感受性，我们才有思维的对象；但另一方面，要产生知识仅有经验的直观或知觉是不够的，还必须有由知性产生的概念。因为没有概念的知觉是盲目的，但没有知觉的概念则是空洞的。理智所能做的就是对感受性所供给的材料进行加工。这样，知觉和概念就构成了人类一切知识的基本要素。[②] 康德在他的著作中反复表达了这样的观点：知觉判断要能够成为真正的经验判断，也就是要能够成为提供知识的综合判断，必须要求知觉被包摄在理智的概念之下，这个概念为知

① 赵敦华. 西方哲学简史. 北京：北京大学出版社，2000：332.

② 梯利. 西方哲学史：下册. 葛力，译. 北京：商务印务馆，1979：163-165.

觉提供了可能经验的先天原则，从而规定了这些知觉，最终使经验的判断具有普遍必然性。他在《未来形而上学导论》中就明确写道："在知觉能够变成经验之先，还需要有一种完全不同的判断。已经提供出来的直观必须被包摄在一个概念之下，这个概念规定有关直观的一般判断的形式，把直观的经验的意识连结在一个一般意识里，从而使经验的判断得到普遍有效性。像这样的概念是一种先天的纯粹理智概念，它的职责仅在于给一个直观规定出它能够供判断之用的一般方式。"①

从现代哲学的角度看，康德哲学对德国古典哲学以及现代哲学的深刻影响，不再是他所建造的理性主义大厦，也不再是他所提出的范畴表和图型论，而是他为理性所设定的中心问题："先天综合判断是如何可能的?""形而上学是如何可能的?"这些问题引发了他的后继者费希特和谢林对知识、自然和自我形成了整套理论体系，特别是直接导致了黑格尔绝对唯心论体系的建立。黑格尔哲学体系建构的宗旨是要使哲学上升为科学的真理体系，在这个体系中，哲学作为一种理性精神或绝对精神经历了演变发展的过程，最终达到了自己的概念。因而，哲学本身就是一个追求概念演变的历程，也是对对象的思维性考察。所以，他说："概括讲来，哲学可以定义为对于事物的思维着的考察。如果说'人之所以异于禽兽在于他能思维'这句话是对的（这话当然是对的），则人之所以为人，全凭他的思维在起作用。不过，哲学乃是一种特殊的思维方式，——在这种方式中，思维成为认识，成为把握对象的概念式的认识。"他又说："达到概念的概念，自己返回自己，自己满足自己，就是哲学这一科学唯一的目的、工作和目标。"② 黑格尔的哲学体系就是通过对概念的逻辑推演，经过绝对精神的正反合历程，最终得到了自由的精神和绝对的理念。我们抛开黑格尔的客观唯心主义不谈，他对哲学的规定充分体现了西方近代哲学追求观念的确定性和思维活动的自由的精神，体现了哲学以概念为对象、以思辨推理为特征的理性过程。虽然黑格尔哲学对现代哲学的负面作用远远大于积极影响，但黑格尔的思想作为近代哲学的重要环节，特别是其人作为德国古典哲学的集大成者，仍然较为集中地反映了西方哲学的基本精神。

当然，现代哲学的重要思想主要受惠于康德的哲学。当代德国哲学家施

① 北京大学哲学系外国哲学史教研室．西方哲学原著选读：下卷．北京：商务印书馆，1981：280-281.

② 同①374，385.

太格缪勒这样评价康德的意义：“康德对于有关实在的知识的说明和他对于理性形而上学的批判，形成了认识论和形而上学历史的转折点”①。同时他又指出：“对康德思想遗产采取论战态度的人，比革新它和进一步精练它的人越来越多。但是，即使是对康德哲学持论战态度的学说，也采用了康德的某些对问题的提法，并且是建立在康德思想之上的。”②

最后需要指出的是，把17—19世纪的西方哲学看作以认识论形态为主，这是当代西方哲学家较为普遍的观点。罗素就曾明确表示，笛卡尔以后的哲学是以认识论为主要研究内容；但对这种观点的经典表述则出自当代英国哲学家达米特，他在《弗雷格的语言哲学》（1973）中明确地指出：“笛卡尔革命的最深远意义在于，他使认识论成为整个哲学的最基础部分：整个主题都开始于这样一个问题‘我们知道什么以及是如何知道的’。正是这样一种倾向使笛卡尔以后的哲学完全不同于经院哲学，因为对后者而言，认识论不过是一种旁门左道。”③“在笛卡尔之前，很难说哲学的某个部分可以被看作其他所有部分的基础：笛卡尔革命就在于赋予了认识论这样的地位。笛卡尔使‘我们知道什么和什么可以证明我们的观点对这种知识是有效的’这样的问题成为一切哲学的出发点；尽管各派观点之间相互对立，但两个多世纪以来这一直被当作出发点。”④虽然达米特的说法并没有得到当代哲学家的一致接受，但他表达的思想却反映了近代西方哲学的基本事实：认识论或对知识基础的探究代替了本体论或形而上学的思辨，成为近代哲学的基础或核心。这个转变是根本性的：它既反映了近代哲学对古代和中世纪哲学的革命性反叛，也体现了哲学认识从粗浅的、模糊的、笼统的阶段向深入的、清晰的、具体的阶段迈出的关键一步。

三、现代哲学的“语言的转向”

当然，达米特对近代哲学的这种评价，是基于他关于西方哲学经历了三次重大转变的认识。他认为，哲学作为一个学科是有层次划分的，因为“在任何一个时代，总有某些哲学部分表现出比其他部分更为基本，就是说，对某个部分问题的正确解决要依赖于先前对更为基础的部分问题的正确解决，

① 施太格缪勒．当代哲学主流：上卷．王炳文，等译．北京：商务印书馆，1986：16.

② 同①17.

③ DUMMETT M. Frege：the Philosophy of Language. Cambridge：Harvard University Press，1973：xxxiii.

④ 同③666-667.

而不是相反”[①]。例如，伦理学要先于政治哲学，而哲学心理学又要先于伦理学。因此，要确定一个时代的哲学特征，关键是要确认这个时代的哲学基础，就是说，对大多数哲学家来说那些被看作最为基础的哲学部分。正是根据这个标准，达米特认为，在古代哲学中，对世界本原或始基的追求是哲学家们关注的核心，因而本体论或存在论就成为整个哲学的基石；而近代哲学家是把认识的基础或获得知识的理性能力作为研究的对象，这就使认识论成为哲学其他部分的基础；在现代哲学中，关注语言被看作哲学家们共同的旨趣，因而开始于弗雷格和胡塞尔的语言哲学则被推崇为现代哲学的根基。尽管并非所有的哲学家都赞同这个看法[②]，但在现代西方哲学中，的确出现了一场被称作“哥白尼式革命”的转变，这就是发生在19世纪末20世纪初欧洲大陆和英伦三岛上的“语言的转向”。

首先必须明确，发生在现代西方哲学中的这场“语言的转向”，不是指在哲学研究中引入语言学的方法和内容，也不是指哲学研究的重点从认识论转向了语言学。准确地说，这个转向具有两个含义：一个是指关于哲学研究方法的根本性策略，即通过谈论恰当的语言或通过恰当地谈论语言而去谈论世界；另一个更重要的是指关于对哲学性质认识的转变，即哲学家们认识到，真正的哲学问题不再是关于如何使认识成为可能，而是如何使语言表达成为可能，同时哲学家们也不再关心如何使概念符合认识模式，而是关心如何使哲学语言不违反逻辑句法或遵守日常用法。这个转变开始于弗雷格，完成于维特根斯坦的《逻辑哲学论》。[③]

弗雷格被当代哲学家公认为现代分析哲学之父，也被称作“第一位语言哲学家”（达米特语）。他对分析哲学的贡献在于，他首先确认，哲学的基础和开端不再是传统、近代哲学的认识论，而是现代诞生的数理逻辑；哲学研究方法也不再是对个人感知的心理分析，而是具有客观性和形式特征的逻辑分析。弗雷格运用他的“概念文字”（即现代谓词逻辑的最初形式）对命题意

---

① DUMMETT M. Frege: the Philosophy of Language. Cambridge: Harvard University Press, 1973: xxiii.

② 例如美国哲学家西金斯（K. R. Seekins）和英国哲学家伊万斯（G. Evans）、皮考克（C. Peacocke）等人，他们并不认为语言哲学可以作为哲学其他部分的基础，因为在思想与语言之间的关系上，应当是思想在先而不是相反。参见：徐友渔．“哥白尼式”的革命．上海：上海三联书店，1994：31-36。

③ 关于现代西方哲学中的“语言的转向”，请参见：王路．走进分析哲学．北京：三联书店，1999：第一章第2节“语言转向”；江怡．世纪之交再话“语言的转向”．国外社会科学，1998（5）：2-7。

义的分析，从根本上转变了现代哲学的研究思路，把命题和语句作为哲学研究的主要对象和内容，这直接影响了维特根斯坦《逻辑哲学论》思想的诞生。《逻辑哲学论》的核心在于为思想的表达划清界限，严格区分可说的与不可说的：凡是可说的都是有关经验事实的陈述，凡是不可说的就必须保持沉默。这一思想的正面结果是使哲学变成了一种关于澄清命题意义的逻辑分析活动，而不再具有传统哲学认为的科学世界观的性质；它的负面结果则是彻底抛弃了传统哲学问题，但不是通过指出它们的错误，而是通过逻辑分析表明这些问题是以违反逻辑句法的方式提出的无意义的假问题。这样，真正的哲学问题就不再是如何使认识成为可能的问题，而应当是如何使语言表达成为有意义的问题；哲学家也不再关心如何使概念符合认识模式，而是关心如何使哲学语言不违反逻辑句法或遵守日常用法。正是这些重要观念促使了维也纳学派的产生，并通过他们使这些观念得到广泛的传播，最终形成了以维也纳学派和战后的牛津哲学为代表的语言分析哲学运动。[①]

值得注意的是，这种在哲学上对语言问题的关注同样出现在现代欧洲大陆哲学中。[②] 同样是在19世纪末，德国哲学家胡塞尔通过逻辑研究试图寻求一种把哲学确立为严格科学的先验方法，他的出发点就是考察语言意义在不同理论框架中的不同理解；后来的海德格尔在研究“此在”问题时也是从追问它的词源学意义开始的，并在以后的分析中把语言本身看作“存在的住所”；始于伽达默尔的现代哲学解释学则以语言解释和理解为己任，试图通过文本研究获取意义的“视界融合”；同样，盛行于当代法国哲学中的结构主义以及后结构主义都是以语言为自己的研究对象，通过对符号系统（索绪尔）、图腾结构（列维一斯特劳斯）、话语体系（福柯）、无意识语言（拉康）、语言的发生学结构（皮亚杰）、文字与声音的关系（德里达）等的研究，重新确立语言（符号）体系在人类日常生活中的独特地位。[③]

当然，必须指出的是，语言问题在这些现代欧洲大陆哲学家的思想中具有的地位与在英美哲学中的地位有很大的不同：在英美哲学中，对语言的研究是其他一切研究的基础和前提，语言哲学先于哲学其他分支，因而“语言的转向”才被看作对西方哲学的发展具有决定意义的事件；但在欧洲大陆哲学家看来，语言的重要性仅仅体现在能够为他们的哲学主张提供必要的前提

① 江怡．世纪之交再话“语言的转向”．国外社会科学，1998（5）：5.

② 徐友渔，等．语言与哲学：当代英美与德法传统比较研究．北京：三联书店，1996：236-250.

③ 涂纪亮．现代欧洲大陆语言哲学．北京：中国社会科学出版社，1994：第四—六章.

准备，或者能够对他们的理论给出概念上的澄清。① 胡塞尔就曾这样明确地表示："语言阐释肯定属于为建造纯粹逻辑学而必须做的哲学准备工作之一，因为只有借助于语言阐释才能明晰无误地把握住逻辑研究的真正客体以及这些客体的本质种类和区别。但这里所指的不是在经验的、有关历史存在的语言的意义上的阐释，而是那种隶属于客观认识理论以及思维和认识体验的纯粹现象学的更广泛领域的最一般性阐释。"② 不仅如此，在欧洲大陆哲学家那里，语言问题的重要性需要服务于他们对哲学的基本观点和自己的一套理论主张，因而广义的语言哲学在他们的哲学中并不占有首要的地位，在他们所理解的语言哲学与英美哲学中的语言哲学之间可以说有着天壤之别。③

欧洲大陆哲学与英美分析哲学对语言问题的不同理解，集中反映了这两种哲学背景和传统的分歧。通常认为，西方哲学史上一直存在着两种不同的传统，即人文主义传统和科学主义传统：人文主义传统以强调人生价值和生活意义为特征，重在考察人类意识活动和社会层面，主要在欧洲大陆哲学中占据主导地位；而科学主义传统则是强调以自然科学为模式重建哲学基础，突出哲学研究的客观性和主体间性，主要流行于英语国家。尽管我们在唯理论和经验论的对立中可以看到这两种不同哲学传统的影子，但把整个西方哲学明确地区分为两种截然不同的传统却是 19 世纪末 20 世纪初的事情，而弗雷格和胡塞尔则被看作分别代表了这两种不同哲学传统的先驱。弗雷格对数学基础和逻辑的研究，不仅直接促成了现代逻辑的诞生，而且为英国的经验论传统注入了新的逻辑生命，通过罗素和维特根斯坦的工作，引起了一场"哲学中的革命"（艾耶尔语）；而胡塞尔对意识现象的分析和对逻辑的研究，直接产生了以意识活动为研究对象的现象学，并带来了在欧洲大陆有着广泛影响的存在主义和解释学等。

如今，越来越多的哲学家认识到，在欧洲大陆哲学与英美分析哲学之间表面的分歧背后，隐藏着深层的一致性或相似性：首先它们都根源于古希腊的哲学传统，其次它们都以探究人类思维活动为宗旨，最后它们都把哲学作为独特的思维方式并竭力使这种思维方式具有普遍有效性，等等。今天已经有不少哲学家正在做沟通和连接这两种哲学传统的工作。

在语言问题上，尽管英美哲学家和欧洲大陆哲学家的重视程度不同，他

① 徐友渔，等. 语言与哲学：当代英美与德法传统比较研究. 北京：三联书店，1996：238-240.

② 胡塞尔. 逻辑研究：第二卷第一部分. 倪梁康，译. 上海：上海译文出版社，1998：2.

③ 王路. 走进分析哲学. 北京：三联书店，1999：8-10.

们对语言哲学也有着截然不同的理解，但与近代哲学相比，他们都更多地从语言的角度审视传统哲学问题，通过分析语言的意义提出自己的哲学主张，这却是不争的事实。越来越多的哲学家认识到，忽略了语言在认识活动中的重要作用，或脱离了对语言现象的深入分析而用传统的心理直觉确立哲学的基础，不仅无助于哲学的进步，反而会使哲学重新走入“思辨”的旧穴。因为在哲学家们看来，现代英美哲学经过“语言的转向”后，已经形成了以语言分析哲学为主要标志的哲学形态，这与传统的“思辨哲学”在基本哲学观、哲学研究方法和最终哲学目的上都大相径庭；同样，现代欧洲大陆哲学也经历了与“语言的转向”类似的“解释学的转向”，这些都使研究语言成为整个现代西方哲学的主要特征，并使语言哲学最终发展成为一门独立的哲学学科。①

具体地分析，现代哲学中的“语言的转向”具有以下重要特征：首先，从西方哲学的发展过程看，“语言的转向”带给西方哲学的绝不仅是一种新的哲学研究方法，更重要的是在哲学观上的革命性转变。转向之前的哲学家关心的是认识的内容以及对象和世界之间的关系，而转向之后的西方哲学则关注思想与语言表达之间的关系。这具体表现在，哲学家们不再问我们如何以理性认识的方式达到对世界的认识，即不再提出我们的认识是如何可能的问题，而是首先要求弄清我们使用的术语是否清晰明白，我们的语言表达式是否符合逻辑句法，即提出我们的有意义的语言表达式如何可能的问题。因而，转向后的西方哲学家（主要是英美哲学家）不再使用或很少使用“概念”“命题”“思想”等术语，而是大量和主要使用“意义”“指称”“真理”“证实”“言语行为”“逻辑必然性”等术语。在分析哲学家看来，传统哲学的错误并不是由于它没能解决人类的认识问题，而是由于它提出这些问题的方式错了，或者说根本不存在这样的问题。所以，哲学的任务并不在于探索我们的认识与世界的关系，而只是询问我们的语言是否准确地表达了我们的认识。

其次，从哲学家的主观动机上看，现代哲学中出现“语言的转向”，主要动因是由于哲学家们对传统哲学无法清晰提供支持或反对其观点真实性的论据而感到失望，所以，他们希望能够通过语言的分析达到对所谈问题的共识，以便使持有不同哲学观念的哲学家们也能在获得共识的问题框架内进行对话和讨论。在这种意义上，现代哲学从认识研究转向语言研究完全出自哲学家力图重建哲学的内在需要，而且，无论是理想语言学派还是日常语言学派都

① 江怡. 世纪之交再话“语言的转向”. 国外社会科学，1998（5）：7.

承认，现代哲学区别于近代哲学的主要特征就在于，他们通过谈论恰当的语言方式去谈论世界，尽管他们对这种意义上的“语言”是什么以及又是什么能够使它成为恰当的语言等问题有着不同的看法。

最后，从哲学发展的内在逻辑看，“语言的转向”又是哲学学科发展的必然。哲学理性的自身规律要求思想必须不断地调整它与对象和世界的关系，以便使自己能够最大程度地揭示或者说反映对象和世界的特征：古代哲学以本体论或存在论建立了思想与对象之间的直接关系，近代哲学强调认识主体在这种关系中的决定作用，而现代哲学则把融会了经验与理性的语言看作建立这种关系的重要甚至是唯一的纽带。在这种意义上，“语言的转向”以及由此产生的语言哲学正是西方哲学合乎其逻辑规律的发展结果。

然而，现代西方哲学在“语言的转向”之后，由于分析哲学家们（主要是英美哲学家）过分拘泥于语言用法的精细分析和对语言变迁的经验考证，因而被不少哲学家指责为越来越缺少哲学的创造力，缺乏哲学思维的深刻性。20 世纪 70 年代后，西方哲学的这种局面出现了重要变化，哲学家们的注意力开始从单纯强调语言意义的技术分析转向了更为广阔的社会文化研究，特别是对伦理和政治理论的兴趣逐渐成为 20 世纪晚期西方哲学的重要内容①，从而形成了对价值问题的重新关注。

四、当代哲学的价值转变

在西方哲学史上，对价值问题的专门研究开始于 19 世纪下半叶的德国。当时主要是新康德主义者为了反对黑格尔的绝对唯心主义、提倡回到康德哲学而提出的一种哲学努力。最初把“价值”一词引入哲学的是洛采，他通过重新解释“真正的存在”或“实在者”这样的形而上学问题而把“价值”作为他目的论哲学的核心概念；尼采则以“重新估价一切价值”为名把“价值”置于哲学思考的中心；文德尔班和李凯尔特等人提出建立价值哲学的使命，并把它当作哲学的整体。② 但所有这些对价值问题的思考都是从哲学本体论出发，强调价值与事实、价值与实在、价值与理性、价值与认识、价值与真理等的关系，把价值研究看作一个涉及人的目的、理想、立场、态度以及情感意志的领域，并由此形成了广义的价值理论或“价值学”（axiology）。

① 姚大志．现代之后：20 世纪晚期西方哲学．北京：东方出版社，2000：1.

② 赵修义，童世骏．马克思恩格斯同时代的西方哲学．上海：华东师范大学出版社，1994：561-587.

然而，20 世纪 70 年代后的西方哲学家对价值问题的重新关注并不是在“价值学”的意义上展开的，而是从道德领域和政治哲学中寻求确立现代社会中人与人之间关系的连接点，这与 19 世纪哲学家们建立价值理论的初衷和最后结果有着很大差别：“价值学”的建立是为了强调认识主体的个性特征，张扬人的情感和意志在认识活动中的重要作用，这是从个人的视角去理解人类在现代社会中的生活处境和文化冲突；当代哲学中的价值研究则是强调，个人行为是否符合社会的道德规范以及伦理主张是否与传统道德相一致，这是从社会的视角去理解个人行为与社会要求之间的互动关系，所以就出现了以主张社会正义为宗旨的“新自由主义”和以强调共同体作用为特征的“社群主义”，前者以罗尔斯为代表，后者以麦金太尔为代表。

罗尔斯的《正义论》(1971) 开创了当代新自由主义的先河，并使关于正义、自由、平等的话题重新成为西方哲学家关注的焦点，由此使道德哲学和政治哲学成为当代西方哲学的热点。罗尔斯的策略是把政治哲学的原则作为道德哲学的基础。他认为，政治哲学和道德哲学都关心价值问题，而作为基本价值的 good，既是利益，又是善良。[①] 他在《正义论》中提出了关于 good 的两种理论，即一种浅显的理论和一种完全的理论，它们都反映了“利益”是“善良”的基础，因而正义原则就是道德原则的基础。罗尔斯根据他对社会正义原则的分析，确信自由主义的基础应当建立在尊重个人的社会权利之上，而这种权利首先就是个人根据社会正义原则获得利益的自由权。在这里，作为基本价值的利益概念被放到了首要的地位。

当然，罗尔斯的正义理论很快就受到来自不同方面的批评。例如，诺齐克认为，罗尔斯的正义原则没有考虑到行使权利和能力的过程；巴赖和哈特则认为，罗尔斯关于自由权优先的假设在正义原则尚未贯彻到实际生活之前是不能确定的；哈贝马斯激烈地反对罗尔斯自由主义，认为他混淆了现代个人的权利和古典公共的权利观念。[②] 但对罗尔斯正义理论的最主要反对则是来自麦金太尔的以“共同体”(community) 观念为核心的“社群主义”(communitarianism)。

麦金太尔在《追寻德性》(1981) 和《谁之正义？何种合理性》(1988) 等著作中通过反思和批判启蒙运动所带来的一系列关于道德合理性论证，指

---

① 赵敦华．政治自由主义哲学家：罗尔斯//江怡．走向新世纪的西方哲学．北京：中国社会科学出版社，1998：664.

② 同①673.

出应当在现代社会恢复自亚里士多德以来一直存在于西方德性历史中的古典德性传统，这个传统的特征就是强调个人生活的整体性，以历史主义的方法保留共同体利益在决定个人权利中的关键作用。他认为，启蒙运动失败的一个重要原因就是割裂了事实与价值的关系，所谓的直觉主义、情感主义、非认识主义、描述主义和规约主义等都是以否定价值领域中的事实为前提的。麦金太尔提出了功能性概念，其中既有事实标准与价值标准，也能体现事实与价值的差别。事实标准与价值标准共处于一个功能性概念，弥合了所谓事实与价值之间的“承担裂隙”，这无疑为事实与价值、“是”与“应当”之间关系问题的解决提供了思路。“社群主义”的另一个重要代表桑德尔（自称“共同体主义”）也指出，他们与自由主义的主要区别并不在于是否强调权利的重要性，而在于是否认为权利优先于善或利益。他认为，正义与善或利益密切相关，“正义原则应当从特殊共同体或传统中人民共同信奉或广泛分享的那些价值中吸取其道德力量”。因而，“共同体的价值规定着何为正义、何为不正义”①。

无论是罗尔斯从政治哲学到道德哲学的思路，还是麦金太尔试图从道德哲学再到政治哲学，这些思考和争论都反映了当代西方哲学中对价值问题的密切关注。“正义”“道德”“平等”“利益”“权利”等这些概念，归根结底都指涉到价值问题上，都是对各种价值的不同论说和评价。当然，这些价值论说和评价与19世纪末的价值理论有着迥异的旨趣：那些提倡价值论的哲学家是把价值问题看作哲学的全部，并以解决价值问题作为自己的主要事业。在他们那里，价值问题研究被作为形而上学的部分；但在当代哲学家这里，价值问题已经被具体到道德论述和政治讨论的问题中，这里既没有形而上学的、先验的预设，也没有试图根据某种哲学理念建立大厦的宏伟理想。换言之，这里没有抽象的一般价值问题，只有落实在某种德性问题或政治哲学概念中的具体分析。这些反映了西方哲学自第二次世界大战后形成的特点，即深入具体问题、反对宏大叙事、注重概念分析以及强调交叉共识。而这也正是当代西方涌现的“后现代主义”思潮的一些主要特征。

五、现代与后现代

后现代主义出现于20世纪60年代的法国，随后很快就遍及欧美各国，成为当代西方重要思潮。仅从这种思潮的形成和涉及的领域看，它并没有对

① 桑德尔. 自由主义与正义的局限. 万俊人，等译. 南京：译林出版社，2001：3.

价值问题形成专门的理论观点，也没有后现代哲学家对价值问题做过专门的研究。但从它所形成的思想背景和基本理论目标看，后现代主义却具有明显的价值取向，主要包括反对基础主义、表象主义和中心主义，提倡重新评估以往的所有价值观念，以游戏概念对待一切真理和历史叙述，以无主体的认识取消传统的镜式思维，等等。而这些价值取向被看作自尼采以来的西方理性危机的延续。

生活于 19 世纪的德国哲学家尼采提出了“重新估价一切价值”的口号，成为现代西方哲学家反思理性和启蒙的开端。尼采的主要攻击对象是传统的道德价值和现代的理性价值。在他看来，基督教的精神枷锁是传统道德价值的主要根据，而沿袭传统把理性充当幸福则是现代理性走入误区的根源所在。由此尼采以“上帝死了”来对抗传统的基督教道德，以“强力意志”来挑战现代理性的堕落。尼采的思想对西方哲学传统构成了强有力的冲击，一直被看作传统哲学基石的理性观念和道德价值都遭受了前所未有的碰撞，这对现代西方哲学产生了重大影响，并被认为在某种程度上改变了西方哲学的发展道路。尼采之后的西方哲学（主要是在欧洲大陆）基本上是以重新反思理性和启蒙为主要特征，其中，海德格尔、福柯、列维纳斯等人的思想在形成正流行于当今西方的后现代主义的过程中曾起到非常重要的作用。

所谓的“后现代主义”是一个以反对现代性、反对启蒙运动和理性决定作用为主要特征的庞杂思潮，它在哲学上的集中反映是以德里达和罗蒂等人的思想为代表的“后哲学文化”。这种后现代主义的哲学直接接受了尼采对传统道德和现代理性的批判，并把“上帝死了”的口号延伸到“人死了”（福柯语），由此揭露启蒙运动以来理性对人类情感与活动的严重约束，希望彻底摆脱这种束缚而使人类成为真正自由自主的自己的主人。德里达把传统哲学比喻为“白色的神话”，认为西方传统的逻各斯主义是理性活动所造成的最糟糕的结果。所以，他提出要打破这种赋予声音以特权的“逻各斯中心主义”，要建立以非意识为特征的“文字学”。罗蒂则从流行于现代英美的语言分析哲学中发现传统哲学的痼疾，即他所谓的“镜式思维”特征，认为传统本体论和认识论的思维模式只能使人沦落为理性的奴婢，他希望以具有说理功能的“教化哲学”取代以往构造大厦的“体系哲学”，并由此使哲学家们试图书写“大写的哲学”的迷梦彻底破灭。从这些哲学家的思想中可以看出，这种后现代主义的哲学是以否定和摧毁传统哲学观念和道德价值为宗旨的，他们的思想与其说是“西方”的，不如说是“反西方”的，因为他们所反对的正是整个西方的观念：西方的道德体系、西方的理性概念、西方的价值标准、西方的文化基础。

当然，无论是尼采的口号还是德里达的解构，它们都没有而且也不可能脱离西方话语的背景，因为它们所反对的启蒙和理性与它们所提倡的价值重估，依然属于西方思想的传统，而且如今它们自身也构成了这种传统的一部分。这种传统的明显标志之一就是从古希腊以来从未泯没的浓厚的怀疑论思想和强烈的批判意识。而且从西方哲学的发展看，西方传统的这种标志与思辨的形而上学和理性的科学方法，共同构成了整个西方哲学的主要传统。

第三节 西方哲学的主要传统

作为人类思维活动的一种主要理论形态，西方哲学与其他哲学相比，具有较为明显的个性特征，这使西方哲学比较容易地与其他哲学区分开来，也使西方哲学最终确立了自己在整个人类思想史中不可替代的地位。特征是静止分析的结果，而传统才是流动过程中的产物。西方哲学的特征主要是通过它的传统演变呈现出来的。在西方哲学的历史演变过程中，可以看出哲学在西方所形成的几个主要传统，即思辨的形而上学（包括怀疑论思想）、理性的科学方法（以及逻各斯主义）、宗教式的人文关怀、社会意识和批判精神、实践智慧和实践理性。

一、思辨的形而上学

形而上学思辨不仅是西方古代哲学的核心内容，也是整个西方哲学的主要内容。海德格尔把形而上学看作“对存在意义的追求”，由此确立它在西方哲学中的核心地位。[①] 德里达把形而上学称作“白色的神话”，认为它是西方哲学传统中最为根本的部分。[②] 卡尔纳普则把形而上学看作传统哲学中一切混乱的根源，提出“通过语言的逻辑分析清除形而上学”的口号。[③] 尽管不同哲学家对“形而上学”有各自不同的理解，但作为一个哲学术语，哲学家们还是普遍认为，它是指“对实在的最基本的成分或特征的研究（本体论），或者

① 海德格尔．存在与时间．陈嘉映，王庆节，译．北京：三联书店，1987：9-10.

② DERRIDA J. Margins of Philosophy. Chicago：The University of Chicago Press，1982：213.

③ 卡尔纳普．通过语言的逻辑分析清除形而上学//洪谦．逻辑经验主义：上卷．北京：商务印书馆，1982：13.

对我们在叙述实在时所用的最基本概念的研究”①。前一种研究通常被称作“本体论”或“存在论”，而后一种则是现代形而上学的主要内容。

从历史上看，“形而上学”一词最初被用于称呼亚里士多德的哲学，亚里士多德本人则把自己的哲学称作“第一哲学”或“智慧”，认为是关于终极原因和原则的科学。有时他也称之为关于“是其所是”的科学，有时也称作讨论一类特殊存在的神学。中世纪哲学家把形而上学的这些不同方面分别称作“一般形而上学”和“特殊形而上学”或“具体形而上学”。17 世纪的德国哲学家沃尔夫把形而上学分成四个部分，即本体论（关于是或存在的一般理论）、理性神学（关于上帝）、理性心理学（关于灵魂）和理性宇宙论（关于世界）。在理性主义传统中，形而上学被看作由纯理性所操作的对超越感官知觉的内在实在性质的研究，如柏拉图、笛卡尔、斯宾诺莎、莱布尼茨和黑格尔等人。康德则把一切以纯理性来描述超越人类理智的超验实在的努力都归作思辨的形而上学，他的批判哲学也被称作“形而上学”，因为它研究经验的可能性和科学设定的条件。斯特劳森区分了“修正的形而上学”和“描述的形而上学”，认为传统思辨的形而上学属于修正的形而上学，因为它试图通过理性或直观去寻找那超越日常思维方式的事物，希望构造一种更好的概念结构；而与之相对的“描述的形而上学”则是讨论我们据以思考和讨论世界的概念框架，通过考察我们谈论世界的方式来揭示呈现于我们理智中的世界。由此看来，逻辑经验主义和其他反形而上学的哲学也是一种形而上学，因为它们在讨论人类语言和思想的概念结构。在马克思主义哲学中，“形而上学”是指一种片面、静止和孤立地看待事物的思维方式，这与黑格尔意义上的“辩证法”相对立。②

在当代西方哲学中，“形而上学”通常意味着关于实在的研究或理论。形而上学的核心问题被看作：实在是什么？什么是实在的？这当然包括许多相关问题，诸如实在是一种“事物”吗？它是一还是多？如果它是一，它如何与我们周围的许多事物相关联？终极实在是可以为五官所把握的吗？它是超自然的还是先验的？等等。应当提到的是，形而上学有时又被用在狭义上，只是讨论先验的实在，即超越了物理世界的实在，无法通过感官所把握。因而，超自然主义者就是第一种意义上的形而上学者，因为他们提出了关于实在的问题，他们也在狭义上研究形而上学，因为他们相信超自然的或先验的实在，譬如上帝。另外，唯物主义者也在第一种意义上是形而上学者，因为

① 布宁，余纪元. 西方哲学英汉对照辞典：“形而上学”条. 北京：人民出版社，2001：614.

② 同①614-615.

他们也提出了实在的问题，但他们不相信狭义上的形而上学，因为它否定除了物质之外还有实在的东西。[①] 尽管不同的哲学家对形而上学的内容有不同的理解，但按照一般理解，“形而上学”至少应当包括现象与实在、本体论、实体、殊相与共相、空间与时间、身体与心灵、个人同一以及自由意志和上帝存在等问题。[②] 而在这些问题中，现象与实在、本体论、实体、殊相与共相等问题密切相关，共同构成了形而上学的核心。因此，也有哲学家把形而上学的历史看作各种关于本体论的基本理论的历史，因为形而上学就是要探究实在的终极性质。[③]

西方哲学中的形而上学传统不仅表现在它所研究的共同领域，更重要的是表现在它的思辨精神。哲学上的思辨不同于一般意义上的思考和辩论，它主要是指思想者对所思之物的反思和批判，是思想者的一种概念化、抽象化的自我反省。西方哲学的思辨精神主要来自对形而上学问题的思考。可以说，正是出于对实在的终极性质问题以及与此相关的其他重要问题的思考，才形成了哲学家们关于哲学性质以及其他哲学问题的各种理论观点。在这种意义上，哲学的思辨就是哲学本身，哲学家们对形而上学问题的探究构成了西方哲学的主线。

从哲学发展过程中可以看出，西方哲学开始于古代哲人对世界和自我性质的惊异：世界是什么？世界是一还是多？大千世界现象的背后是什么？我是谁？我为什么与他人不同？我的身体和心灵是什么关系？正是对这些问题的思索和解答，形成了古代哲学中的各种世界观。随着科学日益摆脱纯粹的理论构想，走向具体的实验活动，哲学也逐渐形成了自己的特殊研究领域，具有了与科学和神学不同的理论特征，这就是对世界和自我性质的反思以及把概念、判断、推理作为自己的唯一研究方式，突出分析论证的思辨特征。在某种意义上说，西方哲学与科学、宗教的一个重要区别就在于它的思辨：科学不讲思辨，因为它需要对理论的证明或证据；宗教不需要思辨，因为它要求信仰和服从；而只有哲学才需要思辨，因为它“一无所有”，就是说，它没有自己的特殊领地或要捍卫的基本信条，它的工作就是要反思世界、反思自我，并通过这种反思得到我们从科学和宗教中无法得到的认识，而这样的认识将有助于我们更好地理解我们所生活的世界和我们自己，进一步说，为

① MILLER I L. Key Questions: An Introduction to Philosophy. London: McGraw-Hill Publishing Co., 1992: 5.

② HAMLYN D W. Metaphysics. Cambridge: Cambridge University Press, 1984: 1-4.

③ COTTINGHAM J. Western Philosophy: An Anthology. Oxford: Blackwell, 1996: 62.

了我们更好地生活。所以，反思和思辨就成为西方哲学的特有标志，“为思而思”或“为知识而求知”或“为真理而求真理”就是西方哲学的主要精神。这里不存在任何功利，不讲任何用处，所以西方哲学历来被认为是“闲暇时的学问”，就是说，人们只有满足了物质需求后才会谈论和研究哲学。在西方哲学家看来，也只有这样，哲学才能保持其思维的纯粹性。

在西方哲学传统中，思辨往往被当作一种重要的研究方法。然而，在对形而上学问题的探究中，思辨已不再单纯是一种方法，而是哲学研究的内容和灵魂。或者说，形而上学既是哲学研究的主要领域，也是哲学思辨的主要结果。当然，我们也可以看到所谓“分析的形而上学”，在那里，“分析的”和“思辨的”这些词是被用作描述形而上学的工具。无论如何，“思辨”或“思辨的”这些词，在西方哲学中首先都意味着一种反思、一种批判。在思辨的意义上，“反思”就是“批判”，批判就意味着能够经得住考察和反思。从哲学本性上说，批判正是西方哲学所能做的重要工作，而这里的“批判”就是经过理性的考察和反思。苏格拉底最早提出，“未经省察的人生没有价值”；柏拉图则提出，“哲学就是心灵与自我的缄默对话”；亚里士多德说道，“怀疑而后能学问，审辩而后能解惑”。这些说法为西方哲学的后来发展奠定了思辨与批判的基础，所以我们才会看到哲学上的怀疑论始终是西方哲学中的重要倾向或态度。

在西方哲学传统中，怀疑论首先被看作一种哲学态度，是对包括哲学家在内的所有人所做出的知识断言的可靠性进行质疑。哲学怀疑论者一直致力于探究不同领域的公认的人类成就，以便判断人们是否已经获得了或是否有能力获得任何知识。怀疑论者把他们的质疑加以系统化，然后提炼成旨在引起怀疑的若干论证。自古希腊以来，由怀疑论者提出的论证以及对这些论证的运用，一方面塑造了西方主要哲学家讨论的问题，另一方面又迫使他们对这些问题做出回答。① 在西方哲学史上，围绕外在世界和事物的性质与人类的认知能力问题，形成了怀疑论与独断论或反怀疑论的长期对立，而正是在这种对立中，西方哲学获得了不断创新发展的新鲜活力。

二、理性的科学方法

众所周知，哲学与科学在西方是一对孪生儿，它们共同诞生于两千多年前的古希腊。虽然科学在后来的发展中逐渐脱离了哲学的影子，成为一种独立的理论体系和研究方式，但它仍然对哲学具有重要作用和广泛影响。这种

① 刘莘. 怀疑论的魅力. 成都：四川人民出版社，1999：261.

作用和影响主要是通过两个方面来实现的：一方面，科学的迅猛发展使得哲学家把科学作为哲学研究的典范或模型，希冀按照科学的模式建构哲学体系或规范；另一方面，科学的理性分析、客观观察、中立立场等，直接促成了哲学的理性特征，正是在这种意义上，哲学家们也把“哲学”称作或理解为一种科学。具体来说，西方哲学中的科学方法主要表现为以下几种方式：其一，以理性作为判断真理的标准，强调科学的客观性和普适性；其二，运用数学和逻辑的分析方法，力图澄清哲学概念和哲学命题的意义；其三，严格区分科学假设和经验观察，强调理论术语在科学研究中的先决地位；其四，引入科学的证实思想，承认哲学的可错性和可批判性；等等。所有这些都表明哲学本身可以作为一门科学。

当然，这里涉及对“科学”概念的理解。按照西方人的通常理解，“科学”概念首先是指各门学科，包括像物理学、化学、天文学、地理学、生物学等自然科学，也包括了数学、逻辑学这样的形式科学或抽象科学以及像植物学和矿物学这样的描述科学。这些科学学科包罗万象，许多都交叉重叠。其次，“科学”概念还用作指整个知识系统，包括由科学家提出的假设、理论和规律等。这样的知识主要是理论上的，与实践的技术和技艺相对而言。最后，更多的人是把“科学”理解成获取客观可证实的知识的方法，诸如文献记录等。根据这些理解，“科学”通常包括了这样一些前提或公理，即因果性、预期的齐一性、客观性、经验性、简单性、分离性、控制性、可量度性等。[①] 从这些理解中可以看出，公众心目中的“科学”概念其实就是获取知识的方式、手段以及结果。迄今为止，人们仍然认为，“科学知识是已证明了的知识。科学理论是严格地从用观察和实验得来的经验事实中推导出来的。科学是以我们能看到、听到、触到的东西为基础的。个人的意见或爱好和思辨的想象在科学中没有地位。科学是客观的。科学知识是可靠的知识，因为它们是在客观上被证明了的知识”[②]。

西方哲学传统中的科学方法不是简单地把自然科学的研究方法运用到哲学问题，而是强调哲学研究中的理性精神。自古希腊以来，哲学家们就把自己所从事的工作看作一门理性的事业，其主要标志是对常识性认识以及科学知识的分析、考察和批判，这就包括运用自己的理性建立符合人类思维规律

① TITUS，SMITH，NOLAN. Living Issues in Philosophy. ninth edition. Belmont：Wadsworth Publishing Company，1995：218-219.

② 查尔默斯. 科学究竟是什么?. 查汝强，等译. 北京：商务印书馆，1982：10.

的逻辑规则和定理、强调思维活动的有序性和可表达性、关注理论的目的与效果之间的合理性等。在西方哲学中，“理性”这个词非常重要，“理性的”、“理性主义的”和“理性主义”这些词经常被用在更为专门的意义上。但我们这里用在较为普遍的宽松的意义上：它们与理性和具有理性能力有关。例如，一个合理的论证就是有意义的、一致的、恰当构成的论证。一个理性主义者就是一个能够给出合理论证、研究和评价的人。而理性主义则是把理性作为最高权威的哲学立场。但在所有这些理解中，都不能忽略批判的活动。要成为理性的事业，哲学就必须努力根除我们在日常生活中所接受的未加批判的无知、偏见、迷信和盲从等以及其他非理性的行为。它对我们的观念提出了挑战，用证据和论证分析它们、检验它们。它迫使我们一致地和可靠地表达我们的观念。

苏格拉底被看作这种哲学活动的象征，他代表了哲学的理性和批判精神。苏格拉底不断地向自己发问，同时请求他人给他一个清楚的回答。他的方法就是促使人们重新考虑原来认为清楚知道的东西，特别是一些通常接受的观念或术语的意义，直到最后能够得到一个清楚的答案。在苏格拉底那里，一切哲学思想都需要理性和批判。但是，对是否一切都可以是合理的，每个命题、观念、信念等都必须展现在批判反思之下这样的问题，不同的哲学家会给出不同的回答。对于那些持否定意见的哲学家来说，这种理性的和批判的事业仍然存在一些限度。如果是这样，这对哲学本身来说就成为一个重要的问题，必须不断地反思。许多哲学家事实上已经认识到，实在和我们对实在的经验实际上要远远超过哲学本身：并非一切都是可以从理智上加以把握的，并非一切都可以还原为一个论证，并非一切具有原创性的思想都可以用语言来表达。因而，有哲学家认为应当强调无理性的作用，即使是一个并非不可避免的作用。这里必须指出，在西方哲学家那里，“无理性”和“非理性”是完全不同的：非理性的东西是无法比作一般的经验或理性本身的，而无理性的东西则只是不同于或更高于经验或理性。①

如果我们相信无理性的知识，那么它会采用什么形式呢？哲学家们对这样的问题当然不会意见一致，例如直觉陈述的意义，就是说无法用对真理的直接理解去把握它，又如把神秘的体验看作超验的或者与终极实在达到了统一。但许多人至少会同意，存在不可避免地出现的终极预设（同样被叫作基

① MILLER I L. Key Questions：An Introduction to Philosophy. London：McGraw-Hill Publishing Co.，1992：10-11.

本假定、信念、断定等)，它被看作我们其他一切观念的基础，但它本身却是无法证明的。这种观点被称作“基础主义”。对这种观点的最通常的捍卫是认为，从纯粹逻辑的观点出发，并非一切都可以得到论证，论证绝不存在终点。亚里士多德早就指出，每个论证最终都依赖于某些无法证明的东西。这些表明，理性本身也是有限度的：一方面，理性无法解决一切关于概念和命题的理解问题；另一方面，理性本身也可能是无法证明的，正如维特根斯坦所说，“有着牢固基础的信念，它的基础却是没有基础的信念”，这样的信念就是所谓的理性本身。正是对理性的这种复杂认识，构成了西方哲学传统中的理性精神。

虽然西方哲学家们对什么是“理性”并没有一个统一的定义或理解，但他们都清楚，理性首先是一种逻辑和次序，是一种讲求合理性的方法，是与人的理智密不可分的东西，也是从目的到结果的有序、有效过程。这些也就是西方哲学家全心以求并视为思想核心的“逻各斯”。按照通常的西方哲学词典定义，“逻各斯”应当是用于支配宇宙的理性或规律的基本原则，该词的基本意义是所言之事，由此引申出其他重要意义，如思想、原因、论证、原理、公式等。[1] 在西方哲学中，宽泛意义上的“逻各斯”通常就是指“理性”或“理智”，但强调的是人类运用自己的理性能力制定出的一切规则或原则等。这样，“逻各斯”就被看作人类运用理性能力的标志，也被看作人类强调自己心灵作用的结果。“逻各斯”是希腊文 logos 的音译，这个词在古希腊哲学有着各种不同的含义，但柏拉图和亚里士多德主要把它看作灵魂中的理性部分和一种表述事物本质特性的说明。这个意义后来得到发挥，脱离了这个词原本的含义，即言谈、尺度等，演变成了理性能力的代名词。不过，这个词原本的意义在亚里士多德建立的逻辑体系中得到了保留，并在后来的发展中形成了一种研究纯粹形式的有效推理的学问。

然而，自 20 世纪初以来，西方哲学的这样一种强大传统却遭到了前所未有的挑战。这个挑战不是来自外部的攻击，而是来自哲学内部的质疑和瓦解。尼采在提出“上帝死了”的口号时，把攻击的目标就指向一切权威，包括了理性的权威。海德格尔把整个西方哲学的发展史叫作“存在的遗忘史”，认为传统形而上学的任务只是挖掘了存在者的意义，但却遗忘了“存在”本身的意义，究其原因，就是把“逻各斯”的真正意义遮蔽起来了，突显了这个词在“言谈”方面的作用，使其成为整个西方思想体系中的核心部分。紧随海

① 布宁，余纪元. 西方哲学英汉对照辞典：“逻各斯”条. 北京：人民出版社，2001：578.

德格尔之后，德里达更为明确地把西方哲学中的这个传统称作“逻各斯中心主义”。根据他的理解，传统哲学中的理性或逻各斯作为判定一切真理的主要标准，哲学家们自然地把理性或逻各斯当作真理和意义的核心，竭力试图建立一个关于各种对立概念的等级次序，以维护意义的稳定性和理性的有效性。但德里达对这个传统提出了挑战，他的做法是要解构这种被看作真理和意义核心的逻各斯主义，代之以显示“不在场”的“痕迹”。在德里达看来，重要的是要取消一切等级差别，取消一切关于书写和声音的对立，甚至取消所谓“现象”与“本质”的区分。这样，逻各斯就不在理性中占据核心地位，甚至理性本身也失去了在真理探究中原有的重要地位和价值，一切都变成没有主体、没有核心、没有次序、没有先定的规律、没有必须完成的工作，一切都变得自在随意，变得无所顾忌，变得因人而异。这种对逻各斯和理性的传统地位的挑战，伴随着其他反传统的思想，逐渐形成了20世纪60年代后出现于欧洲大陆并很快流行于英美及世界各地的“后现代主义”思潮。尽管如此，理性精神作为西方哲学的一个重要特征和理论基础，仍然发挥着重要作用，特别体现在当代科学哲学、语言哲学、心灵哲学以及其他哲学分支的研究中。

三、宗教式的人文关怀

从哲学与社会科学在研究动机和效果上的差别中可以看出，严格地说，哲学不属于社会科学的范畴，它应当属于“人文科学”。但对什么是“人文科学”，不同的哲学家以及其他学科的研究者都会有不同的解释。然而，无论解释如何不同，有一点是可以成为共识的东西，那就是说，人文科学应当是以研究具有普遍特征的人类本性为对象的学科。换言之，把关心人、研究人作为最终目的而不是手段，这应当是哲学区别于其他社会科学的重要特征，也是人文科学区别于社会科学的主要特征。

苏格拉底的“认识你自己”开始了西方哲学把目光转向人类自身的过程。在两千多年的西方哲学史上，对人类活动以及人类心灵的研究始终是哲学家们重点关心的问题。但这种研究与自然研究不同，它是对人类自身的反思，是把人类活动和心灵作为自己的研究对象，试图超越研究者自身的限度，对人类的活动和心灵做出客观的描述和分析。从方法论上看，这种研究具有科学研究的特征，但在基本精神上却是完全试图超越科学的规定，达到共有的客观领域。在这种意义上，这种研究具有宗教式的虔诚和无功利的特征。

在西方哲学传统中，宗教式的人文关怀体现为对人类命运的强烈关注，对人类精神世界的忘我探索，对人类社会及人类活动的不断描述。这些都构成了西方哲学的重要内容。当然，不同的哲学传统中都存在对人类命运的关怀，但西方哲学传统给予了这种关怀以彻底性，即把人类放到上帝面前接受拷问，用超越客观世界的思辨活动把握世界的本质和人类的命运。

从西方哲学的发展过程看，哲学与宗教之间从来没有被明确地划分开过：古希腊早期哲学的诞生就是从神化形式的宗教即最初宗教形式中汲取营养；中世纪哲学在充当神学奴婢的过程中逐渐形成了感性认识和理性认识的分野并最终催生了近代的启蒙思想；而近代科学地位的逐步上升迫使哲学与宗教之间出现了更为紧密的联系，虽然采取的是不同于中世纪的方式。罗素指出："科学的成功一向主要由于实际功用，所以自来便有人打算把科学的这一面和理论的一面割裂开，从而使科学愈来愈成为技术，愈来愈不成其为关于世界本性的学说。"① 正是由于这个缘故，科学在逐渐离开哲学的同时，哲学却在宗教那里找到了知音。当然，哲学与宗教在近代哲学之后能够更为紧密地联系在一起，还有其深刻的思想根源。这主要表现在以下两个方面：

一方面，哲学与宗教都是对世界和人类自身存在之意义的终极探索，都是"关于世界本性的学说"，二者具有共同的追求目标。但二者采用了不同的思想方式和论证方法：宗教被看作一种关于信仰的理论，因而对宗教信仰的讨论是以接受或承认其内容为前提的，任何对某种宗教信仰的论证都是为了更为充分地说明这种信仰的正确性，任何不同于或违背了某种宗教信仰的理论观点都被看作异端邪说而遭到罢黜；哲学则是一种概念的思辨和分析活动，关心的是思想观念的形成和发展，因而一切哲学研究都是为了获得能够得到普遍意义的真观念，这是一种纯粹概念推演的产物，与研究者的信仰无关，所以也是最具有客观性和普遍性的观念，在这种意义上，哲学研究最讲究的是分析和论证，要求以理服人，并且提倡对以往观念以及现有观念的怀疑和批判。自从笛卡尔提出普遍怀疑的思想，哲学家们似乎都以怀疑为己任，但对怀疑的基础却缄默讳言。直到康德才抓住了问题所在，明确提出要考察和批判人类的理性能力，明确限定了纯粹理性的界限，明确表明在张扬理性的同时要为信仰留下地盘。在西方哲学史上，康德首次明确了哲学与宗教之间的内在逻辑关系，以信仰的名义限制了理性活动的范围，并根据纯粹理性的逻辑为信仰开辟了道路。这虽然被黑格尔和马克思看作为宗教披上了"温情的面纱"而遭到批评，但却的确开启了现代宗教哲学的先河，为宗教哲学的

① 罗素．西方哲学史：下卷．马元德，译．北京：商务印书馆，1976：5.

学科地位奠定了有力的基础。

另一方面，在与科学的关系中，哲学与宗教构成了一个共同的阵营。在西方哲学史上，哲学与科学的关系被看作一个母体与其产物之间的关系：科学在哲学中诞生，而哲学自身则随着科学的进步而逐渐后退，为科学让出自己原来的地盘。对此，恩格斯有过精彩的论述。他认为，科学的每一次进步都意味着哲学领地的缩小，而当科学得到最大的发展时，哲学所能占有的领地只有辩证法和逻辑学。尼采也表达过类似的观点，认为科学的每次胜利都是哲学的失败。但正如罗素指出的那样，科学的进步往往是以实际的功用为前提和标准的，当科学能够在实践中解决哲学中无法或根本不想去解决的问题时，科学在技术上的成功也就意味着它丧失了某个更为重要的东西，即世界向人类显示出来的意义。科学的客观性和价值无涉立场，在为人类带来巨大物质财富的同时，也可能为人类带来巨大的灾难。相反，哲学在关涉价值问题上就可以为科学本身的发展把握方向。因此，在西方哲学中，哲学与科学的关系并非一个简单的母子关系，而是交叉互动的合作关系，它们各自拥有不同的关注对象和研究方法，属于不同的学科领域。在学科意义上，哲学更接近于宗教而不是科学，因为哲学和宗教都属于人文科学。宗教与科学的关系一直是西方思想史上的一个重要话题，通常认为二者之间在过去的两千年中经历了无数次此消彼长的过程。但随着科学在近代突飞猛进的发展，宗教逐渐失去了能够与科学抗衡的力量，无论是在内容上还是在形式上都转化为与人类现实生活密切相关的信仰观念，而这是由近代启蒙运动带来的重要结果。根据当代美国宗教哲学家利文斯顿的说法，17—18 世纪的时代特征就是一种挣脱神学控制的文化，“启蒙运动就标志着国家和社会从教权桎梏下得到解脱，标志着以世俗性为主要特征的文化正在兴起。现代社会政治生活的理论和规范，不再出自《圣经》启示或教会权威，而凭借自然理性和社会经验独立地得出。启蒙运动以及 18 世纪以来现代文化的一个基本特点，就是西方文明与教会权威和神学教条日益分道扬镳”①。构成整个运动基础的是对人类自身力量的一种更为强烈的意识和信念，是对人类现实生活的赞美、关切和希望。由此，人类从宗教那里得到的启示力量就转化为了理性赋予人类的人文关怀，而这种理性的人文关怀正是哲学的作用所在。

经过近代宗教改革的洗礼，现代宗教思想已经演变成为人类世俗生活的一种选择，宗教的超越和神圣演变成为人类自身能力的一种方式。由于理性

---

① 利文斯顿. 现代基督教思想：上卷. 何光沪，译. 成都：四川人民出版社，1999：3.

在这个转变过程中起到了关键作用，因而哲学和宗教共同关心着一个重要问题，这就是人类理性能力的运用和限度。近代以来的哲学家们大多对理性的作用给予了最高的评价，认为理性活动规定了人类的本质特征，甚至有哲学家毫无限制地运用理性，导致了怀疑论和相对主义的产生。康德把对理性能力的考察放到了哲学的核心地位，认为哲学形而上学的工作就是要为人类的一切理性活动设定界限，由此才能真正发挥理性的作用，避免出现二律背反的情况。正是在限制了理性能力作用的前提下，康德为信仰留下了地盘。

必须指出，在西方哲学史上，无论是强调超越或先验的观念论者，还是首先肯定世界存在的唯物论者，他们都把人类存在本身作为哲学研究的最终目的。虽然直到 18 世纪康德才提出“人是目的，不是手段”这一口号，但一切从人的需要出发以及以人类的存在本身作为哲学探讨的核心，这是从古希腊哲学开始就一直存在的传统。尽管哲学家们对人类本性的理解各有不同，关注人类自身的方式也各有千秋，但他们始终把人类的存在及其意义作为哲学所要解决的最后问题，一切哲学讨论最终都要回答这样的问题。而被称作解决人类“终极关怀”的宗教研究，也只有在解决人类自身问题的哲学研究范围内才能获得真正现实的意义。

作为西方哲学中的一种主要传统，宗教式的人文关怀体现了哲学研究与其他科学研究之区别的重要特征。抛开自然科学不谈，社会科学和一般人文科学都会把对人类自身的研究作为自己的首要任务。但这样的科学研究往往关注的是人类存在的某个方面，例如社会科学研究主要把人理解为类的存在物，强调从社会存在出发去研究人所具有的不同的社会特征，而人文科学中的历史学则侧重研究人类存在的演变过程，特别关注具体时代和人物及其相互关系。文学被看作与哲学具有许多相同之处的一门人文学科，在哲学史上甚至有不少的哲学家同时也是文学家，他们以文学创作的方式表达着自己的哲学思想。然而，哲学与文学的重要区别在于，文学关注的是人类存在的感性意义，强调以形象的文字语言表达人类内心的感受和情感；而哲学则以概念的方式抽象地考察人类理性能力的各种表现形式，试图由此说明世界对人类展现出来的意义以及人类自身存在的根据。在这种意义上，追问人类存在的根据即人类生命的意义，就成为哲学研究的首要任务。

四、社会意识和批判精神

应当说，西方哲学从诞生之日起，就与人类社会的生存和问题密切相关。

显然，没有人类社会的存在，哲学也就没有用武之地，更是无从产生。哲学是伴随着人类成长而发展起来的，人类社会本身不仅为哲学的发展提供了充分的资源，而且直接造就了哲学本身。然而，哲学对社会的回报却是残酷的：在与社会的互动作用中，哲学不是作为社会的同路人或朋友出现在社会之中，更不是作为社会的领路人或导师，虽然柏拉图早在《国家篇》中就希冀哲学家能够成为一国之王。在现实社会中，哲学家在公共领域中的形象与其说是通常理解的“智者”或“灵魂工程师”，不如说是社会的“牛虻”或“叛逆者”。我们从古希腊时代的苏格拉底、柏拉图，近代的笛卡尔、霍布斯、斯宾诺莎，以及更多当代哲学家那里就可以得到这样的印象。

的确，对社会的深切关注和对时代的审慎思考，一直是西方哲学发展的主线之一。没有一个西方哲学家不在自己的哲学思考中直接或间接地关涉到当时的社会问题和时代提出的挑战。虽然哲学家们提出的理论观点对具体的社会问题不一定会带来直接的解答，但哲学家们都清楚地意识到，对哲学问题的分析和解答必定有助于理解和阐述相关的社会问题和社会现象。这种社会意识在西方哲学中主要是通过这样几种方式表达的：

其一，直接运用自己的哲学观念到具体的社会生活，试图通过向人们传达自己的哲学理念而改变社会面貌。如苏格拉底以自己的“无知”概念劝说雅典人要有自知之明；亚里士多德通过教授亚历山大大帝而对希腊化的罗马帝国产生了影响；近代哲学中也不乏这样的哲学家，如休谟是以自己的社会地位和游历各国的方式传递着经验主义的基本信条，费希特和谢林以及黑格尔等人则是通过大学的教学活动和在社会生活中的影响力传播着德国唯心论的思想；现代哲学中直接身体力行的哲学家更是有目共睹，如杜威、罗素、萨特、皮亚杰、弗洛伊德等。

其二，通过阐述自己的哲学理念的普遍意义，对社会生活和人类行为产生了重要影响。如亚里士多德的形而上学和伦理学思想，笛卡尔的怀疑思想和建立普遍理性原则的理想，卢梭的自然主义伦理学，洛克和霍布斯的国家学说，休谟的人性论思想，贝克莱的感觉经验主义观念，康德的绝对道德律令，尼采的道德谱系思想，海德格尔对存在意义的追问，以及当代的罗尔斯、泰勒、麦金太尔、桑德尔的思想，等等。

其三，以批判社会为己任，根据对社会问题和现象的理论分析提出整套的或单个的理论观点，试图通过分析批判来解决这些社会问题，并建立自己的哲学理想。如古代的怀疑论者、近代的政治哲学家以及现代的以法兰克福学派为代表的西方马克思主义思潮等。

其四，直接站在社会的反面，强调自己的思想与社会主流格格不入。如苏格拉底正是由于对社会的反叛而被当时的民主体制下的议会判为死罪；尼采以“超人”哲学直接反叛当时的社会思潮；维特根斯坦则宣称自己的著作是为后代所写，反对西方的主流文化；等等。

当然，西方哲学家的这种社会意识的产生并不完全出自他们个人的禀性，更重要的是来自哲学的本性。因为在他们看来，在与社会的关系上，哲学与其他社会科学不同：其他社会科学如社会学、法学、经济学以及政治学等，虽然它们也是以某个具体社会及其成员为研究对象，但它们的研究目的是为现存社会的某个方面给出论证以便支持或肯定这个方面；但哲学的目的却是找出这个社会存在的问题或考虑如何解决这个社会所提出的一些普遍的问题。从研究动机和效果上看，社会科学家是具体社会生活的参与者或策划者，也是这个社会的辩护者；而哲学家则是社会生活的观察者或评论者，也是这个社会的批判者。所以，有的西方哲学家把自己称作“批评家”、“牛虻”或“掘墓人”，也有的称作“教师”、“律师”或“医生”，因为在他们看来，哲学的工作也像这样的职业一样，都是为了解惑答疑、治病救人。进一步说，哲学家对社会的批判并不完全是针对某个具体的社会现实，他们提出的许多理论观点和解决问题的方法，对整个人类社会具有相当的普遍意义。

作为哲学的主要功能之一，批判精神始终是西方哲学家们牢记在心的传统，哲学本身就被哲学家们看作一种本质上的批判活动。这种批判活动通常分为两个部分：一个部分是怀疑，另一个部分是反思。

怀疑就是对现有观念和理论的不满，是哲学批判活动的开端。苏格拉底把爱智慧的活动展现为一种不断追问的过程，问题总是从怀疑现有的答案开始的。在《普罗泰戈拉篇》中，柏拉图向我们描绘了苏格拉底询问普罗泰戈拉关于德性定义的过程。在那里，苏格拉底以雄辩的口才推翻了当时流行的观点，同时也使自己退回到无知的境地。柏拉图继承了苏格拉底的辩证法，但他没有停滞不前，而是努力提出了自己在形而上学、认识论、伦理学以及美学等方面的重要思想，为后代留下了宝贵的思想财富。亚里士多德秉承导师柏拉图，但他对柏拉图的思想更多的是批评而不是接受。他的名言“吾爱吾师，但吾更爱真理”充分反映了他的怀疑精神和批判意识。近代哲学的开创者之一笛卡尔更是以一种普遍怀疑的态度敲开了哲学思考的大门，他的怀疑精神后来为休谟所继承，引发了关于人类经验知识基础的重大问题，即被称作“休谟问题”的归纳有效性问题。正是休谟的怀疑论打破了康德的独断论迷梦，使他举起了批判纯粹理性的大旗，对人类的理性能力做出了全面深入的考察，提出了“先天综合判断如何可能”的问题，为人类理性能力设定了界限。现代英美哲学的兴起又是与罗素、摩尔等人反叛黑格尔哲学有着密切关系，这些哲学家对德国古典唯心主义的批判直接导致了新实在论以及后来的逻辑原子主义、逻辑实证主义的诞生。在现代欧洲大陆哲学中，没有哪一个哲学家不是在怀疑和批判前人思想的基础上形成自己的理论观点，这些批判本身也构成了现代欧洲大陆哲学的重要内容，例如胡塞尔对布伦坦诺思想的批判、海德格尔对胡塞尔思想的怀疑和批判，以及伽达默尔对海德格尔思想的推进，等等。历史表明，几乎所有的哲学家都把怀疑和批判作为自己从事哲学研究的起点；事实上，正是对前人哲学的批判，才带来了新的哲学观念，由此推进了哲学的发展。

值得注意的是，哲学上的每次变革都开始于对“什么是哲学”这样一个最简单而又最基本的问题的重新发问，因而是对哲学性质和基本问题的重新思考。然而，这似乎给人留下了“哲学毫无进步”的印象，因为哲学上的每次变革似乎都是一次重新开始，这与科学的发展相比就是没有任何实质上的进步。其实这完全是对哲学的一种误解。对哲学学科而言，哲学家们对哲学性质的每次重新发问和思考，都是哲学自身的深化，这些思考不仅是对以往哲学观念的批判，更是对后人的哲学思考具有重要的奠基作用。或者说，没有前人的哲学观念，也就没有后人对这些观念的批判，因而就没有新的哲学观念的产生。在这种意义上，哲学上的进步和发展不是科学上的和经验上的“累加式”，而是形而上学上的和逻辑上的“推演式”，是一种“螺旋式的”上升过程。由于怀疑和批判构成了哲学思考的起点，因此，哲学的发展就表现为一个不断否定的过程。

当然，哲学上的怀疑和批判不仅仅表现为哲学家们对前人哲学的态度上，更重要的是表现在哲学家们思考一切问题的出发点。与通常意义上的怀疑不同，哲学上的怀疑不是就事论事，对某个具体事情提出疑问，而是一种追问基础式的怀疑，是对一切事情的基础或根据提出疑问；与通常意义上的批判不同，哲学上的批判是对人类理性能力的全面考察，是以审视的态度对待一切事物。这就使哲学上的怀疑和批判具有了形而上学的性质，或者说，正是由于有了这种怀疑和批判，我们才能把哲学称作形而上学。

哲学批判活动的另一部分是反思。怀疑是哲学思考的开端，而反思则是哲学思考的形式，也是哲学思考的重要特征。在西方哲学史上，“反思”概念直到黑格尔哲学那里才得到真正确立，但反思的方式却始终是哲学家们从事哲学研究的主要途径，它构成了哲学学科的重要特征。

历史地看，不同的西方哲学家对反思的内容和形式有着不同的理解。在古希腊，哲学家们把普通人对大千世界的惊异转化为抽象的本质追问，以本源性的“一”去解释变动不居的“多”，由此开始了独特的哲学思考方式。这时反思的内容就是我们从经验中获得的感觉材料，反思的形式则是亚里士多德的逻辑学。这种哲学反思到中世纪达到了顶峰，以三段论的方式追问本质的过程演变成了对上帝存在的证明。启蒙运动的发端不仅是对中世纪宗教神学的反叛，更是对人类本性的全面思考。铭刻在古希腊德尔斐神庙上的名句“认识你自己”，成为近代哲学家开启哲学反思的重要口号。无论是笛卡尔对第一哲学的沉思，还是贝克莱对存在本身的经验论解释，都是把认识主体的作用放到了哲学反思的首位，就是说，都是根据主体的意识或经验活动去决定世界的存在本身。这时反思的内容是主体的意识，反思的形式则是近代心理学。然而，在德国古典哲学中，笛卡尔以来的哲学反思则受到了挑战：反思不再是限于呈现于心灵中的东西，而是要超越主体的意识，进而发现被给予的东西背后的本质。因而，在黑格尔看来，反思不是思维本身，而是对思维的思维，即把思想本身作为反思的内容。这时反思的内容就应当是概念，而反思的形式则是辩证法。不过，黑格尔区分了反思和思辨，认为反思只是局部的，只提供关于对立面的知识，而思辨则是整体的，提供的是本源性的知识，能够揭示对立面的统一。

当然，在哲学的批判活动中，怀疑和反思之间并没有前后相继的关系，在不同哲学家的哲学思考中，怀疑本身就可能包含着反思，反思也可能意味着怀疑。从本性上说，哲学就是一种批判活动，这种批判就是以概念思维的方式对批判对象的理性考察，以理性的标准审视批判对象的前提和基础。显然，这种批判的一个重要条件，是要哲学家与批判对象之间保持一种间距，以便不同的哲学家对相同的批判对象能够得到客观、公共的批判结果。换言之，哲学的批判不可能是个人的，而只能是社会的。正是基于这种认识，哲学的批判活动始终是与社会的实践活动密切相关的。

五、实践智慧和实践理性

自古希腊哲学以来，哲学家们就把人类的理性活动区分为两个部分，即理论理性和实践理性。理论理性关注的是作为整体的理性本身，讨论人类的理性特征；而实践理性则关注的是这种理性的不同应用，讨论人类的理性与理性之外的其他人类特征之间的关系，这样的特征主要包括欲望、意志和自由。历史地看，西方哲学家对这两种理性的认识有一个发展过程：亚里士多德最早提出关于实践智慧的思想，康德则把这种实践智慧发挥为对实践理性的批判，而现代伦理学家在试图恢复亚里士多德传统的同时又提出以德性为核心重建现代道德价值体系。

在《尼各马科伦理学》中，亚里士多德提出，人的知识和活动都是由灵魂支配的，而灵魂具有五种理性能力，即技艺（*techne*）、知识（*episteme*）、实践智慧或明智（*phronesis*）、智慧（*sophia*）、努斯或理智（*nous*）。后二者是贯穿人的认知活动全局的最高理性，而实践智慧作为人的理性的组成部分，也受最高理性努斯的指导。广义地说，实践智慧包括了目的、意向、思想、感觉、判断等；狭义地理解，它主要是指人们在实践活动中体现出的智慧以及处理实际事务中的深思熟虑。亚里士多德把实践智慧解释为理性和欲望的和谐结合。他认为，欲望引起了实践，人们由于欲望而在实践的目的上有所选择。但欲望不是实践的唯一目的，只有努斯及其发动的理性活动才是实践的重要原因。由于理性在实践的目的和选择这两个环节上的渗入，才使实践活动具有了实践智慧。

根据亚里士多德的论述，实践智慧具有四个特征：其一，拥有实践智慧的人善于考虑对自己是好的、有益的事情，主要是能够深思熟虑对整个生活有益的事情；其二，实践智慧和思辨知识不同，不去考虑那些不变的、必然的而可以证明的东西，只思索那些在生活中经常变动的事情，考虑如何处置它们才能对自己有益；其三，实践智慧本质上是人追求对他自身好的（善的、有益的）和坏的（恶的、无益的）合理性的一种品质和行为能力；其四，实践智慧不只是关于普遍的事情，它必须能够认识特殊的事情，因为实践总是和特殊的事情相关，是有关行动的，这种特殊事情的知识和行为的普遍知识相结合，经验和理性的结合，需要融入直观理性的能力，就是既能把握普遍原理又能洞察个别行为事实的最高理性努斯，才能实现实践智慧的最大功能，就是能够深思熟虑对人有益的事情。[①] 总之，实践智慧在实际生活中的最大作用就是它能明察生活事务，做出明智的判断；最终，实践智慧能够使人在实践中成为正义、高尚和善良的人，给人带来幸福。

当然，亚里士多德也明确指出，理智德性和伦理德性并不是截然分离的。努斯支配着理智和实践智慧，因而高于实践智慧。由实践智慧体现出来的伦理德性必须在理智德性的指导下才能获得，由努斯支配的理智德性则是对存

---

① 亚里士多德．尼各马科伦理学//苗力田．亚里士多德全集：第八卷．北京：中国人民大学出版社，1992；姚介厚．古代希腊与罗马哲学：下//叶秀山，王树人．西方哲学史：第2卷．南京：凤凰出版社，江苏人民出版社，2005：786-787.

在者整体的思辨或沉思，这是最符合最高的善和人的最高目的的最高幸福。亚里士多德把合乎伦理德性的活动看作次等的幸福，因为它们在许多方面都与身体、情感有关，因此就表现为人的混合品性，远没有努斯那样更为体现人的纯净本性。只有经过理性的思辨活动，人们才能得到超越了伦理德性的实践智慧，才能达到具有理智德性的努斯。亚里士多德的德性理论最终构成了具有独立学科意义的伦理学，并为他的政治哲学奠定了伦理基础。

康德对实践理性的批判具有划时代意义。他的实践理性概念就是亚里士多德的实践智慧，却又比实践智慧本身多出了理性作用的成分。他首次明确区分了理论理性与实践理性，认为实践理性作为理性的应用就有了不同的领域，即自然的领域和自由的领域。由于作为统一理性能力的理论理性无法使实践理性本身超越各自的领域而应用于另一个领域，因此对实践理性的批判就成为对纯粹理性批判的重要组成部分。他指出，纯粹理性的理论能力是认识能力，而纯粹理性的实践能力则是欲望能力。对作为理性存在者的人来说，认识能力没有级别之分，但欲望能力却存在着高低不同，而意志决定的根据究竟出自低级的欲望还是出自高级的欲望，这正是道德的分界所在。低级的欲望是动物性的能力，那里就没有道德的根据；只有高级的欲望才是纯粹理性，它提供了道德的可能性和根据。在低级的欲望中，意志决定的根据只是欲望能力的质料，它们是当下在此的对象，是外在的具体对象；而在高级的欲望中，意志决定的根据则是一种作为形式的普遍原则，是出自纯粹意志自身的东西。由此，康德把实践的原则分为质料和形式，由于纯粹的实践理性属于高级的欲望能力，它的原则就是形式的。①

康德对实践理性的批判完全改变了亚里士多德关于实践智慧的观点，使实践智慧走向了逐渐远离具体的欲望和意志而更为抽象的形式道路。在亚里士多德那里，实践智慧是由于理性的渗入而成为人们行为的向导，但实践智慧本身却只能给人带来次一级的幸福，因为它总是与个人的具体欲望和意志有关。然而，在康德看来，真正的或纯粹的实践理性应当是超越了具体欲望和意志的高级能力，是一种对欲望和意志的形式诉求。康德意义上的实践具有三种因素：实践准则即意志决定根据、意志决定与行为、实践的目的。虽然实践总是与某种目的联系在一起的，但任何行为的意志决定亦即实践活动，都是出自意志决定的根据，这样的根据显然不可能是仅仅关照某些具体的意

① 张慎. 德国古典哲学//叶秀山，王树人. 西方哲学史：第 6 卷. 南京：凤凰出版社，江苏人民出版社，2005：157-158.

志决定，它应当是决定着一切意志活动，在这种意义上，它也被称作纯粹意志，也就是道德法则和自由。

在《实践理性批判》中，康德给出了一条实践理性的道德法则，即“你意志的准则始终能够同时用作普遍立法的原则”①。这是一条典型的“绝对律令”或“定言命令”，它是无条件的，因而是先天的，并且使意志绝对客观地被决定。由于这个法则的先天性和独立性，因此它也就是先验意义上的自由，而“一个只有准则的单纯立法形式能够用作其法则的意志，是自由意志”②。由此可见，自由意志就是纯粹理性的实践能力，而实践理性的道德法则就是这种能力的先天形式。康德正是依据纯粹理性在实践领域即自由领域中的应用，引发了他在实践理性中的“哥白尼式革命”。

现代西方哲学家在反思近代启蒙运动以来的实践理性传统时认识到，近代思想家在反对中世纪带来的基督教道德传统的同时，却以两种不同的方式摈弃了亚里士多德的德性传统。一种是把实践理性绝对化的思维方式，过分强调了人类理性能力本身对实践的作用，削弱了亚里士多德的德性理论中关于深思熟虑的论述，这主要表现为康德对纯粹理性的批判；另一种是把事实与价值、理性与情感、道德与传统截然隔离的倾向，或者是抹杀了个人与社群的统一性，前者表现为伦理学中的情感主义，后者表现为政治哲学中的个体主义。在现代西方哲学家看来，这两种反亚里士多德德性传统的倾向为现代社会带来的危害，就是导致道德相对主义和怀疑主义的盛行。为了克服这种危害，一些哲学家大力提倡在现代社会恢复亚里士多德的德性传统，由此形成了与情感主义和个体主义相对的社群主义，主要代表人物就是美国哲学家麦金太尔和加拿大哲学家查尔斯·泰勒。

社群主义者强调，道德应当根植于社会生活，传统的道德理论与现代性并不形成对立，相反，在现代社会实践的推动下，道德传统会得到继承和更新。他们指出，克服当代道德危机的根本出路在于，吸取亚里士多德道德传统的精华，根据当代社会实践的合理性，重建以人为目的、以理性为指导、以社群价值为优先、融会传统与现实的道德哲学。这就是麦金太尔等人建立的德性理论。根据这种德性理论，德性是人类实践中培养的内在善，它为社会共同体提供了道德基础；个人实现德性和社会生活趋善是动态的统一体；个人实践和德性修养融会在社会传统的演进之中。只有以社群价值优先的共

① 康德. 实践理性批判. 韩水法，译. 北京：商务印书馆，1999：31.

② 同①29.

同善为原则、以“公关利益”为轴心价值，我们才能建立一个符合正义原则的社会体制，才能真正体现个人价值与社群价值的统一。

从西方哲学的实践智慧和实践理性的传统中可以看出，西方哲学家们的理论思考从来没有脱离人，没有脱离人的社会实践活动，相反，他们的理论出发点总是在关照人的本性，是人的理性能力、意志能力以及人的欲望和自由。在这个传统之内，近代与现代的重要区别在于，近代哲学家更多地把人理解为理性的存在个体，试图通过对这个个体的理性能力的分析，说明整个社会以及人类的本性；但现代哲学家则更加关注理性个体所生活的社会和历史过程，强调以社会的共同价值标准判断个体的德性特征。把这二者结合起来，我们就可以很好地理解西方哲学中的实践智慧和实践理性的传统。

本章小结

西方哲学的形成和发展过程与人类思维的发展过程同步，是伴随着人类对自然、社会和自身的认识而发展起来的。作为一个学科的哲学诞生于古希腊，主要标志是确立了哲学学科的理论化和体系化特征，规范了哲学学科的范围、基本规则和概念范畴等，使哲学成为后人可以共同讨论的公共话题。柏拉图和亚里士多德做出了杰出贡献。从哲学发展的内在逻辑看，西方哲学经历了三次重大转变，即古代哲学以本体论为对象、近代哲学以认识论为对象、现代哲学以语言哲学为对象。在当代哲学中，价值问题被具体化到道德论述和政治讨论的问题中。所谓的“后现代主义”是一个以反对现代性、反对启蒙运动和理性决定作用为主要特征的庞杂思潮，它在哲学上的集中反映是以德里达和罗蒂等人的思想为代表的“后哲学文化”。西方哲学的特征主要通过它的传统演变呈现出来，这些传统主要包括思辨的形而上学（包括怀疑论思想）、理性的科学方法（以及逻各斯主义）、宗教式的人文关怀、社会意识和批判精神、实践智慧和实践理性。

关键词

本源　智慧　灵魂　理性　逻各斯　真理　意义　语言　存在　反思与批判
辩证法　观念　思维与存在的同一　形而上学　归纳与演绎　怀疑论
我思故我在　经验论与唯理论　先天综合判断　绝对理念　实践理性
语言的转向　价值论　现代与后现代

思考题

1. 巴门尼德的“思维与存在的同一”是什么意思?
2. 简述笛卡尔的“我思故我在”。
3. 简述实践智慧的四个特征。
4. 如何理解西方哲学史上的哲学与宗教的关系?
5. 如何理解西方哲学的社会意识和批判精神?

延伸阅读

英文部分:

1. Nicholas Bunnin and Eric Tsui-James (edited), *The Blackwell Companion to Philosophy*, Blackwell, 1996.

2. John Cottingham (edited), *Western Philosophy: An Anthology*, Blackwell, 1996.

3. D. W. Hamlyn, *Metaphysics*, Cambridge University Press, 1984.

4. P. F. Strawson, *Analysis and Metaphysics: An Introduction to Philosophy*, Oxford University Press, 1992.

5. Titus, Smith, Nolan, *Living Issues in Philosophy*, ninth edition, Wadsworth Publishing Company, 1995.

中文部分:

1. 亚里士多德:《形而上学》,吴寿彭译,商务印书馆,1959。

2. 北京大学哲学系外国哲学史教研室编:《西方哲学原著选读》,上、下卷,商务印书馆,1981、1982。

3. 黑格尔:《哲学史讲演录》,第2卷,贺麟、王太庆译,商务印书馆,1960。

4. 罗素:《西方哲学史》,上卷,何兆武、李约瑟译;下卷,马元德译,商务印书馆,1963、1976.

5. 叶秀山、王树人总主编:《西方哲学史》(学术版),凤凰出版社、江苏人民出版社,2004—2005。

第五章　中国哲学

内容提要

中国哲学体现了中华民族历史地形成的思维方式和价值观念。中国哲学注重整体性与过程化地看待我们所生活于其中的世界，天人相即、体用合一构成了这一哲学形态的总体性特点。它推天道以明人事，重善恶以统是非，擅人生境界之培育。在人类几个主要的早期文明中，中国式的信仰并没有形成体系化的宗教，而是形成了以人文主义为基调的学说体系。中国的思想家们为了构建理想中的社会秩序，建立了儒、墨、道、法、名家等不同的思想派别。汉代之后，儒家独尊，墨家消亡，而儒家、道家和法家的思想则有机地综合在统一的大系统中。在隋唐时期的佛教中国化过程中，中国本土思想有效地吸收和融汇了佛教的思想和宗教仪式，从而构成了儒、释、道三教既合流又相异的复杂的思想面貌。

第一节　中国哲学的形成和发展

世界上有几个重要的文明源头，比如古埃及、印度、巴比伦、古希腊等，中国也是其中之一。这些早期文明因为地理环境、民族等不同，其价值观和思维方式也有很大的不同。因此，人们也习惯于从文明比较的视野来确立不同文明之间的特征。但有一点则是共识，即中华文明是世界上少数没有中断的文明形态，中国思想因其连续性而有着一以贯之的特征，为世界上其他的文明所不具备。

但思想的内在一致性并不意味着思想形态的单一性。在中国哲学的发展进程中，思想与社会现实的互动，不断吸收各种不同的思想资源，不断推进。

一、中国哲学的思想源头

一般说来，中国哲学具有不同于印度哲学和古希腊哲学的鲜明个性。这种个性的形成，主要是基于不同的思想源头。更具体说，是基于对世界和宇宙问题，即天人问题的不同看法。

对天地之道的追寻，是中国哲学的一个逻辑的起点。“道”代表了哲学上的“一”；而对道的具体化理解，则从“一”走向了“多”。据《庄子·天下》的阐述：“道原于一”，古之所谓道术者，是“无乎不在”的普遍本原，世间神何由降，明何由出，圣有所生，王有所成，“皆原于一”；然而随着天下大乱，圣贤不明，道德不一，百家学说各有所执，“多得一察焉以自好”，所以形成“道术将为天下裂”的局面。庄子对此表示了否定的态度：“悲夫！百家往而不返，必不合矣！后世之学者，不幸不见天地之纯，古人之大体。”然而对于中国古代文明的发展来说，这种“道术为天下裂”的过程，却可以被看作一种“哲学的突破”。

（一）天道观与人道观

在中华文明早期的模糊的图景中，颛顼进行的“绝地天通”的宗教改革，对中国思想的变化影响巨大。对此，《国语·楚语下》有记载：“古者民神不杂。民之精爽不携贰者，而又能齐肃衷正，其智能上下比义，其圣能光远宣朗，其明能光照之，其聪能听彻之，如是则明神降之，在男曰觋，在女曰巫。”从这段话中可以看到，“民神不杂”才是一种合理的状况，因此“颛顼受之，乃命南正重司天以属神，命火正黎司地以属民，使复旧常，无相侵渎，是谓绝地天通”。也就是说，通过对天地之间职能的区分，给人和神之间划分出一道适当的界线。在远古时代，这一改革的意义是深远的。“颛顼‘绝地天通’对中国文化的影响，关键在于初步确立了天神崇拜与祖先崇拜的信仰体制，这是后世敬天法祖的宗法性宗教的滥觞，逐渐演变成为华夏族的共同的宗教信仰。”① 从传说中的五帝到三王，中国人一直致力于发掘天神崇拜和祖先崇拜中所蕴含的人道的理念，而信仰中的理性化色彩始终是中国宗教的最明显的特征。

虽然“绝地天通”确立了人道与天道之间的区分，但是如何使天道与人道之间建立起一种既联系又区分的张力，是中国思想发展的革命性因素，是

① 余敦康．夏商周三代宗教——中国哲学思想发生的源头//姜广辉．经学今诠三编．沈阳：辽宁教育出版社，2002：19.

所谓的“汤武革命”之所以成为后世儒家思想的源头的原因。所谓的“革命性”因素，主要在于“汤武革命”蕴含了一种“天心即人心”的民本思想。周人在取代殷商的统治之后，继承并强化了以德配天命的观念。在“天视自我民视，天听自我民听”（《尚书·泰誓》）的基础上，重视人在社会秩序中的主动性，产生了“保民”才能“享天之命”的思想。这样，“天”在中国人的观念中，便不复只是自然之天、主宰之天，而是有了道德之天的含义。人的活动在天意的表达中成为关键性因素，从而进一步丰富了对“天”的理解和把握。

周代文化被视为中国礼乐文明的起点。王国维说：“中国政治与文化之变革，莫剧于殷周之际。……周之制度典礼，实皆为道德而设，而制度典礼之专及大夫士以上者，亦未始不为民而设也。周之制度典礼，乃道德之器械，而尊尊、亲亲、贤贤、男女有别四者之结体也。此之谓民彝。”① 这种建立在氏族制度基础之上，以祖先崇拜为信仰核心的文化范式，便是周代礼乐文化的精神所在。陈来说：“周代的文化与周公的思想在形塑中国文化的精神气质方面起了重要作用，如果把西周政治文化概括为‘崇德贵民’，把西周的宗教文化在类型上归结为‘天民合一’，那么后来的中国文化历程中体现的道德人文主义的精神气质可以说就是在此基础上得以形成。”② 由早期信仰到周人天道观念的建立，中国人对于道德的优先性和对社会政治秩序的一些基本意识，得到了确定，从而为“哲学的突破”奠定了基本格局。

（二）阴阳五行说

哲学突破，表现为建构了中国人理解宇宙和世界的图式，以及人生与社会的观念体系。这个体系的骨架是“天人合一”，它的素材则是阴阳五行。

顾颉刚曾经说：“五行，是中国人的思想律，是中国人对于宇宙系统的信仰，二千余年来，它有极强固的势力，它在经典上的根据，为《尚书》的《甘誓》和《洪范》。”③ 到了春秋时期，阴阳家们逐渐将阴阳与五行联系起来，并将之组合进“四时”“四方”的时空格局，搭配出了一套中国特有的宇宙观念。如《管子·四时》说：“东方曰星，其时曰春，其气曰风，风生木与骨。其德喜嬴，而发出节时。……南方曰日，其时曰夏，其气曰阳，阳生火与气。

---

① 王国维．殷周制度论//干春松，等．王国维学术经典集：下．南昌：江西人民出版社，1997：128.

② 陈来．古代思想文化的世界．北京：三联书店，2002：9-10.

③ 顾颉刚．五德终始说下的政治和历史//顾颉刚古史论文集：第三册．北京：中华书局，1996：254.

其德施舍修乐。…… 中央曰土，土德实辅四时入出，以风雨节，土益力。土生皮肌肤。其德和平用均，中正无私，实辅四时。……西方曰辰，其时曰秋，其气曰阴，阴生金与甲。其德忧哀、静正、严顺，居不敢淫佚。……北方曰月，其时曰冬，其气曰寒，寒生水与血。其德淳越、温怒、周密。”每一个方位与节气、五行、阴阳以及相关的行为原则均在这样的系统中得到安排。

经常与“五行”连用的概念是“阴阳”，“阴阳”的本义是日光的向背。后来伯阳父用阴阳二气的变化来解释地震的原因，遂使阴阳指代了两种性质不同的气，此后更进一步引申为既相互对立又相互联系的两个方面。

“《易》以道阴阳”（《庄子·天下》），就是说《周易》这部书是用阴阳来解释事物和社会运行规律的。《周易》是商周时期的一本重要著作，主要记录殷商时期占卜内容①。但《周易》“仰则观象于天，俯则观法于地”“近取诸身，远取诸物”，而作八卦，所总结出来的阴阳观念，则是对于事物之间的矛盾冲突的一种反映。而《周易》六十四卦之循环往复，则体现了中国人对于时间和循环式的历史观的认识。传说中的伏羲作八卦、文王演《周易》（重叠八卦成六十四卦）的说法，则是古人为了将经典神圣化而编造的一些传说。如果将《周易》之循环往复和后来阴阳家的五行相生相克理论相比较，我们可以看出中国人对于时间的独特观念，即中国的古人并不是将时间理解成抽象的、线性的，不断向前发展的过程的记录方式，而是认为这个世界的运行是循环往复的。这种观念同时影响到中国人的历史观。这种历史观并不相信历史的单向度发展，而是体现出一种循环性的历史意识，由此我们就很容易理解中国古人往往采用治乱循环、三统三正等不同的方式来解释历史。

（三）气的思想

古人在说阴阳的时候，其实也经常将阴阳看作气之运动状态。经常被引用的伯阳父的一段话：“夫天地之气，不失其序；若过其序，民乱之也。阳伏而不能出，阴迫而不能烝，于是有地震。”（《国语·周语上》）很显然就是用气的运行来解释自然现象。《左传》中还出现过“天有六气”说法，这六气包括阴、阳、风、雨、晦、明。这意味着当时对这些自然现象还不能抽象到一定的高度。

学者们普遍认为道家对于“气”的思想的发展贡献巨大。有人把《道德经》中的“道生一，一生二，三生万物”解释为道作为一个混沌的元气，变

① 关于这本书的来历和历史上之本来状态，现在已无法确证，因为不同的出土文献呈现出不同的卦序。

化而成阴阳二气，并再通过阴气、阳气和中虚之气转变为世界万物。《庄子》不但认为世界万物是气的变化，而且人的生命也是气之聚散，所以“通天下一气耳”（《庄子·知北游》）。不过在道家思想中，世界的最终原理是道，而气是道形成万物的材料而已。到了齐国稷下学派的道家倾向的思想家，开始以道来解释气，或以气来解释道，他们提出了“精气”概念，来有别于以前材料层面的“气”，这种精气无所不在，世界上的一切，甚至鬼神圣人都是精气化生而来，精气观念在很大程度上体现了中国思想的一个重要特点，即事物产生的本原和产生的万物之间是一种本末、源流的关系，而非本原和现象之间的截然二分。

（四）《诗》《书》等古代经典的形成和转化

一个伟大的文明的形成的最突出的标志是经典的形成。人类最初有意识地记录自己的行为，其目的可能是累积实践的经验。而文字的形成让这种记录成为常态。

夏代之前因文献的问题而只能归之于中国文化的“传说时期”，而周代所建立起来的道德与制度相统一的文明形态，之所以被视为是中国思想的真正开端，其关键还在于以《诗》《书》为核心的经典系统的逐渐形成。

每一种文化都有其核心价值和信仰系统，经典是哲学价值和系统的最重要的承载者。然而，经典的形成并非一朝一夕，而是通过实践的效用和教育的过程而逐步确立的。那些典册之所以能在岁月的淘洗中被赋予神圣性，取决于它们是不是一个民族价值观的真实反映。经典的形成是一个不断“口传”和“引证”的过程，并在这些引证、“损益”的过程中赋予自己价值观。与西方的早期经典主要通过宗教信仰体系而形成并传播不同的是，中国的经典自其形成之初，就是一个理性化和人文化的过程。所谓理性化，也就是说这些经典主要是日常经验的抽象化和原理化；而所谓人文化，则是这些经典侧重于人文道德教化。比如我们现在读到的《尚书》《诗经》，里面都包含了祭祀、政治仪式和民间生活的众多内容，而这些内容经典化的过程，并没有将之转化为天启式的信仰，而是作为礼乐文明的一个内容。我们以《周易·贲卦》为例，《周易》古经本为一部占卜之书，然经过解释以后，其作品的核心便发生了转变。其中的《彖传》解释这个卦的意思说：“天文也。文明以止，人文也。观乎天文，以察时变；观乎人文，以化成天下。”即将刚柔相错看作自然规律，而人类的活动则以礼仪教化为目标。所以观察自然的变化，就可以知道时间的流转；而观察人类的活动，则可以教化天下之人。通过这样的解释，早期的文字记载被灌注了中国文明的核心价值。

后世的经学家不断强调孔子和这些经典文本之间的关系，比如说“孔子删《诗》”，孔子著《春秋》而“乱臣贼子惧”。但实际上，这些作品是不断累积形成，其意义也有一个不断体系化的过程，在这个过程中，这些作品成为当时所有读书人的共同的思想资源，所以这些经典不仅仅是儒家经典，也是其他学派所共同分享的知识源头。

二、中国思想文化形态的演进脉络

一般而言，中国思想文化的形态及其发展，大体经历了如下几个阶段。现有的思想史叙述，一般将孔子和老子视为中国哲学的真正开端，他们开启了中国思想的百家争鸣的诸子时代。因为封建制崩溃之后，社会阶层开始流动，原先为贵族阶层所垄断的知识开始向更多阶层开放，随着私人办学的开展，学派形成了。最初获得社会影响的是儒家和墨家，后来一些技术性强的学派，比如兵家、阴阳家、法家相继形成，并形成互相争鸣的局面。

秦汉大一统政治格局的形成，思想的统一成为一个政治上的需要，在秦朝短暂的统治期间，法家思想占主导，随后汉初则是流行主张休养生息的黄老道学。在董仲舒的“天人三策”被汉武帝接受之后，儒家亦结合当时的主要思想资源比如阴阳五行思想等，在一系列政治和教育制度的支持下，成为思想的主导者，并出现了经学这样一种新的思想形态。

思想的制度化所导致的僵化，必然会导致经学自身的变革的动力，比如活跃的私学对于官学化的经学的垄断地位的冲击。而儒家学者中的一部分学者出于对于章句之学的厌烦和僵化儒学的反叛，带来了经学的转型，比如在官方的今文经学之外，古文经学获得了巨大的发展。

到了魏晋时期，因为佛学的传入和老庄思想对于主流学者的影响，夹杂着儒家和道家思想的玄学成为思想的主要形态。

毫无疑问，魏晋时期的思想较之汉代的经学有很大的差异，名教和自然的关系成为学者们辩难的主题，并使中国思想的丰富性得到了初步的展现。到了隋唐国力强盛时期，中国人以开放的心态迎接外来的佛学，而佛学的精湛深刻、佛教思想中对于生命意义的追索方式，以及佛教的苦乐观对于普通民众的精神舒缓作用，使得唐代的思想呈现出儒、道、佛并行发展的特色。

对于佛教的吸收和消化，构成了佛教的中国化的基本脉络，佛教对于孝道、等级等世俗秩序的妥协，使儒家和佛教的关系既紧张又融合，而道家则通过吸收佛教的仪轨、戒律等制度性资源，也逐渐丰富了其宗教形态和教义体系。

佛教的冲击经历数百年的过程，逐渐使儒家思想开始了形而上的层面的建设。张载、程氏兄弟特别是朱熹等人，通过对于天理和人心关系的体贴，构建了儒家的道统谱系，在传统的儒家秩序思想的背后，灌注了心性论的内核。

明清时期，理学依然是正统思想，但阳明心学和清代朴学，不断地改变着思想的版图。围绕着明代心学所带来的儒学“觉民行道”的倾向，一些学者认为这是中国思想近代转折的一种标志。

不过，中国思想遇到的最新挑战来自西方。在这个被称为几千年未有之大变局的时代，中国思想所面对的不仅是西方思想的冲击，而且还有西方思想背后的生产方式。通常地，中西之争经常被理解为古今之争，也就是传统与现代之争，在这样的背景下，中国思想如何汇入世界文化的多元格局而不失其主体性，成为近代以来思想家们必须要面对的问题。

（一）先秦诸子

自公元前 770 年周平王东迁洛邑，到公元前 221 年秦国统一中国，以历史分期论为春秋战国时期，即思想史中说的先秦。这个时期，周天子的政治控制力被越来越有势力的诸侯所削弱，而社会经济制度的转变使西周以来的礼治秩序遭受冲击。这种诸侯专权的“天下无道”状况，被形象地概括为“礼崩乐坏”。但政治上的无序有时却是思想突破的最好环境。

在西周的体制中，“学在官府”，也就是说典籍图书、礼乐器具、天文星象等，均有专人执掌，官师一体。而社会结构的变化使原先执掌这些权力符号的司礼、司乐以及祝、巫、卜、史等，逐渐失去其原有的职能，被迫流散到社会各个阶层中，一部分人进入新的权力结构中，而更多的人则流散到民间。这种“官失其守”的状态，看上去是旧秩序的崩溃，却使原先只被少数人掌握的知识和文献得到广泛流传。同时，这些流散出来的知识人开始私人聚徒讲学、招收学生，这样就形成了不同的学术群体。这些都为先秦时期诸子百家的形成创造了条件。①

先秦诸子思想的发展可分为三个阶段：

第一阶段的代表人物包括老子、孔子、墨子和兵家、名家的初期代表。他们在关注社会秩序重建这一共同的背景下，各自提出了自己对于人生、社

---

① 章学诚说：“盖官师治教合，而天下聪明范于一，故即器存道，而人心无越思；官师治教分，而聪明才智不入于范围，则一阴一阳入于受性之偏，而各以所见为固然，亦势也。……今云官守失传，而吾以道德明其教，则人人皆以为道德矣。故夫子述而不作，而表章六艺，以存周公之旧典也，不敢舍器而言道也。而诸子纷纷则已言道矣……”章学诚. 文史通义. 北京：古籍出版社，1956：40.

会和自然的系统的观点，提供了中国思想的最初的一些核心观念。

老子主张“道法自然”，也就是依据事物的本性和自然状态去安排秩序，反对以人的价值偏好来干预人的生活。他说：“不尚贤，使民不争；不贵难得之货，使民不为盗；不见可欲，使民心不乱。是以圣人之治，虚其心，实其腹；弱其志，强其骨；常使民无知无欲，使夫智者不敢为也。为无为则无不治。”（《道德经》三章）老子所主张的自然状态，主要是针对儒家提倡的以仁义和亲情来进行社会教化的主张。

儒家所主张的礼乐教化的政治秩序形成原理来源于周公所完善的道德伦理观念。孔子在慨叹礼崩乐坏的世界同时怀有“知其不可而为之”的进取精神。孔子采取“以仁释礼”的方式，强调礼乐秩序背后的人伦之爱。孔子尤其关注对于经典系统的整理，通过“述而不作”的损益，赋予《诗》《书》《礼》《乐》这样的古典文献以新的精神，力求将政治和社会秩序的完善与个人的道德修养坚定地结合在一起。

墨家虽然与儒家有共同的经典背景，但却反对儒家对礼乐的固执，主张以一种超越自然情感的态度和苦行主义的方式，去实现“兼相爱、交相利”的社会理想。一般认为墨家代表了小农阶层的价值取向。

第二个阶段则可以称为诸子百家的发展时期。这个时期，各家均出现一批发扬光大的继承者，如儒家的孟子、道家的庄子等，并随着战国时期更为严酷的社会现实，法家、纵横家、兵家、名家开始成熟。这时候，儒家最有力的挑战者来自更为实用化的法家。

法家舍弃了儒墨依托古代圣王的立论方式，他们认为不同时代要有不同的秩序体系和治理之术。因此，他们认为儒家式的学者和墨家式的侠客，都是社会稳定的敌人。法家从人性中的趋利避害的倾向出发，一方面鼓励对于社会财富的积累，主张国家能力的强化；另一方面制订出以严酷的刑罚为手段的社会控制方法。法家的突破等级和家族伦理的耕战策略更适应了战国时期的为自保而挣扎中的诸侯国的需要，并在秦国取得了空前的成功。

这个时期的儒家则继续发展着孔子所创立的政治学说，虽然这并不符合当时的需要。孟子提倡的以良知为核心的心性学说，主张见义忘利，在政治层面，提出恢复井田制和以“仁政”为理想的王道政治很显然不可能获得实践的机会。

入世者更入世，出世者也更彻底。道家学派到庄子有了更为系统的深化。庄子以一种彻底的相对主义态度发展了道家对于现实的逃避立场，并表现出对于生命境界和人与自然关系的深邃体察。道家学派展现了中国思想中超越和轻灵的一面。

第三个阶段是总结和发展时期。荀子、韩非、邹衍和吕不韦等，在丰富完善各自学派思想的同时，开始对先秦诸子进行总结和评判。

荀子主张人性是恶的，所以，需要建立一些规则来防止人的私欲的泛滥。由此，荀子提出要“隆礼尊法”。这个理论在儒家历史上多有争议，究其实他是试图在儒家的仁政理念和现实政治需要之间达成妥协。他说：“治之经，礼与刑，君子以修百姓宁。明德慎罚，国家既治四海平。”（《荀子·成相》）从中可见，荀子强调明德慎罚，不过并不排斥刑。礼与刑相辅才能保证稳定的社会秩序。荀子的政治思想中有多重面相，他既坚持王道的优先性，也认为霸道政治的相对合理性。荀子思想中的多元化倾向可以看作儒家努力适应即将到来的大一统社会的一种努力。

作为法家的集大成者，韩非则建立起最完备的“法、术、势”形态。前期法家商鞅重法，申不害重术。韩非则认为，当政者不仅要重法、重术，还要重势，并且要把这些权力都掌握在自己的手里，这样才能使统治稳固。

在看似差别很大的诸家学说之间，实际上有着共同的问题和指向。以荀子的《非十二子》、韩非的《显学》、《吕氏春秋·不二》等为代表可以看到，它们在评断诸家长短时，其出发点均在于要面对当下的“乱世”，痛感“听群众议以治国，国危无日矣”（《吕氏春秋·不二》），因此以提供一种能够一统天下的主张为目的。

先秦诸子之间存在着共同的“问题意识”。首先，各家有大致相同的文献来源和知识背景。《汉书·艺文志》说：“今异家者，各推所长，穷知究虑，以明其指。虽有蔽短，合其要归，亦六经之支与流裔”。其次，各家之间有一共同的目标，即致力于社会秩序的建立。司马谈在《论六家之要指》中说：“夫阴阳、儒、墨、名、法、道德，此务为治者也，直所从言之异路，有省不省耳。”因此无论是司马谈的六家还是《七略》和《汉书·艺文志》的九流十家，诸子的归类是相对而言的，断不可将之视为泾渭分明、绝对对立的。

随着秦国的统一和李斯的禁书令出台，“百家争鸣”的局面也就宣告结束。

（二）两汉经学

经过秦代“暴政”的洗礼，汉初的休养生息政策使崇尚清静无为的黄老道学占据主流。但是道家反对人文教化、逃避社会责任的思想倾向，注定了它不可能担负起大一统社会的意识形态的重任。而儒家则在吸收了阴阳家的宇宙理论和道、法、名家的思想资源之后，经过不断完善和丰富，逐渐进入了思想的中心。以汉武帝采纳董仲舒的对策为标志，儒学上升为汉代的国家意识形态，而五经博士的设立则标志着儒学正式进入经学时代。

在这其中，起关键作用的是公羊学。刘邦以布衣而为王，王朝建立之初，在制度上多是因循秦制。汉武帝之后情况有了一些变化，最关键的是董仲舒之"天人三策"，试图以儒家的观念来改变汉初以来奉行的黄老道学，提出"独尊儒术"来确立儒家思想主导性，以"五经博士"来取代秦以来成分复杂的博士制度。公羊学在这个过程中，发挥了独特的作用。"一面是革秦之旧，排除了百家，一面是复古之统，专尊了六艺，专尊了古王官学，而同时又是汉代新王之创法，与古王官学性质又不同。但实际则只有孔子《春秋》，是新创者，其书才始不是旧官学，而是为汉立制的新官学。因此，汉廷五经博士，无形中便让《公羊春秋》占了主脑与领袖的地位。"①

汉代经学大昌，完全是因为大一统的社会的需要。由此形成了通经致用的风气，如以《禹贡》治河、《洪范》察变、《春秋》决狱，以《诗经》作为讽谏之书，等等，经典逐渐成为政治和社会生活之合法性来源，造就了汉代思想的最基本面貌。

汉代经学内容复杂，夹杂有经学内部的冲突。其中，今文经学和古文经学之间的斗争与谶纬的流行，是最值得关注的两个问题。

今文经学和古文经学表面上看是基于文字的不同。今文，就是汉代流行的隶书文字；而古文，则是六国的文字。"而今、古文经的定义，较之今、古文的定义要复杂得多。所谓'今文经'其实不是一切的经书隶书抄本，而只是汉武帝时期官方组织抄写并编定的传本。所谓'古文经'其实不限于经书的古文抄本，还应包括这些古文抄本的隶定本，以及汉武帝元朔五年以前流行的某些隶书抄本。"② 但今古文经学之间最实质的差别，是对于儒家经典和孔子的不同理解。就是说，今文经学注重微言大义，它是将孔子看作托古改制，为万世制法的素王，以《公羊春秋》为核心，将六经看作圣言的传递；而古文经学倾向于将六经看作史料，认为孔子是一个良史，其所崇奉的经典是《周礼》，并认为由于秦火之劫，六经并不完整。

西汉是今文经学占统治的时代，东汉则是今古文并行且古文经学略占上风的时期。汉代的今古文之争最后以郑玄统一今古文而结束。但是今文所代

---

① 钱穆. 孔子与春秋//两汉经学今古文平议. 北京：商务印书馆，2001：281.

② 王葆玹. 今、古文经学之争及其意义//姜广辉. 中国经学思想史：第2卷. 北京：中国社会科学出版社，2003：554.

表的“革命”性的精神与古文所代表的理性态度之间的差异一直存在。康有为与章太炎之间的冲突，即康有为的“托古改制”和章太炎将孔子视为良史从而颠覆孔子的神圣性之间，依然显露出今文经学和古文经学之间不同儒学观的历史背景。

今文经学在汉代有一个重要的表现便是重谶纬。“谶”是一种政治性的预言，“纬”则是对经义的推衍。谶纬合流使经学走向了神学化和神秘化。谶纬在东汉的初期达到高峰，“在新莽和东汉时期，谶纬赢得朝廷的尊崇，谶书的权威超过了五经和《论语》，纬书的权威超过了汉代人的传、说、记和章句。于是经学各派纷纷根据谶书削其典籍，修正其学说，并大量吸收纬书的思想。经过这样的变故，经学已面目全非，不再是西汉官方所尊崇的那种经学了”①。谶纬的流行既是天人感应思想的必然产物，也是儒家试图借助天的意志来干预现实政治的一种曲折方式，只是在皇权的绝对至上性被建立起来之后，这种方式十分无力，有时甚至成为权力争斗的手段。

（三）魏晋玄学

经学的形成意味着儒家经典与权力机构的合作的形成，这也使儒家经典的解释难以摆脱政治的束缚，而博士制度的形成在造就儒学的传承人才的同时，也造成了章句烦琐之学的出现，这些都是对儒学发展的束缚。在东汉末年混乱的政治和社会秩序下，经学面临着尖锐的挑战，经典的意义和人们的日常行为之间已难以建立起有效的联系，因此一种深层的矛盾，即名教与自然之间的冲突，成为思想家们的思考主题，围绕着这一问题而展开的思考，产生了“玄学”。

玄学的产生，还有一个思想的内在逻辑。汉魏之际，思想的重点逐渐从对现实问题的关注转移到玄远之学上，无论问题和方法都发生了重大转型。《三国志·魏志·荀彧荀攸贾诩传第十》注引的一段话最典型地记述了这样的转变：“何劭为粲传曰：粲字奉倩，粲诸兄并以儒术论议，而粲独好言道，常以为子贡称夫子之言性与天道，不可得闻，然则六籍虽存，固圣人之糠秕。粲兄俣难曰：‘《易》亦云圣人立象以尽意，系辞焉以尽言，则微言胡为不可得而闻见哉?’粲答曰：‘盖理之微者，非物象之所举也。今称立象以尽意，此非通于意外者也；系辞焉以尽言，此非言乎系表者也。斯则象外之意，系表之言，固蕴而不出矣。’及当时能言者不能屈也。”在这段话中，荀粲将六经作为“圣人之糠秕”，目的是要说明圣人本意之所在——性与天道的问

① 王葆玹．今古文经学新论．北京：中国社会科学出版社，1997：72.

题；对于这个问题，并不是从言辞的记载中所能了解的，而是要知道“象外之意”。

要开拓儒家思想的新的解释维度，老子哲学中的“无”和《周易》的“象思维”显然是极好的思想资源。经学范围内的古今之争不再是学者所关注的核心议题，转而从《老子》、《庄子》和《周易》来展开话题。因时人称这三本书为“三玄”，因此魏晋之际的思想遂以“玄学”定名。

玄学以名教和自然的关系为主题，可分为“正始”、“竹林”和西晋三个时期。正始时期的玄学以何晏、王弼为代表。他们主张名教本于自然，通过“有无”、“本末”和圣人有情无情等系列话题，阐发儒家伦理秩序和人的自然性情之间的关系。正始玄学因主张“以无为本”，所以也被称为“贵无”派。结合王弼“崇本息末”的思想，可见其所谓的“无”并非空无，而是希望避免经学的僵化。《世说新语·文学》中记载了王弼的一段话：“圣人体无，无又不可以训，故言必及有；老庄未免于有，恒训其所不足。”王弼的意思是说，儒家的圣贤最能体会无的道理，因此，反而不会拘泥于无。结合“圣人无情”的说法，王弼认为圣人与常人一样有情，而圣人之高于常人之处，在于能够“应物而不累于情”。这种“心远地自偏”式的境界，点出了魏晋士人的精神气质和独特风度。

竹林时期的玄学则有着激烈的风格，因为竹林名士认识到，名教之异化的根源不在于某个统治人物的品行问题，而是君主制度本身必然会导致名教的虚伪化。阮籍把礼法之士比喻为处于裤裆中的虱子，向往自由的天空。以嵇康和阮籍等竹林名士为代表，主张“越名教而任自然”。嵇康等人将自然之和谐看作是世界之本质，而将名教看成是自然和谐的破坏力量，因此追寻“玩阴阳之变化，得长生之永久，任自然以托身，并天地而不朽”（《答难养生论》），表达出一种脱离现实和寄心山林的超脱境界。

西晋时期，裴頠为了纠正当时的放诞之风，提出了以维护名教为目的的“崇有论”。他指出贵无“贱有则必外形，外形则必遗制，遗制则必忽防，忽防则必忘礼。礼制弗存，则无以为政矣”（《崇有论》）。并试图从当时开始流行的“物自生”来解决“有生于无”所存在的逻辑矛盾。然而崇有论将放诞的风气归罪到以无为本的思想源头，而忽视礼教本身的虚伪性所带来的对于礼制的怀疑，致使崇有论走向纯粹的说教。

西晋玄学的高峰是郭象融合名教与自然的“独化论”。郭象与裴頠大致生活于同一时代，他们的共同论敌是“贵无派”。但郭象在“自生”的观念上更进一步，力图用“独化论”摆脱有生于无的纠缠。他继承了庄子相对主义理路，指出“造物者无主，而物各自造，物各自造而无所待焉，此天地之正也”（《庄子注·齐物论》）。就是说，因为无所待，所以事物独立而自己变化。“若责其所待，而寻其所由，则寻责无极。卒至于无待，而独化之理明矣。”（《庄子注·齐物论》）因为每一事物均是自足而无所待的，所以名教与自然之间并不存在着巨大的鸿沟，因为名教是按照人之本性的要求而产生的，所有的秩序和社会规则都是因于人的本性之自然，这样人虽处庙堂之高而能体会山林之远。当等级的秩序被转化为自然的秩序，任何人在这个世界上所获得的际遇便是命中注定，玄远的思考便结束于对现实秩序的妥协之中。由此，郭象调和了名教与自然之间的对立。

对于玄学是属于道家还是属于儒家一直有争议。这种争议来自玄学自身的悖论，“玄学企图推出一种天人新义，在理论依据上是以自然为本，名教为末，偏于天道，抬高天道，抬高道家而贬低儒家，在价值取向上又是以是否重视名教为标准，认为老子比不上孔子，偏于人道，抬高儒家而贬低道家”①。玄学正是在这种矛盾中展现其复杂性。

（四）隋唐佛学

郭象的“独化论”意味着玄学的终结，因玄学而激发出来的士人对抽象思辨的沉迷并没有结束。正因为如此，外来的佛教般若学正好成为刺激玄思的一个新的素材。而外来的佛教也需要借助玄学的思潮来获得发展的空间。所以东晋时期，佛教和玄学的合流成为佛教在中国大规模传播的契机。

这种合流最初以“格义”的方式呈现。佛经中的许多概念是中国思想中所没有的，所以，最初人们只能依靠中国的思想中原有的概念特别是道家的概念来比照理解佛教的，因此“格义”便不可避免。“格”是“比较”和“对应”的意思！“义”则是词义、语意的意思。“格义”就是比较、对应观念或名词意义的一种方法或手段，既是概念对等的翻译方法，也是比附连类的解说方法。袁宏在《后汉纪校注》中说：“浮屠者，佛也。西域、天竺有佛道焉。佛者，汉言觉，将悟群生也。其教以修善慈心为主，不杀生，专务清净。其精者号为沙门，沙门者，汉言息心，盖息意去欲，而归于无为也。又以为人死精神不灭，随复受形，生时所行，善恶皆有报应。故所贵行善修道，以炼精神而不已，以至无为而得为佛也。……有经数千万，以虚无为宗，包罗精粗，无所不统，善为宏阔胜大之言，所求在一体之内，而所明在视听之外。”这段话反映了在格义的范式下对佛教的认识和解释。

① 余敦康．魏晋玄学史．北京：北京大学出版社，2004：6.

魏晋时期般若学的内部逐渐分化为六家七宗，即本无、即色、识含、幻化、心无、缘会六家。因本无一家分为本无和本无异二宗，所以又有七宗之说。佛教一直试图通过对佛典的引入确立其信仰的独立性。南北朝时期，随着《般若》、《法华》、《维摩》以及《大智度论》、《中论》等经典的流传，竺道生对于“佛性”和“顿悟”的体察，特别是僧肇对于“空”的解释，中国人对佛教的认识到了一个新的阶段。

如果说玄学发展到郭象是试图建立肯定现实、结合有无的本体论，那么般若学则企图通过对真俗二谛的讨论达到对本体和现象的双重否定，只是这个“非有非无”目标待僧肇的出现才真正完成。僧肇通过对六家七宗对于“空”的解释的批评，指出现实的一切事物虽然没有自性，但它们因缘凑合而呈现在我们的感觉中，似乎是一种“有”。但这种“有”在本源上是虚幻的，并不是真的，所以是一种“无”。真正的本原是超越存在，非动非静，非有非无，是一种“空”。僧肇的“不真空论”和“物不迁论”表明中国人对于佛教认识已经达到相当深入的程度。

对于南北朝时期的佛教，汤用彤认为，南朝佛学是玄理和佛理的合流，而北朝佛学则是儒家之经学和佛学交互影响，相得益彰。[①]

佛教到了隋唐，已经走向独立创造和发展的阶段，涌现出天台、华严、净土、禅宗等许多宗派，提出了一系列命题。[②] 如天台宗，虽然也继承了印度佛教教理复杂玄远的传统，但其特点是以容纳一切的办法取得调和。天台宗的主要命题有“圆融三谛”和“一念三千”。三谛即空、假、中道，任何事物既是空，又是假，又是中，互相依存，虽有分别但实际上是圆融无碍的。而“一念三千”的意思是人的每一个念心，同时具足“三千如是”、“三千法界”和“三千世间”。这样便把心看作诸法之本体，这种“心”虽有印度佛学中“真心”“清静心”的意思，但也包含具体之人心的意味。这种心性论的倾向是隋唐佛学的大体趋势之一。

华严宗则以性起为核心而层层展开，提出了法界缘起、理事无碍的命题。华严宗认为一切众生、诸事万法均是佛性的体现，而人之不觉是因为没有认识到自己所处的世界的虚幻，所以便难逃轮回之苦。

禅宗的形成则表明佛教中国化进入了一个新的阶段，禅宗认为人的本性就是佛性，佛性本来清静，因心中之妄念而掩盖，使佛性难以彰显。在人心

---

① 汤用彤. 中国佛史零篇//理学·佛学·玄学. 北京：北京大学出版社，1991：244.

② 张中行. 禅外说禅. 哈尔滨：黑龙江人民出版社，1991：82-85.

和佛法的关系上，人心反而是最根本的。这种理路决定了禅宗在修行方式上与别的宗派根本不同。从许多的禅宗公案来看，因为它认为世上“本来无一物”，所以“无处染尘埃”，进而禅宗甚至反对传统意义上的修行。在“不立文字，以心传心”的立派宗旨背后，机锋和棒喝成为截断众流、脱离成佛的惯性手法。禅宗力主将那心如枯木的隔绝红尘转变为充满生机和活力的“拈花微笑”，这使中国人对于佛法的体认获得了新的境界。

在佛教、道教迅速发展的唐朝，儒家更多体现的是抗议精神，最有代表性的是韩愈。韩愈对佛教和道教的抨击，主要集中于出家修行的方式对于世事伦常的破坏，还有佛、道两家因为积聚大量的财富而造成的对经济秩序的破坏。因此，韩愈强调要恢复“先王之教”。韩愈在《原道》中说：“夫所谓先王之教者，何也？博爱之谓仁，行而宜之之谓义，由是而之焉之谓道，足乎己无待于外之谓德。其文，《诗》《书》《易》《春秋》；其法，礼、乐、刑、政；其民，士、农、工、贾；其位，君臣、父子、师友、宾主、昆弟、夫妇；其服，麻、丝；其居，宫、室；其食，粟米、果蔬、鱼肉。”这些先王之道是简便易行的，而且是一脉相传的道统之所系。“斯吾所谓道也，非向所谓老与佛之道也”。“尧以是传之舜，舜以是传之禹，禹以是传之汤，汤以是传之文武周公，文武周公传之孔子，孔子传之孟轲；轲之死，不得其传焉。”而韩愈自己就表现出了恢复道统的强烈担当意识。

唐代中期，韩愈、李翱还有一些经学家开始反思佛教的挑战和进行儒学重建，特别是李翱吸收佛教的心性思想来讨论儒家心性论中的本性与情感的关系，提倡克情复性的思想。随之后起的宋明理学，则可以说是唐以来儒学复兴运动的延续和升华。

（五）宋明理学

北宋中期，周敦颐、张载、程颢、程颐等人的创造性思考，使儒家思想取得了新的突破，即面对佛教和道教的挑战，提出了一整套宇宙和人生问题的新的思路。他们出入于佛老之学，对佛老既吸收又排斥，并对儒家的经典进行一种新的解读，并从《礼记》中突出《大学》《中庸》，与《论语》《孟子》结合为四书，从而为儒家的道统传承提供经典基础。

理学家承认他们的思想是对儒家学说的继承，但也有所发挥，突出强调“天理”二字是他们“自家体贴出来”的。随着天理观的提出，儒学完成了以制度和伦理并举向以“理”作为道德和秩序的合法性最后和唯一依据的转变。这种道德和制度之间的分离致使有人认为宋明理学实现“儒学转向内在”。如余英时认为：“宋代儒学复兴的原始要求是根据‘三代’的理想重建一个合理的秩序。这是宋代儒学的根本方向，贯穿于三个阶段之中，并无改变。理学起于北宋，至南宋而大盛，它所发展的则是儒学中关于‘内圣’的部分。它赋予儒学以新貌，但不是全貌。”①

“理学”这个名称是后起的。最初14世纪编纂的《宋史》用“道学”来称呼程朱学派的学说。这可能是由于程颐用“道学”这一概念描述他兄长程颢的贡献，并被他的弟子们接受和传播。随后他们的同道不断编定各种道学群体的文录，如《诸儒鸣道录》《伊洛渊源录》《近思录》等。但是“道学”过分自我标榜的作风，也引起了许多儒门学者如陈亮、叶适、陆九渊等人的不满。同时，除作为学术流派的道学之外，还有一个政治性的道学概念。其确切的含义便是“道学朋党”，意思是存在着一个以朱熹为中心、以道学为标榜，作为当时官僚集团对立面的政治性团体，即使是叶适这样并不赞同“道学”之名的人也被列入其内。种种原因，使“道学”变成了“理学”。

对于宋明理学流派有很多种描述：如以地域划分，宋代理学是由濂（周敦颐）、洛（二程）、关（张载）、闽（朱熹），兼及比较驳杂的蜀学（苏洵、苏轼和苏辙）等所构成；以学派特性划分，一般则区分为程朱理学、陆王心学，以及以张载、王廷相、王夫之为代表的气学。②

程朱理学、陆王心学和张王气学之间，在本体论上的思考有所不同，为学进路也有很大的不同。不过，它们所关注的依然是儒家的政治理想与现实的政治格局之间的紧张，道学家们坚持儒家的道统对政统和治统的优先性，实质是政治合法性与儒家天道之间的距离问题。因此，无论是程朱的理气论、“格物穷理”，还是陆王的“心即理”“致良知”，其内在的关注点均在天理和人心如何和谐一致。朱熹借用“理一分殊”论来说明天理之先在和天理与人性之间的一致性，但如何解决人心中感官欲望因素与作为天理体现的社会规范之间的冲突，则是程朱与陆王不得不共同面对的问题。程朱特别提出以“居敬”为要点的工夫修养论，以此遏制人欲对于天理的牵制，但在陆王看来，如果天理外在于人，那么即便苦下功夫，也不能必然导致人心与天理之合一，陆王批评程朱的失误是，他们不能认识到人是道德活动的主体，因而不是努力向内用工夫，而要试图借助于外在的力量。

陆王心学或许更能体现思孟学派心性观的实质，陆象山以人同此心、心

① 余英时．朱熹的历史世界：下．北京：三联书店，2004：410.

② 牟宗三在《心体与性体》中所分的三系是伊川、朱子是一系，陆、王是一系，胡五峰、刘蕺山为一系。向世陵则提出理学四系说，即气学、理学、心学与性学（胡宏）。各持之有故。

同此理的态度，使心和理得到一种简明的契合。而王阳明相信良知作为心之本体是纯善无邪的，因此，修养工夫便简化为“致良知于事事物物”。有人将程朱、陆王之异概括成道问学和尊德性之异，确是点中要害，但从另一个角度而言，他们之间的差别并非境界上的差异，而只是达成这种境界的路径不同。究其本质，理学家们都是以“为天地立心，为生民立道，为去圣继绝学，为万世开太平”为己任，追求道德理想、人生态度和政治秩序之间的统一。

明末清初，随着新的经济形态出现和明末社会危机的激化，对于“道学”的反思甚至批评成为一时之风尚。这种反思和批评从两方面展开：一是从学问方式上，针对程朱、陆王相对重视义理的阐发和内心体证的方式，许多思想家认为应重视对经典本身的理解，强调经世致用。二是从理想人格的追寻上，理学家注重修身和克己的工夫，因此强调天理与人欲之界限，而明末清初的学者则认为天理存于人欲之中，如黄宗羲就肯定人各有私、人各自利，肯定人的自然欲望甚至私欲的正当性。

黄宗羲还对传统的政治制度进行了全面的反思，对君主专制进行了猛烈的批评，成为中国近代思想解放的先声。

（六）近代学术与思想转型

如何理解明末清初具有批判精神的思潮，是一个颇具挑战性的问题。有一段时间，因为历史研究中将明末视为“资本主义的萌芽期”，因此，有人认为这个阶段是中国的启蒙时期。比如，侯外庐等认为，明末清初有一种启蒙思想的萌芽，是一股反理学的思潮；葛荣晋等则强调，因为强调“经世致用”和“崇实黜虚”，反对王学的“束书不观，游谈无根”，所以明清之际的思潮可以用“实学”概括之。这些观点均影响巨大，不过陈来认为，“但他们的哲学问题意识或哲学思考的范式仍来自理学，他们的思想都仍然是儒学的立场”[①]，理学中的许多话题依然是黄宗羲、王夫之等人思考的中心，可见明末清初的思想更多是理学的延续而非反叛。

清代严酷的政治环境使思想的创造受到很大的制约，清代学术中考据学特别发达，并出现戴震、王引之、俞樾等一大批重要的学者，他们对于古代经典作的注疏，为解读古代文献提供了很大的方便，而考据的方式，在胡适等人看来是中国传统的科学精神的表征。

在有点僵硬的思想土壤上，中国人开始迎接有史以来最尖锐的挑战。由鸦片战争而引发的中国近代的政治和社会危机，被人称为“三千年未有之大

① 陈来．诠释与重建：王船山的哲学精神．北京：北京大学出版社，2004：16.

变局”。为了应对全方位的挑战，中国人从制度、知识、价值观等领域开始了全面的变革。

由“夷学”到“西学”再到“洋学”，勾画出了近代中国人接受西方文化由被动到自觉的过程。近代学术的转型，也意味着中国人面对外来的刺激和自身学术发展的内在需要而做出的努力。比如康有为的今文经学，就是试图在传统的价值里容纳西方的政治法律观念；诸子学的复兴，则是努力衔接科学精神；等等，这些吸收和变革都围绕着一个共同的主题，就是追求国家的富强和民族的独立。因此，晚清的思想家都很难是专门的学术研究人士，换句话说，他们的学术研究深受政治立场的影响。例如“改良”和“革命”之争不仅是政治派别的区分点，也是学派差异的分界线。

与近代“变”的哲学相呼应的是进化的历史观逐步确立。在中国传统的历史哲学中，除王夫之等少数人持进步史观之外，循环论一直占主导地位。近代以来，由于受西方思想的影响，贯穿进化论思想的历史观成为思想家们的共识。如进化论的传播者严复在主张“变革”的必要性时指出：“观今日之世变，盖自秦以来，未有若斯之亟也。夫世之变也，莫知其所由然，强名之曰运会。运会既成，虽圣人无所为力。”① 认为存在着一种不为人们意志所转移的推动历史前进的力量。康有为、梁启超等人在讨论“变”的时候，总是以“新”相连，取义于《大学》中“苟日新，日日新，又日新”，提出改革就是除旧布新。康有为借用《春秋》三世说，提出了由“据乱世”经“升平世”而走向“太平世”的观点，别开生面地提出了对于中国的过去、现在和将来的新解释。

在儒学面临前所未有的困境的背景下，诸子学和佛学则获得了新的发展空间。佛教思想中的许多思想资源被近代知识分子用来作为改造社会的精神动力，而诸子学的发展主要是对应了“西学中源”的思潮和寻找更多的中国思想资源的努力。

近代思想家的另一个必须面对的问题是中西问题。对此，一个最流行的口号是“中体西用”。“中体西用”论所关注的，就是在试图保存现有社会秩序和统治合法性大前提下，引入西方的制度文化。因此张之洞说：“今欲强中国，存中学，则不得不讲西学。然不先以中学固其根柢，端其识趣，则强者为乱首，弱者为人奴，其祸更烈于不通西学者矣。”（《劝学·循序第七》）强调任何变革行为“必先通经以明我中国先圣先师立教之旨，考史以识我中国

① 严复．论世变之亟//王栻．严复集：第1册．北京：中华书局，1986：1.

历代之治乱、九州之风土，涉猎子、集以通我中国之学术文章。然后择西学之可以补吾阙者用之，西政之可以起吾疾者取之，斯有其益而无其害。”（《劝学·循序第七》）而张之洞所谓的西学之“害”，则是当时激烈人士所提倡的“民权”、“自由”和“议会”等主张。无论如何，在“中体西用”的口号下，许多外国思想被介绍到中国，并彻底改变了中国思想的面貌。

近代学术转型的一个重要特征是大量的杂志和出版机构的创办，晚清中国有关西方文献的出版机构先后有一百多家，按其属性可分为三类：第一类是由教会组织主持的；第二类是官办的，如上海江南制造局翻译馆、京师同文馆、京师大学堂翻译局；第三类是民间商办的，如商务印书馆、文明书局。从时间上看，1860 年之前主要是教会出版机构的天下；在洋务运动开始的 1860 年到 19 世纪末，是教会的出版机构和官办出版机构并峙的时期；而 20 世纪初之后，民间商办的出书机构空前兴盛。从内容上看，早期出版的著作主要是关于制造和自然科学知识方面的。随着中国的思想家认识到中国落后的根源，并非仅仅是因为技术上的差异，而是政治制度和思想观念上的差异，使有关西方政治、历史和思想的书逐步被翻译介绍过来。其间，由传教士林乐知、李提摩太等主持的“广学会”及其《万国公报》在当时的影响尤其突出。而严复、梁启超、王国维、马君武等为代表，则开始了真正的西方哲学介绍。康德、黑格尔、叔本华、尼采等人的思想或者一些介绍西方哲学的研究方法的著作大量出现。

在近代哲学的引入方面，严复和王国维是最值得关注的。严复通过有选择的翻译给中国人灌输“优胜劣汰”的原理，并以此来警示中国人。章太炎曾说，由于（严复翻译的）《天演论》的出版，“中国的民气为之一变”。胡适在《四十自述》中也说“这种思想像野火一样燃烧着许多少年的心和血”，并使他有了“适之”之名。

当时受英国经验主义的影响，在哲学方面尤其重视逻辑著作的翻译。严复在《穆勒名学》按语中说：“本学之所以称为逻辑者，以如贝根（今译培根）言，是学为一切法之法，一切学之学。明其为体之尊，为用之广，则变逻各斯为逻辑以名之。”又说：“西学之所以翔实，天函日启，民智滋开，而一切皆归于有用者，正以此耳。”① 严复认为，中国古代学术中许多概念并没有确切的含义，这样便很难与现代讲究精深严确的科学哲学相衔接。解决这个问题的唯一途径是分析，看出事物之间的异同、类和别，然后根据类属关

① 王栻. 严复集：第 4 册. 北京：中华书局，1986：1028，1047.

系给名下定义，概括出“公例”，获得规则性认识。

与严复相比，王国维更具备哲学家的气质。他深信哲学只是追求真理的学问，因而有些贬低严复出于富强为目的的“功利性”翻译。很显然，王国维对中国哲学的研究显然是建立在他对西方哲学的了解和掌握的基础之上，他试图用他所掌握的西方哲学的观念（主要是康德和叔本华的哲学观念）来整理和讨论中国哲学的主要问题，梳理中国哲学的一些基本的范畴。他认为，从总体上看中国哲学侧重于道德哲学和政治哲学，而缺乏纯粹形上学的兴趣和成果。在写于 1904 年的《国朝汉学派戴阮二家之哲学说》中，他认为，西方哲学关注问题的方式，终觉不合“中国人的实际之性质”，所以从宋元明直到戴（震）阮（元）的哲学，终究不脱实用的窠臼。王国维由此推断说：“理论哲学之不适合于吾国人之性质，而我国人之性质，其彻头彻尾实际的有如是也。”

中西文化之间的这种差异，导致王国维自己也在经验主义的严密和伦理美学的愉悦中冲突着，使他感到了“可爱”与“可信”之间的矛盾：“余疲于哲学有日矣。哲学上之说，大都可爱者不可信，可信者不可爱。余知真理，而余又爱其谬误。伟大之形而上学，高严之伦理学，与纯粹之美学，此吾人所酷嗜也。然求其可信者，则宁在知识论上之实证论，伦理学上之快乐论，与美学上之经验论。知其可信而不能爱，觉其可爱而不能信，此近二三年中最大之烦闷……余之性质，欲为哲学家则感情苦多，而知力苦寡。欲为诗人，则又苦感情寡而理性多。”① 这可能导致他很快放弃了哲学而转向文学。然而，尽管王国维只在短短的几年内从事哲学研究和翻译，但他运用西方哲学的方法来梳理中国哲学所进行的开创性的工作，在很大程度上催生了 20 世纪中国哲学研究的雏形。

可以说，近代中国是在一种进退失据的状态下进行理论思考的。一方面对外来的思想资源掌握不够，另一方面对自身的思想资源充满着怀疑。

第二节　中国人的思维方式和人生智慧

不同的文化之间存在着许多共同的问题域，比如人与人的关系、人与自然的关系、人与社会的关系等，然而对这些问题的思考方向则是各有侧重的，

---

① 王国维. 自序二//干春松，等. 王国维学术经典集：上. 南昌：江西人民出版社，1997：5.

从而形成了不同的人生观和宇宙观、价值观。就哲学而言，作为不同文化类型的根本标志，主要体现在对于一些人类关注的共同问题的着眼点和展开方式。牟宗三说：中国哲学“没有西方式的以知识为中心，以理智游戏为一特征的独立哲学，也没有西方式的以神为中心的启示宗教。它是以‘生命’为中心，由此展开他们的教训、智慧、学问与修行。这是独立的一套，很难吞没消解于西方式的独立哲学中，亦很难消解于西方式的独立宗教中。但是它有一种智慧，它可以消融西方式的宗教而不见其有碍，它亦可以消融西方式的哲学而不见其有碍”①。这是从中西方哲学的差异来说的，那么中国人的思维方式有哪些重要的特征呢?

一、注重实用和关注整体

对于中国人的思维方式的提炼，源自近代中国在面对西方文化的挑战时所产生的中西文化比较偏好。当时热衷于传播西方思想的严复，曾批评中国人的思维方式是“臆想而非实测”，也就是说想象的成分多而实证的因素少。严复认为只有用归纳和演绎这样的逻辑方式才能获得真正的科学知识。后来的新文化运动高举“民主”和“科学”的大旗，却将中国古代的思维方式目之为“非科学”。更有甚者认为中国人的思维方式是导致中国没有发展出现代科学的主要原因。

总结中西思维之异同是一项很大、很复杂的工作，前人做了一些局部但很有影响的归纳。例如：李泽厚认为，中国古代从巫史文化中解放出来的理性，并没有走向抽象的思辨之路，也没有沉入厌弃人世的追求解脱之途，而是执着于人间的现实问题的探求。社会伦常占据了思虑的首要地位，据此他称中国人的思维方式为“实用理性”或“实践理性”：“中国实用理性有其唯物论的某些基本倾向，其中我以为最重要的是它特别执着于历史。历史意识的发达是中国实用理性的重要内容和特征。……把自然哲学和历史哲学铸为一体，使历史观、认识论、伦理学和辩证法相合为一，成为一种历史（经验）加情感（人际）的理性，这正是中国哲学和文化一个特征。……中国哲学和文化一般缺乏严格的推理形式和抽象的理论探索，毋宁更欣赏和满足于模糊笼统的全局性的整体思维和直观把握中，去追求和获得某种非逻辑非纯思辨非形式分析所能得到的真理和领悟。”② 李泽厚关于“实用

① 牟宗三．中国哲学的特质．上海：上海古籍出版社，1997：6.

② 李泽厚．中国古代思想史论．北京：人民出版社，1986：305-306.

理性”的概括，点出了中国人智慧中注重实际的思维方式和整体直观的认识形式。

张岱年认为，中国智慧关注“整体”和“过程”。他说，中国的辩证思维中，最具有特色的是整体观点与过程观点。“中国哲学与中国医学，都把全世界看作一个整体，把每一人的身心，每一个动物，每一个植物，都看作一个个整体；同时又把全世界看作一个过程，把每一个事物的存在也看作一个过程。在中国古代哲学著作中，整体称为‘全’或‘统体’；过程称为‘行’或‘流行’。”①

这种注重整体和直观的思维方式产生了什么有别于西方哲学的主题呢？牟宗三概括为主体性与道德性：“在中国古代，圣和哲两个观念是相通的。哲字的原义是明智，明智加以德性化和人格化，便是圣了。……圣王重理想的实践，实践的过程即为政治的活动。此等活动是由自己出发，而关连着人、事和天三方面。”② 在牟宗三看来，政治的成功取决于主体对于人、事、天三方面的关系的调和，而这个过程的开端则是培养德性的主体。因此，这样的实践是以自己的生命本身作为对象。虽然佛道重视生命的负的层面，儒家重视生命的正的层面，但究其旨趣，是对精神生命的高度关注。正是因为中国哲学即事谈理，因此并无生命主体与外在世界的对立，也无此在世界与彼岸世界的隔绝，而是即现实追寻理想、即生命追寻意义、即内在追寻超越，从而构成中国哲学的精神气质。

冯友兰说：“中国传统哲学的主要精神，如果正确理解的话，不能把它称作完全是现世的，也不能把它称作完全是出世的。它既是现世的，又是出世的。有一位哲学家在谈到宋朝道学时说它：‘不离日用常行内，直到天地未画前。’这是中国哲学努力的方向。由于有这样的一种精神，中国哲学既是理想主义的，又是现实主义的；既讲求实际，又不浮浅。”③ 对此，有乐观者看到了中国智慧解救现代性之弊的功用，有悲观者则认为中国思维的模糊性将制约中国人的科技创造和管理制度的建构。

其实，在地球已经成为一个村落的今天，无论是中国智慧还是西方智慧，都将以一种前所未有的方式互相沟通、互相吸收，最终使人类认识世界和了解自己的能力得到提升。

---

① 张岱年．中国古代哲学的基本特点．学术月刊，1983（9）．

② 牟宗三．中国哲学的特质．上海：上海古籍出版社，1997：11．

③ 冯友兰．中国哲学简史．北京：新世界出版社，2004：7．

二、天人合一

中国哲学以天人关系为主题，但这里的人和天并不能简单地对应为人与自然。“其所谓天，并非单纯指称客观的自然，而是凝结着人性的内容，体现了特定的社会理想与价值追求；其所谓人，也并非单纯指称人类社会，而是包含着对客观自然的效法，对宇宙和谐规律的体认。……由于中国哲学对于天人关系问题的探索，目的在于从中引申出一种可以运用于人事的内圣外王之道，所以理论与实践也是合而不分的。”① 可见所谓的天人合一，实质上是“推天道以明人事”。其落脚点在人，而不在天，目的是要“知人”和“爱人”。

具体说来，由于对于天、天道、人、人道的理解各不相同，所以对天人关系的理解是多种多样的。比如：道家认为天道无为，人道有为，要达到“道法自然”的境界便应“不以人灭天”；对儒家而言，对天人关系既主张效法自然，又强调发挥人的主观能动性。《易传·文言》说：“夫大人者，与天地合其德，与日月合其明，与四时合其序，与鬼神合其吉凶。先天而天弗违，后天而奉天时。”人虽然要效法天，但是天道和人道并不同一，而是一种展开。“昔者圣人之作《易》也，将以顺性命之理。是以立天之道曰阴与阳，立地之道曰柔与刚，立人之道曰仁与义。”（《易传·说卦》）而圣人与君子之德则是综合了天地之精神。即所谓“天行健，君子以自强不息”，“地势坤，君子以厚德载物”（《易传·象传》）。

天人合一也可以理解为天人相通和天人相类。在儒家看来，所谓的天人相通，其实是从人的角度来理解天。《中庸》说“天命之谓性，率性之谓道，修道之为教”，意思是说天命是人道的本原。但是如何去理解天呢？却是回到“人心”，孟子说“尽其心者，知其性也。知其性，则知天矣”（《孟子·尽心上》）。这看上去似乎是在做循环论证，但实质上儒家是以人为出发点来理解天地宇宙的。

“天人相类”是汉代比较流行的一种观点，董仲舒在《春秋繁露》中说到的“人副天数”是这种观点的一种表述。这种看法将天人关系的内在和谐理解成天和人之间的直接对应关系，如董仲舒说：“天以终岁之数成人之身，故小节三百六十六，副日数也。大节十二分，副月数也。内有五脏，副五行数也。外有四肢，副四时数也。”（《春秋繁露·人副天数》）不过这种说法并没有成为后世思考天人关系的典型思路。

---

① 余敦康．魏晋玄学史．北京：北京大学出版社，2004：287-288.

先秦儒学的天人相通论被宋明时期的思想家所重视。程颐说："安有知人道而不知天道者乎？道一也，岂人道自是一道，天道自是一道？……天地人只一道也，才通其一，则余皆通。"（《二程语录》十八）从这个思路转而讨论心性问题，便是"心即性也，在天为命，在人为性，论其所主为心，其实只是一个道"（《二程语录》十八）。这样，人类秩序便是一种天命之流行。后来的朱熹和陆王，理解天人关系并没有超出这个思路，其差别在于如何达成心性之间的统一的方式不同。

对于天人关系的理解还有"天人相分"和"天人交相胜"等不同的说法。荀子等人试图说明自然秩序和社会规范之间的差别，进而强调人在建立社会规范中的作用。但他所忽略的是，天人相通论所借助的天更多的是具有象征性的意义，因此荀子并没有击中天人相通的要害。宋明理学家从性与天道的关系出发，认为人性和人道是天理的展开，因此"天人异用，不足以言诚；天人异知，不足以尽明。所谓诚明者，性与天道不见乎小大之别也。……性与天道合一存乎诚"（《正蒙·诚明》）。因此，天人合一更可以被看作一种超越性的境界，按王阳明的话说是"与天地万物为一体"。

"天人合一"的观念可以说是中国传统思想的基本模式，中国人的宇宙观、价值观均建立在天人和谐的基础之上。但天人合一或天人和谐，并不是试图建构一种消解矛盾的思想形态，而是要揭示天人之间的矛盾和平衡相协调的张力。"中国哲学在处理天人关系的问题上始终保持着一种必要的张力，既不像印度哲学那样完全取消天人界限，也不像希腊哲学那样使之截然二分，完全对立起来，而是合中有分，分中有合。"①

三、求真与致善

真和善的问题为所有的人类文明所关注。中国传统思想十分重视智慧，不过，这个智慧主要是指分辨善恶的能力，也就是道德认知力。所以中国人追求智慧的方法和目的有其独特性。《论语·子罕》中将"知""仁""勇"三者并举，"知者不惑，仁者不忧，勇者不惧"。显然是将"知"看作人品的重要内容。这种倾向在孟子那里得到更为明确的表达，即以"是非之心"作为"智之端也"（《孟子·公孙丑上》）。因此，"中国哲人认为真理即是至善，求真乃即求善，真善非二，至真的道理即是至善的准则。即真即善，

① 余敦康．夏商周三代宗教——中国哲学思想发生的源头//姜广辉．经学今诠三编．沈阳：辽宁教育出版社，2002：10.

即善即真”①。

中国传统的思想家们对于知识和道德的认识与体验，有着向内和向外等不同的认识。孟子虽然并不完全排除人的耳目之官，但是认为这并非认识的主要目标，而是要反身内求自己的良知。荀子区分了“知”和“智”，“所以知之在人者谓之知。知有所合谓之智”（《荀子·正名》），实际指出了向外求知的道路。这两种路向，被宋明儒者综合成“见闻之知”和“德性之知”。

张载认为“见闻之知”是对外界存在的事物的认识，包括科学知识。而“德性所知，不萌于见闻”（《正蒙·大心》）则强调了“天德良知”是一种先天的道德自觉，并不能通过“见闻之知”的累积而获得，而是需要一种体验和自觉。

因为将求知的目标看成是“成人”，所以道德自觉相比于一般的认识要重要得多。在很多时候，中国思想的是非问题往往被善恶问题所取代，或者说是非问题与善恶问题是统一在一起的。如朱熹说：“学者工夫只求一个是。天下之理，不过是与非两端而已。从其是则为善，徇其非则为恶。事亲须是孝，不然，则非事亲之道；事君须是忠，不然，则非事君之道。凡事皆用审个是非，择其是而行之。”（《朱子语类》卷十三）王守仁也说：“良知只是个是非之心，是非只是个好恶。”（《传习录》下）

关于是非标准是存在于外在的天理还是内心的良知，程朱理学和陆王心学之间存有很大的差异，但将道德活动看作要比探究客观知识更为重要则是共同的认识。这种对客观的知识的轻视，导致中国思想的展开并没有建立起一套严密的逻辑论证系统，而是以能否完满地解释生活经验和秩序的合理性为指向。在这种思想方式的影响下，当人们讨论语言与对象的关系时，并不追求清晰性，而是关注语言的局限性和对象的复杂性张力，并以“得意忘言”式内心体悟为高妙思想的标志。如《庄子·外物》中说：“筌者所以在鱼，得鱼而忘筌；蹄者所以在兔，得兔而忘蹄；言者所以在意，得意而忘言。”强调语言本身只是体会含义的工具和桥梁，因而不能拘泥于言说。这样的倾向是中国人思维方式的基本特性。

关于认识活动与认识对象之间的复杂性的认识在魏晋时期得到充分的展开。王弼结合《周易》与庄子的思想，将对经典文本的理解区分为言、象、意三个层次，提出了“言不尽意”论。他说：“夫象，出意者也；言者，明象者也。尽意莫若象，尽象莫若言。言生于象，故可寻言以观象。象生于意，

① 张岱年. 中国哲学大纲. 北京：中国社会科学出版社，1982：7.

故可寻象以观意。意以象尽，象以言着。故言者所以明象，得象而忘言。象者所以存意，得意而忘象。犹蹄者所以在兔，得兔而忘蹄；筌者所以存鱼，得鱼而忘筌也。然则言者象之蹄也，象者意之筌。是故存言者，非得象也。存象者，非得意者也。象生于意而存象焉，则所存者乃非其象也。言生于象而存言焉，则所存者乃非其言也。然则忘象者乃得意者也，忘言者乃得象者也。得意在忘象，得象在忘言。故立象以尽意，而象可忘也。"（《周易略例·明象》）这里的言、象、意虽然涉及《周易》的独特表述形式，但大意是说一个人想要表达的意思可以通过"象"，以比较接近对象的方式进行类比来获得，而这样的解释要通过语言来传达。由此，语言和象只是手段，要理解对方就不能停留在这些中间环节上。

中国思想重体悟、轻分析，体现在求知和践履的关系上，则是重知，更重知行合一。《中庸》对于知行关系的论述比较全面，如"博学之，审问之，慎思之，明辨之，笃行之"。认为要达到"诚"的境界，知与行是不可或缺的。而儒家对知行问题的总体倾向，是认为：就知和行先后来说，知要先于行；就知和行的重要性来说，行要高于知，行是知的目的。荀子说："不闻不若闻之，闻之不若见之，见之不若知之，知之不若行之。学至于行之而止矣。"（《荀子·儒效》）

知行关系为儒释道三家所共同关注，佛教也注重宗教认识与宗教实践的结合，所谓戒、定、慧即是修行的一个整体。

宋明理学兴起之后，儒家也不断深化对于知行关系的认识。程朱理学体悟出"天理"，因此特别重视对天理的体认。程颐说："学者须是真知，才知得是，便泰然行将去也。"（《遗书》卷十八）在与佛道二教争夺人心的过程中，他强调体认儒家原则的优先性。朱熹接受程颐知先行后的观念，说："论先后，知为先；论轻重，行为重。"（《朱子语类》卷九）但知行必须"并到"。"知与行，工夫须着并到。知之愈明，则行之愈笃；行之愈笃，则知之愈明。二者皆不可偏废。"（《朱子语类》卷十四）肯定了知与行之间的互相促进作用。

王阳明标举"知行合一"，他继承孟子和陆九渊的道德良知说，认为道德良知必然发用为道德践履。在回答弟子关于"知行合一"的提问时，王阳明回答："此须识我立言宗旨。今人学问，只因知行分作两件，故有一念发动，虽是不善，然却未曾行，便不去禁止。我今说个知行合一，正要人晓得一念发动处，便即是行了。发动处有不善，就将这不善的念克倒了。须要彻根彻底，不使那一念不善潜伏在胸中。此是我立言宗旨。"（《传习录》下）王阳明强调知行合一，既为致良知思想的逻辑发展，也是对那些只知诵读圣贤经典，而不能付诸实施的现象的批评。

虽然也有道家等学派提倡绝圣去智，游心于方外，但就中国思想的总体特色而言，知行合一，求知与笃行之结合是一个主流观点。

四、哲学与宗教

信仰与宗教是人类精神生活的重要内容。哲学与宗教的关系，在不同的文化中体现出不同的面貌。冯友兰认为中国人有以哲学代宗教的倾向。他说："人不满足于现实世界而追求超越现实世界，这是人类内心深处的一种渴望，在这一点上，中国人和其他民族的人并无二致。但是中国人不那么关切宗教，是因为他们太关切哲学了。他们的宗教意识不浓，是因为他们的哲学意识太浓了。他们在哲学里找到了超越现实世界的那个存在，也在哲学里表达和欣赏那个超越伦理道德的价值；在哲学生活中，他们体验了这些超越伦理道德的价值。"① 因此，在中华文明中并没有发展出类似于基督教、印度教这样的典型宗教系统，而是形成了儒、道、墨、法这样的以现实社会为主要关注点的思想体系。这也从一定程度决定了早期中华文明不同于其他文明的信仰生活样态。

在没有区别信仰与宗教，而是按照西方关于宗教的话语方式来理解信仰的情况下，杨庆堃在《中国社会中的宗教》一书中，曾用结构—功能的观点解析中国的两种"宗教"形态：一种是制度性的宗教（institutional religion），另外一种则是分散性的宗教（diffused religion）。"制度性的宗教"自身有独特的神学或宇宙解释系统和形式化的（包括符号性的形象和精神表征如上帝等）崇拜祭祀系统，并有一个独立的人事组织去促成神学观点的阐释和祭祀活动的进行。从结构角度而言，"制度性的宗教"的一个最大特点是其自身可独立于世俗的社会体系之外，从而在某种程度上与之相分离。"分散性的宗教"也有其神学、祭祀与人事的运作系统，但无论是其精神内核还是形式化的仪轨组织均与世俗制度和社会秩序有机地整合在一起，成为结构的一部分，它自身没有任何独立存在的价值和意义。很显然中国的本土宗教属于"分散性的宗教"的范畴。

可以说，中国人对于宗教的态度是若即若离的。中国文化始终没有产生一个具有宰制意义的宗教，但是中国思想中宗教的因素始终存在。比如说儒

① 冯友兰. 中国哲学简史. 北京：新世界出版社，2004：5.

家虽不说“怪力乱神”，但是特别强调“神道设教”。这种理性和信仰的混合特别体现在“礼”的繁盛上。作为古代祭祀文化之遗存的“礼”在经过不断的理性化之后，转变为百姓日常生活的规则，但这些规则依然保留着许多神秘的和巫术化的色彩。

中国没有出现系统化的宗教形态，但在道教出现之前，各种“类宗教”的形态比比皆是。那么中国人如何解决理性和信仰之间的问题，按梁漱溟的看法，就是“以道德代宗教”：“古代宗教往往临乎政治之上，而涵容礼俗法制在内，可以说整个社会靠它而组成，整个文化靠它作中心，岂是轻轻以人们各自之道德所可替代！纵然畸重在道德上，道德之养成似亦要有个依傍，这个依傍，便是‘礼’。事实上，宗教在中国卒于被替代下来之故，大约由于二者：一、安排伦理名分以组织社会；二、设为礼乐揖让以涵养理性。二者合起来，遂无事乎宗教。此二者，在古时原可摄之于一‘礼’字之内。在中国代替宗教者，实在是周孔之‘礼’。不过其归趣，则在使人走上道德之路，恰有别于宗教，因此我们说，中国以道德代宗教。”① 杨庆堃则更具体地分析了为什么儒家担负了很大部分的宗教功能。他说：“中国宗教缺少独立的中央组织的僧侣集团与有组织的会众，使它无法在社会组织的一般架构上占任何重要的地位。这样遂让儒家思想在传统中国的社会与政治秩序上扮演一个中心角色。同样地，宗教组织上的薄弱，使它在中国社会制度的运作上只能为儒家思想的一个配角。如果中国宗教会发展出强固的组织，则儒家恐惧宗教与之竞争将远甚于现在。这是在中国儒家与宗教长期以来合作的特性。”② 此外，蔡元培还有“以美育代宗教”的说法，显然没有梁氏的说法有说服力。

佛教传入之后，中国人开始接受佛教的许多观念，比如报应、轮回。不过在很多情况下，中国人的信仰生活有一种浓厚的“功利性”。所以，一般的民众对于宗教的归属感不是十分强烈，一个人可能既信佛教，也信道教。中国人在儒释道三教并称的时候，并不特别明确地去区分这个“教”是哲学还是宗教，实际是在信仰和教化层面上选择了各“教”之间的共同性意义。

由于“宗教”一词有它的特定含义和渊源，用它来表达中国传统文化中的信仰现象，往往会产生一些歧义。近代中国知识界借用日本人以“宗教”来译英文 religion 的时候，就发现这会将中国原本包含很多“教化”含义的

① 梁漱溟．中国文化要义．上海：学林出版社，1987：108-109.

② 杨庆堃．儒家思想与中国宗教之间的功能关系//中国思想与制度论集．刘纫尼，段昌国，张永堂，译．台北：联经出版事业公司，1976：339.

"教"赋予了信仰甚至迷信的含义。比如康有为说过，日本人用"宗教"来翻译 religion 的时候，比较倾向于神教，那么像中国孔子思想体系，就难以纳入宗教了："然厘里近之义，实不能以神教尽之，但久为耶教形式所囿，几若非神无教云尔。然教而加宗，义已不妥，若因佛、回、耶皆言神道，而谓为神教可也，遂以孔子不言神道，即不得为教，则知二五而不知十者也。"所以，康有为主张将"宗教"概念扩大化，认为神道之教和人道之教都应是宗教，"太古草昧尚鬼，则神教为尊；近世文明重人，则人道为重。故人道之教，实从神教而更进焉。要无论神道、人道，而其为教则一也"①。不过，这样的概念引入反而对康有为的孔教思想造成更多的混乱。

其实无论是神道还是人道，它们作为宗教的意义，主要在于构成和推行一定的信仰。当某种信仰以一定社会性的组织化形式加以体现的时候，它才成为宗教。这一点在中国和外国都是一样的。例如在中国，佛教传入后，在接受了佛教的信众那里，佛教意味着对佛陀、佛经和佛法的信仰；但文人学士们并未将它当作信仰，而是看成一种关于理论和人生境界的哲学、一种思维的训练。而哲学本身也包含着、指导着更高层次的信仰。中国之所以出现"以道德代宗教""以美育代宗教"之类的说法，并能够在实践中把儒释道三教和谐地并列起来，正是因为中国哲学和文化中，实际上存在着一种实用倾向的信仰形态。

五、斗争与和谐

在传统中国社会中，那种斗争性的决裂总会让位于包容式的和谐。这大概是由于"和而不同"和"中庸"两个理念，为这种思维方式提供了思想基础。

"和而不同"最早见于《国语·郑语》中有关史伯与郑桓公之间的谈话。谈话内容是关于周王室的命运。史伯在批评统治者"去和而取同"时指出："夫和实生物，同则不继。"并对"和"与"同"的含义做了解释："以他平他谓之和，故能丰长而物归之；若以同裨同，尽乃弃矣。"将和看作在差异之中寻求一种平衡的结合点，而如果反对差异，听不进不同的意见，则没有出路。春秋末年，晏婴发展了这一思想，并用音乐和烹调做比喻，指出对立的因素才能相成相济："若以水济水，谁能食之？若琴瑟之专壹，谁能听之？同之不可也如是。"（《左传·昭公二十年》）后来孔子也使用"和""同"的概念来说

---

① 康有为．孔教会序//康有为全集：第九集．北京：中国人民大学出版社，2007：346.

明为人和处理问题的原则。“君子和而不同，小人同而不和”（《论语·子路》），坚持在承认差别的前提下寻求和谐。

儒家认为“和”是天道的自然流行，发展出许多关于“和”的观念。如“大和”“中和”。“大和”出自《易传》。《周易·乾卦·彖传》说：“大哉乾元，万物资始，乃统天，云行雨施，品物流形。大明终始，六位时成，时乘六龙以御天。乾道变化，各正性命，保合大和，乃利贞。首出庶物，万国咸宁。”是说乾卦取象于天，如果其变化，各得其正，那么就可以“保合大和”，达到万国咸宁的境界。《中庸》把“中和”视为万物赖以生存和繁衍的重要法则。“喜怒哀乐之未发，谓之中；发而皆中节，谓之和。中也者，天下之大本也；和也者，天下之达道也。致中和，天地位焉，万物育焉。”后世的儒家特别是宋明理学，非常注重对于“中和”思想的阐发。

与“中和”相关的是“中庸”。作为境界的“中庸”一直被看作只有很少的人才能达到的最高层级，即所谓“极高明而道中庸”。而作为方法的中庸，有时也称“中道”，其最紧要处在于“无过无不及”。朱熹说：“中庸者，不偏不倚，无过不及，而平常之理，乃天命所当然、精微之极致也。”（《中庸章句集注》）

强调行为的适度性是中国传统思想的基调。它在《易传》中表述为“正中”“中道”“中行”等。这种对中道的追求，影响到中国人对矛盾和对立双方斗争结局的理解或者说期待。宋代的张载说：“有象斯有对，对必反其为；有反斯有仇，仇必和而解。”（《正蒙·太和》）显然，统一性被肯定，矛盾的和解成为目标。

总而言之，对于和谐的肯定，对于斗争的化解，是中国人对于自然秩序和社会秩序的一种独到的理解和追求。

六、形上与形下

形上与形下，语出《周易》之《系辞上》，“形而上者谓之道，形而下者谓之器”。按照孔颖达《周易正义》的解读，“道是无体之名，形是有质之称。凡有从无而生，形由道而立，是先道而后形，是道在形之上，形在道之下”。大致可以理解为，形上指的是超越具体的形象的，而形下则是我们所见所闻之具体事物。从这个解释中，可以看到从老庄“有生于无”到魏晋“有无之辨”的影响。“凡有从无而生”则是魏晋玄学的一个重要的命题。

宋明理学对于形上形下和道器的关系，有了进一步的探索，特别是程颐对于阴阳之道的解释，很具影响力。他说：“‘一阴一阳之谓道’，道非阴阳也，所以一阴一阳，道也”（《遗书》卷三）。这里一方面综合继承了前人道不离器的说法，另一方面则提出了道与器是一种内在的原理与外在表现的关系。朱熹发挥说，形而上者，理也；形而下者，气也。将道器关系和理气关系做了关联性的讨论。

程朱的道器论并不被王夫之所认同，在王夫之看来，是有了器，才有所谓的道，不能说未有车马之前，就已经有了驾驭车马的原则，天下所存有的具体事物都是器，而道是从属于器的。

基于形上和形下关系的道器论，被章学诚用来解释六经文本和儒家之根本之理的关系，他说：“道不离器，犹影不离形。后世服夫子之教者自六经，以谓六经载道之书也，而不知六经皆器也。”（《文史通义·原道中》）由此他认为，如果从六经而不是从百姓的日用人伦去探寻儒家之道，则是错将载道之器与道本身作了混同，这样会沉陷于道之为道，而不知道“道之所以为道”。

中国思想中的道器关系论，略接近于西方哲学中形式与质料、本体与现象等问题的探讨，但与所有的中国哲学命题一样，其讨论非为纯理论兴趣，而是推天道以明人事。子贡说夫子论性与天道不可得而闻，即使是形上形下之论，其立足点依旧在人生、社会而不在对于事物的本质的抽象。

七、人性与人心

中国哲学因为注重道德修养和生命体验，而促使关于人性的理论十分发达。其中尤以儒家的人性理论最为丰富和复杂。《论语》中“性相近，习相远”的说法，首创了将“性”与“习”对举的思路。孔子是要强调人性乃人之自然禀赋，而行为方式乃后天所习得。当时对于人性善恶的说法很多，有人认为人性并无善、恶之分，善、恶是人们在社会生活中，因为受到外在环境的影响而逐渐形成的。也有人认为人性可以为善，可以为不善，也就是说人性中本身包含善、恶两种成分，甚至有人认为有些人天生性恶。

儒家的人性论由孟、荀确立其最核心的主题。孟子认为人性就是人与动物区分开来的标志，因此，他从仁义礼智四端来论证人天然具有恻隐、羞恶、恭敬（辞让）、是非之心。仁义礼智之心是“根于心”而“非由外铄”，因此，对于四端的存养就要通过反求诸心的“尽心”以“知性”。这是道德情感和道德理性的结合。

孟子之后，荀子提出了“性恶论”。他认为人的本性是恶的，善是后天教化的结果，正因为如此，所以圣人才需要制礼作乐、建立社会规范来调节。

荀子说："人生而有欲，欲而不得，则不能无求；求而无度量分界，则不能不争。争则乱，乱则穷。先王恶其乱也，故制礼义以分之，以养人之欲，给人之求。"（《荀子·礼论》）

荀子的人性论与法家的人性论思想有内在的关联，韩非就说："夫民之性，恶劳而乐佚，佚则荒，荒则不治，不治则乱，而赏刑不行于天下者必塞。"（《韩非子·心度》）但是，韩非与荀子的不同在于，荀子主张通过教化而制约、调节人的欲望，而韩非则主张通过严刑峻法这样的威胁和暴力的手段来遏制。

汉代之后，在大一统的君主制度下，等级秩序被制度化，这样的政治格局体现在人性论上，则是"性三品"说的提出，董仲舒将人性分为圣人之性、中民之性和斗筲之性。这实质上是上智下愚不移在人性论上的表现。在董仲舒看来，真正能称得上人性的其实是中民之性，这个人性实际上是人的自然之资，并无善、恶之分，经过圣王的教化，可以为善，但是并不意味着其本身是善的，这里可以看出荀子人性论的逻辑。

董仲舒的性三品说也有很多继承者，如韩愈。不过在韩愈看来，上品之性是纯善的，下品之性是纯恶的，只有中品之性是既可以为善也可以为恶的，这样将现实的等级制度影射到人性论上。

宋明理学对人性的讨论有了进一步的深化。张载和二程均认为人性中不但有纯善的天地之性（天命之性），也有善与不善相混合的"气质之性"，朱熹吸收了张载、二程的理路，并做出进一步的展开。在朱熹看来，天命之性是一种纯粹的存在，他必然要通过气质来承载，但一旦夹杂气禀，那便已经不是那个原来的性了。所以讨论性的问题，必然要跟讨论气的问题联系起来。他说："'论性不论气，不备，论气不论性，不明。'盖本然之性，只是至善。然不以气质而论之，则莫知其有昏明开塞，刚柔强弱，故有所不备。徒论气质之性，而不自本原言之，则虽知有昏明开塞、刚柔强弱之不同，而不知至善之源未尝有异，故其论有所不明。须是合性与气观之，然后尽。盖性即气，气即性也。若孟子专于性善，则有些是'论性不论气'；韩愈三品之说，则是'论气不论性'。"（《朱子语类》卷五十九）这就是说，性一旦落实，便是在外在的形气之中，已然不是那个本然之性，所以必然会有善恶产生。朱熹的结论是虽然性即理，但对于生活于现实世界的人来说，却只能说性之本体是理，你需要不断地克服人性中所沾染的善恶之气，这便是格物穷理的道德修养工夫。

在善恶问题、心性情问题之上，还有一个天理与人心的关系问题。汉字中“心”的含义十分多样化，既可以是认知的心，也可以是生理上的心，朱熹对心进行了区分，我们所了解的一个最常见的说法是“道心”和“人心”。朱熹认为无论是圣人和一般人都是人心和道心兼备的，但是道心则是体察性命之正，而人心则是发用为一般的耳目口舌男女之欲。但关键是这里有一个大的道理在，有正常的欲望，有不正常的欲望。

朱熹认为心与性情之间也是浑然一体，“心之全体湛然虚明，万理具足，无一毫私欲之间；其流行该偏，贯乎动静，而妙用又无不在焉。故以其未发而全体者言之，则性也；以其已发而妙用者言之，则情也。然‘心统性情’，只就浑沌一物之中，指其已发、未发而为言尔；非是性是一个地头，心是一个地头，情又是一个地头，如此悬隔也”（《朱子语类》卷五）。这或许是朱熹不可解决的矛盾，从天理人欲的对立来看，必须要指明对立的源头，这样才能找到存天理的途径。但是如果所能呈现的已然是气质所杂的性，那么那个天理便是不可接近的虚悬。

所以，后起的陆王心学反对朱熹将性与心、天理与人欲对立的观点，认为心即性，心即理。王阳明说：“知是理之灵处。就其主宰处说便谓之心，就其禀赋处说便谓之性。”（《传习录》上）这样心、性、知就只是理的不同呈现方式而已，这样使人的道德活动与人的情感自主性与能动性得到了一种逻辑上的统一。

八、生命与境界

中国思想文化的重点在于对人的生命与社会秩序的关切。尤其是儒家，如何修身做人，一直是其学说的核心。儒家的主流是以性善论为基点，阐发出一套由人心上升至社会、国家乃至于天下的修养论体系，即“格物、致知、诚意、正心、修身、齐家、治国、平天下”的《大学》“八条目”。

儒家对于人的特殊理解，主要是将人在社会中的长幼尊卑关系，看成一种自然性的秩序，并依遵“缘情制礼”的原则，将道德规范的合理性诉诸内心情感的自发性。《论语》中关于“三年之丧”和“子为父隐”的表达显示出，在孔子看来，父母去世之后，子女是否守三年之丧，答案在于“心安”。这种非逻辑性的证明在儒家看来是有力而不容置疑的。

中国思想家一直很关注“命运”。在儒家那里，命定论体现为抗命和宿命的矛盾统一。一方面对社会秩序的追求要求人们服从命运的安排，另一方面则要刚毅、奋斗。而在道家的思想中，命定论发展出一套在命运面前从容不迫、消极、闲适的生活态度。“从人生态度与精神境界来说，中国文化与哲学不过是两种基本形态。一种是以儒家为代表的强调社会关怀与道德义务的境界，一种是以佛老为代表的注重内心宁静平和与超越自我的境界。”① 如果更具体一点来看，在儒家的人生理想中，就包含这两种态度。例如，孔子既说过“知其不可而为之”，也说过“道不行，乘桴浮于海”。这方面最经典的表述要算孟子的“穷则独善其身，达则兼济天下”。因此也有人说中国人的人生哲学是儒道互补的。

中国传统人生观的终极表现是境界论。在中国思想家的观念模型中，有许多对于理想人格的描述：孟子的“富贵不能淫，贫贱不能移，威武不能屈”的大丈夫精神；庄子笔下逍遥自在的“至人”“神人”“圣人”；魏晋的名士们更是以“放达”和“飘逸”塑造出“魏晋风度”；到了宋明时期，张载所说的“为天地立心，为生民立道，为去圣继绝学，为万世开太平”，是儒家人生理想的充分的表述，成为后来儒生和现代知识分子的座右铭。

近代和现代的中国哲学家十分重视对人生境界的描绘和构想。其中影响很大的有王国维的境界说。王国维在《人间词话》中说：“古今之成大事业、大学问者，必经过三种之境界：‘昨夜西风凋碧树。独上高楼，望尽天涯路。’此第一境也。‘衣带渐宽终不悔，为伊消得人憔悴。’此第二境也。‘众里寻他千百度，回头蓦见，那人正在，灯火阑珊处。’此第三境也。”这三个境界虽立意在文学创作，但又可以引申至人生境界之侧影。

冯友兰与唐君毅也提出了富有启发性的境界观。冯友兰在《论人生中底境界》中说：“人所可能有底境界，可以分为四种：自然境界，功利境界，道德境界，天地境界”。其中，“自然境界”是最低层次的精神境界，是指人对其行为只有生物直觉，是人对周围各方面的一种关系；“功利境界”是指其行为都有他们所确切了解的目的；“道德境界”是指其行为所及的对象，是利他的，是有益于社会公益的；“天地境界”就是人和宇宙的关系，亦即哲学境界，这是一种自觉的、最高、最完善的境界。冯友兰自己最喜欢的一句话是“极高明而道中庸”，可以作为他的“天地境界”的集中体现。

唐君毅则借助佛家之体、相、用三分法，来呈现心灵观照的客观对象和心灵自身的主观活动。不同的体、相、用三观，相应于客观、主观、超主客观三界，以此展示出心灵活动的九种境界。在唐君毅所著《生命存在与心灵境界》中，称之为“心通九境”论。九境依次是：万物散殊境，依类成化境，功能序运境，感觉互摄境，观照凌虚境，道德实践境，归向一神境，我法二

① 陈来．有无之境：王阳明哲学的精神．北京：人民出版社，1991：5.

空境，天德流行境。前三境属客观界，中三境属主观界，后三境属超主客观界。这里所说的三界九境，均是由心灵依不同的观照而显，皆为一超验的心灵世界所涵摄，故所谓主观、客观之分，并不是认识论意义上的，而是同属于心本论的形而上层面。九境，不但包括了心灵世界的所有层面，而且也统摄了人类所创造的一切文化成果。

大体上说，因为注重内在体验和自省的修养工夫，中国哲学最终必走向对于即内在即超越的生命境界的体认，所以成为一种境界论的哲学。

第三节 中国思想的主要派别

中国思想是既丰富又复杂的，其基本理论格局建立于先秦的百家争鸣过程之中。虽然随着秦统一六国和大一统政治体制的形成，思想的自由争鸣让位于统一的意识形态，但各种思想派别依然在不同的政治和历史背景下得以发展。

儒家因为自汉代开始取得了独尊地位，所以儒学的发展得到制度和权力系统的支持，逐渐成为中国思想的主干。不过道家和法家也并未销声匿迹，所谓“儒道互补”“阳儒阴法”等说法，在一定程度上反映了诸子学在中国思想和社会文化中的实际存在状况。

佛教的传入也极大地改变了中国思想的特点。首先，从宗教层面看，佛教的流传，使产生于先秦的原始道教得以脱胎换骨，逐渐建立起其成熟的信仰和仪式系统，刺激了道教等本土化宗教的发展；其次，佛教在传播的过程中不断与本土思想资源融汇综合，催生了本土化的佛教流派的形成，比如禅宗等；最后也最为关键的是，儒释道三教的合流推进了儒家的发展，形成了建立在儒家原则基础上又综合了佛、道智慧的宋明理学。

1840 年以来，西方学科化的知识系统取代了传统中国的思想形态，中国思想面临着挑战、危机和创造性转化的机遇，中国思想再一次发生重大的转变。西式教育体系的引入，不但改变了中国传统的以科举制为核心，以学校和书院、私塾为载体的教育模式，而且在学科体制和教学内容上均发生了巨大的变化。

一、儒家

无论是从思想发展的规模还是从实际产生的影响看，儒家都是中国传统思想的主干。尽管近代以来中国思想发生了复杂变化，儒学已不再作为政治合法性的基础和中国人精神生活的支柱，但儒家与中国社会、中国思想发展的关系依然最受到人们的关注。

（一）儒家、儒学和儒教

对于儒家，有三个既互相通用又略有分别的概念："儒家"、"儒学"和"儒教"。"儒家"既可以表示由孔子创立的学派的名称，也可以表示儒家的思想，因此可以覆盖"儒学""儒教"。"儒学"主要是指儒家的义理。"儒教"本义是指儒家的"教化"功能，后因与佛教、道教并称"三教"，而逐渐有了宗教方面的含义。近代以来，"儒教"是将儒家视为一种宗教性思想体系的时候所采用的称呼，有时也称"孔教"。如康有为、陈焕章成立的儒教组织，就名为"孔教会"。关于儒家本质上是否具有宗教的性质，学界尚有很多争议。

儒家思想是中国早期文明自身发展的产物，特别是它承接体现了西周以来礼乐文明的精神特质，具有巨大的包容性和复杂性。对于何为儒、儒之来源等问题，历代学者有着既一致又有所不同的表述。近代思想家章太炎在《国故论衡·原儒》中，综合了历史上各家的不同描述，提出"儒有三科"的说法，基本上概括了"儒家"的不同侧面。儒有三科指的是"儒"有"达名之儒""类名之儒""私名之儒"三种意义。所谓达名是最广泛的含义，他引用《说文》的解释，认为儒是术士的别称，包括一切有术有能之士，是一个最广义的名称。"类名之儒"即指儒是那些掌握了"六艺"的人。儒者知礼乐射御书数，在这个意义上，儒家是那些保存、传授古代礼仪规范、典籍文化的教师。"私名"则是最为严格的称呼。章太炎引用了《汉书·艺文志》中的说法："儒家者流，盖出于司徒之官，助人君顺阴阳明教化者也。游文于六经之中，留意于仁义之际，祖述尧舜，宪章文武，宗师仲尼，以重其言，于道最为高。"这个说法简略扼要地概括了儒家以孔子为宗师，以仁义为核心思想，以六经为思想载体的特征。这里指的是作为一个学派专有名称的儒家。

对于儒家的来源，直到 20 世纪还有许多争议。有代表性的，如胡适在《说儒》一文中认为，儒家是殷遗民，在被周征服之后，从事治丧和相礼等宗教性职业，逐渐发展为儒家学派；冯友兰在《原儒墨》一文中不同意儒为殷遗民的说法，并结合"诸子出于王官"的说法，认为在西周末的政治动荡中，那些有知识的贵族或在官的专家散入民间，成为以教书、相礼为职业的人。所以他区分了"儒"与"儒家"：儒指以教书、相礼等为职业的一种人，儒家指先秦诸子中之一派。儒为儒家所自出，儒家之人或亦仍操儒之职业，但二者并不是一回事。孔子不是儒之创立者，但是儒家之创立者。

上述无论哪一种说法，都尚未得到大家一致接受。但有一点可以确定，在孔子之后，儒家肯定是先秦最有影响力的学派。孔子作为中国私人教育的先驱者和有着传奇魅力的思想家、社会活动家，有许多追随者。一个笼统的说法是弟子三千，身通六艺者七十二人，著名弟子有颜回、子路、子贡、子夏等。《论语·先进》中说："德行：颜渊、闵子骞、冉伯牛、仲弓；言语：宰我、子贡；政事：冉有、季路；文学：子游、子夏。"这里提出的"德行"、"言语"、"政事"和"文学"，被称为"孔门四科"，应该是孔子教学的几个主要的方向，有点接近于现在的学科分类。

（二）儒家的精神传统

儒家思想经过几千年的发展和传播，形塑了中国人价值观念的核心。虽然在不同的时代，儒家所强调的价值有所变化，这可以理解为对孔子思想不同侧面的发挥。因此要了解儒家的精神传统，首先必须了解孔子的思想。

1．"仁"和"礼"：孔子和儒家精神的确立

如果要用两个字来描述孔子的思想，那肯定是"礼"和"仁"。

从字源的意义上，"礼"最初可能与某种神圣的仪式相关，之后逐渐扩展到社会生活的各个方面。在中国古代典籍中，"礼"可能包含日常礼仪、典章制度和观念性的"礼义"等多方面的含义。礼往往与乐连用，礼使社会秩序化，而乐使社会和谐化。儒家以礼乐为重要内容的教化思想，继承的是由周公所创立的人文教化理想，并被孔子认定为中国政治的核心理念。"殷因于夏礼，所损益可知也；周因于殷礼，所损益可知也；其或继周者，虽百世可知也。"（《论语·为政》）

儒家对社会秩序的理解建立在血缘和等级的基础之上。《中庸》记录孔子回答哀公问政的话时说"仁者人也，亲亲为大。义者宜也，尊贤为大。亲亲之杀，尊贤之等，礼所生也"，点出了儒家之礼的特性。在孔子看来，礼应是社会秩序的最终依据，而不是依靠刑罚的强制，因为靠刑罚所维持的秩序会导致人们没有人格上的尊严并失去羞耻感。最终的结果是刑罚本身的失效。"礼乐不兴，则刑罚不中；刑罚不中，则民无所措手足。"（《论语·子路》）

对于"礼"的熟悉和传承是儒家群体的重要特征，"不学礼，无以立"（《论语·季氏》）。但儒家并非只是将礼看作一种外在的规范，而是始终强调其内在的神圣性，所以"敬""诚"等德行被反复强调。如芬格莱特所说："礼仪有力地显发出来的东西，不仅仅是社会形式的和谐与完美、人际交往的内在与终极的尊严，它所显发出来的还有道德的完善，那种道德的完善蕴含在自我目标的获得之中，而自我目标的获得，则是通过将他人视为具有同样

尊严的存在和礼仪活动中自由的合作参与者来实现的。"[①] 由此可以引发儒学的核心理念"仁"。因为在孔子看来，没有内在的诚敬之意的仪式化的礼，只能被看作虚伪的做作。"人而不仁，如礼何？人而不仁，如乐何？"(《论语·八佾》)

"仁"是《论语》中最重要的概念，因为在这个短短的文献中，"仁"出现了105次之多，内含有儒家道德理想主义的主要精神特征。孔子通过对于仁的种种不同侧面的描述，涵盖了对于人的品性的要求：忠信、正直、宽容、勇敢、智慧等，并据此来区分"君子"与"小人"。

孔子将仁看作造就一个人的过程，"为仁由己"，这个过程是不断"克己复礼"的自我完善，这种完善用最简单的话来概括就是"忠恕之道"。"忠"是一种由自己推展到社会的行为，"夫仁者，己欲立而立人，己欲达而达人。能近取譬，可谓仁之方也已"(《论语·雍也》)。因此儒家强调刚健有为，以天下为己任，以知其不可为而为之的态度去实践、去改造。"恕"则是以一种厚德载物的精神去理解社会、理解别人。"子贡问曰：'有一言而可以终身行之者乎?'子曰：'其恕乎！己所不欲，勿施于人。'"这一忠恕之道，按曾子的话说，就是孔子所坚持的一以贯之之道。

2. 孟子、荀子的发展

孔子去世后，儒家发生了分化，如韩非所说是"儒分为八"。现在并没有足够的资料来梳理孔门后学分化的详情，但有一点是确定的，以子思和孟子为代表的思孟学派，与荀子不同，从各自的角度发展了孔子的思想。司马迁说："天下并争于战国，儒术既绌焉，然齐鲁之间，学者独不废也。于威、宣之际，孟子、荀卿之列，咸遵夫子之业而润色之，以学显于当世。"(《史记·儒林列传》)所谓"遵夫子之业"，应理解成孟、荀继承了孔子的基本精神。而"润色"的范围，应主要在"性与天道"等方面。子贡曾经说过："夫子之文章，可得而闻也；夫子之言性与天道，不可得而闻也。"(《论语·公冶长》)而孟、荀则是从对人性和天道的阐发来为儒家的政治理想建立新的论说方式。这一思想发展线索，随着郭店楚简的出土而得到初步的衔接，进而可以知道，对于人性和天道的一致性的论说，从《中庸》到孟子是存有逻辑关联的。

孟子思想的核心是"仁政"，他面对凭借实力作为秩序基础的战国时代，提出只有以德服人的王道政治才能真正得天下。孟子的"仁政"观念显然是

① 芬格莱特. 孔子：即凡而圣. 彭国翔，张华，译. 南京：江苏人民出版社，2010：15.

孔子“德治”“重民”思想的发展。他指出，“民心”之向背是天下有道与否的标志：“桀纣之失天下也，失其民也；失其民者，失其心也。得天下有道，得其民，斯得天下矣。得其民有道，得其心，斯得民矣。”（《孟子·离娄上》）由此，他提出了民贵君轻的思想，并认为如果君主残暴，老百姓可以起来推翻、诛杀。按现在的眼光看，仁政思想的理论更像是对战国时期霸道政治的一种批判理论，而仁政本身具体的政治设计如“井田制”等，则并不具有很强的操作性。

孟子以他的人性观点来论证仁政的必然性。针对当时流行的性无善恶的思想，孟子强化了性善作为人之为人的基本点，认为人性本善，这种善并非后天学习的结果，而是人所固有的“良知”。每一个人生下来就有向善的动机，即“四端”：恻隐、羞恶、辞让、是非。但这些动机必须加以保养、扩充，才能发挥作用。由于人先天具有这种“不忍人”之心，所以仁政必然是政治的归宿。孟子由此充分发扬了儒家“人能弘道”的道德自觉性。孟子对儒家的人格思想有很大的发展，他的许多观点都已成为中国人的人格理想，如“舍身取义”“富贵不能淫，贫贱不能移，威武不能屈”，特别是“穷则独善其身，达则兼济天下”，等等。孟子的思想在唐以后受到很大的重视，被看作继承孔子道统的人，因此也被称为“亚圣”。

与孟子的风光无限相比，荀子的境地就有些尴尬，在后儒的眼里，荀子经常受到批评，特别是他“隆礼重法”的思想，认为是儒家转向法家的通道。荀子自己也不回避与思孟学派的立场差异，他在《非十二子》一文中，批评思、孟是“略法先王而不知其统，犹然而材剧志大，闻见杂博。案往旧造说，谓之五行，甚僻违而无类，幽隐而无说，闭约而无解。案饰其辞而祇敬之曰：此真先君子之言也。子思唱之，孟轲和之，世俗之沟犹瞀儒，嚾嚾然不知其所非也，遂受而传之，以为仲尼、子弓为兹厚于后世。是则子思、孟轲之罪也”。

的确，与孟子的道德理想主义相比，荀子更贴近于实际操作层面的思想阐发。荀子思想的核心是“礼”，他主张以礼正国，他在《王制》中说：“天地者，生之始也；礼义者，治之始也；君子者，礼义之始也。”但本于儒家之等级观念，荀子认为法在维护社会秩序过程中能起到很大的作用，因为礼适合于士，而一般的老百姓则需要法律来节制。“士以上则必以礼乐节之，众庶百姓则必以法数制之。”（《荀子·富国》）但是，不能将荀子的“隆礼重法”与法家的“任法”等同起来。荀子从根本上还是继承儒家的王道政治的思想，认为礼是由仁义而生，只有让君子来制定法、执行法，才是为政的关键。所以，荀子尽管在秦国的强大中看到了法家政治实践的具体效果，但依然认为只有儒家之道才是统一中国的唯一道路。

荀子对于礼的起源的认识颇有新意。他指出礼义起源于对于人的自然本性和欲望情感的限制，也根源于社会财富的不足所造成的争斗。礼义的确立是人的社会能力标志，因为人能够按照“义”的要求来设置社会分工和长幼次序，这样便使人类有了很好的组织，并进而具有竞争力。这种建立在区分基础上的“礼”必然会导致“尊君”的倾向。《致士》中说：“君者国之隆也。父者家之隆也。隆一而治，二而乱”。《正论》中说：“天子者，势位至尊，无敌于天下。……南面而听天下，生民之属莫不振动从服以化顺之。天下无隐士，无遗善，同焉者是也，异焉者非也。”这种说法已经逼近法家的门户，而与孟学有很大的差别。原因是荀子强调礼，强调要以明贵贱、别上下、异君臣为要义。他认为不尊君就不可能有致别异的效果，论证了政治组织的效率在于有权威的政治组织者的统治。

与孟子相信社会秩序依赖于扩充自身的良知不同，荀子并不相信人性是善的，而是从人性恶推导出礼乐政治的必要性。荀子说：“人之性，恶；其善者，伪也。”（《荀子·性恶》）也就是说，与生俱来的自然本性是恶的，只有经过后天的教育、思考的深入等人文教化的过程，改变人性，造就治世。因此在孟子那里尽心便可知人、知天，荀子则强调天人相分，依靠人的努力来改变先天的自然属性。由天人相分扩展开来，人类的秩序依赖于人类自身的活动。“天有其时，地有其财，人有其治。”（《荀子·天论》）

3. 儒家的制度化和制度的儒家化

儒家在秦始皇统一中国前后经历了很大的挫折，因为儒家以“托古”为基本模式的德政诉求与崇尚严刑峻法的法家在社会秩序的设置上有巨大差异。所以在秦相李斯以排斥异端、一统观念的运动中，儒家遭受了“焚书坑儒”之劫，儒家许多典籍的传播受到很大的限制。虽然有些学者认为被活埋的“儒”中并非单纯指的是儒家人士，也有方士等别的学派的成员，且别的学派的著作也难免“挟书令”之厄。但儒家无疑在先秦诸子中所受到的损害必然最大。

秦朝的暴政激发了猛烈的反抗，因而很快覆亡。不过“汉承秦制”，也就是说汉朝的政治制度基本上沿袭了秦朝的模式，只是在休养生息的政策下，比较宽松而已。

汉初的政治意识主要是黄老道学，儒生们则主要通过对于秦国灭亡教训的总结来说明礼治和德政才是稳定统治的要素。陆贾和贾谊等人通过分析秦国灭亡的原因和以马上得天下、“宁可以马上治之”的质疑，来强调儒学作为政治意识形态的合理性和必要性。也有一部分儒生则趋向于用实用主义的方式来使儒学直接与现实的政治活动相结合。最典型的人物有为汉王朝制定仪礼制度，使汉高祖感受做帝王的威严的叔孙通，还有在汉武帝时期“习文法吏事，缘饰以儒术”（《汉书·公孙弘传》）的公孙弘等。这些都为汉武帝接受儒家观念做了舆论和制度上的准备。但转变儒学命运的一个关键性的人物，则是通过“天人三策”而被汉武帝所倚重的董仲舒。一方面，董仲舒吸收了墨、道、名、法等各家思想为我所用，使儒家有效地吸纳和融合了不同的思想学派的观念，并整合出更具解释力的儒学体系；另一方面，他站在公羊家的立场，以天人合一的合目的论思想，对新的社会秩序进行了意识形态论证。这些最终促使汉武帝采纳“罢黜百家，独尊儒术”的建议，并实施了设立五经博士等有助于儒家传播的制度性安排。

独尊儒术的核心是“不在六艺之科、孔子之术者，皆绝其道，勿使并进”，具体的措施有设立五经博士、兴办太学，而后又在察举制度的基础上考察儒家的经义，成为科举考试的滥觞。这些带有建制性的旨在确立儒家独尊地位的措施，可以用一个术语来描述就是“儒家的制度化”。制度化儒家包含两个互相联系的方面，即儒家的制度化和制度的儒家化。儒家的制度化，就是以儒家的学说为基准，建立起一套法律和实践系统，并通过传播逐渐深入习俗之中，统治者通过一系列的制度设计来确保儒家的独尊地位，其最高形式是儒学的意识形态化；制度的儒家化，则是指社会政治架构和具体的政治法律制度逐步按照儒家的思想设计或体现着儒家的理想。

儒家的制度化具体表现为儒家著作的经典化与法典化、孔子的圣化与神化等，总之是实现了儒生、儒学与权力、利益之间的依托关系，后世人们攻击儒家也往往从这一点入手。

儒家的制度化的枢纽是从隋唐时期发端到宋、明、清成熟的科举制度。科举制作为一种官员的选拔制度本身体现着儒家“贤者居位”的观念，同时也使儒家和权力建立了直接的联系。在传统中国社会，通过科举制度，使对儒学的了解几乎成为人们改变现有生活方式的唯一途径。一旦考试成功，就可以成为社会特权阶层，即“士”或“绅”。由于儒家观念体系本身存在着多种解释的可能性，那么通过科举来传达统治阶层的意志，就无疑成为最好的方式。所以，通过科举，儒家和权力之间的内在联系便建立起来了。

其实不独儒家如此。思想观念的制度化是传统社会中思想发展的一种常态，也是知识和权力互相需要的政治逻辑的体现。因为任何权力和统治的合法性必须有多方面的价值观念支持，这种支持的最通常的做法，就是主导价值观念系统的制度化。制度化使某种秩序得到合理性的证明，并通过制度执行而造就民众服从的愿望或习惯，因而发挥出超乎武力的威力，使统治权力的资源得到稳定的保障。

二、墨家

墨家曾一度是可以与儒家相抗衡的思想流派。与别的学派相对松散的构成不同的是，墨家是一个有严密纪律的团体，且富有侠义精神。《淮南子·泰族训》说："墨子服役者百八十人，皆可使赴火蹈刃，死不还踵"。墨家团体的首领称为"巨子"。

（一）儒墨之争

墨家可能是从儒家学派中分转出来的。《淮南子·要略》中说，墨家不满儒家礼仪活动的烦琐和靡费，才转而自立学派："墨子学儒者之业，受孔子之术，以为其礼烦扰而不悦，厚葬靡财而贫民，服伤生而害事。故背周道而用夏政。"这种说法并非空穴来风。从学理上说，儒墨均以古代的圣王时期作为理想，因此有着相对一致的社会追求。《韩非子·显学》中说："孔子、墨子俱道尧、舜，而取舍不同，皆自谓真尧、舜，尧、舜不复生，将谁使定儒、墨之诚乎？"墨子学派认为儒家的复古未够彻底，因为孔子只是追怀周代的礼乐制度，所以《墨子·公孟》批评孔子"子法周而未法夏也，子之古非古也"，即《庄子·天下》所说"非禹之道也"。而墨家所提出的理论主张，几乎都是针对儒家而发。孔子隆礼乐，墨子提倡非乐，反对繁复的礼制；孔子"知命"，墨子"非命"；孔子敬鬼神而远之，墨子则主张"明鬼"。这些都体现了他们之间的论敌关系。

墨家有十条核心教义，即"尚贤""尚同""兼爱""非攻""节用""节葬""天志""明鬼""非乐""非命"。墨子要求弟子到不同的国家要按照当地的情况尽力宣传这些教义。十项教义中最核心的是"兼爱"思想。儒家从血缘出发建立了"爱有差等"原则，也就是从与自己血缘亲密的人推展到整个社会人群的亲亲、尊尊的逻辑，墨家坚决反对之。墨子认为这种原则导致了人们的自私和对于公共利益的漠视，所以提倡"兼爱"，主张"视人之国若视其国，视人之家若视其家，视人之身若视其身"（《墨子·兼爱中》），这样人们便可能互相帮助，最后达到"交相利"。与儒家强调义和利之间的对立相比，墨家则看重行为的效果，而获得利益才是最大的"义"，因此"仁人之事者，必务求兴天下之利，除天下之害"（《墨子·兼爱下》）。

在兼爱的原则下，墨家主张"非攻"，反对春秋战国时期诸侯之间攻城略地的战争，并身体力行地去阻止各种冲突。墨子在社会政治问题上提出了“尚贤”和“尚同”的主张。其实儒家也是十分推崇“贤者居位”的，而墨家的主张更为坚决。在世袭制的宗法社会中，坚持尚贤是为政之本。与尚贤相关的是“尚同”，也就是选出治天下之民的贤能之士之后，按这些人的想法来统一思想，“天子唯能壹同天下之义，是以天下以治也”（《墨子·尚同上》）。

墨家作为一种苦行派，反对儒家在“礼”的原则下的奢侈行为。“繁饰礼乐以淫人”，“盛容修饰以蛊世，弦歌鼓舞以聚徒，繁登降之礼以示仪，务趋翔之节以观众”（《墨子·非儒下》）。墨家十分反对厚葬的习俗，认为儒家所提倡的“三年之丧”会造成很多的社会矛盾。墨家认为，社会治理的基本原则是“富之，众之，治之”，而厚葬的礼则将人辛辛苦苦所积累起来的财富都消耗殆尽，同时三年之丧期间的清苦生活，会使人失去精力，当然也会影响人口的生产。没有财富和足够的人力，这个社会如何能够治理得好呢？

墨家另一个与儒家尖锐对立的，是对于命运和天意等问题的看法。儒家从本性上有一种命定论的倾向。墨家却认为，如果相信命运的存在，就会使人失去奋斗的动力。对于鬼神的态度也同样如此。墨子主张明鬼，就是要使人相信鬼神的存在，并且能够赏善罚恶，这样便会对现实的人有警示作用。墨子批评儒家不相信鬼存在却重视祭祀是自相矛盾的。不过，无论是儒家重祭祀还是墨家信鬼神，其目的似乎都不在于建立信仰体系，而是具有浓厚的“神道设教”，即用鬼神来治人的手段化意味。

墨子提出了评价政治是非得失的三条著名标准，称为“三表”：“故言必有三表。何谓三表？子墨子言曰：有本之者，有原之者，有用之者。于何本之？上本之于古者圣王之事。于何原之？下原察百姓耳目之实。于何用之？废以为刑政，观其中国家百姓人民之利。此所谓言有三表也。”（《墨子·非命上》）这里提出，判断一种政治学说或行动的正当与否，要充分考察其“本”（即历史经验）、“原”（即现实根据）、“用”（即实际效果）三个方面：首先看是否与上古圣王的做法相符合，其次看老百姓是否支持，最后则看结果是否对百姓和人民有利。在当时的社会环境中能够提出这样的原则，应该说是很具有批判精神和人本色彩的。

（二）后期墨家与墨家的消失

墨子死后，墨家分为三派，三派均坚持自己是墨子的真正继承人，而称别的派别为“别墨”。战国中后期，可能是墨家最强盛的时期，它们以《墨经》为名，辑录了《经上》《经下》《经说上》《经说下》《大取》《小取》六篇，被认为是后期墨家的基本文献。墨家的分化，虽然组织形态和思想观念大体继承了初期墨家的基本原则，但也有一些转变。比如在后期墨家的著作中，就没有“天志”“明鬼”这些问题，而对“辩学”法则的思考则成为中心。

墨家将“辩”看得很重，“夫辩者，将以明是非之分，审治乱之纪，明同异之处，察名实之理，处利害，决嫌疑”（《墨子·小取》），并建立起一套“以名举实”“以辞抒意”“以说出故”为基本点的辩学体系，对于名实关系、概念的变化、语言与意义之间的关系、推理的一般性原则等，提出了有启发性的观点，被认为是中国逻辑发展史的重要一环。

从汉代初期开始，墨家学说逐渐失去了它的活力，主要原因是大一统政治格局的形成，使以行侠仗义并有着严密的组织机构的墨家无法在日渐完善的社会制度体系中找到容身之处。“儒以文乱法，侠以武犯禁，而人主兼礼之，此所以乱也。”（《韩非子·五蠹》）而墨子学说中对于社会礼仪的反对和苦行主义的生活方式，也显出墨家与儒家相比“不近人情”的一面，受到儒家不遗余力的批评。墨家终于在儒家不断强化的思想统一的过程中消失了。墨家的消失如果与名家的同样命运相联系，还使很多人有所感慨，视之为中国古代对于科学和逻辑缺乏应有的理解和兴趣的一个标志。

三、道家与道教

孔子说：“天下有道则见，无道则隐”（《论语·泰伯》），说明他内心对于隐逸之人还是比较持有同情和敬意的。在春秋战国时期，由于社会的剧烈变革，出现了一批不愿意与当权者合作的隐逸之士，他们或许可以被看作道家的先驱。

最早的道家是杨朱，现在我们只能从《淮南子》等书上找到有关他的资料，知道他主张“全身葆真，不以物累形”，特别是“拔一毛而利天下，不为也”的“贵己”“为我”思想，在当时有很大的影响。“天下之言，不归杨则归墨”，致使孟子将其与墨家一起，视为儒家的主要论敌。而在《庄子·天下》中，则忽略了杨朱而给道家描述出了另一个发展线索，即彭蒙、田骈、慎到为道家的第一阶段，老子是第二阶段，而庄子则是第三阶段。这个线索所强调的是道家的反智论倾向，比较接近于庄子自己的立场。

在对于道家的构成的分析中，许多人都提到了道家与古代史官之间的关系，史官作为记录成败祸福的官员，对于现实有一种超越感，这造就了道家最根本的特点。

（一）正负之间：老子的智慧

在现有的文献中，老子的身世十分模糊。在《史记》中，司马迁就录了关于老子身世的种种传说，据说是受关令尹喜的要求而著的《道德经》成为中国哲学的起源性文本。这一格言式的著作短短五千言，有很多不同的版本，也产生了无数的不同的解读。但最为核心的思想方法就是“反者，道之动”，即特别擅长从“负”的方面去看待事物的本质。因此，他一反儒家刚健有为的人生哲学，而是提倡“贵柔”“守雌”的人生策略。这样的方式被韩非等人理解成“计谋”，而引为同道。司马迁在为他作传的时候，把他跟法家的申不害和韩非放在一起。

老子被胡适等视为中国哲学的开端，相当大程度是因为他第一个以更为抽象的“道”来取代先秦时期解释世界运行抽象度相对不足的“天道”“阴阳”等范畴。“道”具有形而上的先在性，成为万物的根源，即所谓“道生一，一生二，二生三，三生万物”（《道德经》四十二章）。

道之超越性决定了它不是能够用语言表达而通过学习获得的，所以“道可道，非常道”（《道德经》一章），“为学日益，为道日损”（《道德经》四十八章）。人应该抛弃自以为是的掌握自然的冲动，而是彻底地去顺应大道。“人法地，地法天，天法道，道法自然。”（《道德经》二十五章）

在礼崩乐坏的处境中，老子和孔子对于现状的不满是共同的，区别在于解决的方法不同。在老子看来，原先的一套作为社会规范的礼仪只是一些空架子，儒家对于“仁义”的强调，意味着人们已经远离“道”的境界。“大道废，有仁义。智惠出，有大伪。六亲不和，有孝慈。国家昏乱，有忠臣。”（《道德经》十八章）

那么，如何回复到自然的境界呢？老子认为只能是“损之又损之，以至于无为”（《道德经》四十八章）。“我无为而民自化，我好静而民自正，我无事而民自富，我无欲而民自朴。”（《道德经》五十七章）在老子看来，儒家对仁义的强调已经背离了天道，唯有“绝圣弃智，民利百倍；绝仁弃义，民复孝慈；绝巧弃利，盗贼无有。此三者，为文不足，故令有所属：见素抱朴，少私寡欲”（《道德经》十九章）。因此与儒墨所设定的以尧舜禹三代之治作为理想社会的标志不同，道家追寻更为“自然”化的远古：“小国寡民，使有什伯之器而不用，使民重死而不远徙。虽有舟舆，无所乘之，虽有甲兵，无所陈之，使民复结绳而用之”，“甘其食，美其服，安其居，乐其俗，邻国相望，鸡犬之声相闻，民至老死不相往来。”（《道德经》八十章）

在这样的状态中，生命本身成为最重要的东西。在《道德经》中，许多言论后来都被解释为一种追求长生的方术，比如“专气致柔”“不自生，故能长生”。在颇具象征性的思维状态中，水的品性被赋予一种接近于道的特性的状况，因此，对于水的描述可以看成是道的运行轨迹。“上善若水。水善利万物，又不争。处众人之所恶，故几于道。居善地，心善渊，与善人，言善信，政善治，事善能，动善时。夫唯不争，故无尤。”（《道德经》八章）

但老子并未真正舍弃对于现实政治的关注，这使老子以超越现实为目的，去探索具有普遍意义的“道”，并非为了发现一种比人们的感觉所能觉察到的更为本质的东西，而是要获得一种具有指导意义的人生指南。在老子看来，只有从消极的方面去寻求，才能获得正面的目的。“古之善为道者，非以明人，将以愚之。民之难治，以其多智。以智治国，国之贼；不以智治国，国之福。知此两者，亦楷式。常知楷式，是谓玄德。玄德深远，与物反，然后乃至大顺”（《道德经》六十五章）；“不上贤，使民不争；不贵难得之货，使民不盗；不见可欲，使心不乱。圣人治：虚其心，实其腹，弱其志，强其骨。常使民无知无欲，使知者不敢为，则无不治”（《道德经》三章）。这种对“无为而无不为”、韬光养晦的强调，与以退为进的方法相结合的结果，体现出策略家的特征，但也往往使“道”与“道术”难以区分，甚至成为机会主义和愚民政策的结合体。

总之，如果与儒墨积极的入世态度相比较，道家更倾向于追寻一种内心的自由和生命的延续，但同时也含有某种反社会的倾向。“一是以个人为中心的反社会倾向，这将引出追寻个人自由或保全个人生命的两种不同的结果；一是以内心体验为中心的反理智的倾向，引导思想超越具体的有形的世界，直探神秘的终极境界。”[①] 而这两种方向在庄子那里得到更为统一的呈现。

（二）由“齐物”而“逍遥”的庄子

司马迁说：“庄子者，蒙人也，名周。周尝为蒙漆园吏，与梁惠王、齐宣王同时。其学无所不窥，然其要本归于老子之言。故其著书十余万言，大抵率寓言也。作渔父、盗跖、胠箧，以诋訿孔子之徒，以明老子之术。”（《史记·老子韩非列传》）这段话很简明地说明了庄子学说的核心是“本归于老子之言”和“明老子之术”。其著作的写作方式以“寓言”为特色。

所谓“本归于老子”，是指庄子继承和发展了老子的“道”的思想。《庄子·大宗师》说：“夫道有情有信，无为无形；可传而不可受，可得而不可见；自本自根，未有天地，自古以固存；神鬼神帝，生天生地；在太极之先

① 葛兆光. 中国思想史：第一卷. 上海：复旦大学出版社，1998：216-217.

而不为高，在六极之下而不为深，先天地生而不为久，长于上古而不为老。”这样的描述，与老子关于“道”既实存又无形的思想若合符节。

庄子倾向于采用寓言等写作方式，目的是强调事物的存在方式和人的认识能力的相对性。庄子区分了“以物观物”和“以道观物”两种不同的认识方式。例如关于事物的贵贱大小，他说：“以道观之，物无贵贱；以物观之，自贵而相贱；以俗观之，贵贱不在己。以差观之，因其所大而大之，则万物莫不大；因其所小而小之，则万物莫不小。”（《庄子·秋水》）就是说，在我们平常看来差异悬殊的东西，如果超越其自身的限制，站在更高的一层来看，那么其差异便会不足道。而如果站在超越“物”的边界的“道”的高度，那么根本无所谓差别，万物相齐。

庄子通过《齐物论》来否定事物的确定性和差异性，从而使“逍遥”有了一个切实的基础。如果说，老子是用“无”来消解“有”的，那么在庄子的“齐物”视野之下，“有”和“无”的区别本身就是一种“牵制”。“齐物”所追求的是一种超越性的视野，用以指明所谓确定性只是人类智慧的局限造成的。在庄子看来，智慧会迷失于人们的成心之中，因为每一个人都是从自己的一种角度出发来看周围的世界；所以，真正的圣人就像站在一个枢轴之上，随着自然的转动而改变自己的立场，也就是没有“自己”的立场，只以自然的立场为立场。可见，庄子的超越性并非从“自然”和“人为”的对立中形成的，而是连同自然和人为的区分本身一并超越了。庄子借用“人籁”“地籁”“天籁”来说明，天籁并不是超越于人籁和地籁的第三种声音，而是从另一个角度来看自然的声音，我们应该排斥一种“人为”的，随着自然的品性来表达。在这里，内在性支配着人们的一切，一切根源于内心的深刻体验，庄子从而完成了对老子道论的超越。

庄子的齐物论来自他对确定性的否认，原因在于，他认为事物本身是不可分彼此的：“物无非彼，物无非是。自彼则不见，自知则知之。故曰：彼出于是，是亦因彼。彼是方生之说也。虽然，方生方死，方死方生；方可方不可，方不可方可；因是因非，因非因是。是以圣人不由，而照之于天，亦因是也。是亦彼也，彼亦是也。彼亦一是非，此亦一是非。果且有彼是乎哉？果且无彼是乎哉？彼是莫得其偶，谓之道枢。”（《庄子·齐物论》）这样，任何行为都是在可与不可之间，善恶好坏之辨都成了一种“偏见”。“可乎可，不可乎不可。道行之而成，物谓之而然。恶乎然？然于然。恶乎不然？不然于不然。物固有所然，物固有所可。无物不然，无物不可。故为是举莛与楹，厉与西施，恢恑憰怪，道通为一。其分也，成也；其成也，毁也。凡物无成

与毁，复通为一。”（《庄子・齐物论》）

在庄子这里，“道”的观照超越了对于言说的执着，是将言语本身作为认识事物本真状况的桥梁，而非对于语言本身的关注。这样便意味着，可以将以古圣先贤的语句作为现实行为的标准，视为对于智慧的遮蔽。这不仅是因为语言的有限性难以描述道之无边界性，而关键在于语言往往意味着判断和界定，这恰恰是对于“道”的肢解。因此，语言便和智慧处于一种对峙的状态。在对“坐忘”的讨论中，庄子提出了“吾丧我”的命题，从对于“自己”（“吾”）的忘记中，达到对于自然而然的自我的确认，这种确认的结果是物我之间的融合。有了这个境界，“人”就从“物”和“角色”的存在状态中超脱出来了。《齐物论》以“庄周梦蝶”的故事作为结尾，其目的就在于要达到“真我”对于种种不同角色的我的超越：“昔者庄周梦为胡蝶，栩栩然胡蝶也，自喻适志与！不知周也。俄然觉，则蘧蘧然周也。不知周之梦为胡蝶与，胡蝶之梦为周与？周与胡蝶，则必有分矣。此之谓物化。”（《庄子・齐物论》）

“齐物”方能进入“无待”的逍遥。在庄子看来，人生在世，不免“人为物役”，受各种欲望和目标的役使。而摆脱了是非、真伪、祸福、生死的束缚，才使真正的逍遥成为可能。无论是列子的御风而行还是大鹏展翅，因为都有所依赖，而未达至境。庄子塑造出“至人”“神人”“圣人”等形象来描摹无待之境界：“若夫乘天地之正，而御六气之辩，以游无穷者，彼且恶乎待哉！故曰：至人无己，神人无功，圣人无名。”（《庄子・逍遥游》）

在这样的基础上，庄子建立起一种摆脱世俗功利的人生观，一种混沌的、没有机巧之心的、放下了虚荣心而徜徉于自由心灵的生命状态。它成为中国人精神生活的重要组成部分。

（三）道家和道教

道家并非道教的唯一源头，确切地说，神仙家、阴阳家和早期的各类方士更多地为道教准备了信仰和仪式的内容。在刘歆的《七略》中，道家与神仙家是自立门户的，虽然道家的清静无为思想，庄子对于至人、神人的描述等等均为道教提供了想象的因素。从汉代初年形成的“黄老道学”开始，道家思想便不断与神仙道和别的学派思想相混合。形成于汉代的道教，最初可能是希望借助于老子的影响而推崇老子，例如作为早期道教的重要派别的五斗米道，就主张诵习《道德经》。汉桓帝在位时，多次派人到传说中的老子出生地苦县祭拜，并亲自在濯龙宫拜祀。因之，老子在东汉逐渐被神化，成为道教教主。

学者们一般把汉代以《太平经》为依据的太平道和五斗米道称为早期道

教。经过魏晋时期与佛教既抗衡又吸收的过程，在北魏的寇谦之和南朝的陶弘景等人的改革下，吸收了佛教的戒律、仪规和组织方式，道教逐渐开始形成其比较完备的信仰体系和修炼体系。南北朝时期的北方新天师道和南方茅山上清派等，则称为教会道教。①

道教在隋唐时期得到了很大的发展，特别是唐朝，因为唐王室自奉为老子后裔，所以唐代的道教无论在理论和信徒上均有大规模的拓展。

宋代也是道教的黄金时期之一，逐渐形成了以玉皇大帝为宋朝的祖神和国家的守护神的信仰体系，并诞生了太一教和最能体现三教合流思想的全真教。

全真教和后起的净明教，不断地吸收佛教和儒家的思想，比如全真教主王重阳要求信徒阅读佛教的《般若》、道教的《道德经》《清静经》和儒家的《孝经》，而净明教则强调忠孝道德，强调发自内心的伦理品格，反对儒家的道德形式主义。而各式三教合流的劝善书也成为中国明以后宗教发展的一大特色。

就道教而言，追求肉体之长生不老是其基本和核心的内容。道教围绕神仙信仰发展出一整套包括服食、炼气、守神等综括外丹和内丹的修身炼形的系统。神仙家们相信神仙不死，仙可学而致。葛洪的《抱朴子内篇・论仙》说："或问曰：'神仙不死，信可得乎?'抱朴子答曰：'虽有至明，而有形者不可毕见焉。虽禀极聪，而有声者不可尽闻焉。虽有大章竖亥之足，而所常履者，未若所不履之多。虽有禹益齐谐之智，而所尝识者未若所不识之众也。万物云云，何所不有，况列仙之人，盈乎竹素矣。不死之道，曷为无之?'"意思是说，神仙的有无并不能以是否能看见的方法来证明，如果方法得当，并不困难。

道教的典籍杂而多端，有《道藏》行于世。与佛教相比，道教的宗教理论和信仰体系略逊一筹。其影响最根本的体现，往往表现在身体的修炼上。因此世间素有"儒治世、佛治心、道治身"的说法。

四、法家

在先秦时期的诸子百家中，法家是最具有现实精神的。法家的中心议题是："如何建立强有力的统治?""如何实现富国强兵?"而在当时，儒家和墨家是"显学"，追随者很多。儒墨都以上古时候传说中的尧舜盛世作为政治的

① 胡孚琛. 魏晋神仙道教. 北京：人民出版社，1989：7-8.

目标。儒家所提出的根本性主张是，通过道德教化的力量，潜移默化地对人进行社会性塑造。但这种固本的工夫，就如用文火熬汤，需要很长时间才能见效。在战国的乱世中，它虽然获得了人们的尊重，却没有几个诸侯肯拿自己的王国作为儒家理想的试验地。所以孔孟虽然奔走于各国之间，却未获得施展抱负的机会。而商鞅等人，则是由儒术改宗法术，从而赢得了统治者的信任。

法家要做的事，首先就是从理论上“解构”儒家和墨家所塑造的“复古”体系，提出要顺应时代发展和现实的需要。商鞅说，古代的圣王们都是按照他们所面临的不同问题而做出不同的决策，绝不是一成不变，所以“治世不一道，便（变）国不必法古”（《商君书・更法》）。法家的另一代表人物韩非以其惯常的反讽手法说，如果我们今天仍然像燧人氏那样去钻木取火，像有巢氏那样在树上筑屋而居，岂不是会让这些先贤们取笑？所以真正的圣人应该是“不期修古，不法常可。论世之事，因为之备”（《韩非子・五蠹》），不能死抱着祖宗成法不知道变通。

当然，法家并非简单否定儒家思想，而是认为在不同的时代应采用不同的观念。他们对于当时的社会历史条件有一个自己的判断，即韩非反复申论的“上古竞于道德，中世逐于智谋，当今争于气力”（《韩非子・五蠹》）。所以韩非指出，世上的人对于仁义的赞美在实践中是极其有害的。他说：“世主美仁义之名而不察其实，是以大者国亡身死，小者地削主卑。何以明之？夫施与贫困者，此世之所谓仁义；哀怜百姓不忍诛罚者，此世之所谓惠爱也。夫有施与贫困，则无功者得赏；不忍诛罚，则暴乱者不止。”（《韩非子・奸劫弑臣》）意思是说，仁义政策导致赏罚不明，会使那些不该得到恩惠的人无功受禄，而该受到惩罚的人得以逃脱，这样一来，便助长了人们贪便宜的心态，那些暴乱之徒更有恃无恐，这样的国家难保不灭亡。

基于此，法家的政治策略与儒家有根本的不同。儒家敦仁义教化，而法家强调“抱法处势”和权谋。这种不同的根源，在于儒家和法家对于人性理解的不同。虽然儒家的人性论中有“性善”和“性恶”等不同的说法，但主流的主张还是子思和孟子一派建立在“良知”基础上的性善说，并以此建立起个人—家庭—社会—国家以及“亲亲尊尊”的社会管理理念。而法家坚信人都有以追求利益为基本的行为动机，其人性的假设是利益至上。韩非往往用极端例子来证明他的观点。如他认为即使“亲情”也是建立在利益之上的：“父母之于子也，产男则相贺，产女则杀之。此俱出于父母之怀衽，然男子受贺，女子杀之者，虑其后便，计之长利也。故父母之于子也，犹用计算之心

以相待也，而况无父子之泽乎?”(《韩非子·六反》)

法家在不同的发展阶段中，逐步形成了以“法”“术”“势”为核心的思想体系。这是法家的特有传统。而韩非作为法家理论的集大成者，强调法、术、势只有相辅相成，才能实现效能最大化。

“法”在先秦时期的含义比较复杂，最主要的解释是刑罚的规则。在家族主义盛行的时代，法家坚持规则面前人人平等，因此在很大程度上顺应了由封建制向郡县制转变的政治格局，这也是他们在战国时期取得重大成功的原因。但法家过于相信刑罚的力量，特别相信暴力威胁在政治建构中的作用，因此难以成为一种持久的正当性规则体系。《汉书·艺文志》在评论法家的时候说：“法家者流，盖出于理官。信赏必罚，以辅礼制。《易》曰‘先王以明罚饬法’，此其所长也。及刻者为之，则无教化，去仁爱，专任刑法而欲以致治，至于残害至亲，伤恩薄厚。”

“术”主要是就统治策略而言的。申不害说：“故善为主者，倚于愚，立于不盈，设于不敢，藏于无事，窜端匿疏，示天下无为，是以近者亲之，远者怀之。示人有余者人夺之，示人不足者人与之，刚者折，危者覆，动者摇，静者安。”(《群书治要》引《申子·大体》篇)在韩非那里，“术”则是刑和德的结合，也称为“二柄”：“明主之所导制其臣者，二柄而已矣。二柄者，刑德也。何谓刑德？曰：杀戮之谓刑，庆赏之谓德。”(《韩非子·二柄》)

“势”的观念侧重于强调势能在政治操作中的重要性。韩非说：“明君之所以立功成名者四：一曰天时，二曰人心，三曰技能，四曰势位。……夫有材而无势，虽贤不能制不肖。如立尺材于高山之上，下临千仞之谷，材非长也，位高也。桀为天子，能制天下，非贤也，势重也。尧为匹夫，不能正三家，非不肖也，位卑也。”(《韩非子·功名》)所以，虽然儒家和法家都强调要加强君主的权威，但儒家的做法是“正名”，通过“礼”的制约性来树立人们的服从意识；而法家采用的则是一种威权主义的原则，也就是说，虽然所有人都应遵守同样的法律，但民众的服从并不会是自觉的，统治者只能通过增强自己权势的办法，让老百姓感到恐惧而服从。

法家与儒家的最大差别，在于法家坚认政治需要和儒家亲情伦理之间的巨大差别。同时，法家重于强化君主的绝对权力，因而与儒家将责任和义务相结合的尊君观念大异其趣。如果按现在的政治学观念来分析，法家注重于将政治的公共领域和私人领域分离，而儒家的亲亲尊尊则是将公共领域和私人领域相混同，以致从根本上制约了政治的效率。而法家的理论适应了当时提高政治效率的需要，因此在各国的政治实践中取得了空前的成功。李悝在魏，吴起在楚，商鞅在秦，申不害在韩，先后进行过内容不同的“变法”。韩非虽然并未被得到直接推行其理论的机会，但秦始皇和李斯等人的政治实践，无不体现出韩非思想的影子。正是由于不懈地推行法家的观念，秦国完成了由一个边陲弱国到统一六国的强大国家的转变。

随着秦国的覆没，法家思想也开始遭到普遍的怀疑，其中反击最有力的是汉初的儒生们。他们将秦国的灭亡与秦国浓厚的法家政治色彩联系起来，批判法家忽视仁爱而过于相信法术力量的价值取向。陆贾在《新语》一书中，劝告汉高祖“马上得天下，不能马上治天下”，并指出，实施严刑峻法是秦亡天下的主要原因。司马谈则说：“法家不别亲疏，不殊贵贱，一断于法，则亲亲尊尊之恩绝矣。可以行一时之计，而不可长用也”（《论六家之要指》）。但汉初的儒家和黄老道家，出于其“拨乱反正”的心理，多少有点夸大法家对秦国政治的一统性的影响，而忽视了儒法两家的内在联系，以及儒家思想体系在秦国政治中的潜在作用。

例如，此后何以出现“百代都行秦政制”这一现象？陈寅恪曾对此做出了进一步的解释。他说：“儒者在古代本为典章学术所寄托之专家。李斯受荀卿之学，佐成秦治。秦之法制实儒家一派学说之所附系。《中庸》之‘车同轨，书同文，行同伦’（即太史公所谓：‘至始皇乃能并冠带之伦’之伦），为儒家理想之制度，而于秦始皇之身而得以实现之也。汉承秦业，其官制法律亦袭用前朝。遗传至晋以后，法律与礼经并称，儒家《周官》之学说悉采入法典。夫政治社会一切公私行动莫不与法典相关，而法典为儒家学说具体之实现。故二千年来华夏民族所受儒家学说之影响最深最巨者，实在制度法律公私生活之方面。”[①] 这就是说，虽然儒法两家在形式上看起来是彼此对立的，但是在历来实际的政治操作中，它们却表现出许多彼此相融的方面。

五、阴阳家

《汉书·艺文志》记述：“阴阳家者流，盖出于羲和之官，敬顺昊天，历象日月星辰，敬授民时，此其所长也。及拘者为之，则牵于禁忌，泥于小数，舍人事而任鬼神。”就是说，阴阳家擅长星象历法之类的知识，缺点则是“舍人事而任鬼神”。显然，在春秋战国这样的乱世，依赖于不可知的力量是人之常情，因此阴阳家很受诸侯们的欢迎。“是以驺子重于齐。适梁，惠王郊迎，

---

① 陈寅恪．冯友兰《中国哲学史》下册审查报告//陈寅恪史学论文选集．上海：上海古籍出版社，1992：511.

执宾主之礼。适赵，平原君侧行撇席。如燕，昭王拥彗先驱，请列弟子之座而受业，筑碣石宫，身亲往师之。作主运。其游诸侯见尊礼如此，岂与仲尼菜色陈蔡，孟轲困于齐梁同乎哉!”（《史记·孟子荀卿列传》）

阴阳家所擅长的领域包括：一是“与‘天’有关的方术，如天文历算、占星望气、式法选择、龟卜筮占、风角五音。它们是以古人对天象的知识为基础的，推测宇宙变化，并衍生出来种种避凶趋吉的方法”；二是“与‘地’有关的方术，如形法”；三是“与‘人’有关的方术，包括占梦、招魂、厌劾、服食、房中、导引等等”①。在钻研这些问题的时候，“阴阳”和“五行”概念被确立起来，成为中国人解释宇宙和人类特性的基本范畴。

确切地说，阴阳五行是中国古代思想的基本结构，只是有一些人据此而发展出一套宇宙与人事相关联的“五德始终”说，而被许多人所追随。在春秋战国时期，这一类人被列入阴阳家，主要的代表人物是邹衍。据现有的史料，邹衍最主要的理论是“大九州”说和“五德始终”说。所谓的“大九州”即是认为天下有互相独立的九个州，中国属于赤县神州，而每一个独立的州中又分为九州。这当然不是基于航行基础上的地理发现，而是一种推理和幻想的结果。但与孟子同时的邹衍之所以深受当时的诸侯们的欢迎，则主要在于“五德始终”说，即用阴阳五行的运行来推演人事治乱的变化规律，这对于处于危机时期的诸侯尤其有吸引力。《史记·封禅书》说：“自齐威、宣之时，驺子之徒论著终始五德之运，及秦帝而齐人奏之，故始皇采用之。而宋毋忌、正伯侨、充尚、羡门高，最后皆燕人，为方仙道，形解销化，依于鬼神之事。驺衍以阴阳主运，显于诸侯，而燕齐海上之方士，传其术不能通，然则怪迂阿谀苟合之徒自此兴，不可胜数也。”

在《吕氏春秋·应同》颇能反映阴阳家思想的一段记录中，秦以前的王朝更替的历史，被描述成木胜土、金胜木、火胜金、水胜火和土胜水这样的五德始终的连环。对应到具体的朝代便是：尚土德的黄帝被尚木德的夏朝所取代，而尚金德的商朝又取代了尚木德的夏朝，而取代商朝的周朝则尚火德，由此可以推论接下来便是尚水德，并进入下一个循环。规律发现之后，人们主要的任务便是寻找征兆。因为当时人们相信“国家将兴，必有祯祥；国家将亡，必有妖孽”（《礼记·中庸》）。

按司马迁的分析，阴阳家所采用的“五德始终”说，其背后的动机，依

① 葛兆光. 中国思想史：第一卷. 上海：复旦大学出版社，1998：222. 虽然这是对于战国时期的思想而说的，但是这些方术至今影响着中国人的日常生活。

然是希望通过这些略显怪诞的预言使统治者有所忌惮。“驺衍睹有国者益淫侈，不能尚德，若大雅整之于身，施及黎庶矣。乃深观阴阳消息而作怪迂之变，终始、大圣之篇十余万言。其语闳大不经，必先验小物，推而大之，至于无垠。先序今以上至黄帝，学者所共术，大并世盛衰，因载其禨祥度制，推而远之，至天地未生，窈冥不可考而原也。”（《史记·孟子荀卿列传》）“尚德”似乎是阴阳家的目标，因此有人亦将阴阳家归入儒家。

儒家与阴阳家之间的确存在着密切的关系，儒家本身也十分强调天道和人道之间的关系，这一点尤其被思孟一支所强调。而汉代的儒家通过神秘主义的方式确立儒家的地位的时候，也特别借助了五行相生相胜的思想。特别是董仲舒，将五行比附于道德和政治，他以仁为木、义为金、礼为水、智为火、信为土，并推演到五种官员之间的互相制约。即使在东汉章帝时编撰的具有官方文献性质的《白虎通义》中，依然是坚持五行相生相克的政治解释。因此虽然作为一个学派的阴阳家已经不复存在，但阴阳家的思想仍可以通过儒家的政治实践而得到呈现。但此后更多的阴阳家信徒，可能只能流落到民间，去做一些算命看风水之类的事情了。

六、名家与辩学

在“礼崩乐坏”的时代，如何重建政治也就是礼法的秩序，是当时的思想家们所关注的核心问题。而作为礼仪之虚文“名”与作为礼仪之操作的“实”之间，如何重新取得一致，便是“名学”立说的关键。在班固的《汉书·艺文志》中，列名家为九流之一：“名家者流，盖出于礼官。古者名位不同，礼亦异数。孔子曰：‘必也正名乎！名不正则言不顺，言不顺则事不成。’此其所长也。及警者为之，则苛钩鈲析乱而已。”班固认为名家出于礼官，所要强调的便是名学之政治意义。

当然，先秦的各家有各自的名学思想。如老子主张“无名”，孔子则要“正名”，其他各家也有各自的名学思想，因此“名实相符”“循名责实”并非专门讨论概念与对象之间的关系。不过有一些人将名学问题抽象化和一般化，专门讨论语言、概念的有限与无限问题，因此“正名”问题转变为“指物”“白马非马”“坚白”等逻辑思维的问题。但这种转变受到了多方的批评。如《庄子·天下》评论说：“桓团、公孙龙，辩者之徒，饰人之心，易人之意；能胜人之口，不能服人之心。”荀子的《非十二子》也认为，“不法先王，不是礼义，而好治怪说、玩琦辞，甚察而不惠，辩而无用，多事而寡功，不可以为治纲纪。然而其持之有故，其言之成理，足以欺惑愚众。是惠施、邓析也”。因此在汉代人的总结中，名家是“专决于名而失人情”。司马谈在《论六家之要指》中则认为，“名家苛察缴绕，使人不得反其意，专决于名，而失人情。故曰：使人俭而善失真。若夫控名责实，参伍不失，此不可不察也”。

胡适在《中国哲学史大纲》（上卷）中认为，名学是先秦诸子的公共知识，因此只有名学，并不存在一个专门的“名家”。他进而把惠施、公孙龙都归入墨家，称之为“别墨”。这种观点的支持者并不多，更多人肯定“名学”和“名家”之别，肯定“辩者”作为诸子之一派的存在，并认为名家与儒法之差别，是政治学与知识论之间的不同。如劳思光认为：名家论名与儒法之论名，有很大的不同，儒法主要是就权分或职分说，对于每一“分”有一“名”可立；而名家的“名”主要是从知识上说的，每一种意义或每一个对象，均有一相对应的“名”。①

名家的最主要的代表人物是惠施和公孙龙。有关惠施的材料主要见于《庄子》的一些篇章。“历物十事”是惠施留存下来的名辩命题。《庄子·天下》说：“惠施多方，其书五车，其道舛驳，其言也不中。历物之意，曰：‘至大无外，谓之大一；至小无内，谓之小一。无厚，不可积也，其大千里。天与地卑，山与泽平。日方中方睨，物方生方死。大同而与小同异，此之谓小同异；万物毕同毕异，此之谓大同异。南方无穷而有穷，今日适越而昔来。连环可解也。我知天下之中央，燕之北、越之南是也。泛爱万物，天地一体也。’惠施以此为大，观于天下而晓辩者，天下之辩者相与乐之。”从这十个命题来看，惠施特别强调时间和空间的相对性，或者说通过时间和空间的相对性来强调概念与事物之间差异的相对性，从而得出“泛爱万物，天地一体”的思想，就这个结论而言，则是有儒墨的精神的。

公孙龙的材料更多一些，“白马非马”是他的标志性命题。他说：“马者，所以命形者；白者，所以命色也。命色者非命形也。故曰‘白马非马’。”（《公孙龙子·白马论》）《白马论》主张严格区分“白马”和“马”两个概念，实质是从概念的内涵与外延的不同来强调不同的概念（名）所对应的不同对象（实），虽说看上去有些诡辩的色彩，却是对于一般与个别、属名与种名等逻辑问题的深刻认识。《坚白论》的论证原理与《白马论》一样，《坚白论》突出了石头的坚硬性和颜色与石头本身的区别，石可叫白石，或叫坚石，而决不可叫坚白石。理由是：“视不得其所坚”，“拊不得其所白”。肯定不同的感官，经过抽象和概括，产生不同的名，反映事物的不同属性。虽然公孙龙

① 劳思光．新编中国哲学史：第一卷．桂林：广西师范大学出版社，2005：288.

承认坚白石是一块具体的石头，但坚、白和石头作为抽象的规定性则是互相分离的，这三者之间存在着既离又合的关系。

公孙龙最为难解的篇章是《指物论》，《指物论》主要是要讨论作为名称的“指”与作为对象的“指”之间的关系。其中说：“物莫非指，而指非指”。按冯友兰的解释：公孙龙以“物”表示具体的个别的物，以“指”表示抽象的共相。“指”字有名词的意义，就是“手指头”；有动词的意义，就是“指明”。公孙龙以“指”表示共相，正是兼用这两种意义。他所谓的“物”不过是“指”的集合体，在他看来没有“指”就无所谓“物”，所以说“物莫非指”。而通过“物”而抽象出来的“指”并非实体意义上的“指”，所以又说，“而指非指”。这样概念与对象之间的复杂性得到了很充分的体现。这一“指物”关系的讨论，估计在先秦的思想家中很有影响，比如《庄子·齐物论》中就有“天地一指也，万物一马也”。指即指认，即概念，是名家的重要概念。不过庄子之发挥并不是沿着公孙龙子的思路，而是认为这些区分本来就是多余的，“以指喻指之非指，不若以非指喻指之非指”（《庄子·齐物论》）。世间万物变幻不定，是非均为无穷，根本无法辨别清楚。不辨是非，任其自然，掌握道的枢要，体悟出万物纷繁，不过道的体现，亦即“天地一指也”。

中国人对于名辩之学的兴趣并没有得到很好的保持。因为以政治的实用性标准而言，名家有点过于技术化。因此汉代以后几乎看不到名辩思想的传播和发展。即使后来佛教传入，印度的因明思想也没有得到相应的吸收和发展。一直到近代，随着西方逻辑思想的传入，人们才开始追溯名家与现代逻辑之间的关系。在“西学中源”的思路下，墨经和名家的思想甚至有时被视为是西方科学的源头。当然也有人认为，中国没有发展出近代意义上的科学，原因是没有纯粹的理论兴趣和支撑理论发展的形式科学，比如逻辑。

七、佛教与其他外来宗教

除了上述儒、墨、道、法、阴阳和名家的这些思想以外，还有以《孙子兵法》为代表的兵家思想、以《吕氏春秋》和《淮南子》为代表的杂家等。兵家的著作历来是禁书，而杂家则是综合诸家而不能真正有独立的思想发展，因此并不在此讨论。真正对中国思想发展产生巨大冲击的是佛教的传入。

相对于佛教对中国哲学和文化的影响而言，佛教是什么时间传入中国的，显得不是特别重要的问题。大致而言，可以将东汉、三国、西晋时期佛教在中国的传播看作佛教传入的初期。①

最初中国人只是将佛教看作外来方术的一种，而佛祖被比附于远古的帝王或等同于神仙。这个阶段人们逐渐开始翻译印度的佛经，与三国两晋谈玄说无的社会风气相对应，当时翻译的佛经主要集中于禅学和般若学。而最初对于佛教义理的理解和佛经的翻译，主要是采取“格义”的方法，也就是用中国固有的观念来解释和理解佛经。然而，一系列佛教观念对中国固有的思想产生了很大的冲击，如佛教的“空”的观点，比之于道家至玄学的“无”要更精致。而价值观念的冲击更为猛烈，如“轮回报应”和“神不灭”与儒家命定论和生死观迥异。佛教所提倡的出家修行的修炼方式，与儒家崇尚家族和社会义务的理念格格不入，等等。但首先是，佛教作为一种外来的思想，必须要面对“夷夏之辨”的考验。

儒家对于佛教的攻击，更多是从社会责任和义务方面着眼，道教则更热衷于利用本土宗教的文化优势来抵制佛教。而面对儒家“不忠不孝、紊乱纲纪”的指责和道家“入国破国、入家破家、入身破身”之类的批评，佛教一直在寻求与儒家和道教观念的调和。这方面尤以慧远的努力最为突出。慧远关于报应说、神不灭和沙门不敬王的解释，很大程度上引导了佛教世俗化和超越性的结合。随着鸠摩罗什更为准确和流畅的佛经翻译，佛教在中国越来越彻底地告别了“格义”，而进入解释和阐扬的阶段。

在实践中，宗教的影响取决于信徒的追随。而佛教以慈悲为怀、普度众生的宗教信念，受到了下层老百姓的欢迎，各处林立的寺庙和旺盛的香火则是其证明。到了南北朝时期，中国佛教进入了迅速发展阶段，许多学派开始创立，其佛教学者的兴趣集中在探究人人皆有“佛性”“顿悟”、真俗二谛的讨论，特别是大乘佛教瑜伽行派的核心观念“阿赖耶识”和据说是中国僧人假托马鸣所著的《大乘起信论》的刊行，带来了佛教中国化发展的契机。

中国佛教的鼎盛时期是隋唐，其特点是佛教学者纷纷创建宗派，产生了天台、三论、法相唯识、华严、律、净土、禅、密诸宗，形成了八宗争鸣的局面，各宗派对于宇宙人生的认识以及如何参悟佛理，都提出了精致的理论。

在这些宗派中，唯识宗被认为是保持了印度佛教论证严密而烦琐的许多特点，其核心观点是万法唯识。“识”也叫作“心”，意思是“了别”。内心是了别的主题，外境则是了别的对象。而“唯”意思是“简持”，即简去虚妄的认识，持取了解到事物本性的心。

① 方立天. 中国佛教哲学要义. 北京：中国人民大学出版社，2002：32-54.

另一个重要宗派华严宗的核心，是“四法界说”和“六相圆融”。所谓的四法界包括：“事法界”，指各种具体的事物现象；“理法界”，是事物的真理和本质；“理事无碍法界”，指事物的本体和现象之间交互包含、互不隔碍的关系；“事事无碍法界”，则是事物之间融合统一、了无隔碍的状态。“六相圆融”中的六相表示事物存在的六种相状，它们相互交涉、圆融无碍。按照法藏的说法，理解了六相圆融的道理，就可以使信众相信，只要断除任一点的迷惑，就可以了断一切的迷惑。同理，只要履行一项功德，就可以成就一切功德。这便是一即一切、一切即一的辩证境界。

这个时期在与儒道两家的冲突和融合中，以禅宗为标志，佛教呈现了更为明显的中国化倾向。禅宗解构了正统佛教的修持方法和信仰形态，以一种“不立文字，以心传心”，以个人内心的体念和心灵的境界为其宗旨，十分符合中国文人既追求世俗功名又向往山林清泉的情感需要。禅宗标榜的“不立文字”提倡直指本心的顿悟，让人从对于佛经教义的执迷中解脱出来，临济义玄说：“所以名句，被他‘凡圣’名碍，所以障其道眼，不得分明。只如十二分教，皆是表显之说，学者不会，便向表显名句上生解，皆是依倚，落在因果，未免三界生死。”（《临济录》）在修行的方略上，一般认为禅宗主张顿悟成佛，但是更为确切的理解则是“顿渐相即”，顿悟来源于长期的渐修。当然也有更为激进的禅师认为“即身是佛”，不用再借助于修行。而禅宗更为吸引人的却是对于顿悟之后的境界的描述，即对世俗甚至佛境本身的超越，所谓“无所得”。“老僧三十年前未参禅时，见山是山，见水是水。及至后来，亲见知识，有个入处。见山不是山，见水不是水。而今得个休歇处，依前见山只是山，见水只是水。”（《五灯会元》卷十七）

陈寅恪认为，佛教为中国哲学和文化的发展增长了“元气”，佛教在心性问题上的独特发现补充了中国思想的缺失。所以虽然佛教有许多不合中国风俗的规则，也遭到儒门中人的激烈排拒，但因没有可替代的思想，致使佛教不但没有消亡，反而大盛。宋明理学则是吸收佛理并超越佛理的产物：“宋儒若程若朱，皆深通佛教者，既喜其义理之高明详尽，足以救中国之缺失，而又忧其用夷变夏也。乃求得两全之法，避其名而居其实，取其珠而还其椟。采佛理之精粹以之注解四书五经，名为阐明古学，实则吸取异教。声言尊孔辟佛，实则佛之义理，已浸渍濡染，与儒教之传宗，合而为一。”① 宋明思想家吸收佛道理论而建立的“新儒学”可以看出是中国思想综合创新而健康发

① 吴学昭. 吴宓与陈寅恪. 北京：清华大学出版社，1992：10.

展的一个范例。

佛教对于中国的影响还极大地表现在艺术和审美趣味上，特别是禅宗。

明代末年，复有利玛窦等耶稣会士来华传播基督教。但这次文化的冲突，并没有引发儒佛那样的化学反应，进而促使中国文化得到创造性的转化，而是在不断的误解和各自的敌对措施中被隔绝起来。

1840 年之后，基督教再度在中国传播，早期教会通过传播西方的历史地理知识和科技政治知识，而在中国知识阶层引发了巨大的影响，并在教育和慈善等领域做出了巨大的贡献。在宗教信仰自由的环境下，各个宗教将共同构成中国人的信仰版图，并促进中国文化在多元互动的环境中得到新的发展。

本章小结

从历史性的视角看，中国古代哲学可以分为不同的阶段。先秦时代是中国古代思想的突破期。而汉代则是经学独盛的时代。在社会动荡的魏晋时代，通过阐发《周易》《道德经》《庄子》思想，来分析名教与自然的关系的玄学成为主流。唐代作为中国古代国力强盛的高峰，佛教思想逐步中国化，并激发出宋明时期的理学思潮。清代的学者在政治压力下，侧重于文字音韵训诂，整理了许多古代的文献。而近代以来，西方文明挟经济和军事优势传入中国，哲学学科也是这种文化传入的产物。西方哲学的传入，对于中国古代思想构成一种整体性的冲击，这种冲突和融合的后果如何，是否可以发展出一种新形态的中国哲学，这是我们必须要认真对待的问题。

从横向的视角看，早期中国思想发展出儒家、道家、墨家、法家等不同的思想学派，构成了中国思想的基本方向。在佛教传入之后，中国思想逐渐形成儒家、佛教、道教冲突和融合的局面。而自 1840 年之后，则发展为中国文化与西方文化之间的碰撞。

相比于西方哲学所呈现出的问题取向和致思方式，中国哲学并没有发展出严格概念体系和逻辑形态。这是因为中国古代思想家比较侧重于探讨社会伦理问题，关注社会秩序的建设，因此，中国哲学缺乏独立性，而与伦理学、社会学等其他学科交织在一起。

与世界上其他文明所不同的是，中国哲学具备前后相继的连续性，这也决定了汉语哲学形态的延续性。在几千年的发展史上，中国哲学家们关注天人关系，强调真善美的结合，探索人性的善恶，追求人格的完善，在世界的哲学版图上，占有独特的地位。

关键词

天人合一　性善　性恶　知行合一　中和　和而不同　分散性宗教　以道德代宗教　实用理性　仁　礼　良知　兼爱　齐物　逍遥　指物　阴阳　五德始终　经学　董仲舒　儒家的制度化　佛性　禅宗　天道　道学　理学　心学　黄宗羲　王夫之　康有为　章太炎　严复　王国维　进化论

思考题

1. 中国人的宗教观的特点。
2. 怎样理解孔子的“仁”与“礼”?
3. 先秦的人性论辨析。
4. 如何理解道家的绝圣弃智思想?
5. 如何理解法家的社会秩序观?
6. 简明分析佛教是如何中国化的。
7. 经学的本质是什么?今文经学和古文经学的差异何在?
8. 魏晋玄学的主题是什么?
9. 宋明理学和佛道的关系。
10. 如何理解近代哲学和中国思想的转型?

延伸阅读

1. 梁漱溟:《中国文化要义》,学林出版社,1987。
2. 冯友兰:《中国哲学史新编》,人民出版社,1986。
3. 冯友兰:《中国现代哲学史》,广东人民出版社,1999。
4. 钱穆:《中国文化史导论》,商务印书馆,1994。
5. 钱穆:《现代中国学术论衡》,岳麓书社,1986。
6. 张岱年:《中国哲学大纲》,中国社会科学出版社,1982。
7. 牟宗三:《中国哲学十九讲》,上海古籍出版社,1997。
8. 朱谦之:《中国哲学对欧洲的影响》,上海人民出版社,2006。
9. 徐复观:《两汉思想史》,华东师范大学出版社,2001。
10. 李泽厚:《中国古代思想史论》,人民出版社,1986。
11. 余敦康:《魏晋玄学史》,北京大学出版社,2004。
12. 方立天:《中国佛教哲学要义》,中国人民大学出版社,2002。
13. 陈来:《宋明理学》,三联书店,2011。

14. 葛荣晋:《中国哲学范畴通论》，首都师范大学出版社，2001。
15. 王尔敏:《中国近代思想史论》，社会科学文献出版社，2003。
16. 方克立:《现代新儒家与中国现代化》，天津人民出版社，1997。
17. 郭齐勇、吴根友:《诸子学志》，上海人民出版社，1998。
18. 史华兹:《古代中国的思想世界》，程钢译，江苏人民出版社，2004。
19. 陈来:《现代中国哲学的追寻》，人民出版社，2001。
20. 葛兆光:《中国思想史》，复旦大学出版社，1998。
21. 李存山:《中国传统哲学纲要》，中国社会科学出版社，2008。
22. 干春松:《中华文化简明读本》，中国社会科学出版社，2017。

第六章 马克思主义哲学

内容提要

马克思恩格斯批判地继承以往的人类文明成果，创立了一种新的世界观方法论学说。它以彻底的唯物主义立场和实践批判的思维方式为起点，实现了人类思想史和哲学史上的一次重大变革。马克思主义指导的社会革命实践改变了世界面貌和历史进程，使它在哲学上具有了不同于东西方哲学传统的世界性质和独特地位。当代各国马克思主义者力求继承和发展马克思的哲学，使马克思主义呈现了“一源多流”的发展态势。其中既有列宁主义和苏联模式的哲学，也有西方马克思主义哲学，更有马克思主义中国化的哲学新形态。

马克思主义，是以它的主要创始人——马克思的名字命名的一个宏大的哲学社会科学学说体系。作为这个理论体系的基础和灵魂的，是马克思创立的一种全新哲学。马克思主义哲学虽然诞生于西方，却以其世界性的意义和影响，形成了一种既不完全属于西方，也不简单属于东方的思想传统。在我国，马克思主义哲学特别表现出它具有东西方哲学传统相结合的意义。

第一节 马克思哲学的创立

马克思哲学是马克思主义哲学的原创形态。马克思以“实践唯物主义”的发现为基础，不仅创立了以唯物史观为标志的哲学体系，而且通过对资本主义经济与社会的深刻研究和批判，创立了科学社会主义学说。

一、马克思的哲学之路

卡尔·马克思 1818 年 5 月 5 日出生于德国莱茵省特里尔城。特里尔在德国西部，紧邻法国。莱茵省是当时普鲁士经济最发达的省份，并且曾在拿破仑时期划归过法国，所以法国大革命的思想在这里影响较大。18 世纪法国的启蒙思想和 19 世纪法国的空想社会主义思想，与德国传统的思辨精神在这里交汇，对这一地区的进步知识分子和青年马克思有微妙而深刻的影响。

马克思的父亲是当地颇有名望的律师。受父亲影响，马克思从小崇尚理性和思想自由。父亲的朋友、后来也是马克思岳父的威斯特华伦男爵，也以其关心时代进步、崇尚理想主义的精神，给了青年马克思特殊的关爱和影响。马克思后来把自己的博士论文献给了这位“敬爱的慈父般的朋友”①。

马克思很早就注意到人的社会关系的存在及其作用。他在中学毕业作文《青年在选择职业时的考虑》中写道：“我们并不总是能够选择我们自认为适合的职业；我们在社会上的关系，还在我们有能力决定它们以前就已经在某种程度上开始确立了。”② 这种来自亲身体验的觉察，很可能影响到他日后关于人的本质的思考。

1836 年，马克思进入柏林大学就读于法律系，但他的兴趣和视野却不限于法律。入学之初他曾热衷于文学特别是诗歌创作，后来全身心地投入法学、历史学、哲学。柏林大学是德国古典哲学集大成者黑格尔执教之处，这里汇集并培养了当时德国哲学界的顶尖人才。马克思入学时黑格尔刚刚去世 5 年。黑格尔学派已分化为老年黑格尔派和青年黑格尔派。前者重视黑格尔哲学中较为保守的体系，后者则重视黑格尔哲学的革命辩证法。青年黑格尔派组成了“博士俱乐部”，鲍威尔兄弟、施蒂纳、费尔巴哈、卢格、赫斯等人都曾是该俱乐部的成员。他们在政治上受法国大革命的影响，坚持革命民主主义立场，并常常把哲学批判、宗教批判和政治批判结合起来。马克思作为学生参加了该俱乐部，不久就成为其中最活跃的成员之一。他的才华引起了重视。科尔纽曾称赞说，马克思是“一座思想的仓库、制造厂，或者按照柏林的说法，思想的牛首”③。赫斯则写道：“马克思博士，这个我最崇拜的人，还是一个十分年轻的人（至多不过 24 岁左右）；他将给中世纪的宗教和政治以致命的打击；他既有深思熟虑、冷静、严肃的态度，又有最辛辣的机智；如果把卢梭、伏尔泰、霍尔巴赫、莱辛、海涅和黑格尔合为一人（我说的是结合，不是凑合），那么结果就是一个马克思博士。”④

在哲学前沿各种理念交锋的洗礼中，马克思受到了西方哲学精华的滋养，

---

① 马克思恩格斯全集：第 1 卷. 2 版. 北京：人民出版社，1995：7.

② 同①457.

③ 科尔纽. 马克思恩格斯传：第 1 卷. 刘丕坤，等译. 北京：三联书店，1980：187.

④ 同③289－290.

使他深刻地理解并爱上了哲学。马克思大学毕业时的博士论文选题并不是法学而是哲学。他毕业后打算选择的职业，也不是当律师，而是去大学做哲学教师。但 1841 年马克思大学毕业时，他的这一打算未能实现。因为普鲁士国王压制思想进步，迫害青年进步力量。于是马克思转向以出版物为阵地，这就是他的"《莱茵报》时期"。《莱茵报》是莱茵省一些反对普鲁士专制政体的人士创办的日报。由于马克思的加入，该报日益具有明显的革命民主主义性质，社会影响力越来越大。马克思在该报发表了对普鲁士书报检查制度的批判，揭露了林木占有者对贫苦人民的侵害，坚持理性主义的正义，诉诸国家、法和出版自由。这一系列文章在社会上产生了很大影响，也引起了普鲁士政府的不满，责令《莱茵报》停刊。《莱茵报》的经历，是马克思怀抱民主理性投向社会政治的真切实践。这个经历促使他对西方哲学从吸收转向批判，对他的思想发展和变革产生了深远的影响。

《莱茵报》时期，马克思曾发表过几篇描述贫困农民的悲惨处境，批评当地政府的文章。而使他深感触动的事件，则是关于林木盗窃法的辩论。当时代表林地占有者的一方，要求莱茵省议会针对林木盗窃现象做更严厉的立法；而代表贫苦群众的一方，则要求维护自古以来上山捡枯枝败叶以满足生活所需的权利。马克思加入了这场辩论。他站在贫苦群众一方指出，贫苦群众上山捡柴这种权利，虽未有法律明文确认，但可视为约定俗成的自然法则。现在有产者所要求的立法，是对穷人生存权利的剥夺，不仅是"拿一块木头换得了曾是人的那种东西"①，而且是**"使国家权威变成林木所有者的奴仆"**②。辩论的结果是，维护贫民利益一方取得了胜利。但是马克思的理论思考，就并未就此止步。"第一次遇到要对所谓物质利益发表意见的难事"③，使他深深地感到自己在理论上准备不足。因为按照原来所接受的黑格尔的理念，国家和法是理性和正义的代表。但无情的现实是，与那些不能解决问题的"肤浅言论"④ 相比，现实利益似乎比"法的原则"更有力量。这使他产生了一系列理论上困惑。强烈的问题意识和批判意识，以及一个正直学者的社会责任感，使马克思下决心"从社会舞台退回书房"，通过研究去"解决使我苦恼的疑问"⑤。

---

① 马克思恩格斯全集：第 1 卷. 2 版. 北京：人民出版社，1995：281.

② 同①267.

③ 马克思恩格斯选集：第 2 卷. 3 版. 北京：人民出版社，2012：1.

④ 同③2.

⑤ 同③2.

马克思退回书房的工作，首先是对自己先前信奉的黑格尔法哲学思想进行批判，同时受到费尔巴哈的启发，马克思的思想方法也发生了重大变化。他赞赏费尔巴哈把上帝还原为人，但不赞成仅仅在自我意识中扬弃上帝，而是提出必须转向批判现实社会。他说：“**真理的彼岸世界**消逝以后，**历史的任务**就是确立**此岸世界的真理**。人的自我异化的**神圣形象**被揭穿以后，揭露具有**非神圣形象**的自我异化，就成了为历史服务的**哲学的**迫切**任务**。”他提出要从对社会“副本”的研究，转变到对社会“原本”的研究，把“对天国的批判变成对尘世的批判，**对宗教的批判**变成**对法的批判**，**对神学的批判**变成**对政治的批判**”①。马克思找到了一种立足于现实和实践的全新唯物主义立场，同时也使他的研究重点从哲学领域转向了社会经济领域。这一阶段的代表性研究成果，主要是《〈黑格尔法哲学批判〉导言》和《1844年经济学哲学手稿》。

在《〈黑格尔法哲学批判〉导言》（简称《导言》）中，马克思重新审视了法、国家、经济利益、市民社会之间的关系。他发现，“法的关系正像国家的形式一样，既不能从它们本身来理解，也不能从所谓人类精神的一般发展来理解，相反，它们根源于物质的生活关系”②。强调要从物质的生活关系中来把握法的根源，这是对黑格尔关于国家和法是正义和社会理性的代表之观念的颠覆。由此，法和国家降为第二位的存在，而“物质的生活关系”才是第一位的社会存在。“批判的武器当然不能代替武器的批判，物质力量只能用物质力量来摧毁；但是理论一经掌握群众，也会变成物质力量。”③

《1844年经济学哲学手稿》（简称《手稿》），是马克思以哲学头脑进入经济领域研究的第一部重要著作。在《手稿》中，马克思阐发的一个基本思想，是对“异化劳动”的批判。“异化”是德国古典哲学的一个核心概念，它表达的是这样一种现象：主体在自身发展中，产生出一个原本属于自己，但却外化为与自己对立、具有反主体效应的异己存在。在黑格尔哲学的“肯定—否定—否定之否定”规律中，所谓“否定”阶段也就是异化阶段。异化其实就是事物发展中的否定方面逐渐独立壮大，从而占据主导地位的阶段。它必然要进而向否定之否定即重新肯定的阶段过渡。马克思批判地继承了德国古典哲学这一思辨成果，把它运用于对资本主义社会的批判。后世一些研究者认

① 马克思恩格斯选集：第1卷．3版．北京：人民出版社，2012：2.

② 马克思恩格斯选集：第2卷．3版．北京：人民出版社，2012：2.

③ 同①9.

为，这是马克思共产主义思想诞生的真正秘密。

马克思继承了英国古典政治经济学的成果——劳动价值论，承认劳动是一切财富的源泉，承认劳动是人的主体性活动。但传统的经济学认为劳动仅仅是创造私有财产的活动。马克思则从人类本质和人与自然界的关系高度看待劳动，认为劳动是人区别于动物本能的社会活动，是人改造世界的自由自觉的活动，进而强调指出：资本主义条件下的劳动其实是异化劳动，而不是真正与人的本质相符合的劳动。异化主要表现在四个方面：一是劳动产品的异化，即“工人生产的财富越多，他的生产的影响和规模越大，他就越贫穷”[①]；二是劳动过程的异化，即在资本主义条件下，劳动不是使工人肯定自己、得到幸福、自由自觉发挥自己体力和智力的过程，而是否定自己、使自己肉体受折磨、精神遭摧残、遭受强制的过程；三是人的类本质的异化，即人的自由自觉的活动变成类似动物谋求生存的行为：“以致人正因为是有意识的存在物，才把自己的生命活动，自己的**本质**变成仅仅维持自己**生存**的手段”[②]，从而“把人对动物所具有的优点变成缺点”[③]；四是人对人的异化，即资本家是由工人的异化劳动生产出来的，资本家与工人的对立是工人与自身本质相对立的外在表现；等等。马克思由此说明，自我异化和异化的扬弃，走的是同一条辩证的实践之路：异化劳动是人的劳动本质在资本主义条件下的表现，它的被扬弃也将随着人类走向共产主义社会的过程而实现。

在进行艰苦卓绝的理论研究并取得重大突破的同时，马克思结识了自己的卓越战友——弗里德里希·恩格斯。在此之前，恩格斯经过同样曲折艰苦的独立探索，得出了许多与马克思相同的见解。1844年夏天，恩格斯到巴黎拜访了马克思。两个人经过几个彻夜不眠的长谈，发现彼此经历虽然不同，却在各个领域都有根本一致的意见。从此他们开始了终生不渝的真诚合作，共同创建了马克思主义学说体系。

马克思一生坎坷，经常遭到政府的驱逐。贫困和颠沛流离的生活，使他饱受贫病的煎熬。他曾困难到完成《政治经济学批判》第一分册后，没有邮费将稿子寄出的地步，往往要靠恩格斯和其他人的资助才能渡过难关。他身患多种疾病，长期失眠，最后死于肺脓肿。马克思和夫人燕妮生有七个孩子，只有三个长大成人，其他都因贫病而夭折。然而，所有这一切都没有动摇马

① 马克思恩格斯选集：第1卷. 3版. 北京：人民出版社，2012：51.

② 同①56.

③ 同①57.

克思的信念和意志。马克思读书勤奋刻苦的精神是非常出名的，他的思想和理论成果更为世人所景仰。在马克思去世一百多年后的20、21世纪之交，马克思以其学术成就和伟大人格，被西方多家媒体评为“千年伟人”和“有史以来最伟大的思想家”。

马克思实践了他在中学毕业时为自己选择的志向——从事“最能为人类福利而劳动的职业”[①]，并用自己的一生证明了他的格言：“在科学上没有平坦的大道，只有不畏劳苦沿着陡峭山路攀登的人，才有希望达到光辉的顶点。”[②]

二、为新的世界观方法论奠基

马克思充分吸取了该时代哲学最高成果——德国古典哲学的思想营养，同时又以独立的批判精神面对历史和现实的社会，在理论与实践的碰撞中冷静观察、深刻反思，终于创立了以人类实践为立足点和视角的一种全新的哲学，为他一生的理论创造奠定了坚实的世界观方法论基础。

作为马克思哲学奠基之作的《关于费尔巴哈的提纲》（简称《提纲》），写于1844年底。接着马克思又按照《提纲》的构想，与恩格斯合作写出了两卷本《德意志意识形态》（简称《形态》）。《形态》通过“阐明我们的见解与德国哲学的意识形态的见解的对立，实际上是把我们从前的哲学信仰清算一下”[③]。《形态》也是对《提纲》的一个展开。恩格斯在评价《提纲》时指出：虽然“这是匆匆写成的供以后研究用的笔记，根本没有打算付印。但是它作为包含着新世界观的天才萌芽的第一个文献，是非常宝贵的”[④]。

《提纲》[⑤] 总共11条，约1 300（中文）字，以要点的形式记录了马克思的最新哲学思想。它通过对以往全部哲学，特别是黑格尔和费尔巴哈哲学的清理和批判，提出了一种把对象和现实“理解为实践活动”的新唯物主义立场及思维方式，从而展示了新世界观方法论体系特有的理论风格、精神实质和内在逻辑。

《提纲》的内容可以简要地分成四个部分：

第一部分，第1条，从历史和逻辑统一的高度对旧唯物主义和唯心主义哲学做了批判性总结，具有总论性质。

① 马克思恩格斯全集：第40卷. 北京：人民出版社，1982：7.

② 马克思恩格斯全集：第23卷. 北京：人民出版社，1972：26.

③ 马克思恩格斯选集：第2卷. 3版. 北京：人民出版社，2012：4.

④ 马克思恩格斯选集：第4卷. 3版. 北京：人民出版社，2012：219.

⑤ 以下引用此文均见马克思恩格斯选集：第1卷. 3版. 北京：人民出版社，2012：133-136.

这一条开宗明义地指出："从前的一切唯物主义（包括费尔巴哈的唯物主义）的主要缺点是：对对象、现实、感性，只是从**客体**的**或者直观**的形式去理解，而不是把它们当做**感性的人的活动**，当做**实践**去理解，不是从主体方面去理解。"在马克思看来，以往唯物主义思维方式的主要缺陷在于，它只是就对象看对象、就客体谈客体，而且是只凭借直观的经验去理解世界，不懂得要从人与世界关系的角度，联系人的主体性的、感性的、现实的活动即实践去理解它们，更不懂得要把它们当作实践（的对象、条件、形式、过程和结果等）来看待。例如《形态》中指出，费尔巴哈的缺陷在于："他没有看到，他周围的感性世界决不是某种开天辟地以来就直接存在的、始终如一的东西，而是工业和社会状况的产物，是历史的产物，是世世代代活动的结果。……樱桃树和几乎所有的果树一样，只是在几个世纪以前由于**商业**才移植到我们这个地区。"①

在指出旧唯物主义根本缺点的同时，马克思也相应概括了唯心主义的主要功过得失："因此，和唯物主义相反，唯心主义却把**能动的**方面抽象地发展了，当然，唯心主义是不知道现实的、感性的活动本身的。"一般说来，唯心主义是以人的意识、观念来解释世界，把自然对象、社会现实、人的感性存在都只看作某种精神能动性的产物。如黑格尔认为是绝对精神的产物，青年黑格尔派布鲁诺等人认为是自我意识的产物，等等。他们从理论上强调和发展了人的能动方面，却不懂得人的能动性是以人现实的感性实践活动为基础的。离开感性实践的能动性只能是抽象的理论活动而已。所以这种对人的能动性的"发展"，最终只是在精神自我运动意义上的发展，是主观抽象的，而不是客观现实的。

在这一条的最后，马克思进一步指出，费尔巴哈等旧唯物主义者的理论缺失，在于他们对于实践的理解还停留于浅陋的偏见之中。费尔巴哈虽然超越了唯心主义的抽象精神客体，把研究对象从天国还原到人本身，但他"仅仅把理论的活动看做是真正人的活动，而对于实践则只是从它的卑污的犹太人的表现形式去理解和确定。因此，他不了解'革命的'、'实践批判的'活动的意义"。就是说，费尔巴哈仍然从纯粹理性的角度看待人，忽视甚至排斥了人的感性实践活动的意义，因此未能真正地扬弃黑格尔。

在这里，马克思旗帜鲜明地表达了自己的新唯物主义的一个思想原则：必须把作为人所特有的对象性感性活动的实践，看作人类生命的本质活动，

① 马克思恩格斯选集：第1卷．3版．北京：人民出版社，2012：155-156.

是人类特有的存在方式，因而，实践是以彻底唯物主义的方式理解和把握世界的根本立足点、出发点。这可以看作马克思在哲学上发动深刻变革的起点。

第二部分，《提纲》第2—8条，针对费尔巴哈的一些主要问题加以分析，同时就新世界观的思想内容和方法做了进一步阐发。其中主要讲了两个方面：

一方面，多次重申并展开了第一条所提出的基本思想，进一步阐述了要把现实当作实践去理解的立场、观点及其思维方式。如：强调了“人应该在实践中证明自己思维的真理性”（第2条）的真理观原则，指出了费尔巴哈“不满意**抽象的思维**而喜欢**直观**；但是他把感性不是看做**实践的**、人的感性的活动”（第5条）这一根本局限，从而进一步做出了“全部社会生活在本质上是**实践的**。凡是把理论引向神秘主义的神秘东西，都能在人的实践中以及对这种实践的理解中得到合理的解决”（第8条）的论断；与此同时，马克思针对“环境和教育决定人还是人决定环境和教育”之类的争论，得出了“环境的改变和人的活动或自我改变的一致，只能被看做是并合理地理解为**革命的实践**”（第3条）的结论；等等。总之，马克思在这里以集中、简要而明确的方式，表达了他的“实践的唯物主义”所特有的立场、原则和思维特点，为建立新的哲学开辟了广阔的空间。

另一方面，马克思就如何理解哲学的主体——人和社会的本质，提出了自己的全新见解。他指出，费尔巴哈把宗教的本质归结于人的本质，这是正确的；然而他做的工作仅限于“把宗教世界归结于它的世俗基础”，却没有进一步认识到，“对于这个世俗基础本身应当在自身中、从它的矛盾中去理解，并且在实践中使之发生革命”（第4条）。也就是说，费尔巴哈揭示了人的存在和生活这一“世俗基础”，但他对“世俗基础”本身却未做进一步深入的理解和剖析，因而未能得出相应的革命性结论。这是因为，在如何理解人和人的本质问题上，费尔巴哈未能超越唯心主义的传统方式，仍然以脱离了现实的抽象化思维方式，把人的本质理解成了“单个人所固有的抽象物”。这种思维方式“撇开历史的进程……假定有一种抽象的——**孤立的**——人的个体”，把人的本质想象成是“一种内在的、无声的、把许多个人**自然地**联系起来的普遍性”（第6条）。因此，费尔巴哈也不能从现实的人本身及其实践那里，找到解决人的问题的根本思路。

费尔巴哈的失误在于，在传统的抽象人性观的影响下，“费尔巴哈没有看到，‘宗教感情’本身是社会的产物，而他所分析的抽象的个人，是属于一定的社会形式的”（第7条）。针对以往抽象人性观对人的本质理解的误区，马克思提出了他自己的著名论断：“人的本质不是单个人所固有的抽象物，在其现实性上，它是一切社会关系的总和。”（第 6 条）这一论断，实际上阐明了一种彻底唯物主义地理解人的本质的方法论原则。它认为，人之区别于物和其他一切生命的特殊本质，并不在于人的肉体或头脑中的精神，而在于人的社会存在。人总是作为社会关系的承担者而存在的，人所创造和承担的全部社会关系，决定了人是一种社会性、历史性的存在者，因此，只有从人们所处的现实的社会存在和社会关系入手，才能真正把握人的具体本质和特征。这一方法论基础的奠定，为唯物史观的建立提供了前提，开辟了道路。

第三部分，《提纲》第 9—10 条，大体阐明了新唯物主义的思维方式在社会历史观变革方面的意义。

马克思明确地划分了自己的新唯物主义与旧唯物主义的界限，指出旧唯物主义是一种“直观的唯物主义，即不是把感性理解为实践活动的唯物主义”，相应地，新唯物主义则应该是一种“把感性理解为实践活动的唯物主义”。他认为，“直观的唯物主义……至多也只能达到对单个人和市民社会的直观”（第 9 条）。而不可能通过对人的本质的深刻理解去把握社会发展的规律及其未来。

在新旧两种唯物主义之间，“旧唯物主义的立脚点是市民社会，新唯物主义的立脚点则是人类社会或社会的人类”（第 10 条）。这里的“市民社会”，主要指市场经济中按等价交换原则建立起来的市民之间的社会关系，特别是与封建等级制度相对的、以资产阶级为核心的社会关系。由于旧唯物主义对人的本质理解的局限，它所能做到的只是如此；而“人类社会或社会的人类”则指通过实践而走向消灭阶级对立、实现自我解放的人类社会。这是立足于人的现实本质及其发展所做出的历史预见。

第四部分，《提纲》第 11 条，可谓是画龙点睛的结论性表述。

这里只有一句话，被后人认为最能代表马克思一生理论创造的特点和精髓，所以铭刻在马克思的墓碑上：“哲学家们只是用不同的方式**解释**世界，问题在于**改变**世界。”这一论断的含义和现实意义，并不像某种粗略地理解的那样，仅仅限于强调要把革命的理论应用于革命的实践。从马克思和恩格斯全部的论述中还应该看出，它的理论意义更在于突出了以下两点：

其一，它超越了传统中将认识与实践分离，“先认识说明世界，再实践改造世界”的思维模式，提出了新的、更加深刻的实践与认识统一观。这里强调的是：人们只有在改变世界的实践中，才能真正深刻全面地认识和说明世界，认识与实践并不是可以简单“分段进行”的两个孤立过程，而是一个在互动转化中实现统一的社会历史进程。

其二，它超越了狭隘、被动、庸俗的实践观点，阐明了历史的、批判的、革命的实践取向。实践既包括人类改变自然物质形态的物质生产活动，也包括改变现实社会关系的社会革命活动。正如《形态》所宣告："对**实践的**唯物主义者即**共产主义者**来说，全部问题都在于使现存世界革命化，实际地反对并改变现存的事物。"① "**实践的**唯物主义者即**共产主义者**"这个提法，确定无疑地表明了"实践的唯物主义"与"共产主义"之间的内在一致性。也就是说，马克思创立的新世界观的价值取向，不仅在于建立对世界的彻底唯物主义的科学解释，而且通过"使现存世界革命化"的社会改造实践，实现人类解放的历史目标。

总之，在马克思的哲学中体现了一种清晰的理论自觉，就是要将科学地"说明世界"与为了人的解放而"改变世界"二者深刻地统一起来。

三、唯物史观的发现

马克思在《提纲》中确立的思路，使他对人类社会的研究取得了历史性的突破和划时代的成果，这就是包含于《形态》《哲学的贫困》《政治经济学批判》《共产党宣言》《资本论》等著作之中，被恩格斯称作"两大发现"之一的唯物主义历史观（简称唯物史观，亦称历史唯物主义）的建立。

作为关于人类社会本质及规律的一套全新观点，唯物史观颠覆了传统的唯心史观，"在整个世界史观上实现了变革"②。马克思的思想也由此从一位学者的头脑走向了世界，成为人类改造社会、追求解放的一面旗帜。唯物史观是马克思哲学的最大成果和主要标志。

（一）唯物史观的理论基础

在马克思之前的社会历史学家和哲学家那里，唯心史观占据着主导地位。传统的唯心史观认为：历史是由人的活动构成的，而人的活动是受人的意识支配的，于是一切历史变动的最终原因，都应当到人们的思想中去寻求；在一切历史变动中，政治变动又是最重要的、决定全部历史的变动，因此，政治领袖和社会精英的思想意识决定着历史的进程。例如意大利的文艺复兴和法国的启蒙运动，就是那些伟大思想家关于人性、自由、平等、博爱的思想，动摇和推翻了欧洲中世纪神学政教合一的思想统治，使人性觉醒，历史才得以从封建时代进入资本主义时代。而在恩格斯看来，这种历史观"不彻底的

① 马克思恩格斯选集：第1卷. 3版. 北京：人民出版社，2012：155.

② 马克思恩格斯选集：第3卷. 3版. 北京：人民出版社，2012：722.

地方并不在于承认**精神的**动力，而在于不从这些动力进一步追溯到它的动因”[①]。唯心史观把历史描绘成一幅由人们的主观意图推动、由无数偶然事件构成的杂乱图景。这当然无法使历史成为一门科学。

唯物史观则以彻底唯物主义的方式理解人和社会，其首要之点在于“唯物”地理解了“人”。马克思将历史主体从抽象理性的“人”还原为现实的、具体的、历史的人，从而确定了人类历史发展是一个具有自己客观基础和规律的“自然史的过程”[②]。《形态》指出，“全部人类历史的第一个前提无疑是有生命的个人的存在。因此，第一个需要确认的事实就是这些个人的肉体组织以及由此产生的个人对其他自然的关系”[③]；人之区别于动物的根本特点，并不在于肉体的组织形式，而恰恰是“人们生产自己的生活资料，同时间接地生产着自己的物质生活本身”[④]；人的“意识［das Bewußtsein］在任何时候都只能是被意识到了的存在［das bewußte Sein］，而人们的存在就是他们的现实生活过程”[⑤]，因此，“人的根本就是人本身”[⑥]。总之，在传统观念只看到思想和政治作用的地方，马克思总是进一步从人的社会存在出发，去探究“人的思想是从哪里来的，政治变动的动因是什么”[⑦] 等更深层的问题，并做出唯物主义的回答。例如，当法国和英国学者发现了阶级，认为新兴资产阶级与封建贵族之间的阶级斗争是推动近代欧洲历史前进的动力时，马克思进一步指出：“这些阶级又是由于什么而产生和存在的呢？是由于当时存在的基本的物质条件，即各个时代社会借以生产和交换必要生活资料的那些条件”[⑧]，等等。总之，马克思改变了以往“人＝肉体＋精神＝有思想的动物”，即只看到人的“二重生命”的简单观念，揭示出人是具有自然（肉体）生命、社会生命和精神生命等“三重生命”的特殊生命形态，从而突出了人的生命作为社会存在的意义。

所谓“人的社会存在”是指，以人的物质生产关系为基础的全部社会关系和以生产劳动为基础的社会实践活动，实际构成了现实的人所特有的、客观的存在方式。“人的社会存在”既是人的自然生命的飞跃和质变，又是人的

① 马克思恩格斯选集：第4卷. 3版. 北京：人民出版社，2012：255.

② 马克思恩格斯全集：第44卷. 2版. 北京：人民出版社. 2001：10.

③ 马克思恩格斯选集：第1卷. 3版. 北京：人民出版社，2012：146.

④ 同③147.

⑤ 同③152.

⑥ 同③10.

⑦ 马克思恩格斯选集：第3卷. 3版. 北京：人民出版社，2012：722.

⑧ 同⑦.

精神生命的前提、基础和根源。人的社会生命，是人之为人、人区别于一切动物的特殊本质所在。关于人的社会存在和本性的发现，意味着找到了唯物史观立论的根据——社会历史之“物”，找到了解开历史之谜的钥匙，从而使“历史破天荒第一次被置于它的真正基础上；一个很明显的而以前完全被人忽略的事实，即人们首先必须吃、喝、住、穿，就是说首先必须**劳动**，然后才能争取统治，从事政治、宗教和哲学等等，——这一很明显的事实在历史上的应有之义此时终于获得了承认”①。正是从确认人类生存发展的基本“事实”开始，马克思通过对社会劳动的分析，深入地考察了社会的结构、动力和规律，从而构建起一套彻底唯物主义的、科学的社会历史理论。

（二）唯物史观的经典表述

唯物史观是以人类社会为对象的一个科学的理论体系。关于这一社会历史观的基本原理，马克思在《〈政治经济学批判〉序言》中做了集中的、十分精辟的表述。他说：

> 我所得到的，并且一经得到就用于指导我的研究工作的总的结果，可以简要地表述如下：人们在自己生活的社会生产中发生一定的、必然的、不以他们的意志为转移的关系，即同他们的物质生产力的一定发展阶段相适合的生产关系。这些生产关系的总和构成社会的经济结构，即有法律的和政治的上层建筑竖立其上并有一定的社会意识形式与之相适应的现实基础。物质生活的生产方式制约着整个社会生活、政治生活和精神生活的过程。不是人们的意识决定人们的存在，相反，是人们的社会存在决定人们的意识。社会的物质生产力发展到一定阶段，便同它们一直在其中运动的现存生产关系或财产关系（这只是生产关系的法律用语）发生矛盾。于是这些关系便由生产力的发展形式变成生产力的桎梏。那时社会革命的时代就到来了。随着经济基础的变更，全部庞大的上层建筑也或慢或快地发生变革。在考察这些变革时，必须时刻把下面两者区别开来：一种是生产的经济条件方面所发生的物质的、可以用自然科学的精确性指明的变革，一种是人们借以意识到这个冲突并力求把它克服的那些法律的、政治的、宗教的、艺术的或哲学的，简言之，意识形态的形式。我们判断一个人不能以他对自己的看法为根据，同样，我们判断这样一个变革时代也不能以它的意识为根据；相反，这个意识必须从物质生活的矛盾中，从社会生产力和生产关系之间的现存冲

① 马克思恩格斯选集：第3卷. 3版. 北京：人民出版社，2012：723.

突中去解释。无论哪一个社会形态，在它所能容纳的全部生产力发挥出来以前，是决不会灭亡的；而新的更高的生产关系，在它的物质存在条件在旧社会的胎胞里成熟以前，是决不会出现的。所以人类始终只提出自己能够解决的任务，因为只要仔细考察就可以发现，任务本身，只有在解决它的物质条件已经存在或者至少是在生成过程中的时候，才会产生。大体说来，亚细亚的、古希腊罗马的、封建的和现代资产阶级的生产方式可以看做是经济的社会形态演进的几个时代。资产阶级的生产关系是社会生产过程的最后一个对抗形式，这里所说的对抗，不是指个人的对抗，而是指从个人的社会生活条件中生长出来的对抗；但是，在资产阶级社会的胎胞里发展的生产力，同时又创造着解决这种对抗的物质条件。因此，人类社会的史前时期就以这种社会形态而告终。①

在这段经典表述中，马克思主要阐明了以下观点：

其一，从考察人的劳动和物质生产方式入手，指出生产关系是人们现实的、具有客观必然性的社会关系，是“人们的社会存在”的首要形式。

其二，通过对生产力、生产关系、经济基础、上层建筑和意识形态等社会基本范畴以及它们之间相互关系的揭示，描述了构成现实社会的一般要素、整体结构和内在矛盾。

其三，以生产力的发展为基础，通过对社会基本矛盾运动的理解，说明了社会发展的动力，揭示了社会发展变革的一般过程和规律。

其四，阐述了社会存在与社会意识关系的原理，并运用它指明了观察社会变革的根本方法，其中特别强调了两个“决不会”的判断原则。

其五，大体划分了有史以来经济社会形态演进的几个时代，指出资产阶级社会是以阶级对抗为特征的“史前时期”的最后形态；并预言随着阶级社会的终结，人类将开始自己新的、真正的历史。

这短短的几百字，包含了极其丰富的理论信息和深刻的思想内容，显示了一种宏伟的历史视野和严谨的科学精神，同时也表达了对人类命运和前途的坚定信念。其强大的逻辑力量和深切的人文关怀，充分代表了马克思唯物史观的理论面貌和精神实质。

---

① 马克思恩格斯选集：第2卷. 3版. 北京：人民出版社，2012：2-3.

唯物史观对历史观的变革，起源于世界观方法论的根本变革。[①] 它始终以社会历史现实作为自己坚实的客观基础，达到了自然与社会、人的存在与思维、人的个体与群体彼此统一的整体性高度，是一种与世界观统一的历史观，并具有普遍的世界观方法论意义。这使它能够保持普遍的、开放性的视角和功能，既超越实证科学的某些局限，又防止和克服自身的狭隘和僵化，从而随着实践的发展不断发展，永远保持开放的、彻底的实事求是探索和创造精神，其核心内容和整体逻辑经得起实践的检验。正因为如此，在它诞生以来的一百多年里，唯物史观虽然一直受到多方面的误解、歪曲、反驳甚至诋毁，它的一些具体推断和个别结论也在实践中被证明失误或逐渐过时，但是它在理论和实践中的世界性影响却从未减弱，它在人类思想史、科学史上的地位至今仍不可动摇。

四、马克思主义理论体系的精髓

恩格斯说：马克思一生做出了使自己的名字永垂于科学史册的许多重要发现，其中最重要的是唯物主义历史观和剩余价值学说[②]。唯物史观标志着，“正像达尔文发现有机界的发展规律一样，马克思发现了人类历史的发展规律”；剩余价值学说则表明，马克思“发现了现代资本主义生产方式和它所产生的资产阶级社会的特殊的运动规律”[③]。在人类历史的发展规律与资本主义的特殊规律之间，有着统一的内在逻辑和现实意义。“两大发现”是一个理论与现实相结合的完整过程和有机整体。

以这两大发现为基础和主干，在马克思和恩格斯的共同努力下，逐渐形成了具有鲜明的科学性和实践性特征、视野非常广阔、内容极其丰富的马克思主义思想体系。这个思想体系体现在他们的全部理论和全部著作之中，涉及了几乎全部哲学社会科学的领域。其中最著名的《资本论》和《共产党宣言》等，可称为马克思主义理论体系的经典之作。

（一）《资本论》——马克思主义的“百科全书”

对于任何想要真正了解马克思思想的人来说，《资本论》都是必读书。《资本论》是马克思在哲学、经济学和科学方法等方面毕生研究成果的集大成之作。从 19 世纪 40 年代到他 1883 年去世，马克思在异常艰苦的生活条件和

---

① 当有人问起历史唯物主义的起源时，恩格斯曾十分明确地回答：《提纲》“其实**就是**它的起源”（马克思恩格斯选集：第 4 卷. 3 版. 北京：人民出版社，2012：637）。

② 马克思恩格斯选集：第 3 卷. 3 版. 北京：人民出版社，2012：722-726.

③ 同②1002.

社会环境下，致力于对现存经济制度及其理论的批判研究。他查阅和搜集了卷帙浩繁的文献资料，写下了几百本笔记，先后几易其稿，初步完成了这部被看作“马克思主义百科全书”的著作①，成为人类思想史上一个丰碑。

《资本论》共分三卷，分别以“资本的生产过程”、“资本的流通过程”和“资本主义生产的总过程”为题，对资本主义社会的经济形态从细胞到组织、从生成到演变、从组织到运行、从历史到现实进行了深入透彻的研究。作为一部学术理论著作，《资本论》不仅揭示了资本主义发展的特殊规律，同时也就社会科学研究的方法进行了反思和批判，从而展示并验证了唯物史观关于人类社会发展规律的一般理论，并进一步描绘出一幅人类社会发展内在逻辑的全景图像。

研究方法的创新。马克思在《资本论》研究中所采用的独特方法，具有巨大的理论开拓意义。其一丝不苟、严格自律的科学精神，无疑是取得成功的第一个方法论要义。

马克思首先对自己的研究起点和对象做了充分严格的选择和论证。他说：“分析经济形式，既不能用显微镜，也不能用化学试剂。二者都必须用抽象力来代替。而对资产阶级社会说来，劳动产品的商品形式，或者商品的价值形式，就是经济的细胞形式。……物理学家是在自然过程表现得最确实、最少受干扰的地方观察自然过程的，或者，如有可能，是在保证过程以其纯粹形态进行的条件下从事实验的。我要在本书研究的，是资本主义生产方式以及和它相适应的生产关系和交换关系。到现在为止，这种生产方式的典型地点是英国。”②

在具体的研究过程中，马克思注意比较了经济研究中的两种方法或路径的意义，使自己的研究始终保持着高度自觉的科学严谨性。他指出，科学研究有两条不同的路径：第一种是从具体到抽象，“从实在和具体开始，从现实的前提开始”，通过理论概念的提炼，“从表象中的具体达到越来越稀薄的抽象”；第二种是从抽象到思维中的具体，即经过综合获得“一个具有许多规定和关系的丰富的总体”。“在第一条道路上，完整的表象蒸发为抽象的规定；在第二条道路上，抽象的规定在思维行程中导致具体的再现。”马克思认为，前一条道路是 17 世纪以来经济学研究已经走过的道路，而他自己，则是以前

---

① 马克思生前亲手校订并于 1867 年出版了它的第 1 卷。第 2、3 卷都是他逝世后由恩格斯主持出版的。

② 马克思恩格斯选集：第 2 卷. 3 版. 北京：人民出版社，2012：82.

人的成就为基础，进一步采取从抽象上升到具体这个方法，科学地再现资本主义生产方式的“丰富的总体”。

在这样做时，马克思特别强调理论与实际之间的密切联系，指出无论以怎样的方式，都不能忽视主体，不能忘记了现实的社会条件本身：“在理论方法上，主体，即社会，也必须始终作为前提浮现在表象面前。”只有时时以人的现实社会为前提和背景，这种理论研究才不至于脱离实际而变成幻觉。《资本论》运用高度的“抽象力”，把握住了资本主义最基本、最普遍的“细胞”——商品，然后是对其一系列内在矛盾的分析综合，不断从抽象上升到具体，最终达到了对整个资本主义生产方式既系统化又动态化的清晰把握。这种把握不仅十分生动地再现了资本主义生产方式的基本面貌，而且对它做出了科学的诊断和批判，至今仍然具有强大的生命力。

揭露资本主义的秘密。作为一部经济学著作，《资本论》的重大发现是在“劳动价值论”的基础上，创立了“剩余价值理论”。马克思的科学发现开始于对现实社会经济基本“元素”或“细胞”——商品的剖析。他从商品的二重性中揭示出劳动的二重性和现实社会关系的内在矛盾，从货币转化为资本的秘密中揭示了资本的本质和规律，从商品交换的规律追溯到剩余价值的生产，一步步揭开了资本利润的来源和“剥削”的秘密，进而揭示了资本主义经济形态的完整结构和内在规律。其意义正如恩格斯所说：“资本和劳动的关系，是我们全部现代社会体系所围绕旋转的轴心，这种关系在这里第一次得到了科学的说明，而这种说明之透彻和精辟，只有一个德国人才能做得到。”①

例如关于利润的来源问题。以往的政治经济学通过“劳动价值论”指出：劳动是一切财富的泉源，是一切价值的尺度；而劳动产品之间的交换，只有遵循等价的原则才能实现；等等。但是人们发现，在现实中，工人却从来没有、也不可能得到他的产品的全部价值；相反，随着资本增殖得越来越大，工人的活劳动的工资却相比之下越来越少。这显然是一个尖锐的矛盾。“在马克思以前，谁也没有解决这个矛盾，只有马克思才探寻了这种利润的产生过程，一直追溯到它的根源，把一切都弄明白了。”② 马克思经过研究指出，原来这里的秘密在于，“在现代社会关系中，资本家在商品市场上找到了一种**商品**，这种商品具有特别的性质，这就是，它的**使用是新价值的泉源，是新价**

① 马克思恩格斯选集：第2卷. 3版. 北京：人民出版社，2012：70.

② 同①71.

值的创造。这个商品，就是**劳动力**”①。从劳动力这一特殊商品的特殊价值中找到剩余价值的来源，这一发现的意义十分明显。恩格斯说：“自从世界上有资本家和工人以来，没有一本书像我们面前这本书那样，对于工人具有如此重要的意义。”② 所以在当时，《资本论》很快就被称为欧洲觉醒起来的“工人阶级的圣经”③。

探索人类历史的规律。《资本论》既是对资本主义社会危机做科学诊断的报告，也是对资本主义社会萌生、形成和发展过程的科学总结，其使命则在于揭示人类社会的历史规律和前途命运，为人类的彻底解放指明方向。因此它并不仅仅是表达一种阶级的义愤，也非出自某种悲天悯人的道德情感。相反，马克思是以科学的态度、充分的事实和深刻的分析，客观、准确地揭示了资本主义作为一个阶段在人类历史上的地位和意义。马克思一向主张要具体地、实事求是地分析和对待现实资本主义发展的状况。例如就当时的情况来说，“在其他一切方面，我们也同西欧大陆所有其他国家一样，不仅苦于资本主义生产的发展，而且苦于资本主义生产的不发展”④。关于马克思对资本主义的总体判断，恩格斯曾概括地指出：“正像马克思尖锐地着重指出资本主义生产的各个坏的方面一样，同时他也明白地证明这一社会形式是使社会生产力发展到很高水平所必需的：在这个水平上，社会**全体**成员的平等的、合乎人的尊严的发展，才有可能。要达到这一点，以前的一切社会形式都太薄弱了。资本主义的生产才第一次创造出为达到这一点所必需的财富和生产力，但是它同时又创造出一个社会阶级，那就是被压迫的工人大众。他们越来越被迫起来要求利用这种财富和生产力来为全社会服务，以代替现在为一个垄断者阶级服务的状况。”⑤ 可以说清楚地表达了马克思对资本主义的总体判断。《资本论》表明，只有在深刻地揭示了人类历史规律和资本主义特殊规律基础上，才能为无产阶级争取人类解放的事业，即社会主义、共产主义的革命和建设奠定科学的理论基础。

唯物史观的有力论证。《资本论》既是政治经济学研究的辉煌成果，也是马克思哲学变革的辉煌成果，它充分体现了唯物史观的威力。列宁说：“自从

---

① 马克思恩格斯选集：第2卷. 3版. 北京：人民出版社，2012：72.

② 马克思恩格斯选集：第2卷. 3版. 北京：人民出版社，2012：70.

③ 马克思恩格斯全集：第44卷. 2版. 北京：人民出版社，2001：34.

④ 同③9.

⑤ 同②77-78.

《资本论》问世以来，唯物主义历史观已经不是假设，而是科学地证明了的原理。”① 《资本论》无疑是对马克思的实践唯物主义和历史唯物主义立场、观点和方法的最具原创性、权威性的阐述和应用。

马克思之所以能够在政治经济学领域超越前人，首先在于他观察社会时所采取的彻底唯物主义的立场和着眼于整个人类历史的哲学视野。针对有人把社会矛盾和阶级冲突当作仅仅是地区性的个别现象，甚至是私人之间的恩怨等曲解，马克思指出，他的研究结论是要致力于生产力的发展以实现社会关系的彻底改造，并不是追究任何个人的历史责任：“我的观点是把经济的社会形态的发展理解为一种自然史的过程。不管个人在主观上怎样超脱各种关系，他在社会意义上总是这些关系的产物。同其他任何观点比起来，我的观点是更不能要个人对这些关系负责的。”②

马克思非常重视把握社会历史研究的目的性，力求从具体的考察中得到对于历史规律的认识。针对当时社会上人们各种各样的误解和一些偏激反应，他指出：“问题本身并不在于资本主义生产的自然规律所引起的社会对抗的发展程度的高低。问题在于这些规律本身，在于这些以铁的必然性发生作用并且正在实现的趋势。”③ “一个社会即使探索到了本身运动的自然规律，——本书的最终目的就是揭示现代社会的经济运动规律，——它还是既不能跳过也不能用法令取消自然的发展阶段。但是它能缩短和减轻分娩的痛苦。”④ 这种立足于人类社会历史规律、高瞻远瞩的博大视野和胸怀，不仅表现在它的立场和结论之中，而且表现于它的方法的各个环节，贯穿于《资本论》的始终。

哲学变革的硕果。马克思方法的秘密在于他的哲学。他在《资本论》法文版的序言中说：“我所使用的分析方法至今还没有人在经济问题上运用过”⑤。这主要是指，马克思把哲学上的最新成就作为方法成功地应用于经济研究。对于哲学上的最新成就，很多人以为是黑格尔的辩证法。马克思也说过：“我公开承认我是这位大思想家的学生，并且在关于价值理论的一章中，有些地方我甚至卖弄起黑格尔特有的表达方式。”⑥ 但是，马克思同时严肃地指出，在《资本论》的方法与黑格尔辩证法体系之间，存在着两个根本的区

① 列宁选集：第1卷. 3版修订版. 北京：人民出版社，2012：10.

② 马克思恩格斯全集：第44卷. 2版. 北京：人民出版社，2001：10.

③ 同②8.

④ 同②9-10.

⑤ 同②24.

⑥ 马克思恩格斯选集：第2卷. 3版. 北京：人民出版社，2012：94.

别：首先是唯物主义与唯心主义的根本区别，其次是辩证法的两种形态（合理形态与神秘形式）的根本区别。

> 我的辩证方法，从根本上来说，不仅和黑格尔的辩证方法不同，而且和它截然相反。在黑格尔看来，思维过程，即甚至被他在观念这一名称下转化为独立主体的思维过程，是现实事物的创造主，而现实事物只是思维过程的外部表现。我的看法则相反，观念的东西不外是移入人的头脑并在人的头脑中改造过的物质的东西而已。
>
> ……
>
> 辩证法，在其神秘形式上，成了德国的时髦东西，因为它似乎使现存事物显得光彩。辩证法，在其合理形态上，引起资产阶级及其空论主义的代言人的恼怒和恐怖，因为辩证法在对现存事物的肯定的理解中同时包含对现存事物的否定的理解，即对现存事物的必然灭亡的理解；辩证法对每一种既成的形式都是从不断的运动中，因而也是从它的暂时性方面去理解；辩证法不崇拜任何东西，按其本质来说，它是批判的和革命的。①

可见，马克思其实是以他自己创立的全新哲学为武器，才取得如此重大突破成果的。这个全新的哲学武器，就是他的实践唯物主义和唯物史观。列宁在研究马克思与黑格尔的关系时，充分注意到了马克思哲学方法的综合性质，指出："虽说马克思没有遗留下'**逻辑**'（大写字母的），但他遗留下《资本论》的**逻辑**……在《资本论》中，唯物主义的逻辑、辩证法和认识论（不必要三个词：它们是同一个东西）都应用于一门科学"②，应该说，在马克思那里，实践的和历史的唯物主义、合理形态的辩证法、与之相联系的认识论和方法论等，都统一地体现在《资本论》之中，共同造就了"大写的"《资本论》的逻辑。

（二）《共产党宣言》——科学社会主义的纲领

科学社会主义学说是以马克思"两大发现"为根基的理论产物，它体现了马克思以"改变世界"并"推动世界革命化"、最终实现人类解放为目的的实践取向和价值诉求。1847 年 11 月，马克思和恩格斯应"共产主义者同盟"之邀共同起草《共产党宣言》（简称《宣言》），集中阐述了科学社会主义学说

---

① 马克思恩格斯选集：第 2 卷．3 版．北京：人民出版社，2012：93-94.

② 列宁．哲学笔记．北京：人民出版社，1993：290.

及共产党人的政治主张和实践纲领，从此成为世界共产主义运动的理论旗帜。

《宣言》的一个基本思想是：每一历史时代的经济生产以及必然由此产生的社会结构，是该时代政治的和精神的历史的基础。因此它以马克思关于资本主义生产方式的深刻研究为根据，对资产阶级社会的现实矛盾进行了深入的剖析。《宣言》指出，资本的本性，使资本主义生产方式表现出了前所未有的活力："资产阶级除非对生产工具，从而对生产关系，从而对全部社会关系不断地进行革命，否则就不能生存下去。……生产的不断变革，一切社会状况不停的动荡，永远的不安定和变动，这就是资产阶级时代不同于过去一切时代的地方。"这一方面使"资产阶级在它的不到一百年的阶级统治中所创造的生产力，比过去一切世代创造的全部生产力还要多，还要大"；另一方面，也正因为如此，在"它按照自己的面貌为自己创造出一个世界"的同时，也创造了自己的对立面，"资产阶级用来推翻封建制度的武器，现在却对准资产阶级自己了。但是，资产阶级不仅锻造了置自身于死地的武器；它还产生了将要运用这种武器的人——现代的工人，即**无产者**"①。

《宣言》的另一个基本思想是：从原始土地所有制解体以来的社会历史，是一部阶级斗争的历史；"而这个斗争现在已经达到这样一个阶段，即被剥削被压迫的阶级（无产阶级），如果不同时使整个社会永远摆脱剥削、压迫和阶级斗争，就不再能使自己从剥削它压迫它的那个阶级（资产阶级）下解放出来"②。围绕无产阶级特有的历史地位和使命的基本思想，《宣言》阐明了共产主义运动的一些重要原则和原理。如："过去的一切运动都是少数人的，或者为少数人谋利益的运动。无产阶级的运动是绝大多数人的，为绝大多数人谋利益的独立的运动"；"共产主义并不剥夺任何人占有社会产品的权力，它只剥夺利用这种占有去奴役他人劳动的权力"；"当阶级差别在发展进程中已经消失而全部生产集中在联合起来的个人的手里的时候，公共权力就失去政治性质"③；等等。它为人类描绘出来的共产主义社会前景是：

> 代替那存在着阶级和阶级对立的资产阶级旧社会的，将是这样一个联合体，在那里，每个人的自由发展是一切人的自由发展的条件。④

---

① 马克思恩格斯选集：第1卷．3版．北京：人民出版社，2012：403，404，405，406.

② 同①380.

③ 同①411，416，422.

④ 同①422. 这一思想在《资本论》中表述为：共产主义是"以每一个个人的全面而自由的发展为基本原则的社会形式"（马克思恩格斯全集：第44卷．2版．北京：人民出版社，2001：683）。

在马克思科学社会主义学说产生之前，社会主义已经有了300多年的历史。从早期空想社会主义者使用文学笔法表达的充满激情的意向，经过18世纪法国人摩莱里和马布利从理性角度加以法理化的论证和深化，到19世纪三位杰出代表人物——法国的圣西门、傅立叶和英国的欧文那里，作为一种纯粹理想的社会主义达到了它的顶峰。这三位最著名的空想社会主义者不仅从经济、政治和文化等方面无情地抨击了资本主义的弊端，深刻揭露了私有制是其罪恶之源，而且对未来社会做了许多天才的猜测和设想。《宣言》中将其称为“批判的空想的社会主义和共产主义”，指出其“关于未来社会的积极的主张，例如消灭城乡对立、消灭家庭、消灭私人营利、消灭雇佣劳动、提倡社会和谐、把国家变成纯粹的生产管理机构——所有这些主张都只是表明要消灭阶级对立，而这种阶级对立在当时刚刚开始发展，它们所知道的只是这种对立的早期的、不明显的、不确定的形式。因此，这些主张本身还带有纯粹空想的性质”①。

马克思恩格斯的科学社会主义学说继承了前人追求人类解放和美好前途的崇高理想信念，它不同于前人之处，主要在于其科学性：其一，它超出了主观的价值构想而找到了历史的客观逻辑，回答了社会主义的历史必然性的根据问题；其二，它解决了社会主义的阶级基础和主体力量问题。这两点意味着，社会主义的构想从一种抽象的价值观上升成为一种现实具体的价值观。也就是说，马克思恩格斯以对社会生产力发展要求的洞察为根据，通过对生产关系、全部社会关系特别是阶级关系的科学分析，发现了无产阶级的社会地位和历史使命，指出了无产阶级自身解放与生产力发展要求的内在一致性、与全人类解放的内在一致性，这样就找到了生产力发展要求的代表者与人类价值理想的代表者相统一的历史主体。马克思主义以这个历史主体的立场为自己整个学说的根本立场，把献身于无产阶级和全人类的解放确立为自己的价值导向，从而实现了自身理论的价值导向与社会历史发展规律之间的高度统一。

这一社会主义思想史上最伟大的成就同马克思哲学的思维方式有着密切的联系。早在《形态》中，马克思恩格斯就曾指出，人类的解放是一个以生产力发展为基础的社会运动，而不是一个思想运动，“共产主义对我们来说不是应当确立的**状况**，不是现实应当与之相适应的**理想**。我们所称为共产主义的是那种消灭现存状况的**现实的**运动。这个运动的条件是由现有的前提产

---

① 马克思恩格斯选集：第1卷. 3版. 北京：人民出版社，2012：432.

生的”①。就是说，社会主义、共产主义并非来自某个先验的设定，也不是某个静止的终极状态，它就在现实的运动之中；这个运动只能在现实的前提和条件下发生，而不能脱离现实。这里表现出来的是一种不同的思维方式——开放的、动态的，即实践的、历史的思维方式。应该说，这一思维方式本身比起用它得出的所有具体结论来，要更加深刻、更加有力、更加重要。要理解和实现马克思主义的科学社会主义，就要深切领会和掌握这种思维方式。

第二节　马克思主义哲学的发展

马克思逝世以后，恩格斯为继续推进马克思主义和国际共产主义事业不懈地奋斗，在理论和实践上做出了许多创造性的贡献。随着世界形势的发展变化，各国一代又一代马克思主义者在实践中坚持和发展马克思主义哲学，使它对现代世界历史产生了极为巨大的影响。马克思主义哲学本身也在曲折的前进过程中不断获得新的启示和发展。

一、恩格斯的重大理论贡献

恩格斯是马克思一生最亲密的知音和战友，他既支持并参与了马克思哲学的创立，也是发现并阐发马克思哲学伟大意义的第一人。马克思的许多成果中都有恩格斯的辛勤劳动，《马克思恩格斯全集》是他们联手创作的思想宝库。恩格斯为阐发和捍卫马克思主义所做的贡献，是马克思主义取得巨大成就的重要保证，也使恩格斯成为最有权威的马克思主义经典作家之一。

（一）对马克思哲学的创造性发展

恩格斯是第一位系统整理和阐发马克思思想的理论家。他不仅在马克思逝世后整理出版了马克思的巨著《资本论》第二、三卷和其他著作②，而且他本人先后撰写了《反杜林论》和《路德维希·费尔巴哈和德国古典哲学的终结》等重要著作，进一步丰富和发展了马克思哲学，成为马克思主义的经典之作。

《反杜林论（欧根·杜林先生在科学中实行的变革）》是一部论战性著作。

---

① 马克思恩格斯选集：第 1 卷．3 版．北京：人民出版社，2012：166.

② 马克思在世时并未正式出版自己的纯哲学专著。《1844 年经济学哲学手稿》和《关于费尔巴哈的提纲》等都是他的手稿。马克思恩格斯合著的《形态》则因出版商变卦而未曾出版。

19 世纪 70 年代中期，一股动辄创造理论体系的伪科学风气一度在德国泛滥，其中柏林大学教授“杜林先生正是这种放肆的伪科学的最典型的代表之一”①。杜林以“社会主义的行家兼改革家”自命，抛出了所谓“新的社会主义理论”体系，对马克思的理论极力加以歪曲和诋毁，并一度产生了很大影响，连德国社会民主党内也弥漫着杜林主义。在此情况下，恩格斯应李卜克内西等马克思主义者之邀，撰写了批判杜林的著作。这一决定得到了马克思的支持和参与。诚如恩格斯所说的，在各种专业上互相帮助，这早就成了他们的习惯。马克思亲自撰写了其中第二编“政治经济学”第十章部分。《反杜林论》的写作费时 2 年，在 1877 年至 1878 年相继面世，先是在《前进报》上连载，后来出了单行本。

《反杜林论》是第一个从哲学、经济学和社会主义三个方面系统阐发马克思主义学说的经典论著。恩格斯说，由于“本书所批判的杜林先生的‘体系’涉及非常广泛的理论领域，这使我不能不跟着他到处跑，并以自己的见解去反驳他的见解。因此消极的批判成了积极的批判；论战转变成对马克思和我所主张的辩证方法和共产主义世界观的比较连贯的阐述，而这一阐述包括了相当多的领域”②。

例如，杜林依据抽象的概念和意向，把一些关于道德的老生常谈和陈词滥调标榜成“永恒真理”，恩格斯从现实出发指出了这种观念的虚幻色彩，进而阐述了历史唯物主义的基本道德观：“人们自觉地或不自觉地，归根到底总是从他们阶级地位所依据的实际关系中——从他们进行生产和交换的经济关系中，获得自己的伦理观念。……因此，我们拒绝想把任何道德教条当做永恒的、终极的、从此不变的伦理规律强加给我们的一切无理要求……只有在不仅消灭了阶级对立，而且在实际生活中也忘却了这种对立的社会发展阶段上，超越阶级对立和超越对这种对立的回忆的、真正人的道德才成为可能。”③

《反杜林论》还大量使用了恩格斯在自然辩证法方面的研究成果，对马克思哲学的自然科学基础、唯物史观、辩证法和认识论及其应用等做了精彩的论述。

《路德维希·费尔巴哈和德国古典哲学的终结》（简称《费尔巴哈论》）是恩格斯 1886 年写的哲学专著。这时马克思已逝世三年。这部著作以马克思的

① 马克思恩格斯选集：第 3 卷. 3 版. 北京：人民出版社，2012：381.

② 同①383.

③ 同①470-471.

《提纲》和《形态》所提出的思路为基础，进一步较为系统地阐发了马克思的实践唯物主义和唯物史观思想。在书中，恩格斯正面总结了马克思哲学与德国古典哲学的关系、马克思哲学与自然科学发展的关系；分析了黑格尔哲学辩证法内核的革命性与其体系的保守性之间的内在矛盾；同时分析了费尔巴哈唯物主义的不彻底性；阐明了马克思哲学在哲学发展史上的革命变革；重点阐述了唯物史观的基本原理，以及历史唯物主义的实践观、宗教观、道德观等一系列重大理论问题。

其中，首次提出了“哲学基本问题”或“最高问题”的命题：“全部哲学，特别是近代哲学的重大的基本问题，是思维和存在的关系问题。”① 恩格斯指出，所谓思维和存在的关系问题，主要包括两个方面：一个是“思维对存在的地位问题”；另一个是“思维和存在的同一性问题”。

> 哲学家依照他们如何回答这个问题而分成了两大阵营。凡是断定精神对自然界说来是本原的，从而归根到底承认某种创世说的人（……），组成唯心主义阵营。凡是认为自然界是本原的，则属于唯物主义的各种流派。
>
> 除此之外，唯心主义和唯物主义这两个用语本来没有任何别的意思，它们在这里也不是在别的意义上使用的。……
>
> 但是，思维和存在的关系问题还有另一个方面：我们关于我们周围世界的思想对这个世界本身的关系是怎样的？我们的思维能不能认识现实世界？我们能不能在我们关于现实世界的表象和概念中正确地反映现实？用哲学的语言来说，这个问题叫做思维和存在的同一性问题，绝大多数哲学家对这个问题都作了肯定的回答。②

恩格斯关于哲学基本问题的相关论述，对于澄清哲学基础理论的概念，特别是划清唯物主义与唯心主义的界限，具有根本的意义，从而也对哲学的发展产生了巨大影响。但是不可否认，在后人的一些学习和研究中，特别是在教条化的马克思主义哲学模式中，恩格斯关于哲学基本问题尤其是它的第一方面的论述，往往被加以机械化、简单化的理解和使用，从而导致了理论上的荒谬。③

① 马克思恩格斯选集：第4卷. 3版. 北京：人民出版社，2012：229.

② 同①231.

③ 这里有必要指出一个流行的错误提法：在一些教科书中，把仅仅在思维和存在关系中成立的“本原”概念（指在精神与自然界之间谁是谁的本原），变成了“世界的本原”；把“物质是世界的本原”（意味着世界不是从来就有的，而是由“物质”派生出来的）这个更近于“某种创世说”的说法，当成了唯物主义的首要理念。

例如，人们不注意恩格斯强调的“除此之外，唯心主义和唯物主义这两个用语本来没有任何别的意思”，而是赋予了它过多附加的、不恰当的含义和意义；因此不是把哲学基本问题当作思考哲学问题和理解哲学发展的起点，而是当作终点，热衷于贴标签式地划分“两大阵营”，满足于理论上的“对号入座”，以为这样就解决了问题。这样的理论作风，恰恰是马克思和恩格斯一向反对的。

恩格斯在继续领导国际共产主义运动的繁忙工作中，一直同各种歪曲和否定马克思主义的表现进行着不懈的斗争，并在斗争中坚持和发展马克思的学说。他晚年的一些书信是重要的记录。例如，针对一些人说马克思学说是单纯“经济决定论”的责备，他指出：“历史过程中的决定性因素**归根到底**是现实生活的生产和再生产。无论马克思或我都从来没有肯定过比这更多的东西。如果有人在这里加以歪曲，说经济因素是**唯一**决定性的因素，那么他就是把这个命题变成毫无内容的、抽象的、荒诞无稽的空话。……经济的前提和条件归根到底是决定性的。但是政治等等的前提和条件，甚至那些萦回于人们头脑中的传统，也起着一定的作用，虽然不是决定性的作用。”①

恩格斯首创的“历史合力”理论，是对唯物史观的一个重要发展和贡献。他指出，社会中存在的各种因素其实都对历史有影响，它们以共同形成一定“合力”的形式推动着社会发展：“有无数互相交错的力量，有无数个力的平行四边形，由此就产生出一个合力，即历史结果……因为任何一个人的愿望都会受到任何另一个人的妨碍，而最后出现的结果就是谁都没有希望过的事物。所以到目前为止的历史总是像一种自然过程一样地进行”②。

特别是在如何理解社会主义的问题上，恩格斯旗帜鲜明地捍卫了马克思主义理论和方法的科学性。他反复强调指出：“所谓‘社会主义社会’不是一种一成不变的东西，而应当和任何其他社会制度一样，把它看成是经常变化和改革的社会。”③ 为此，恩格斯还严厉批评了那种不认真研究实际历史，只热衷于把唯物史观当作套语和标签贴到事物上就算解决问题的虚假“唯物主义”，指出它根本不是马克思主义。他语重心长地告诫说：“唯物史观现在也有许多朋友，而这些朋友是把它当做**不**研究历史的借口的。正像马克思就70年代末的法国‘马克思主义者’所曾经说过的：‘我只知道我自己不是马克思

① 马克思恩格斯选集：第4卷. 3版. 北京：人民出版社，2012：604-605.

② 同①605.

③ 同①601.

主义者。’”[①] 进而恩格斯提出，要警惕那些打着马克思主义的旗号，却并不了解也根本不想认真学习和实践马克思主义的人。他们是一些“危险的”“讨厌的朋友”，要像马克思那样坚决同他们划清界限。

（二）开拓哲学与科学的自觉结合

在与马克思共同创建马克思主义学说的过程中，恩格斯对一些具体科学领域进行了独立的研究，并发表了《自然辩证法》《家庭、私有制和国家的起源》等著作。这些成果极大地丰富了马克思主义哲学的理论宝库。

与马克思《资本论》研究的深入和扩展相配合，恩格斯从 1871 年开始了对自然科学中所蕴含的客观辩证法的研究。他用了 8 年时间钻研该时代的多门自然科学成果，使自己从外行成长为内行，以便从自然科学本身的成果中阐述自然界的辩证法。《自然辩证法》书稿四十多万字，跨数、理、化、天、地、生及科学史、社会史等多学科，是一部尝试将哲学与自然科学和具体社会科学结合起来的研究记录。它虽然并未在恩格斯生前发表，但其中许多重要内容已在《反杜林论》和《费尔巴哈论》中得到了应用。

恩格斯对自然辩证法的重视与他的哲学观相关。恩格斯在《费尔巴哈论》中强调辩证法是“科学”，不仅是思维规律的科学，而且是“关于外部世界”的科学。正是在这种科学世界观的意义上，恩格斯要为唯物史观补充唯物主义自然观方面的内容。他认为，随着实证科学的兴起，哲学与科学的关系进入了一个新的阶段。古希腊时期的自然哲学，是包罗万象的知识总汇，天文、地理、生物、数学、物理、化学、哲学等均在其中。近代自然科学的发展，使各门自然科学逐渐从自然哲学中分离出来，形成了哲学之外的独立学科。这种独立与其说是研究对象的区别，不如说是学科研究方法上的变革。根据近代自然科学发展的新成果和新趋势，恩格斯指出：科学的发展再也不能逃避辩证的综合了，“自然界不是**存在着**，而是**生成着**和**消逝着**”[②]，这个革命性观念的确立，意味着传统的经验方法不适用了，只有辩证的理论思维才管用；而要培养和发展这种理论思维能力，“除了学习以往的哲学，直到现在还没有别的办法”[③]。针对当时缺少这种自觉性，轻视哲学的情况，他指出：“自然科学家尽管可以采取他们所愿意采取的态度，他们还得受哲学的支配。问题只在于：他们是愿意受某种蹩脚的时髦哲学的支配，还是愿意受某种建立在通

① 马克思恩格斯选集：第 4 卷. 3 版. 北京：人民出版社，2012：598-599.

② 马克思恩格斯选集：第 3 卷. 3 版. 北京：人民出版社，2012：852.

③ 同②873.

晓思维历史及其成就的基础上的理论思维形式的支配。”①

恩格斯指出，唯物史观的创立与近代以来科学精神的发展密切相关：“现在，唯心主义从它的最后的避难所即历史观中被驱逐出去了，一种唯物主义的历史观被提出来了，用人们的存在说明他们的意识，而不是像以往那样用人们的意识说明他们的存在这样一条道路已经找到了。”② 这意味着又一门实证科学从传统的哲学母体中分离出来，即历史科学也独立了。在这里，历史科学独立的标志是其科学方法论的形成，即唯物史观的确立。唯物史观所反对的唯心主义历史哲学，其实是思辨的形而上学哲学。正如培根《新工具》要求人们用实验归纳方法具体地研究物理世界那样，唯物史观要求人们具体地研究社会的客观存在，并服务于具体地改变社会的现实存在，以此为历史前进和人类解放之本。

恩格斯强化了从实证性角度阐发唯物史观科学性的论证。他认为，马克思主义哲学的实践性特点，也是它实证性的特点。马克思哲学在本义上并非经院哲学。所以学习、研究和发展马克思主义哲学的努力，基本上都是联系各国的社会主义革命实践进行的，且多为关心政治的政治家和学者来参与。与政治实践无关的理论与马克思唯物史观的本义不符。总之，唯物史观在哲学史上的地位，是它对历史唯心主义的批判；唯物史观在科学史上的地位，是它使历史科学从历史哲学中解放出来。唯物史观使历史学研究具有了完全的实证科学的意义，这是恩格斯在阐发唯物史观科学性时的重要之点。

恩格斯开创的唯物主义哲学与自然科学结盟的传统，对于马克思主义哲学形态的发展产生了巨大的影响作用。

二、列宁主义哲学、斯大林的哲学模式

19 世纪末 20 世纪初，世界资本主义发展到帝国主义阶段，帝国主义之间的争斗导致世界大战爆发。伴随两次世界大战而发生的世界范围的社会主义革命，改变了世界的格局。马克思主义在世界范围内的传播和实践，为人类文明发展写下了新的历史篇章。而在苏联和东欧国家进行的社会主义实践，则为马克思主义哲学的发展和反思留下了宝贵的历史经验。

（一）列宁主义哲学

19 世纪后半叶，马克思的学说传到了俄国，以著名哲学家普列汉诺夫为

---

① 马克思恩格斯选集：第 3 卷. 3 版. 北京：人民出版社，2012：899.

② 同①796.

代表的一批革命的思想家开始探索马克思主义与俄国革命相结合的进程。列宁（1870—1924）是在这一历史进程中涌现出来的无产阶级革命领袖和马克思主义理论家。他紧密结合20世纪初世界和俄国革命的形势，把马克思恩格斯的学说转化为俄国共产党（布尔什维克）指导革命的理论与实践，成功地创立了世界上第一个社会主义国家，并开始了社会主义建设的实践。以他的名字命名的列宁主义，被看作帝国主义和无产阶级革命时代的马克思主义，成为20世纪国际共产主义运动的又一面旗帜。

列宁对马克思主义哲学的探索和运用，不仅体现在他的《唯物主义和经验批判主义》《国家与革命》《哲学笔记》等哲学作品中，更体现在他关于时代特征，关于社会主义革命和建设的规律、战略和策略等重大现实问题的论述中。

1. 列宁的马克思主义哲学观

列宁的大部分哲学著作产生于夺取政权以前的革命岁月。在那样艰苦动荡的环境中，他深知“没有革命的理论，就不会有革命的运动”[①]，因此从不放松研读马克思主义著作，并密切关注革命实践的要求和社会发展的动向，积极进行基本的理论建设。列宁把马克思主义理论的内容归纳为哲学、政治经济学、社会主义三个组成部分，并指出了它们有相应的来源：“马克思学说是人类在19世纪所创造的优秀成果——德国的哲学、英国的政治经济学和法国的社会主义的当然继承者”[②]；并认为，马克思学说的主要内容和标志，在于它的哲学唯物主义、辩证法、唯物主义历史观、阶级斗争等理论之中。[③] 列宁强调：“马克思主义的哲学就是**唯物主义**”；“**辩证法**，即最完备最深刻最无片面性的关于发展的学说”；“马克思的**历史唯物主义**是科学思想中的最大成果”，把唯物主义“对自然界的认识推广到对**人类社会**的认识”；“**阶级斗争**是整个发展的基础和动力”；等等。因此，列宁总的结论是：“马克思的哲学是完备的哲学唯物主义，它把伟大的认识工具给了人类，特别是给了工人阶级。”[④]

在当时复杂激烈的革命实践和思想斗争环境下，基于对马克思主义这种伟大工具价值的理解，列宁高度重视理论与实际相结合的研究，特别强调坚持唯物主义的立场和党性原则，时刻抵制、批判形形色色唯心主义和形而上

① 列宁选集：第1卷. 3版修订版. 北京：人民出版社，2012：311.
② 列宁选集：第2卷. 3版修订版. 北京：人民出版社，2012：309-310.
③ 同②418-428.
④ 同②311.

学思想，重视通过加强马克思主义理论建设来推动革命政党和革命运动的成长。这些使列宁的哲学思想富有鲜明的“战斗唯物主义”① 风格。

2.《哲学笔记》与辩证法

《哲学笔记》是1895年至1916年，列宁学习研读哲学著作和科学著作时所做的笔记，总计约65万字，其中约80%内容写于1914—1916年，也就是第一次世界大战到十月革命前夜这个期间。从中可以看出列宁在哲学上的辛勤努力和严谨态度。他以对马克思主义哲学的追求为动力，如饥似渴地阅读了各种哲学专著。他的这个学习研究过程有两个特点：一是以读哲学史经典为主，而不是以读一两本哲学教科书为主；二是以读唯心主义哲学大师特别是黑格尔的著作居多。其中黑格尔的《逻辑学》《哲学史讲演录》等著述是列宁做笔记最多、读得最细的，其内容占《哲学笔记》近一半。从这些笔记中可以感受到，列宁在革命理论创建中所具有的极强的逻辑性，以及对辩证法的纯熟运用，都是来自他对哲学本身的钻研和积累。

《哲学笔记》中最为后人所重视的《谈谈辩证法问题》和《辩证法的要素》两篇札记，属于列宁对黑格尔辩证法深入反思基础上的创新探索。《谈谈辩证法问题》中，列宁曾提出了“统一物之分为两个部分以及对它的矛盾着的部分的认识（……），是辩证法的**实质**”② 这一具有理论创新性质的说法。同时，列宁还依据人类认识发展的非直线运动性质，揭示出唯心主义产生的认识论根源，认为它是“生长在活生生的、结果实的、真实的、强大的、全能的、客观的、绝对的人类认识这棵活树上的一朵无实花”③。这一结论对于理解唯心主义的根源和实质具有极大启发性。

列宁一直极为重视辩证法的理论意义和方法论意义。他称辩证法为“革命的代数学”，终生都在与实践的结合中加以研究。直到晚年，他还在党内的一次争论中，创造性地总结了辩证逻辑的四条基本原理：

> 要真正地认识事物，就必须把握住、研究清楚它的一切方面、一切联系和“中介”。我们永远也不会完全做到这一点，但是，全面性这一要求可以使我们防止犯错误和防止僵化。这是第一。第二，辩证逻辑要求从事物的发展、“自己运动”（像黑格尔有时所说的）、变化中来考察事

---

① 列宁选集：第4卷．3版修订版．北京：人民出版社，2012：646.

② 列宁选集：第2卷．3版修订版．北京：人民出版社，2012：556.（注：“统一物之分为两个部分”也可译为“一分为二”。因此，在我国20世纪60年代，曾以此为根据和来源，强调要把“一分为二”看作全部辩证法的核心和实质。）

③ 同②560.

物。……第三，必须把人的全部实践——作为真理的标准，也作为事物同人所需要它的那一点的联系的实际确定者——包括到事物的完整的"定义"中去。第四，辩证逻辑教导说，"没有抽象的真理，真理总是具体的"……①

令人瞩目的是，列宁在总结辩证逻辑的原则时，除包括观察的客观全面性、事物"自己运动"的规律性、真理的具体性等这些唯物辩证法的基本要求以外，还包括了含有价值（"事物同人所需要它的那一点的联系"）内容的新的实践标准思想。他把实践作为真理标准与作为价值标准（价值的"实际确定者"）统一起来，进一步丰富了实践和实践标准的意义。这一观点不仅是向马克思《提纲》思想的回归，而且是进一步的阐述和发展。

3.《唯批》与唯物主义认识论

列宁写于1908年的《唯物主义和经验批判主义》（简称《唯批》），结合世纪之交自然科学新的伟大成果，重新阐述并捍卫了唯物主义及其认识论的基本原理。当时，由于放射性元素和原子核蜕变的发现，一些人产生了"物质消失了"的困惑，哲学上的唯心主义思潮有所抬头。列宁在艰苦条件下花了8个月时间，涉猎了二百多个人物和二百多种书刊资料，研究了具有代表性的"经验批判主义"理论的来龙去脉，写出了这本26万字的论战性著作。

在书中，他重新界定并阐明了唯物主义"物质"概念的科学含义，然后指出："'物质在消失'这句话的意思是说：至今我们认识物质所达到的那个界限正在消失，我们的知识正在深化；那些从前看来是绝对的、不变的、原本的物质特性（不可入性、惯性、质量等等）正在消失，现在它们显现出是相对的、仅为物质的某些形态所固有的。因为物质的**唯一**'特性'就是：它是**客观实在**，它存在于我们的意识之外。"②

在充满革命家战斗激情的论述中，列宁通过对"物理学唯心主义"和经验批判主义等观点的论战和批判，阐发了唯物主义认识论的一些基本原理。其中关于唯物主义与人类生活实践相一致的观点，具有极其重要的意义。列宁认为，人类关于世界的物质性等基本信念，是以人类长期生存发展的实践为根据的，是得到人类长期生存发展实践本身提示和支持的结果。因此在哲学上，"唯物主义**自觉地**把人类的'素朴的'信念作为自己的认识论的基

① 列宁选集：第4卷. 3版修订版. 北京：人民出版社，2012：419.
② 列宁选集：第2卷. 3版修订版. 北京：人民出版社，2012：191-192.

础”①，是一种理论上应有的自觉和自信。由此他进一步指出：“生活、实践的观点，应该是认识论的首要的和基本的观点。这种观点必然会导致唯物主义”②。

4.《帝国主义论》与东方革命道路

在俄国革命的进程中，列宁依靠唯物史观特别是阶级斗争的思想，通过对时代特征的把握，为新兴的工人阶级政党指明了方向，奠定了革命战略和策略的科学基础，从而赢得了历史性的胜利。

列宁对时代特征的判断，主要体现为对帝国主义特征和第一次世界大战本质的把握。1914 年第一次世界大战爆发，第二国际的多数领袖人物倒向社会沙文主义，跟在本国统治者后面谈保卫祖国，并导致了第二国际的解体。列宁 1916 年写的《帝国主义是资本主义的最高阶段》（简称《帝国主义论》）则从帝国主义的基本经济特征着眼，指出帝国主义时代资本主义经济发展的不平衡是绝对的，其达到一定程度总是要重新瓜分世界，最终手段就是战争。所以从本质上说，“帝国主义就是战争”。面对当时的世界大战，列宁提出无产阶级革命的战略和策略，就是“战争引起革命，革命制止战争”。他指出，帝国主义战争的胜负其实只是关乎各国垄断资产阶级争夺世界市场，与本国被压迫人民的利益无关，但战争的负担却由人民承担。因此对人民而言，最好的出路就是举行国内革命，推翻本国统治者，然后退出战争。而这正是无产阶级革命的极好时机，有可能使社会主义在一国或数国首先取得胜利。他大胆修改了马克思关于社会主义革命只能在多数发达国家同时发生才可能取胜的观点，从思想方法上为经济落后的东方国家进行社会主义革命做了论证。

列宁发动并领导了俄国十月革命，建立起俄罗斯苏维埃联邦社会主义共和国。当第二国际一些人提出质疑时，列宁回答说，他们认为：“我们还没有实行社会主义的客观经济前提。可是……既然建立社会主义需要有一定的文化水平（虽然谁也说不出这个一定的‘文化水平’究竟是什么样的，因为这在各个西欧国家都是不同的），我们为什么不能首先用革命手段取得达到这个一定水平的前提，**然后**在工农政权和苏维埃制度的基础上赶上别国人民呢？”③他说：“现在毕竟是丢掉那种认为这种教科书规定了今后世界历史发展的一切形式的想法的时候了。”④ 他强调，只有立足于时代发展的要求，从实际出发

① 列宁选集：第 2 卷. 3 版修订版. 北京：人民出版社，2012：66.

② 同①103.

③ 列宁选集：第 4 卷. 3 版修订版. 北京：人民出版社，2012：777.

④ 同③778.

去把握历史的时机，勇于实践，才是马克思主义哲学精神的实践体现。

至于革命成功后如何建设，曾被认为是不成问题的。因为按照对马克思恩格斯设想的一种理解，只需消灭私有制，实行公有制、计划经济和按劳分配，就可以建成社会主义，并带来远高于资本主义的发展速度。甚至还设想过，俄国古老的公有制农村公社，如果没有被私有制侵袭解体，也可以成为社会主义经济形式的载体，等等。但实际情况却并非如此简单。在苏维埃成立的最初几年，因面对战争环境而实行了军事共产主义制度，很多人以为这就是社会主义，因此在战后也没有考虑要改变它。但这种否定商品经济、取缔市场交换、实行无偿的余粮征集制的"共产主义"制度，却受到了农民群众的强烈抵制。有些地方因强迫征粮甚至爆发了农民暴动。针对这样的情况，列宁对国情做了分析，指出俄国经济结构的特点是："宗法式的，即在很大程度上属于自然经济的农民经济"和"小商品生产"占很大比重。所以"在这里不是国家资本主义同社会主义作斗争，而是小资产阶级和私人资本主义合在一起，既同国家资本主义又同社会主义作斗争"①。列宁提出的"新经济政策"，主要是把余粮征集制改为粮食税，开放贸易自由，允许农民在市场出售税后余粮；实行国家资本主义，外国资本可租赁经营国家的矿山、油田、林区等；对国有企业实行经济核算，学习资本主义的管理制度；等等。新经济政策突破了社会主义与资本主义截然对立的观念，在社会主义国家尝试引进市场经济和一些资本主义经济因素，使之为社会主义建设服务。

列宁认为，"国家资本主义"的性质，要依国家政权的性质而定：在资本主义国家它属于资本主义，但在苏维埃国家它却是走向社会主义的一个或一些步骤。国家资本主义与宗法式的小生产相比，前者离社会主义更近，因为它是社会化大生产。私人资本主义能成为社会主义的帮手，"这一点也不是奇谈怪论，而是经济上完全无可争辩的事实"②。其原因就在于苏维埃俄国"这个小农国家……在政治上是由掌握运输业和大工业的无产阶级领导的"③。在实践中，新经济政策使社会生产恢复了生机，帮助新生的苏维埃摆脱了粮荒、经济困境和政治危机。它同时也证明，列宁关于在东方小农经济基础上建设社会主义必须做出必要"妥协"的思想，是实事求是，符合历史规律的。

① 列宁选集：第 4 卷. 3 版修订版. 北京：人民出版社，2012：490.

② 同①514.

③ 同①514.

（二）斯大林的哲学模式

列宁逝世后，苏联[1]继续在极其错综复杂、风波动荡的国内外环境下探索社会主义道路，并取得了举世瞩目的建设成就，从一个落后的农业国，发展成为经济、军事、政治、文化都相当强大的工业国。其间还经受了二战的严峻考验，赢得了反法西斯战争的伟大胜利。但是，与这些辉煌的建设成就相比，苏联时期在马克思主义和社会主义的理论建设方面，却很难说是成功的。正如邓小平后来指出："多年来，存在一个对马克思主义、社会主义的理解问题。……马克思去世以后一百多年，究竟发生了什么变化，在变化的条件下，如何认识和发展马克思主义，没有搞清楚。"[2]"社会主义制度并不等于建设社会主义的具体做法。苏联搞社会主义，从一九一七年十月革命算起，已经六十三年了，但是怎么搞社会主义，它也吹不起牛皮。"[3] 1991 年苏联解体的事实，证明了邓小平的判断具有深刻的意义。

社会主义苏联从兴盛到衰解，无疑是内外部多种复杂的原因造成的。如果仅从理论建设的角度来总结经验教训，就不能不特别注意一个关键的时期——斯大林时期马克思主义哲学的状况。因为事实已经证明：凭据马克思主义的理论武装而夺取了政权的政党，在执政条件下如何继续保持马克思主义学说的科学性、革命性和生命力，必然成为一个新的历史考验。实际的情况是，在斯大林领导下的 30 年里，执政党通过采取种种强力措施，把经过斯大林权威阐释的"马克思列宁主义"以国家化的方式加以推行，却产生了难以预料的相反后果。

斯大林坚定地推行列宁主义，同时也赋予列宁主义以自己的阐释和意义。斯大林在 1926－1936 年主要是捍卫列宁关于一国能够建设社会主义的理论，由此为苏联的存在和发展做了历史合法性论证。1936 年，苏联在所有制方面的社会主义改造基本完成以后，斯大林和联共（布）中央提出了"向西方资本主义影响（包括其思想残余）全面发起进攻"的政治任务。[4] 哲学领域的争论首先纳入这一轨道，直接被看作现实阶级斗争的一部分，因此受到高度重视和强力干预。斯大林认为："普列汉诺夫和他那些自命为'著名马克思主义理论家'的孟什维克朋友"，就是一些"背叛马克思主义理论的变节分子"，

---

① 由俄罗斯与乌克兰、白俄罗斯等加盟共和国组成的"苏维埃社会主义共和国联盟"，即"苏联"，正式诞生于 1922 年底。这些加盟共和国最后达到 15 个，直到 1991 年底正式解体。

② 邓小平文选：第 3 卷. 北京：人民出版社，1993：291.

③ 邓小平文选：第 2 卷. 2 版. 北京：人民出版社，1994：250.

④ 黄楠森，庄福龄，林利. 马克思主义哲学史：第 5 卷. 北京：北京出版社，1996：389.

对他们必须“给予一个应有的驳斥”①，以保卫作为“共产主义底理论基础”“马克思主义政党底理论基础”的辩证唯物主义和历史唯物主义②。在这种情况下，斯大林亲自出手，于 1938 年为他所主持的《联共（布）党史简明教程》撰写了第四章第二节“辩证唯物主义和历史唯物主义”③。

在这一节中，斯大林对马克思主义哲学的基本理论做了系统而独具特色的概括。它一开头就宣布：马克思主义哲学之所以叫作辩证唯物主义，“是因为它对自然界现象的看法，它研究自然界现象的方法，它认识这些现象的方法，是辩证的，而它对自然界现象的解释，它对自然界现象的了解，它的理论，是唯物主义的。历史唯物主义就是把辩证唯物主义原理推广去研究社会生活，把辩证唯物主义原理应用于社会生活现象，应用于研究社会，应用于研究社会历史”④。然后，分别就“马克思主义辩证法的基本特征”、“马克思主义哲学唯物主义的基本特征”和“历史唯物主义”做了论述。在这里，斯大林给理解和阐述马克思主义哲学奠定了一套由两个名称（辩证唯物主义和历史唯物主义）、三大板块（唯物论、辩证法、历史观）构成的基本模式，并且对其中的主要概念、范畴和观点做了明确的规定。这些论述条理清晰，从主题到结构、从理论到方法、从逻辑到语言，都形成了一个相对完整的体系，是一部现实针对性很强的作品。在论述中，为了显示理论与实践的密切联系，还通过“由此可见……”之类的推论句式，对每一个基本观点和原理的现实意义做出了具有结论性、指导性的判断。

难得的是，容纳了这样多内容的全文，却仅用了 2 万多字。这充分显示出斯大林特有的那种简洁鲜明、果断有力的思想和语言风格。正因为有这些特色和优势，在当时人们对马克思主义哲学还了解不多，马克思主义哲学水平还普遍不高的情况下，它能够在一定程度上适应干部和群众学习的需要，起到宣传普及马克思主义某些基本理论的积极作用。当然，它同时也成为在理论和意识形态领域进行阶级斗争、掌握舆论方向、在党内外统一思想的重要工具。

究竟应当怎样概括和表述马克思主义哲学的基本精神及其原理体系，一直充满着争议。特别是由于马克思、恩格斯和列宁都不曾留下一部教科书式的论述体系，所以关于马克思列宁主义哲学的探讨，必然各有取舍，呈现出

① 苏联共产党（布）历史简明教程. 北京：人民出版社，1954：133.

② 同①135.

③ 它后来独立出版，并被译成了 66 种文字，先后再版数百次，在全世界发行数千万册。

④ 同①136.

多样化的形式和面貌。在这种情况下，斯大林提出的“辩证唯物主义和历史唯物主义”体系，应该说具有“一锤定音”的意义，因此曾在原则上被普遍理解和接受。此后的几十年里，在苏联和其他一些社会主义国家，人们为建立和改进马克思主义哲学教科书方面进行的工作，实际上往往只是在这个框架内进行着调整和增减。

那么，这个体系是否能够代表马克思主义哲学的精神实质和理论水平？在当时和今天看来，都是有所争议的。例如：把辩证法仅仅说成是“方法”，又把唯物主义仅仅看作“理论”，这是否意味着世界观与方法论的割裂？将辩证唯物主义仅仅视为自然观，并使其与历史观（历史唯物主义）两分开来，这是否有将世界观简单化之嫌？是否符合马克思哲学的本义？至于说“历史唯物主义就是把辩证唯物主义原理推广去研究社会生活”，这个观点在列宁最初提出时就曾受到质疑，被认为既不符合马克思主义哲学产生的历史，也不符合马克思哲学变革的逻辑；等等。当然，理论上的分歧和争议并非一定是有害的。相反，因为在有正常的科学研究和检验机制的条件下，理论是能够经过争论逐渐走向合理而完备的。事实上，斯大林自己后来也曾修改了他的个别观点和结论。①

但是，真正决定这个哲学教科书体系的地位和命运的，并不是它的理论本身是否正确和完备，而是人为地附加于这个理论体系之上的某些政治的、意识形态的强力意志。当时出于不难理解的斗争需要，斯大林断然地采取了一系列措施，促使在哲学和理论领域实现了国家化的强力控制。《联共（布）党史简明教程》出版后不久，联共（布）中央即制定了一个“决议”。决议声明：所有人都必须遵循这个“中央审查过的、对联共（布）历史和马克思列宁主义基本问题的解释，而不容许有任何随意的解释”。并宣布：以往“庞杂的歧异观点和随意解释，从此终止”②。后来还围绕决议的精神发动了一系列有关的整顿和批判运动。这就意味着，从此以后，《辩证唯物主义和历史唯物主义》成了马克思列宁主义哲学的唯一模式和范本，具有了至高无上的地位。任何人要学习马克思主义哲学，都要以它为统一的标准教科书；任何哲学研究成果和教科书的编写，都要以它的口径为限度，只能在它的思想和逻辑框架内思考，而不能有其他的解释和发挥，否则就是对马克思列宁主义的背叛

---

① 例如，斯大林后来在《苏联社会主义经济问题》一文中，改变了认为苏联社会主义生产关系“完全适合”生产力的结论，提出了新的看法。

② 黄楠森，庄福龄，林利. 马克思主义哲学史：第5卷. 北京：北京出版社，1996：393.

和犯罪。

正因为如此，随着苏联在政治上对斯大林个人崇拜的加剧，思想理论领域的专制和“一言堂”现象也发展起来。此后一段时期内，苏联哲学界的主要研究内容，大多限于对斯大林教科书体系的学习和宣传。在当时的氛围里，偏激、极端的意识形态倾向日益主宰了理论研究，党和政府的政策策略成为各门学科研究贯彻的主题，学术争论被越来越多地从政治斗争方面“上纲上线”，理论争论和学术批评变成了政治声讨和“大批判”；许多与教科书无关或有不同见解的领域，动辄遭到禁止，连爱因斯坦相对论、生物遗传基因学说、宇宙大爆炸学说、社会学、心理学等，都被斥为伪科学或唯心主义，甚至对马克思恩格斯原著进行独立的研究也受到排斥；而一些人（如李森科①）为了迎合而制造出来的伪科学成果和文化垃圾，却受到了鼓励和肯定。结果是，马克思倡导的革命批判精神和严谨科学态度遭到了蔑视和抛弃，科学研究的规律和规则被肆无忌惮地践踏，理论发展的多样性受到了严格限制和压抑。在种种严厉的限制下，基础理论研究趋于萎缩，从而进一步造成了全党的头脑僵化，教条主义、形式主义泛滥横行起来。

在这种情况下，马克思主义哲学本身的生命力受到了严重的伤害。要想产生能够引导苏联走出恶性循环的重大理论创新成果，显然是难乎其难的。苏联国家和社会后期出现的发展停滞和思想混乱，乃至最终瓦解，不能不说与此有深刻的内在联系。

三、马克思主义哲学的多样化阐释

马克思主义走向世界性的实践，在东西方国家不同的社会和文化条件下，形成了不同的思想风格，产生了不同的理论流派。其中既有一些东欧社会主义国家及其执政党内不同于苏联斯大林模式的哲学走向，也有在资本主义世界产生了巨大影响的“西方马克思主义”哲学的兴起，更有“马克思主义中国化”道路的开辟，等等。这种多样化的探索及其取得的成绩，不同程度地显示了马克思主义哲学的生命力和时代价值。

（一）国际共运中的不同哲学模式

在苏联把列宁主义和斯大林体系确定为马克思主义的唯一代表时，欧洲

① 李森科是苏联时期臭名昭著的伪科学家。他出于政治投机的考虑否定遗传基因的存在，把西方遗传学家孟德尔—摩尔根等称为苏维埃人民的敌人，因赢得了斯大林和赫鲁晓夫的支持，曾两度担任全苏列宁农业科学院院长。

一些共产党和社会主义国家的思想家并未完全追随和照搬这一模式，而是进行了一些独立的马克思主义哲学研究，并提出了自己的独立见解和哲学思想。其中既有被称为“早期西方马克思主义”代表者的匈牙利的卢卡奇、德国的柯尔施和意大利的葛兰西，也有南斯拉夫的“实践派”和波兰的“人学”，等等。

卢卡奇是匈牙利著名哲学家、美学家、国际共产主义运动活动家。柯尔施是德国著名哲学家、政治理论家、社会活动家。葛兰西是意大利共产党创始人之一，20 世纪共产国际著名理论家、活动家。他们对马克思主义的重新思考，与总结第一次世界大战后中西欧各国革命失败的教训有关。第一次世界大战后，在资本主义发展上比俄国先进的中欧和西欧许多国家（芬兰、匈牙利、波兰、捷克斯洛伐克、德国、奥地利等）都出现了无产阶级革命的形势，各国在共产党的领导下以十月革命为榜样发动了革命。然而这些革命都先后遭到失败。这理所当然地引起了各国共产党人和马克思主义者的思考，他们得出的答案也是多种多样的。“其中对西方马克思主义的形成较有影响的两种看法是：这些革命只关注了资本主义的经济危机作为革命的导火线的作用，而没有唤起广大无产阶级的革命意识；只是单纯搬用俄国十月革命的模式，而没有制定适合本国特殊条件的战略和策略。前者针对的主要是在第二国际得到流行的经济决定论，后者针对的主要是被简单化理解的列宁主义。”①

卢卡奇在《历史和阶级意识》（1923）和柯尔施在《马克思主义和哲学》（1923）中，对这些看法做了哲学上的论证，试图通过研究从黑格尔到马克思的发展来重新解释马克思的革命哲学理论。他们批判了第二国际、第三国际对马克思主义的自然主义和教条主义解释，批判了庸俗经济决定论和历史宿命论，主张以人道主义精神重建马克思主义历史辩证法，也对恩格斯的自然辩证法和列宁的反映论提出了不同意见。卢卡奇认为，马克思学说完全是一种社会历史理论，马克思主义就是历史辩证法；历史是客体与主体、客观性与辩证性的统一。卢卡奇把“总体性”范畴看作历史辩证法的核心，强调总体性是历史的总体，是客体与主体的统一、理论与实践的统一、过程与目标的统一。他认为，只有无产阶级才能够形成自觉的阶级意识，即一种关于人作为社会历史进程主体的自觉意识，而唤醒无产阶级的阶级意识，拯救主体，正是历史辩证法的目标。柯尔施的总体性理论和葛兰西的实践哲学都与卢卡奇的历史辩证法理论有根本一致之处。由于第二国际和列宁领导的第三国际

① 刘放桐．从经典马克思主义到西方马克思主义．求是学刊，2004（5）．

在当时的共产主义运动中占有主导地位，卢卡奇等人的学说被认为是“非正统”的马克思主义，甚至是错误的和非马克思主义的异己学说。但他们的这些观点和做法也引起了很多共鸣，并对“西方马克思主义”的形成产生了决定性影响。因此，卢卡奇等人被认为是西方马克思主义的早期代表和创始人。

20 世纪中期，南斯拉夫共产党因受到斯大林政治上的贬斥，最早走上了自主发展道路的探索。南共提出了“劳动自治”的理论和实践，即把工厂交给工人自治管理委员会，国家的各级政府也都自下而上地成立劳动自治委员会，以此与苏联自上而下高度集中的官僚化管理体制相区别。南共领导人称，劳动自治才真正符合社会主义关于人民当家做主的理念。与这种政治上的探索相呼应，南斯拉夫的哲学工作者形成了“实践派”的学说。实践派认为，实践概念是马克思哲学的基础概念，马克思主义哲学本质上是实践哲学。实践派批评列宁等人强调的反映论带有机械唯物主义的色彩，认为其要害是否定人的主体地位和能动本质。实践派认为，辩证法本质上只同人的实践活动相联系，其思想实质是要对现存世界的一切进行无情批判，而恩格斯和列宁把辩证法客观化，则是脱离马克思本意的。实践派提出，当代哲学的主题是实现辩证法的人道化；并强调，青年马克思高举人道主义理念，其著述《1844 年经济学哲学手稿》才是马克思思想的高峰，异化理论是马克思全部理论的核心，社会主义的异化也应予以无情的批判；等等。可以看出，实践派学说为南斯拉夫摆脱苏联模式提供了思想方法论上的论证，其批判对象就是居于正统地位的辩证唯物主义哲学理念。但实践派分割了马克思前期和后期思想，特别是强调马克思与恩格斯之间的差异，也在理论上产生了一系列引起争议的新问题。

波兰的马克思主义哲学界非常重视人的问题的研究，20 世纪 70、80 年代较著名的代表人物是沙夫。沙夫认为，人是马克思社会主义的出发点和归宿，人本学是理解马克思主义哲学和经济学的关键；马克思主义追求的最高价值目标是个人幸福、个人自由、人的个性的充分发展，因此应当把“人道主义的社会主义”作为马克思主义的中心口号；异化不仅存在于资本主义，而且存在于社会主义，苏联模式高度集中的官僚主义制度势必产生异化；现实社会主义的一切生活形式无不受官僚机构的控制，共产主义运动处于危机之中，为此要重建本质上是人道的、政治上是民主的社会主义；等等。沙夫的这些观点，针对的社会现象是社会主义国家普遍存在的忽视人权、否定个人自主性的偏颇，针对的理论是那种只允许讲阶级论，不允许讲人学、讲个人的倾向。沙夫的观点在揭露现实弊病方面有一定的意义，但他提供的解决问题的出路却失之于抽象化和理想化。

南斯拉夫实践派、沙夫的人学，主题都是突出人在马克思主义中的中心地位。其他国家也有类似倾向的人文哲学理论，如捷克斯洛伐克以科西克为代表的存在主义人类学、民主德国布洛赫的希望哲学、罗马尼亚古里安的哲学人类学等。这些理论在当时都不属社会主义意识形态的主流，其观点和方法中也有偏颇之处，因此引起了很多争议，甚至大多被视为异类。但是，它们提出的问题和所引起的讨论，对于激发和活跃人们的思想，突破单一僵化的理论模式，保持马克思主义哲学发展的活力，也起到了积极作用。

（二）“西方马克思主义”的哲学

两次世界大战和国际共产主义运动对资本主义世界的震撼，迫使资产阶级实行了一系列社会改良，以缓和社会矛盾和寻求新的发展生机。这意味着马克思主义者应该结合西方社会的新变化，探索社会主义在西方的新路子；同时，围绕苏联社会主义模式的得失，也发生了一些理论上的争议。在这样的历史背景下，一些生活在西方的马克思主义学者举起了批判的旗帜，力图通过重新认识和解释马克思的学说，回答人类社会面临的新问题。由此形成了被称为“西方马克思主义”的哲学流派。

西方马克思主义哲学并不是一个统一的组织，也没有形成统一的学说体系。大体上，人们是把在西方各个国家、从不同角度解释和发挥马克思学说的学术流派和学者，都看作当代西方的马克思主义。继早期的代表人物卢卡奇、柯尔施、葛兰西之后，最有影响的是以霍克海默、阿多诺、本雅明、马尔库塞、哈贝马斯、施密特等几代人为代表的法兰克福学派；此外还有赖希、弗罗姆等人的“弗洛伊德主义的马克思主义”，科莱蒂、德拉-沃尔佩等人的“新实证主义的马克思主义”，列斐伏尔、梅洛-庞蒂、萨特等人的“存在主义的马克思主义”，阿尔都塞等人的“结构主义的马克思主义”，柯亨、罗默、J. 埃尔斯特等人的“分析的马克思主义”，高兹、本·阿格尔、莱易斯、佩珀等人的“生态马克思主义”，拉克劳、墨菲、德里达等人的“后马克思主义”，詹姆逊（詹明信）等人的“后现代马克思主义”，等等。从这个不断增加的名单可以看出，马克思主义仍然是当今世界上一个强大的社会思潮。特别是，在这个名单中，不乏一些在理论上做出了重要贡献、赢得了国际声誉的思想家的名字。他们在马克思主义旗帜下取得的成就，不仅不是对马克思主义的否定，而且恰恰表明，马克思开创的理论事业具有丰富的内涵和巨大发展空间，在新的历史条件下继续保持着强大的生命力。

西方马克思主义流派众多，阵容强大，成果丰硕，但各家之间的观点和方法并不相同。它们不仅各有侧重，而且有些互相冲突。一般说来，使它们共同构成“西方马克思主义”流派，以区别于东方国家马克思主义方式，并与世界上一切反马克思主义相对立的理论特征，主要在于以下几点：

1. 注重对当代资本主义社会的批判

与东方某些国家的马克思主义哲学研究注重为现实的社会主义服务不同，西方马克思主义者更注重继承和弘扬马克思的革命批判精神，针对二战以后的世界形势，特别是资本主义发展的势态，进行批判性考察，揭露资本主义制度及其思想文化体系的弊端，揭示现实社会的矛盾冲突。例如，法兰克福学派把对资本主义的研究归结为对资本主义社会的批判，强调“批判”是理论的主要功能。他们把“否定的辩证法”作为“社会批判理论”的方法论，探讨“彻底否定”现代资本主义社会的理论。同时，西方马克思主义者也以批判的眼光考察社会主义实践中的问题，并有针对性地强调马克思思想中的科学理性、人道主义、民主理念对社会主义的意义。

2. 注重对马克思主义哲学的传统理论加以重新阐释

西方马克思主义者反对理论上墨守成规、故步自封，注重结合当代社会的具体特征，吸收各门学科的新成果，从各种角度挖掘马克思主义的思想资源，用以进行综合性的批判研究。他们把哲学与科学、社会学、心理学等各门学科结合起来，阐述马克思主义哲学的当代意义。其中，结构主义的马克思主义和分析的马克思主义，是从当代科学性的角度强调马克思主义哲学的意义，如阿尔都塞的《保卫马克思》论证马克思主义哲学是以科学性、实证性为本质特征的科学理论；女权主义的马克思主义、生态马克思主义等，也从马克思主义的经典著作中吸取理论资源，又结合当代其他理论成分，如存在主义、弗洛伊德主义、生态学等，来建立自己新的理论学说，尝试回答当代人类的重大理论和实践问题。

3. 注重对现实的历史文化批判

从卢卡奇、葛兰西开始，就重视探讨国家和意识形态问题。卢卡奇倡导无产阶级的阶级意识；葛兰西从文化领导权的角度分析了市民社会对国家的支配关系，尝试为西欧社会主义革命制订以意识形态斗争为主阵地的新策略；法兰克福学派发起了对资本主义日常生活层面的文化批判，使马克思主义哲学从传统的政治经济哲学向文化哲学转向。例如，马尔库塞抨击资本主义社会使人成为机器的奴隶，成为追逐物质消费的奴隶，成了失去人的本质丰富性的“单面人”；哈贝马斯提出，在现代资本主义中，技术与科学已是一种统治社会并进而统治人的意识形态，人们的社会交往行为被压缩到科技要求的工具行为之中，科技发挥出的社会功能，使人失去了自己的主体性；等等。这些工作，将文化批判开辟为当代马克思主义理论创新的一个重要领域。

总之，西方马克思主义显示了在当代西方社会条件下研究马克思主义的某些特征。它们的观点大多是对马克思主义某方面精神实质的发掘发挥，很多观点带有后资本主义时代的色彩。实事求是地评价这些理论观点和实践努力，可以看到，它们总体上属于马克思主义思想体系探索的组成部分，反映了马克思主义在西方与东方不同的发展走向。马克思主义哲学“一源多流”的发展态势，进一步表明了马克思主义哲学的科学性、实践性、开放性等强大生命力特征。作为时代精神的精华，马克思主义哲学必须在把握时代需要、与社会实践结合、不断自我创新中，才能展现其无限发展的活力和魅力。

第三节　马克思主义哲学的中国化

马克思主义传入中国并与中国实际相结合，不仅使中国社会的面目一新，也使马克思主义产生了具有时代特征和中国风格的新的面貌。在革命时期诞生的毛泽东思想和在建设与改革时期诞生的中国特色社会主义理论体系，是在中国这个历史悠久的国度，创造性地坚持和发展马克思主义所取得的两个伟大成果。这两个成果意味着，当代中国的马克思主义哲学形态，正在实践中形成和发展起来。

一、毛泽东思想的哲学基础

在中国民主革命的长期过程中，以毛泽东（1893—1976）为主要代表的中国共产党人，运用马克思主义的理论，“把中国长期革命实践中的一系列独创性经验作了理论概括，形成了适合中国情况的科学的指导思想，这就是马克思列宁主义普遍原理和中国革命具体实践相结合的产物——毛泽东思想”①。毛泽东思想包含了指导中国新民主主义革命走向胜利的全部理论、战略、政策和策略，也包括中国社会主义革命和建设初期的指导思想。毛泽东的哲学思想，是贯穿于毛泽东思想各个部分的立场、观点和思想方法的总和，它以“实事求是”为核心，形成了马克思主义哲学中国化的独特形态。

---

① 中国共产党第十一届六中全会《关于建国以来党的若干历史问题的决议》（1981 年 6 月 27 日通过）。

(一) 唯物史观与中国革命道路

中国人最初知道马克思和恩格斯是在19世纪末20世纪初。英国人克卡朴1892年著的《社会主义史》曾在1898年被胡贻谷译为中文，书中有专章介绍马克思和恩格斯的生平与思想；该书1913年的增订版由李季于1920年译为中文，蔡元培为之作序。中国人自己撰写的介绍马克思学说的著述，最早出自梁启超。他在1904年发表的《中国之社会主义》中说：社会主义“最要之义，不过曰土地归公、资本归公，专以劳力为百物价值之源泉”。但他作为改良主义者并不赞成社会主义，而认为社会主义在“今日之中国不可行，即欧美亦不可行”①。俄国十月革命的炮声震撼了中国，李大钊最早撰文予以讴歌，并发表了约2万字的《我的马克思主义观》，全面介绍唯物史观。1920年8月陈望道翻译的全译本《共产党宣言》在上海出版。一大批革命知识分子投入革命实践，研究马克思主义的社团在全国相继出现。1921年中国共产党成立，第一次代表大会通过的党章明确要在中国实现共产主义。此后在中国各大城市和农村展开的工人运动和农民运动，掀起了中国革命的第一次高潮。

然而，当时在国际共产主义运动和中共党内盛行的是把马克思主义教条化、把共产国际决议和苏联经验神圣化的倾向，这曾使中国革命几乎陷于绝境。在中国革命面临严重危机之际，中国共产党人意识到：马克思列宁主义必须与中国革命的实际相结合，才可能指引中国革命取得胜利。毛泽东后来总结道：“马克思列宁主义的伟大力量，就在于它是和各个国家具体的革命实践相联系的。对于中国共产党说来，就是要学会把马克思列宁主义的理论应用于中国的具体的环境。……因此，使马克思主义在中国具体化，使之在其每一表现中带着必须有的中国的特性，即是说，按照中国的特点去应用它，成为全党亟待了解并亟须解决的问题。”② 而“形式主义地吸收外国的东西，在中国过去是吃过大亏的。中国共产主义者对于马克思主义在中国的应用也是这样，必须将马克思主义的普遍真理和中国革命的具体实践完全地恰当地统一起来，就是说，和民族的特点相结合，经过一定的民族形式，才有用处，决不能主观地公式地应用它”③。

例如当时对中国革命的认识，一度由“二次革命论”占据了主导地位。

---

① 黄楠森，庄福龄，林利. 马克思主义哲学史：第6卷. 北京：北京出版社，1998：22.

② 毛泽东著作选读：上册. 北京：人民出版社，1986：288.

③ 同②398.

这种观点认为，中国反帝反封建的革命，属于资产阶级民主革命的范畴，无产阶级可以参加这个革命，但无从领导这个革命；无产阶级革命应是在资产阶级革命成功后且资本主义发展后期才能发生。“二次革命论”不仅否定中国共产党对当时整个革命的领导权，而且要求中国共产党放弃对自己建立的工农武装的领导权。这种理论以马克思主义经典理论为依据，有当时设在苏联的共产国际的支持，在中国革命中曾一度成为权威的理念。

毛泽东将唯物史观作为认识中国社会的立脚点和方法论，针对“二次革命论”及其他类似观点，对问题做出了截然不同的回答。他从中国的历史状况和社会现实出发，在世界历史的大背景下研究中国革命的条件特点，通过切实总结革命实践的正反面经验明确提出：当代中国革命的性质，是无产阶级领导的，工农联盟为基础的，人民大众的，反对帝国主义、封建主义和官僚资本主义的新民主主义革命。毛泽东指出，中国民族资产阶级有其软弱性，不能成功领导中国民主革命取得胜利；从世界范围和时代特点看，“十月革命”的发生改变了整个世界历史的方向，也使中国的民主革命“属于世界无产阶级社会主义革命的一部分了”[①]；这一革命，是以“建立新民主主义的社会和建立各个革命阶级联合专政的国家为目的的革命。因此，这种革命又恰是为社会主义的发展扫清更广大的道路”[②]。就是说，中国的资产阶级民主主义革命，必须由无产阶级（通过共产党）来领导，走一条与西方不同，也与苏俄不同的道路，这是中国革命的特殊性之所在，也是中国革命取得成功的原因之所在。这一新民主主义革命理论的创立，开辟了中国革命和中国历史的新时代。

在新民主主义革命理论的指导下，中国开辟了一条“井冈山道路”，即中国共产党领导的工农武装革命，走“农村包围城市”的道路。这一道路的开辟，为革命取得成功并夺取全国政权打开了胜利的大门。实践证明，毛泽东的新民主主义革命理论是对马克思列宁主义的创造性的成功发展。

（二）“两论”与唯物辩证法

在领导土地革命、全民族抗日战争、全国解放战争直到建设新中国的实践中，毛泽东坚持马克思主义理论与中国实际相结合，特别重视对用鲜血换来的实际经验加以理论的总结和提升，形成了具有中国风格的马克思主义哲学成果。他于戎马倥偬之中写下了许多融哲理于议事之中的著述，如《中国

① 毛泽东著作选读：上册．北京：人民出版社，1986：354.

② 同①355.

社会各阶级的分析》《湖南农民运动考察报告》《反对本本主义》《井冈山的斗争》《中国革命和中国共产党》《关于纠正党内的错误思想》《中国革命战争的战略问题》《实践论》《矛盾论》《论持久战》《新民主主义论》《论联合政府》等，记载了毛泽东哲学思想的形成和发展历程。其中《实践论》和《矛盾论》等哲学专著，堪称是马克思主义哲学中国化的经典之作。

《实践论》写于 1937 年 7 月，它的副标题是“论认识和实践的关系——知和行的关系”。就当时的背景来看，《实践论》主要是用马克思主义的认识论观点，去揭露曾给革命带来极大损失的党内教条主义、经验主义、主观主义等错误。[①] 但实际上，它所提出的问题及其意义，远远不止于此。

例如，《实践论》的第一段说：“马克思以前的唯物论，离开人的社会性，离开人的历史发展，去观察认识问题，因此不能了解认识对社会实践的依赖关系，即认识对生产和阶级斗争的依赖关系。”[②] 这里首先提出了唯物论的历史形态问题。马克思以前的唯物论，即旧唯物论，普遍具有机械论的性质，这是一个人所共知的缺陷。毛泽东则进一步一语中的地指出：这一缺陷的根源，在于其缺少唯物史观的基础，不了解认识的主体——人的社会性存在及其历史发展，因此更不了解社会实践对于认识的意义。这意味着在毛泽东看来，马克思主义的唯物论及其认识论，要克服旧唯物论及其认识论的缺陷，就必须与唯物主义的历史观相结合，以对认识主体的社会历史性把握为基础。

《实践论》以实践观点为基础，以认识与实践的相互关系运动为线索，较系统完整地阐述了马克思主义的认识论即“能动的革命的反映论”原理。在叙述过程中，它处处紧密结合中国革命的经验和教训加以分析，并重点揭露和批判了党内主观主义特别是教条主义和经验主义的错误，指出它们在思想方法上的表现及根源，主要在于思想脱离实际，从而导致“左”和右的机会主义：“革命队伍中的顽固派，他们的思想不能随变化了的客观情况而前进，在历史上表现为右倾机会主义。……‘左’翼空谈主义。他们的思想超过客观过程的一定发展阶段，有些把幻想看作真理，有些则把仅在将来有现实可能性的理想，勉强地放在现时来做，离开了当前大多数人的实践，离开了当前的现实性，在行动上表现为冒险主义。”结论是：“唯心论和机械唯物论，机会主义和冒险主义，都是以主观和客观相分裂，以认识和实践相脱离为特征的。”[③]

---

① 毛泽东著作选读：上册. 北京：人民出版社，1986：120.

② 同①.

③ 同①134.

《实践论》以十分简洁、明确、富有中国风格的语言，概括了马克思主义认识论关于人类认识发展的总过程、总规律的看法：

> 通过实践而发现真理，又通过实践而证实真理和发展真理。从感性认识而能动地发展到理性认识，又从理性认识而能动地指导革命实践，改造主观世界和客观世界。实践、认识、再实践、再认识，这种形式，循环往复以至无穷，而实践和认识之每一循环的内容，都比较地进到了高一级的程度。这就是辩证唯物论的全部认识论，这就是辩证唯物论的知行统一观。①

《矛盾论》是继《实践论》之后，毛泽东“为了同一的目的，即为了克服存在于中国共产党内的严重的教条主义思想而写的”②。毛泽东继承并发展了列宁关于对立统一规律是辩证法的实质和核心，以及辩证法就是认识论的思想，从辩证法与形而上学作为“两种宇宙观”的高度，阐述了唯物辩证法的核心——对立统一规律的原理及其意义。毛泽东指出：

> 事物矛盾的法则，即对立统一的法则，是自然和社会的根本法则，因而也是思维的根本法则。③

依据哲学史上特别是黑格尔和列宁关于对立统一规律的研究成果，毛泽东结合中国革命实践的思考，重点分析了矛盾的普遍性与特殊性的关系，深入细致地说明了把握主要矛盾及矛盾主要方面对于正确指导革命实践的重要意义。在此基础上，毛泽东提出了辩证法精髓的思想。他认为，矛盾的普遍性与特殊性的关系，就是共性与个性的关系；矛盾的共性是绝对的，个性是相对的；共性寓于个性之中，绝对寓于相对之中。“这一共性个性、绝对相对的道理，是关于事物矛盾的问题的精髓，不懂得它，就等于抛弃了辩证法。”④这一思想显然为寻求马克思主义普遍原理与中国实际相结合的道路，提供了哲学上的理论根据，同时也为在各种场合下把握理论与实际的统一，提供了必要的方法论原则。

毛泽东的“两论”（《实践论》和《矛盾论》）不仅具有重要的理论意义，而且具有重大的历史意义。它们在哲学的理论内容和理论形式上，都表现出

① 毛泽东著作选读：上册. 北京：人民出版社，1986：136.

② 同①137.

③ 同①178.

④ 同①160.

中国共产党人使马克思主义与中国革命实践相结合，独立自主地掌握和运用马克思主义哲学的特有方式和特有风格。“两论”共同地突出了唯物主义的认识论和辩证法的实践本性，强调并显示了它们在实践基础上的统一。仅就这一点来说，它们意味着在当时的条件下，马克思主义的理论和实践在中国达到了一个新的高度。“两论”因此成为马克思主义中国化的哲学丰碑。

（三）人民主体论价值观

在长期的革命实践中，马克思主义理论建设面临的任务是复杂的、多方面的。中国共产党人要解决的，不仅有艰巨、残酷的对敌斗争问题，更有细致、全面的自我发展问题；不仅有科学认识问题，也有价值观念问题；不仅要科学地说明革命和战争的客观规律，而且要在党的建设、军队建设、根据地的政权建设、经济和文化建设中，确立起一套表达党和人民的意志，能够统一信仰、明辨是非、凝聚人心、鼓舞士气的价值观念。

毛泽东为阐明马克思主义的价值观念做出了创造性的贡献。虽然毛泽东并不曾对哲学上的价值和价值观问题直接做过阐述，但是在毛泽东思想的整个理论和实践中，却鲜明地表达了一种人民主体论的价值观念。其最集中、最鲜明的表现，是毛泽东对中国共产党的“宗旨”——“为人民服务”的阐述。“宗旨”就是最高的、统率一切的价值取向、价值原则。毛泽东多次指出，为人民服务是共产党和共产党领导的军队、政权的唯一宗旨，并对它做出了进一步的科学表述。

“为人民服务”作为马克思主义和共产党人的价值观，其特定的含义是：“共产党人的一切言论行动，必须以合乎最广大人民群众的最大利益，为最广大人民群众所拥护为最高标准。”① 这里从政党主体与人民主体、价值主体与评价主体、主观标准与客观标准相统一的高度，明确而完整地规定了中国共产党价值观的根本立场和导向，完整地表述了马克思主义政党的人民主体论价值观念。

人民主体论是马克思主义价值观与唯物主义历史观相统一的必然结论。它有着深厚的理论根基和丰富的历史内涵。毛泽东从多方面阐述了党的人民主体论价值观的哲学前提和意义：“为什么人的问题，是一个根本的问题，原则的问题”②；“人民，只有人民，才是创造世界历史的动力”③；“只有千百万

---

① 毛泽东著作选读：下册. 北京：人民出版社，1986：592.

② 同①534.

③ 毛泽东选集：第三卷. 2版. 北京：人民出版社，1991：1031.

人民的革命实践，才是检验真理的尺度”①；等等。因此，毛泽东把生产力标准与实践标准统一起来，把接受人民实践的检验提高到决定党的历史命运的高度，阐明了党的根本价值观念的意义：“中国一切政党的政策及其实践在中国人民中所表现的作用的好坏、大小，归根到底，看它对于中国人民的生产力的发展是否有帮助及其帮助之大小，看它是束缚生产力的，还是解放生产力的。”②

毛泽东价值观思想的一个重要理论特色，是他提出了“真理与人民利益一致”这个具有高度理论创造性和实践指导性的哲学命题。他说：“共产党人必须随时准备坚持真理，因为任何真理都是符合于人民利益的；共产党人必须随时准备修正错误，因为任何错误都是不符合于人民利益的。”③ 这一命题在书斋式和经验主义的思考中往往不被理解和重视，然而它却揭示了马克思主义世界观方法论的一项基本原则：真理与价值在实践中达到彼此高度统一。

一般说来，真理与价值之间存在着差异和对立：真理不是价值，价值不是真理；真理不一定对任何人都有用，对人有用也并不一定符合真理。但是，站在人类历史进步发展的高度，以人类历史的创造者和推动者——人民群众为主体，以符合人民的利益、适合人民的条件、满足人民的需要为价值标准，那么这种价值就与社会发展的客观真理之间有着内在的高度一致性。阐明价值与真理的统一性，是毛泽东对马克思主义哲学的一个重大贡献。

二、新中国建设的理论得失

伴随中国进入和平建设的实践发展，一系列重大的理论问题涌现出来。在以什么样的马克思主义哲学为指导的问题上，中国经历了复杂曲折的探索过程。其中的主要问题有：

（一）关于社会发展阶段的认识

从 1949 年 10 月中华人民共和国成立到 1956 年，中国共产党领导全国有步骤地实现从新民主主义到社会主义的转变。中国人民政治协商会议第一届全体会议召开，制定了治国大法《共同纲领》，决定了中国政治结构是共产党领导下的四个阶级的联盟，五星红旗作为国旗是其象征；新中国成立之初实行新民主主义政策，迅速恢复了国民经济并开展了有计划的经济建设；对民

---

① 毛泽东著作选读：上册. 北京：人民出版社，1986：349.

② 毛泽东选集：第三卷. 2 版. 北京：人民出版社，1991：1079.

③ 毛泽东著作选读：下册. 北京：人民出版社，1986：591.

族资产阶级保持联盟关系，对旧社会过来的广大知识分子总体上实行“团结、教育、改造”的方针，继续视为同盟军，倡导大家共同为国家的工业化而奋斗。这些都很得体，也很得人心，中国社会达到了空前的团结，充满活力，毛泽东的威望也达到空前高度。

在取得了良好开局的情况下，如何清醒地认识形势，正确地判断国情和社会发展阶段，成为正确把握方向，制定和实施正确发展战略的基础。在这个问题上，领导层出现了分歧。1956 年 9 月党的第八次全国代表大会认为：社会主义制度在我国已经基本上建立起来；国内主要矛盾已经不再是工人阶级和资产阶级的矛盾，而是人民对于经济文化迅速发展的需要同当前经济文化不能满足人民需要的状况之间的矛盾；全国人民的主要任务是集中力量发展社会生产力，实现国家工业化，逐步满足人民日益增长的物质和文化需要；虽然还有阶级斗争，还要加强人民民主专政，但其根本任务已经是在新的生产关系下面保护和发展生产力。大会着重提出了执政党的建设问题，强调要坚持民主集中制和集体领导制度，反对个人崇拜，发展党内民主和人民民主，加强党和群众的联系，等等。显然，“八大”对社会发展阶段及其任务的判断，反映了以现实生产力发展水平和人民的实际利益为标准的思想路线。

但是，“八大”路线事实上并未得到真正贯彻。毛泽东以充满激情的理想精神，急于全面地实现社会主义，并向共产主义过渡。他力促中国在所有制改造上的速度更快些，社会主义经济的发展也要最大限度地“多快好省”。他严厉批评了“巩固新民主主义秩序”的主张，讥讽主张按部就班搞所有制改造的人是“小脚女人”；他要使中国在各方面都大跃进，再创奇迹，在最短时间内超过发达资本主义。在中央领导层的支持下，超越阶段的、以“与资本主义对着干”为口号的“左”的倾向渐趋强化，中国开始偏离了正确的发展道路。邓小平后来检讨说：“从一九五七年下半年开始，我们就犯了‘左’的错误。总的来说，就是对外封闭，对内以阶级斗争为纲，忽视发展生产力，制定的政策超越了社会主义的初级阶段。”① 从 20 世纪 50 年代中后期起，到处搞“大跃进”“放卫星”，创奇迹，中国经济的发展走向了粗放、浮夸、高成本、低效益的路子；在政治上，则以反对资本主义为目标，开展了一系列政治和意识形态批判运动，包括哲学上对胡适思想的批判、对“综合经济基础论”的批判等，也包括反对“胡风反革命集团”、反右派斗争等，最终提出了“无产阶级专政下继续革命”理论，并以它为指导，发动了史无前例的

① 邓小平文选：第 3 卷．北京：人民出版社，1993：269.

“文化大革命”。其结果是，给中国社会的发展带来了灾难性的破坏，延缓了中国现代化的进程。

实践证明，对现实的国情及其所处社会发展阶段做出正确的判断，是制订正确的发展战略和方针政策的基础。而对于一个新生的社会主义国家来说，只有坚持实事求是的原则，才能据以制订正确的发展战略和方针政策。然而恰恰是在这里，决策者开始背离了自己一贯倡导的实事求是原则，把一种美好的意愿当作了出发点，过分夸大主观能动性的作用，不仅使之理论化，而且凭借个人崇拜使之成为党和国家的政策措施。这种带有唯意志论性质的错误，其直接影响和间接影响都持续了一段时间，使国家和人民付出了代价。

（二）两类矛盾与阶级斗争

依长期形成的思想传统，对社会发展阶段的判断，首先要与阶级斗争形势的估量联系起来。关于怎样看待社会主义改造完成后的阶级状况和社会矛盾，毛泽东曾做过深入的思考和论述。他在 1957 年 2 月 27 日所做的《关于正确处理人民内部矛盾的问题》[①] 报告，是一个具有代表性的历史文献。在报告中，毛泽东依据辩证法和唯物史观，创造性地提出了正确处理两类不同性质的社会矛盾的思想。他首先指出，社会主义社会并不是无矛盾的社会，“没有矛盾的想法是不符合客观实际的天真的想法”。然后说：“在我们的面前有两类社会矛盾，这就是敌我之间的矛盾和人民内部的矛盾。这是性质完全不同的两类矛盾。”关于两类矛盾的性质，他认为：“人民内部的矛盾，是在人民利益根本一致的基础上的矛盾”；“敌我之间的矛盾是对抗性的矛盾。人民内部的矛盾，在劳动人民之间说来，是非对抗性的；在被剥削阶级和剥削阶级之间说来，除了对抗性的一面以外，还有非对抗性的一面。”因此他特别强调，由于两类矛盾的性质不同，解决的方法也不同。按照区分和处理两类不同性质矛盾的思路，毛泽东还针对当时的情况，具体地谈了在肃反、农业合作化、工商业者、知识分子、少数民族、中国工业化等问题上，如何处理两类不同性质矛盾的认识、原则和方法，提供了具有指导性的意见。

在毛泽东的这一报告中，正确处理人民内部矛盾，是社会主义建设时期最大量的、主要的工作，因此它理应成为国家政治生活的主题。这无疑是具有开创性的理论观点和政治抉择。然而由于受当时条件的局限，事实上未能将这一主题贯彻下去，而是重新走向了“以阶级斗争为纲”。导致后来偏离主题的原因是多方面的。其中一个理论上的歧点，则是未能就此深入一步，对

① 有关此文的引文，参见毛泽东著作选读：下册．北京：人民出版社，1986：756-798。

人民内部矛盾与阶级斗争的关系做出进一步的厘清。

毛泽东在划分“人民”和“敌人”范畴时，曾提出了一个原则性的标准：“在现阶段，在建设社会主义的时期，一切赞成、拥护和参加社会主义建设事业的阶级、阶层和社会集团，都属于人民的范围；一切反抗社会主义革命和敌视、破坏社会主义建设的社会势力和社会集团，都是人民的敌人。”他又具体谈到，在当时的条件下，人民内部矛盾的范围，既包括工人阶级内部、农民阶级内部、知识分子内部的矛盾，也包括工农之间、工农同知识分子之间、工人阶级和其他劳动人民同民族资产阶级之间、民族资产阶级内部的矛盾等。这一划分原则意味着，“人民”概念高于具体的阶级概念，在处理人民内部的阶级矛盾，如工农阶级与民族资产阶级之间的矛盾时，依然应该遵循“团结——批评——团结”这一“民主的方法”去处理。但毛泽东同时又认为，虽然革命时期的大规模的急风暴雨式的阶级斗争已经基本结束，但是剥削阶级还存在，阶级斗争还是“长时期的，曲折的，有时甚至是很激烈的”；“我国社会主义和资本主义之间在意识形态方面的谁胜谁负的斗争，还需要一个相当长的时间才能解决。”至于这样的阶级斗争，是否仍然具有“你死我活”的对抗性质，仍需一概以敌我矛盾对待，则未加进一步的分析。于是就潜在地留下了一个疑问：在“区分两类矛盾”与“充分开展阶级斗争”之间，如何统一？后来的事实证明，由于未能及时注意并解决好这个理论和思想方法上的深层问题，成为后来放弃两类矛盾思路，重新走向“以阶级斗争为纲”的伏笔。就在报告后不久，当年即发生了反右派斗争及其扩大化。随后在经济领域里一些“左”倾冒进的举措，在政治和文化领域里的斗争和批判运动此起彼伏、接连不断，直到发动“文化大革命”。而这些行动的理论概括，则被冠以“无产阶级专政下继续革命”理论。

那么，从提出正确区分和处理“两类矛盾”，到实行具有特定含义的“无产阶级专政下继续革命”，这二者之间的转变是怎样发生的？是否有某种理论上的联系？这是从哲学上总结经验教训所不能回避的。其中的一个关键性问题，显然直接涉及对阶级斗争历史性质的理解，涉及怎样完整准确地理解马克思主义的阶级和阶级斗争学说。

马克思在 1852 年 3 月 5 日写给约瑟夫·魏德迈信中，曾对阶级问题发表了三点重要看法，可以说是马克思主义创始人关于阶级和阶级斗争的经典论述。马克思说：“无论是发现现代社会中有阶级存在或发现各阶级间的斗争，都不是我的功劳。在我以前很久，资产阶级历史编纂学家就已经叙述过阶级斗争的历史发展，资产阶级经济学家也已经对各个阶级作过经济上的分析。

我所加上的新内容就是证明了下列几点：（1）**阶级的存在**仅仅同**生产发展的一定历史阶段**相联系；（2）阶级斗争必然导致**无产阶级专政**；（3）这个专政不过是达到**消灭一切阶级**和进入**无阶级社会**的过渡……”① 在马克思提出的这三点中，第一点，特别是马克思加上黑体字所表示的意思，经常被人们忽视。在这里，马克思把阶级和阶级斗争同生产力的状况联系起来，从整个历史的高度指出，阶级和阶级斗争只是人类历史上一定阶段的、与一定生产力水平相联系的特殊的产物。这就意味着，不仅阶级的存在，而且阶级斗争的发展和阶级的最终消灭，都从根本上依赖于生产力的发展。再加上第二点、第三点的内容，总体上可以看出，按照马克思的观点，马克思主义正是以最终消灭阶级和阶级斗争为最终理想和奋斗目标的。而无产阶级对资产阶级及一切剥削阶级的阶级斗争，与历史上各个阶段的阶级斗争之间，也有完全不同的性质和历史地位。无产阶级的人民民主专政，不仅是第一个由多数人对极少数人的专政，而且是为了“**消灭一切阶级**和进入**无阶级社会**”而实行的一种过渡式的专政，所以绝不能把它等同于对旧式阶级专政的延续和迷恋，不能把它当作新旧专制之间的“改朝换代”、同质替换。

但是，后来却产生了一种偏向，就是盲目地迷信和追逐阶级斗争，脱离实际地提倡“以阶级斗争为纲”，不加限制地主张“用阶级观点分析一切”，淡化甚至否定国家为人民服务的宗旨，进而片面强调社会主义国家和法的阶级性，无限夸大其暴力专政的功能，等等。这种僵化偏激的“阶级斗争情结”，在政治生活中曾经影响很深、很顽固，其危害也很值得反省。

此外，毛泽东在阐述划分“人民”和“敌人”的标准时，还采用了一种完全政治化的标准，即以人们的现实立场和态度（是否拥护社会主义）为标准，并依此把“敌人”归入反动阶级一方。这个标准实际上是通过强调人们的政治和意识形态表现，表达了一种更加主观化的、随意性更大的阶级斗争意向。这种思路，实际上割裂了阶级同生产力发展之间的客观联系，也有悖于马克思主义关于阶级是以经济为基础的政治概念这一界定原则。

与上述问题相联系，毛泽东从政治上区分了无产阶级的民主自由与资产阶级的民主自由，提出将党内的民主集中制原则推广应用于处理人民内部矛盾。他认为，“民主这个东西，有时看来似乎是目的，实际上，只是一种手段”。在敌我矛盾问题上，民主是与专政相对而言的，在人民内部实行民主，对敌人实行专政；“在人民内部，民主是对集中而言，自由是对纪律而言。这

① 马克思恩格斯选集：第4卷．3版．北京：人民出版社，2012：425-426.

些都是一个统一体的两个矛盾着的侧面，它们是矛盾的，又是统一的，我们不应当片面地强调某一个侧面而否定另一个侧面”。从理论上看，这里存在着可能混淆民主作为国家政治原则与作为具体组织形式和手段之间的界限问题。如果忽视了社会主义民主作为国家政治原则这一更高层次上的性质和意义，把民主仅仅限定在具体的组织形式和手段的范围以内，就不仅不利于从根本上加强社会主义民主法治的建设，而且不利于人民当家做主的实现。事实上，在“文化大革命”中发动群众以“大民主”的手段来进行“无产阶级专政下继续革命”，它所造成的破坏性影响，正是这一理论误区带来的一个后果。

由于存在上述理论缺陷，同时也由于受到国内外一些因素的刺激和干扰，党内曾形成了一个“无产阶级专政下继续革命”理论。这一理论认为，中国经济和社会发展中存在的问题，主要不是来自经济基础和社会结构方面的原因，而是上层建筑和意识形态领域的革命未完成的表现。这一理论认为，1949 年新中国的建立和 1956 年所有制改造的基本完成，是社会主义革命在政治制度和经济制度上取得的成功，但意识形态领域的革命还没有取得决定性胜利，表现为人们的思想还没有与私有观念实现彻底决裂。比如农村中农民的小资产阶级资本主义自发思想是影响集体经济的障碍；工厂中工人从等价交换角度理解按劳分配，希望有加班费和奖金，这是资产阶级等价交换思想对工人阶级主人翁精神的侵蚀；在党政机关，一些领导干部对上述资产阶级思想予以认同，从而实行有利于资本主义因素的经济发展政策，如农村中搞贸易自由、包产到户，工厂中搞奖金制度、物质刺激等，其激发出来的不是社会主义性质的生产力，而是资产阶级个人主义支配的生产积极性，这实际上就是在搞资本主义，这样的领导干部就属于“党内走资本主义道路的当权派”（简称“走资派”）。为此，解决办法就是要继续革命，搞全民性的政治运动，“斗私批修”，夺“走资派”的权，限制或铲除社会生活中的资产阶级权利。在实践中，从 20 世纪 50 年代在文化领域搞的几次大批判，到 60 年代初在中国城乡开展的社会主义教育运动，发展到其顶峰 1966 年开始的“文化大革命”，事实上贯穿了这一“继续革命”理论的思想路线，需要进行深刻的反思。

（三）辩证法与“斗争哲学”

毛泽东哲学思想的一个显著特征，是高度重视对辩证法的探索和应用，并取得了丰硕的成果。这些成果在革命战争年代和社会主义建设初期，都发挥了强大的精神威力，不仅对夺取斗争的胜利起到了方法论保证的作用，而且对提高全党和全社会的马克思主义理论水平和思想水平，也产生了深远的影响。

毛泽东于1956年发表的《论十大关系》，是运用唯物辩证法考察社会主义建设的一篇代表之作。他一如既往地强调了坚持唯物辩证法与正确进行革命实践之间的联系："提出这十个问题，都是围绕着一个基本方针，就是要把国内外一切积极因素调动起来，为社会主义事业服务。"① "世界是由矛盾组成的。没有矛盾就没有世界。我们的任务，是要正确处理这些矛盾。"②

与此同时，在对辩证法的理解上，毛泽东日益将其归结为一个实质或核心，即对立统一规律。他进一步发展了列宁的思想，提出："辩证法的核心是对立统一规律，其他范畴如质量互变、否定之否定、联系、发展等等，都可以在核心规律中予以说明。"沿着这个思路，毛泽东认为，"旧哲学传下来的几个规律并列的方法不妥"，辩证法的规律其实只有一个，其他都应看作这一核心规律展开的范畴，例如"所谓发展就是诸对立物斗争的结果"③，如此类推，可以重新阐述辩证法的体系等。毛泽东的这一哲学创新见解，对于重新理解并以更加简明的方式阐述唯物辩证法的理论统一性，具有一定的启发意义，因此在当时曾经掀起了学习和讨论的高潮。但是，这个问题毕竟是在旧的哲学体系框架下，针对黑格尔的体系提出来的，不仅仍带有思辨的色彩，而且在当时的社会实践和具体思考中，还人为地使之带有了一定的政治偏向。当时，正是在日益升温的"以阶级斗争为纲"和"无产阶级专政下继续革命"氛围中，对立统一规律的含义被进一步加以不恰当的解释和发挥，它的意义被夸大，从而变成了仅仅为当时阶级斗争服务的理论。后来出现毛泽东所痛斥的"唯心主义横行，形而上学猖獗"局面，应该说是与此有密切联系的。

从理论上总结经验教训，应该指出当时对唯物辩证法和对立统一规律的上述理解，主要出现了两大偏差：一是将对立统一规律简单化成"一分为二"的偏差；二是将矛盾的斗争性加以绝对化的偏差。

将对立统一规律简单化成"一分为二"的理论偏差主要在于，在思想方法上它将本来属于关系范畴的矛盾，当作了一个实体范畴。把事物与矛盾相混淆，以为分析矛盾就意味着要把任何事物都分成"两半"，并指认出其中的"正面与反面、正确与错误"等，即找到其中的"对立面"；而这样分析的目

① 毛泽东著作选读：下册. 北京：人民出版社，1986：720.

② 同①744.

③ 同①847.

的，并不在于按照对立统一规律的本义，把握对立面之间“既对立又统一”的完整的辩证关系，却只在于强调“分”和“对立”。这种思维当时成了一个公式，被到处套用，事实上就是把“两大阶级对立”的模式普遍化、绝对化了。在这种模式下，“分”被当成了无产阶级革命的原则，“合”则被说成是修正主义的“阶级调和论”。当时曾有杨献珍等哲学家尝试用“合二而一”来作为“一分为二”的补充，试图说明矛盾统一性的方面，却立即遭到了严厉的批判和迫害。可见，把“一分为二”当作辩证法公式的结果，不仅造成了对辩证法的歪曲，而且助长了思想封闭、头脑僵化、简单粗暴的不良风气。

将矛盾的斗争性加以绝对化的偏差，主要在于将矛盾的斗争性与同一性割裂开来，孤立地看待“斗争的绝对性”，把它说成是矛盾运动的唯一形态。这种观点后来发展成为“文化大革命”中的“斗争哲学”。在“斗争哲学”中，不仅否认斗争是矛盾双方的相互作用，从而将“革命斗争”看作可以任意剥夺人的平等权利的单方面“批斗”，而且无视斗争的合理的目的性、条件性和限度，鼓吹“斗就好”“斗就是一切”；认为斗争的结果，即所谓辩证的综合，就只是你死我活，“一方吃掉另一方”，“不是东风压倒西风，就是西风压倒东风”，没有其他可能；等等。这种片面化绝对化的“斗争哲学”与辩证法的精神相去甚远。它在理论和实践上所留下的教训表明，要正确地理解和运用唯物辩证法的矛盾学说，必须以推动社会进步和人的解放为目的，把握斗争性与同一性的内在联系。正如萧前在总结这一历史教训时所指出的：无论怎样，所谓解决矛盾，其结果都表现为通过斗争而达到矛盾的某种统一、和谐的状态。在实践中，“不以一定的具体的统一与和谐为目标的斗争，是盲目的斗争；最终不能达到预期的统一与和谐的斗争，是失败的斗争；违背客观规律（企图阻止旧统一的瓦解和新统一的产生，或企图建立没有客观根据的统一）的斗争，是错误的斗争”①。

由此可见，在辩证法的名义下，事实上存在着马克思曾经指出的“两种形态”，即辩证法的“神秘形式”与“合理形态”② 的差别。在马克思主义中国化的理论进程中，如何充分理解和体现马克思主张的“合理形态的辩证法”，一直具有重大的现实意义。对于它的把握，不仅成为我国马克思主义哲学水平的一块试金石，而且是决定实践成败的一个标志。

---

① 萧前文集. 北京：中国人民大学出版社，2004：217.

② 马克思恩格斯选集：第2卷. 3版. 北京：人民出版社，2012：94.

三、理论的回归与发展

面对十年“文化大革命”造成的危难局面，以邓小平为代表的中国共产党人以充分的政治勇气和理论勇气进行了“拨乱反正”，科学评价毛泽东思想，彻底否定“以阶级斗争为纲”的错误，以“解放思想，实事求是”的精神实现了工作中心的战略转移，并做出了改革开放的历史性决策，从此开辟了建设中国特色社会主义的新的道路。在这一进程中逐渐形成的中国特色社会主义理论体系，凝结了几代人探索实践的智慧和心血，是马克思主义中国化的最新成果，也是一个开放的不断发展的理论体系。中国特色社会主义理论体系的形成和发展，处处都联系着马克思主义哲学的反思、探索和创新。

（一）思想路线拨乱反正

以“解放思想，实事求是”为标志，在思想路线上的拨乱反正，是使马克思主义重新焕发生机，从而使中国重新走上健康发展道路的精神保证。

“只有人们的社会实践，才是人们对于外界认识的真理性的标准。”① 这原本是马克思主义哲学一个基本的原理和常识。但是在“左”的教条主义泛滥和民主法制遭到排斥的情况下，这样的基本常识也会成为思想禁区。发生于1978年夏天的关于真理标准问题的大讨论，揭开了思想解放的序幕，其意义远远超出了哲学本身。邓小平指出了这场讨论的意义：“一个党，一个国家，一个民族，如果一切从本本出发，思想僵化，迷信盛行，那它就不能前进，它的生机就停止了，就要亡党亡国。……从这个意义上说，关于真理标准问题的争论，的确是个思想路线问题，是个政治问题，是个关系到党和国家的前途和命运的问题。”而这场争论的实质，在于必须恢复实事求是的思想路线。邓小平接着说：“实事求是，是无产阶级世界观的基础，是马克思主义的思想基础。过去我们搞革命所取得的一切胜利，是靠实事求是；现在我们要实现四个现代化，同样要靠实事求是。”②

“实事求是”是产生于中国古代的一句表述，毛泽东对它加以改造发挥，赋予了唯物主义的科学含义：“‘实事’就是客观存在着的一切事物，‘是’就是客观事物的内部联系，即规律性，‘求’就是我们去研究。我们要从国内外、省内外、县内外、区内外的实际情况出发，从其中引出其固有的而不是

---

① 毛泽东著作选读：上册. 北京：人民出版社，1986：122.

② 邓小平文选：第2卷. 2版. 北京：人民出版社，1994：143.

臆造的规律性，即找出周围事变的内部联系，作为我们行动的向导。"[①] 中国共产党在长期革命实践中形成了一条以实事求是为核心的思想路线，后在邓小平带领下全党在总结经验教训的基础上加以恢复，并进一步明确化、规范化地表述为："实事求是，一切从实际出发，理论联系实际，在实践中检验真理和发展真理"。这一思想路线作为一个科学的严密的整体，它的核心是"实事求是"。"实事求是是马克思主义的精髓。"[②]

为了实事求是，首先必须解放思想。解放思想从来就是实事求是的题中应有之义，而由此带来事业的"与时俱进"，则是"解放思想，实事求是"的客观结果。正如邓小平所说："只有思想解放了，我们才能正确地以马列主义、毛泽东思想为指导，解决过去遗留的问题，解决新出现的一系列问题，正确地改革同生产力迅速发展不相适应的生产关系和上层建筑，根据我国的实际情况，确定实现四个现代化的具体道路、方针、方法和措施。"[③] 在中国社会发展的重大历史关头倡导的"解放思想，实事求是"，不仅冲破了脱离实际的教条主义、思想僵化的束缚，恢复了马克思主义根本原理的科学权威，而且通过这场以解放思想为重点、以实事求是为目标的新的马克思主义"启蒙"运动，使全党全社会的心理状态、精神面貌为之一新，在人民中释放出巨大的精神能量，通过改革开放焕起空前的创造热情和活力，开辟了社会主义事业的新局面。

解放思想不仅带来了马克思主义路线的回归，也带来了马克思主义哲学研究的新的繁荣和发展。中国的马克思主义哲学研究，保持了它与祖国人民共命运的历史传统，密切关注当代世界和中国实践的发展，不仅深化了真理标准讨论和"解放思想，实事求是"原则的内涵，而且针对现实提出并讨论了许多具有重要理论和实践意义的新问题。学者们注重马克思主义哲学的基础研究和建设：首先在近几十年大量新发现和翻译出版马克思恩格斯著作的基础上，依据"第一手"材料读解原著，在重新全面、准确地理解"什么是马克思主义"问题上，有了新的境界；同时批判并抛弃了封闭和僵化的偏见，以开放的科学态度对待人类思想成果，重视汲取中国古代和西方文化中的哲学营养以丰富自己，并开阔了视野、充实了内容、活跃了思想；通过理论联系实际的深入研究和讨论，开拓了不少新的研究领域，如实践问题、主体性

① 毛泽东著作选读：下册. 北京：人民出版社，1986：478.

② 邓小平文选：第3卷. 北京：人民出版社，1993：382.

③ 邓小平文选：第2卷. 2版. 北京：人民出版社，1994：141.

问题、价值和价值观念理论、社会发展理论、经济哲学、政治哲学、科学技术与经济社会、生态环境理论、中国传统哲学的现代化、国外马克思主义、当代文化研究、西方最新哲学流派及其成果等。在探讨新概念、新方法的过程中，形成了不少有价值的新观点、新思想，产生了不少具有重要意义的新成果。各种迹象表明，马克思主义哲学既是“解放思想，实事求是”精神的来源和基础，也必然是它的受益者。由哲学呼唤来的思想解放的春天，也理应为哲学的进一步繁荣和发展提供更大的生机。

（二）改革开放的哲学启示

以“解放思想，实事求是”所体现的彻底唯物主义精神和具有科学自觉性的思想方法为基础，在中国改革开放的实践中，实现了一种从思维方式高度向马克思科学社会主义的回归，从而奠定了中国特色社会主义的理论基础。

实践中的重大问题，往往就是哲学应该关注的时代主题。要把握时代精神，就必须抓住时代的主题。中共中央针对中国和国际社会主义事业的经验教训，很明确地揭示了这个主题。邓小平说：“不解放思想不行，甚至于包括什么叫社会主义这个问题也要解放思想。”[①]“但问题是什么是社会主义，如何建设社会主义。我们的经验教训有许多条，最重要的一条，就是要搞清楚这个问题。”[②] 核心问题正是时代主题的反映。围绕“什么是社会主义，如何建设社会主义”这个主题，全党总结了社会主义实践的经验和教训，破除了以往各种偏见特别是教条主义的束缚，做出具有历史意义的创造性回答。与苏联和计划经济时期中国的传统社会主义模式相比，中国特色社会主义理论对于社会主义的理解，主要表现为以下具有重要意义的理论突破：

1. 实事求是地回答中国当前社会形态的历史定位问题，从理论上实现向科学社会主义的回归

中国特色社会主义理论确认我国处于社会主义的“初级阶段”。所谓我国社会主义的初级阶段，不是泛指任何国家进入社会主义都会经历的起始阶段，而是特指我国在生产力落后、商品经济不发达条件下建设社会主义必然要经历的特定阶段。这个阶段，既不同于社会主义经济基础尚未奠定的过渡时期，又不同于已经实现社会主义现代化的阶段。现阶段所面临的主要矛盾，是人民日益增长的物质文化需要同落后的社会生产之间的矛盾。阶级斗争在一定范围内还会长期存在，但已经不是主要矛盾。这就意味着，在中国这样落后

① 邓小平文选：第2卷．2版．北京：人民出版社，1994：312.

② 邓小平文选：第3卷．北京：人民出版社，1993：116.

的东方大国中建设社会主义，是马克思主义发展史上的新课题。中国面对的情况，既不是马克思主义创始人设想的在资本主义高度发展的基础上建设社会主义，也不完全相同于其他社会主义国家。历史证明，在近代中国的具体历史条件下，不承认中国人民可以不经过资本主义充分发展阶段而走上社会主义道路，是革命发展问题上的机械论，是右倾错误的重要认识根源；以为不经过生产力的巨大发展就可以越过社会主义初级阶段，是革命发展问题上的空想论，是“左”倾错误的重要认识根源。[①] 社会主义初级阶段理论明确阐述了中国社会主义的历史地位，从而也就意味着确定了发展战略的基础和出发点。总之“社会主义本身是共产主义的初级阶段，而我们中国又处在社会主义的初级阶段，就是不发达的阶段。一切都要从这个实际出发，根据这个实际来制订规划”[②]。

提出和确立“社会主义初级阶段”理论，不仅意味着回到科学社会主义的基本立场，正确地认识我国现实社会主义形态的历史地位，而且具有普遍的社会历史观的意义。从哲学上看，正确认识我国所处的历史阶段，使全部思想和决策立足于一个科学的可靠的基点上，并不只是一个了解和尊重“外部”现实的问题，更是一个主体自我定位的问题。作为中国这块土地上的主人，如果不了解、不重视自己是站在一个什么样的起点上，有什么样的条件、能力和切实需要等，就不会真正懂得应该和能够做什么，有关的方针政策也就难免失误。回到“初级阶段”，这一看似“后退”的定位，却代表着一种思想方法的提升，因此能够焕发前所未有的蓬勃生机，使中国的面貌有了历史性的改变。

2. 在价值与真理统一的高度上重新阐述社会主义的本质，从而回答社会主义建设的根本定向问题

关于怎样理解社会主义的价值取向，邓小平主张：“坚持社会主义的发展方向，就要肯定社会主义的根本任务是发展生产力，逐步摆脱贫穷，使国家富强起来，使人民生活得到改善。没有贫穷的社会主义。社会主义的特点不是穷，而是富，但这种富是人民共同富裕。”[③] 在这个基本认识基础上，经过在实践中长时间的观察和研究，他正式提出了著名的社会主义本质规定：“社会主义的本质，是解放生产力，发展生产力，消灭剥削，消除两极分化，最终达到共同富裕。”[④]

---

① 中国共产党第十三次全国代表大会文件汇编. 北京：人民出版社，1987.

② 邓小平文选：第3卷. 北京：人民出版社，1993：252.

③ 同②264-265.

④ 同②373.

这一对社会主义本质重新界定的特点和意义在于：

首先，是以生产力的发展为起点，从社会主义产生的基础和根源上，重新恢复了科学社会主义的本义。一般地说，解放和发展生产力并不仅仅是社会主义的历史特征。按照马克思的理论，生产力的发展是永远不会停止的，在任何历史条件下，解放和发展生产力都是人类社会进步发展的根本动力和要求。奴隶社会取代原始社会，封建社会取代奴隶社会，资本主义取代封建主义等，都是在前一阶段生产力已经达到的水平上，进一步解放和发展生产力的结果。而社会主义则意味着，要在资本主义已达到的水平上，进一步解放和发展生产力，推动社会进步。这是当代社会主义的根本标志。因此并不是说，历史上一切能够解放和发展生产力的制度，就都是社会主义，而是说，只有在资本主义阶段已取得的生产力水平基础上，进一步解放和发展生产力，才是社会主义的根本任务和特征。正因为如此，邓小平明确强调："社会主义要赢得与资本主义相比较的优势，就必须大胆吸收和借鉴人类社会创造的一切文明成果，吸收和借鉴当今世界各国包括资本主义发达国家的一切反映现代社会化生产规律的先进经营方式、管理方法。"①

其次，邓小平对社会主义本质的重新界定，是从其根本的存在方式和发展目标上，把社会主义作为一个动态过程加以整体把握，从而恢复并深化了科学社会主义的完整本义。邓小平概括的内容，从社会主义发展过程的起点和动力（解放和发展生产力），到发展过程中所要解决的基本社会问题（消灭剥削，消除两极分化），再到最终的目标和准则（共同富裕）等，都做了明确规定和清楚表述，从而为社会主义的历史进程描绘了一幅完整而开放的图景。与此同时，也是根据对社会主义本质的理解，邓小平清醒地考察了我国现实社会主义的状况，实事求是地指出："现在虽说我们也在搞社会主义，但事实上不够格。只有到了下世纪中叶，达到了中等发达国家的水平，才能说真的搞了社会主义，才能理直气壮地说社会主义优于资本主义。现在我们正在向这个路上走。"②

最后，对社会主义本质的确定，同时也就是对社会主义标准的确定。邓小平认为，现实生活中曾困扰人们的"姓社姓资"问题，即关于什么符合社会主义、什么不符合社会主义的问题，要站在社会主义本质的高度上来判断和回答："判断的标准，应该主要看是否有利于发展社会主义社会的生产力，

① 邓小平文选：第3卷. 北京：人民出版社，1993：373.

② 同①225.

是否有利于增强社会主义国家的综合国力，是否有利于提高人民的生活水平。"[1] 这个被称为"三个有利于标准"的判断原则，在继承和恢复马克思主义的"实践标准"和"生产力标准"基础上，做出了新的深化和发展。在把握社会主义的本质和历史任务的基础上，它以历史进步与人民主体的价值原则为根据，进一步明确了社会主义建设实践中评价是非得失的根本尺度。

3. 按照人类历史规律和社会主义生长规律，从"什么是"和"怎样建"统一的高度回答了社会主义建设的实践定位问题

对"什么是社会主义，怎样建设社会主义"这个问题的提出和回答方式，是在思维方式的层面上对社会主义观的最重要变革，具有十分重大的理论创新意义。在过去的传统社会主义观念中，有一种不自觉的习惯或思维方式，就是把"什么是社会主义"和"怎样建设社会主义"分隔开来，当作彼此外在并立的两个问题；并且认为，自从有了马克思主义以后，"什么是、什么不是"社会主义的东西，至少在理论上已经完全清楚了，犹如摆在面前的一纸工程"蓝图"，只是在"如何建设"的问题上，即在"按图施工"的过程中，才可能不大清楚，出现问题。这种机械工程式的思维所导致的结果，往往是把社会主义当成一个固定不变的模式，只知道生搬硬套马克思恩格斯关于未来社会描述中的词句，却拒绝理解贯彻马克思恩格斯做出这些描述时所依据的历史条件，拒绝理解贯彻马克思恩格斯所采用的方法。在我国曾为害多年的"左"的倾向总是表现为：把现实生活中那些为发展生产力所必需的、为广大群众所需要和乐于接受的东西，视为与社会主义不相容的，因而予以否定和排斥；同时把那些在摸索中先期建立起来的社会主义模式，如苏联模式、中国实行计划经济时期的模式等，视为社会主义固定不变的标准式样，予以肯定和维护，认为一旦改变就意味着背离了社会主义。由于这种僵化态度一向以"正统"马克思主义和"真正"社会主义自居，所以它给社会主义事业带来的影响更大、危害更深。

实际上，不明白应该怎样建设社会主义，就等于没有弄清楚什么是社会主义；同样，不结合实际弄清楚什么是社会主义，也必然不知道怎样建设它。二者是完全一体、密不可分的。邓小平在思想方法上的突破，正是把"什么是"与"如何建"作为"一个"问题提出来，要求从理论与实践、目标与过程的统一上来思考。他反复强调：社会主义没有固定不变的模式，而是一个主体性的、创造性的实践过程："社会主义是一个很好的名词，但是如果搞不

① 邓小平文选：第3卷．北京：人民出版社，1993：372.

好，不能正确理解，不能采取正确的政策，那就体现不出社会主义的本质。"[①]把做什么与怎样做、做得怎样联系起来，这一求真务实的思想，具有极其深刻的理论意义。应该说，它体现的正是一种唯物史观的思考方式。

马克思的唯物史观，一向把社会进步当作一个"自然历史过程"。在它看来，社会是一个最复杂的生命有机体，社会进步也遵循生命成长的规律；这些规律的表现，是在人的活动和选择中具体地生成的，不是先验不变的。马克思的名言是："个人怎样表现自己的生命，他们自己就是怎样"；一个时代的人和社会怎样，是同他们的生产相一致的，"既和他们生产**什么**一致，又和他们**怎样**生产一致"[②]。就是说，人和社会的现实形态，不是以人们怎样想和怎样说，而是以人们"做什么"和"怎样做"为标志；人们在各个时期做什么和怎样做，取决于人和社会自身的实际状态和发展条件（其中最根本的是生产力）如何，以及人们自觉把握的程度如何，既不是完全被动的，也不是完全随意的。正因为如此，马克思恩格斯强调：共产主义"对我们来说不是应当确立的**状况**，不是现实应当与之相适应的**理想**"，而主要"是那种消灭现存状况的**现实的**运动"[③]。按照这种历史的、实践的思维方式思考，中国特色社会主义的建设，就要自觉尊重社会发展的规律性和过程性，而不是急于把某种现成的模式强加于社会；就要更注重从现实的基础和条件出发，在实践中发挥人的主动性和创造性，而不是用一成不变的观念去剪裁现实。只有在卓有成效地改造现实的实践中，才能创造出富有强大生命力的社会主义。

综上所述，在中国特色社会主义理论体系中，新型的、科学的社会主义观无疑占有核心的位置。而这一社会主义观最鲜明的理论特征之一，就是把价值观和价值标准引入了社会主义的本质规定和判断标准之中，把社会主义的历史方向与现实过程统一起来，当作一个如同生命发育一样的动态过程来把握。这样，它就克服了将社会主义的历史必然性加以抽象化、凝固化理解的缺陷，以人的主体性和社会实践为根据，深入切实地阐明了社会主义的社会历史根基及其实现的条件、方式和前景。

（三）构建新的时代精神

改革开放和中国特色社会主义道路的开辟，使中国的现代化建设和民族

① 邓小平文选：第2卷. 2版. 北京：人民出版社，1994：313.

② 马克思恩格斯选集：第1卷. 3版. 北京：人民出版社，2012：147.

③ 同②166.

复兴在更加广阔的领域逐步展开，蓬勃发展，既取得了举世瞩目的成就，也积累了丰硕的思想文化成果。伟大的中华民族重新屹立于世界民族之林，中国特色社会主义理论体系也在实践中得到了进一步的检验、充实和发展，呈现出新时代的新面貌、新特点、新高度。

中华民族伟大复兴必须探索自己的新路。这一认识反映了中华民族主体意识的新的自觉。发展观，是关于社会发展方式的根本观念，即对“实现什么样的发展、怎样发展”问题的回答。在现代社会条件下，发展观不仅包括了关于社会结构和运行机制的基本理念，更突出了关于社会发展目标、导向、方法和规范的理念。发展观全面地反映出对于人与人、人与社会、人与自然界关系的理解和把握。因此，发展观就是体现在国家社会体制和政策中的历史观、世界观。发展观的变革，是 20 世纪以来的一个世界性议题。在更加复杂多变、风云激荡的国际环境中，在因改革深化而矛盾和压力日渐突出的国内环境中，中国社会发展方式的选择，不仅关系到中国特色社会主义事业的成败，也关系着未来世界发展方式的格局。而中国的现代化，既没有现成的做法和经验可以沿袭，也不可能照走西方走过的曲折之路，必须依靠中国人民的勇气和智慧，探索适合于自己国情和当今世界大势所昭示的新路，这是新时代中国特色社会主义理论形成的重大时代背景，也是新时代中国特色社会主义理论所确立的重要原则。

立足实践实现理论创新。新时代中国特色社会主义理论的形成和发展，是凝结了中国改革开放 40 余年实践经验的结晶。中国特色社会主义理论是一种建设的理论，也是一种社会发展的哲学。中国特色社会主义理论的一个要点，是对于以解放和发展生产力为核心的“发展”意义的充分认识。它最初是同纠正“左”的错误，结束“以阶级斗争为纲”的路线，转向以经济建设为中心联系在一起的。正如邓小平所强调：“发展是硬道理”。“发展”从来是中国特色社会主义应有的第一要义。而在现实条件下，我国究竟要实现什么样的发展、怎样发展，对这个问题的科学认识，也在实践中经历了一个从自发走向自觉、从肤浅走向深刻、从片面走向全面的探索过程。这一过程中的理论思考，既包括对“什么是马克思主义、怎样对待马克思主义，什么是社会主义、怎样建设社会主义”的“顶层”理论反思和实践探索，也经历了对解放思想与实事求是、人道主义与马克思主义、计划经济与市场经济、发展的速度与质量、公平与效率、执政党的党性与人民性等一系列重大理论和实践问题的重新认识与经验积累，这些切实的探索的经历，无不从基本立场和思想方法上，直接或间接地影响着发展观的形成和改变。而围绕“建设什么样的党、怎样建设党”的理论和实践探索，明确了中国共产党始终要把代表中国先进生产力的发展要求、代表中国先进文化的前进方向、代表中国最广大人民的根本利益（“三个代表”重要思想）作为自己的“立党之本、执政之基、力量之源”的认识成果。随着改革开放以来中国社会阶级阶层结构的变化，执政党要保持党员队伍的先进性，提高党的执政能力建设，改进党的作风，加强党与人民群众的联系，坚持反腐倡廉，等等，以科学发展观为指导的国家政府管理体制和政策的各项改革，为“全面建成小康社会，全面深化改革，全面推进依法治国，全面从严治党”的战略部署做了必要的准备。正是在这些认识和实践成果的基础上，形成了新时代中国特色社会主义事业的清醒目标和强大动力。

高举马克思主义的理论旗帜。中国特色社会主义实践的历史过程，充分证明了一个历史的结论：只有自觉地坚持和发展马克思主义的世界观方法论，只有创造性地学习和应用马克思主义的思维方式，只有充分尊重人民群众实践的历史性检验，才能正确面对世界和时代的课题，为中华民族的伟大复兴和中国梦的实现开辟广阔的道路，奠定中国特色社会主义事业成功的基础。正如习近平在纪念马克思诞辰 200 周年大会上的讲话中所总结的：马克思主义是“科学的理论”“人民的理论”“实践的理论”“不断发展的开放的理论”。“可以告慰马克思的是，马克思主义指引中国成功走上了全面建设社会主义现代化强国的康庄大道，中国共产党人作为马克思主义的忠诚信奉者、坚定实践者，正在为坚持和发展马克思主义而执着努力!”

马克思主义是科学的理论，创造性地揭示了人类社会发展规律。在马克思提出科学社会主义之前，空想社会主义者早已存在，他们怀着悲天悯人的情感，对理想社会有很多美好的设想，但由于没有揭示社会发展规律，没有找到实现理想的有效途径，因而也就难以真正对社会发展发生作用。马克思创建了唯物史观和剩余价值学说，揭示了人类社会发展的一般规律，揭示了资本主义运行的特殊规律，为人类指明了从必然王国向自由王国飞跃的途径，为人民指明了实现自由和解放的道路。

马克思主义是人民的理论，第一次创立了人民实现自身解放的思想体系。马克思主义博大精深，归根到底就是一句话，为人类求解放。在马克思之前，社会上占统治地位的理论都是为统治阶级服务的。马克思主义第一次站在人民的立场探求人类自由解放的道路，以科学的理论为最终建立一个没有压迫、没有剥削、人人平等、人人自由的理想社会指明了方向。马克思主义之所以具有跨越国度、跨越时代的影响力，就是因为它植根人民之中，指明了依靠人民推动历史前进的人间正道。

马克思主义是实践的理论，指引着人民改造世界的行动。实践的观点、生活的观点是马克思主义认识论的基本观点，实践性是马克思主义理论区别于其他理论的显著特征。马克思主义不是书斋里的学问，而是为了改变人民历史命运而创立的，是在人民求解放的实践中形成的，也是在人民求解放的实践中丰富和发展的，为人民认识世界、改造世界提供了强大精神力量。

马克思主义是不断发展的开放的理论，始终站在时代前沿。马克思一再告诫人们，马克思主义理论不是教条，而是行动指南，必须随着实践的变化而发展。一部马克思主义发展史就是马克思、恩格斯以及他们的后继者们不断根据时代、实践、认识发展而发展的历史，是不断吸收人类历史上一切优秀思想文化成果丰富自己的历史。因此，马克思主义能够永葆其美妙之青春，不断探索时代发展提出的新课题、回应人类社会面临的新挑战。

本章小结

马克思恩格斯在继承人类文明成果的基础上，创立了一种全新的世界观方法论学说。马克思哲学以彻底的唯物主义立场和实践批判的思维方式为起点，实现了人类思想史和哲学史上的一次重大变革。马克思主义在哲学上实现革命性变革的理论成果，是以“实践唯物主义”观点和思维方式的发现为基础，创立了以唯物史观为标志的新的世界观方法论体系。

马克思主义哲学诞生以来一个半多世纪里，呈现出了“一源多流”的发展势态。在风云激荡的世界变局中，马克思主义哲学经历了理论和实践的重大考验，既显示了它的科学性和革命性实质，也显示出它与时代和人民实践俱进的不竭生命力。无论是马克思逝世后恩格斯为继续推进马克思主义和国际共产主义事业的努力，还是苏联的列宁主义哲学和东欧的一些独立探索，以及活跃在资本主义世界理论前沿的西方马克思主义哲学，所有密切结合时代变化所进行的多样化探索及其成果，都为发掘马克思主义哲学的思想资源提供了重要的见证，为展现马克思主义的生命力和当代价值提供了宝贵经验。一种哲学能够产生如此重大而持久的社会影响力，在人类文明史上是罕见的。

马克思主义传入中国并与中国实际相结合的过程，也就是马克思主义中国化的过程。这一过程不仅使中国社会面目一新，而且使马克思主义具有了新的时代特征和新的面貌。在革命时期诞生的毛泽东思想和在改革开放时期诞生的中国特色社会主义理论体系，是在中国这个历史悠久的国度创造性地坚持和发展马克思主义所取得的成果。这两个成果的产生，同时也意味着具有重大历史意义的当代中国马克思主义哲学形态的形成和发展。

关键词

马克思哲学　马克思主义　实践的唯物主义　唯物史观　科学社会主义　哲学基本问题　辩证法的两种形态　列宁主义　辩证唯物主义和历史唯物主义　西方马克思主义　马克思主义中国化　中国特色社会主义

思考题

1. 马克思哲学在西方哲学史上实现的变革是什么?
2. 怎样理解马克思主义哲学的历史发展?
3. 什么是“实践的唯物主义”?
4. 试述唯物史观的基本原理及其意义。
5. 简述恩格斯对马克思主义哲学的贡献。
6. 试析西方马克思主义哲学研究的主题和特色。
7. 如何理解马克思主义中国化和当代中国的马克思主义哲学形态?
8. 试论“坚持人民主体地位”这一原则的根据和意义。

延伸阅读

1.《马克思恩格斯选集》，人民出版社，2012。

2. 中共中央马克思恩格斯列宁斯大林著作编译局马列部、教育部社会科学研究与思想政治工作司编:《马克思主义经典著作选读》，人民出版社，1999。

3.《毛泽东选集》，人民出版社，1991。

4.《邓小平文选》，人民出版社，1993—1994。

5.《习近平谈治国理政》，外文出版社，2014.

6.《习近平谈治国理政》，第二卷，外文出版社，2017。

7. 戴维・麦克莱伦:《马克思传》，王珍译，中国人民大学出版社，2006。

8. 乔恩・埃尔斯特:《理解马克思》，何怀远等译，中国人民大学出版社，2008。

9.《萧前文集》，中国人民大学出版社，2004。

10.《李秀林文存》，中国人民大学出版社，2007。

11. 黄楠森、庄福龄、林利主编：《马克思主义哲学史》，8卷，北京出版社，1991—1996。

12. 高清海：《哲学与主体自我意识》，吉林大学出版社，1988。

13. 李德顺：《与改革同行——中国特色社会主义的哲学理路之思》，黑龙江教育出版社，2008。

14. 任俊明、安启民主编：《中国当代哲学史》，社会科学文献出版社，1999。

15. 袁贵仁、杨耕主编：《当代学者视野中的马克思主义哲学》，北京师范大学出版社，2008。

图书在版编目（CIP）数据

哲学概论/李德顺主编. —2 版. —北京：中国人民大学出版社，2019.8
21 世纪通识教育系列教材
ISBN 978-7-300-27240-5

Ⅰ.①哲… Ⅱ.①李… Ⅲ.①哲学-高等学校-教材 Ⅳ.①B0

中国版本图书馆 CIP 数据核字（2019）第 159258 号

21 世纪通识教育系列教材
哲学概论（第 2 版）
李德顺　主编
Zhexue Gailun

出版发行　中国人民大学出版社
社　　址　北京中关村大街 31 号　　　**邮政编码**　100080
电　　话　010－62511242（总编室）　　010－62511770（质管部）
　　　　　010－82501766（邮购部）　　010－62514148（门市部）
　　　　　010－62515195（发行公司）　　010－62515275（盗版举报）
网　　址　http://www.crup.com.cn
经　　销　新华书店
印　　刷　运河（唐山）印务有限公司　　**版　　次**　2011 年 8 月第 1 版
规　　格　170 mm×240 mm　16 开本　　2019 年 8 月第 2 版
印　　张　18.75 插页 1　　　　　　**印　　次**　2023 年 6 月第 5 次印刷
字　　数　320 000　　　　　　　　**定　　价**　48.00 元
